# 기본권의 기초이론

# 기본권의 기초이론

발행일 2024년 11월 15일 발행인 김정겸 저자 김희정
펴낸곳 충남대학교출판문화원 주소 대전광역시 유성구 대학로 99 전화 042-821-6045
홈페이지 http://www.cnupress.co.kr E-mail cnupress@cnu.ac.kr

ISBN 979-11-6503-293-7 93360

정가 15,000원

# 기본권의 기초이론

김희정

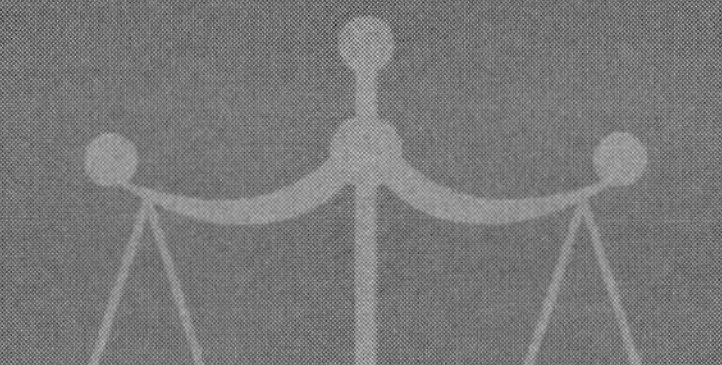

충남대학교출판문화원

# 머리말

이 책은 대학에서 헌법의 기초를 배우고 가르치는 교재로 저술되었다. 학생들이 이 책을 통하여 수월하게 헌법의 의미를 알아가도록 돕고, 더불어 깊은 사고와 이해를 병행할 수 있도록 서술하였다. 이 책은 중요한 개념, 판례를 정확히 서술하여 전달하는 것에 목적을 두고 있어, 헌법을 어떤 목적으로 공부하더라도 도움이 될 수 있도록 하였다. 특히 학설을 많이 다루지는 않았는데, 그 이유는 학설을 논하기 전에 기본적인 내용의 습득이 먼저라고 생각했기 때문이다. 많은 학생들이 학설과 개념, 판례가 혼동된 상태에서 정확하게 이해하지 못하는 경우가 많다는 점에 착안하였다. 이 책은 특히 깊은 공부를 하기 이전에 여유있게 읽기를 권장한다. 그렇게 부담스러운 양은 아니므로 누구나 충분히 그 의미를 생각하면서 여유있게 읽을 수 있을 것이라고 생각한다. 헌법은 열려있는 규범이라는 점에서 시대적 사고가 필요하다. 단순히 받아들이는 것보다는 스스로 사고하고 의문을 제기하는 것이 필요하다. 이 책을 통해 독자들이 자신의 삶과 사회를 생각해 보는 계기를 가지기를 희망한다. 책이 나오기까지 꼼꼼하게 수고해주신 충남대학교 출판문화원에 감사드린다.

# 목차

# 제1장
# 기본권 총론

# 제1장 기본권 총론

## I 기본권의 개념

### 1. 기본권의 개념

기본권이란 헌법이 보장하는 권리를 말한다. 헌법상의 권리는 입법자가 이 권리의 보장을 위하여 입법을 하여야 할 의무뿐만 아니라, 함부로 그 보장을 포기하는 입법도 할 수 없음을 의미한다. 헌법은 제10조에서 제37조 제1항까지 헌법이 국민에게 보장하는 권리를 규정하고 있다. 평등권, 자유권적 기본권, 참정권, 청구권적 기본권, 사회적 기본권으로 분류할 수 있다. 그러나 헌법에 명시되어 있지 않다고 하더라도, 헌법 제37조 제1항은 "국민의 자유와 권리는 헌법에 열거되지 아니한 이유로 경시되지 아니한다"고 규정함으로써, 헌법에 명시적으로 규정되지 않은 헌법상의 권리의 존재를 인정한다. 예를 들어, '알권리'[1]나 '개인정보자기결정권'[2]은 헌법에 명시적으로 규정되어 있지 않지만, 기본권으로 인정된다.[3]

---

1) 헌재 1989.9.4. 88헌마22
2) 헌재 2005.7.21. 2003헌마282
3) 한미연합 군사훈련의 실시가 한반도의 전쟁위험을 고조시켜서 '평화적 생존권'이라는 기본권을 침해한다고 제기된 헌법소원사건에서 헌법재판소는 '평화적 생존권'을 기본권으로 인정하지 않았다. "평화적 생존권이란 이름으로 주장하고 있는 평화란 헌법의 이념 내지 목적으로서 추상적인 개념에 지나지 아니하고, 평화적 생존권은 이를 헌법에 열거되지 아니한 기본권으로서 특별히 새롭게 인정할 필요성이 있다거나 그 권리내용이 비교적 명확하여 구체적 권리로서의 실질에 부합한다고 보기 어려워 헌법상 보장된 기본권이라고 할 수 없다."헌재 2009. 5. 28. 2007헌마369

## 2. 기본권과 인권

‘인권’이란 인간이 인간이기 때문에 가지는 권리를 의미한다. ‘인권’의 개념은 제2차 세계대전의 참상을 통해, 서로 연대하지 못하고 존엄을 포기당한 인간이 얼마나 허약하고 무력한 존재인가를 깨달으면서 강력한 의미를 부여받게 되었다. 국제사회는 ‘인권’이라는 개념을 통해 민주주의와 평화, 연대를 강조하며, 인간이라면 가져야 할 권리에 대하여 선포하고 모든 국가와 공동체가 이를 존중하고 수호할 것을 요구하였다. ‘인권’은 법적 강제력보다는 정치적·도의적 강제력을 가진 개념이었지만, 현재 대부분의 민주주의 국가에서 ‘인권’은 헌법상의 권리로 실정화 되었거나 실정화가 진행 중이다.

## 3. 기본권의 성격

기본권은 ‘주관적 공권’으로서의 성격과 ‘객관적 질서’로서의 성격을 가지고 있다고 이해되고 있으며, 이를 기본권의 이중적 성격이라고 말한다. 기본권이 개인에게‘권리’의 성격을 가지는 것은 당연하지만, 다른 한편으로는 공동체 모두에게는 ‘질서’의 의미를 갖는다.

### 가. 주관적 공권

기본권은 주관적 공권이다. ‘주관적’이라는 말은 ‘개인’이 보유하는 것이라는 의미로 이해할 수 있고, ‘공권’이라는 말은 ‘공법상의 권리’라고 이해하면 된다. 즉 ‘주관적 공권’이란 ‘개인이 국가에게 주장하고 요구할 수 있는 권리’이다.

### 나. 객관적 법질서(객관적 가치질서)

‘객관적 법질서’는 ‘주관적 공권’과 반대로 이해하면 충분하다. ‘객관적’이란 ‘공동체나 전체’에 대한 것으로 이해할 수 있고, ‘법질서’는 문언 그대로 이해하면 된다. 즉 ‘객관적 법질서’란 공동체, 즉 ‘국가 전체를 관통하여 지켜져야 하는 법적인 질서 혹은 가치'이다. 기본권이 '객관적 법질서'의 성격을 가진다는 것은 개인의 권리로서만이 아니라 국가 공동체 전체가 준수해야 하는 것을 의미하게 된다. 특히 모든 국가기관은 '기본권'이라는 질서에 구속되어야 한다. 헌법은 제10조에서 '국가는 개인이 가지는 불가침의 기본적 인권을 확인하고 이를 보장할 의무를 진다'고 함으로써 기본권이 객관적 법질서라는 점을 밝히고 있다고 해석할 수 있다.[4)]

> **판례) 객관적 질서로서의 기본권(헌재 1995.6.29.93헌바45)**
>
> 국민의 기본권은 국가권력에 의하여 침해되어서는 아니 된다는 의미에서 소극적 방어권으로서의 의미를 가지고 있을 뿐만 아니라, 헌법 제10조에서 국가는 개인이 가지는 불가침의 기본적 인권을 확인하고 이를 보장할 의무를 진다고 선언함으로써, 국가는 나아가 적극적으로 국민의 기본권을 보호할 의무를 부담하고 있다는 의미에서 기본권은 국가권력에 대한 객관적 규범 내지 가치질서로서의 의미를 함께 갖는다. **객관적 가치질서로서의 기본권은 입법 · 사법 · 행정의 모든 국가기능의 방향을 제시하는 지침**으로서 작용하므로, 국가기관에게 기본권의 객관적 내용을 실현할 의무를 부여한다.

> **판례) 객관적 질서로서의 직업의 자유(헌재 1996.8.29. 94헌마113)**
>
> 직업의 선택 혹은 수행의 자유는 각자의 생활의 기본적인 수요를 충족시키는 방편이 되고, 또한 개성신장의 바탕이 된다는 점에서 **주관적 공권의 성격**이 두드러진 것이기는 하나, 다른 한편으로는 국민 개개인이 선택한 직업의 수행에 의하여 국가의 사회질서와 경제질서가 형성된다는 점에서 **사회적 시장경제질서라고 하는 객관적 법질서**의 구성요소이기도 한다.

> **판례) 객관적 질서로서의 정치적 기본권(헌재 2004.3.25. 2002헌마710)**
>
> 정치적 기본권은 기본권 주체인 개별 국민의 입장에서 보면 주관적 공권으로서의 성질을 가지지만, 민주정치를 표방한 민주국가에 있어서는 국민의 정치적 의사를 국정에 반영하기 위한 객관적 질서로서의 의미를 아울러 가진다.

4) 독일 기본법 제1조 제3항 "기본권은 직접 효력을 갖는 법으로서 입법, 집행 및 사법권을 구속한다"고 규정함으로써 기본권의 '객관적 질서성'을 더 명확하게 표현하고 있다고 볼 수 있다.

## 4. 기본권과 제도보장

헌법에는 '제도보장'이라는 용어를 직접적으로 사용하지 않는다. 그러나 헌법학에서는 헌법상의 제도를 보장한다는 의미로 '제도보장'이라는 개념을 사용한다. 예를 들어 '복수정당제도', '사유재산제도', '직업공무원제도', '지방자치제도', '혼인제도' 등이 '제도보장'의 대상으로 여겨진다. 판례도 '제도보장'의 개념을 사용하고 있다. 여기서 '제도'는 주로 역사적으로 확립되고 유지되어 온 제도를 말한다.

> **판례) 제도보장**(헌재1994.4.28. 91헌바15등)
>
> 직업공무원제도는 지방자치제도, 복수정당제도, 혼인제도 등과 함께 "제도보장"의 하나로서 이는 일반적인 법에 의한 폐지나 제도본질의 침해를 금지한다는 의미의 최소보장의 원칙이 적용되는 바, 이는 기본권의 경우 헌법 제37조 제2항의 과잉금지의 원칙에 따라 필요한 경우에 한하여 "최소한 제한"되는 것과는 대조되는 것이다.

그런데 '제도'의 보장과 '기본권'의 보장은 다른 수위를 가진다. 국민의 기본권은 '최대 보장'이 원칙이지만 제도는 '최소 보장'이 원칙이기 때문이다. '최소 보장'이라는 용어가 마치 '최소한만 보장하라'는 의미처럼 들리지만 그런 의미가 아니라, '적어도 최소한은 보장해야 한다', '핵심적인 내용은 반드시 보장해야 한다'의 의미이다. 제도보장에 '최소보장의 원칙'이 적용되는 이유는, 그 취지가 제도의 '본질' 혹은 그 '핵심적인 영역'이 없어지는 것을 막기 위한 것이지 제도의 모든 것을 보장하고 유지하기 위한 것이 아니기 때문이다.[5)]

---

5) 제도보장은 오랜동안 확립되어오던 제도의 핵심내용을 입법자가 없앨 수 있었던 바이마르 헌법 시절에 이를 우려한 칼 슈미트에 의해 만들어진 해석론으로부터 만들어졌다. 이에 대하여 한수웅, 헌법학, 제8판, 428쪽. 그런데 현재의 헌법에서 '제도보장'이 의미가 있는지에 대해서도 의문이 있다. 이미 '제도보장'의 대상으로 간주되는 '제도'에는 사실상 대부분 '기본권'이 포함되어 있어서, '제도보장'의 최소한 보장에 의존하지 않도 최대한 보장이 될 수 있도록 되어 있기 때문이다. 예를 들어 '직업공무원제도'는 '공무담임권'으로, '복수정당제도'는 '정당의 설립의 자유', '정당활동의 자유'등으로 강력하게 보장된다. 제도 보장이 오늘날 큰 의미가 없다는 견해에 관해서는 김하열, 헌법강의, 제4판, 192쪽.

## 5. 기본권과 법률상의 권리

기본권은 헌법상의 권리이다. 기본권이 공권력에 의해 침해되었다면 헌법재판소에 헌법소원을 제기하여 구제받을 수 있다. 그런데 헌법이 아닌 오직 법률상으로만 인정되는 권리가 있다. 즉 헌법상의 권리거나 헌법상의 권리를 법률로 구체화한 권리가 아니라, 오직 입법자가 법률로 만들어 낸 권리를 말한다. 이러한 법률상의 권리는 헌법소원의 대상이 아니다. 예를 들어 '국민의 형사재판참여에 관한 법률'에서 인정하고 있는 '국민참여재판을 받을 권리'는 법률이 인정한 권리이지, 헌법상 기본권이 아니다.[6] 지방자치법에 규정되어 있는 '주민투표권'도 헌법에 근거가 없이 법률로 만들어진 권리, 즉 법률상의 권리이다. 단지, 법률상의 권리가 침해받은 경우에는 헌법소원을 제기할 수 없다.

**판례) 주민투표권의 성격(헌재 2005. 12. 22. 2004헌마530)**

우리 헌법은 간접적인 참정권으로 선거권(헌법 제24조), 공무담임권(헌법 제25조)을, 직접적인 참정권으로 국민투표권(헌법 제72조, 제130조)을 규정하고 있을 뿐 주민투표권을 기본권으로 규정한 바가 없고 제117조, 제118조에서 제도적으로 보장하고 있는 지방자치단체의 자치의 내용도 자치단체의 설치와 존속 그리고 그 자치기능 및 자치사무로서 지방자치단체의 자치권의 본질적 사항에 관한 것이므로 주민투표권을 헌법상 보장되는 기본권이라고 하거나 헌법 제37조 제1항의 "헌법에 열거되지 아니한 권리"의 하나로 보기 어렵다.

6) '국민참여재판을 받을 권리'가 헌법상 재판청구권으로서 보장되는지에 관하여는 연방헌법과 수정헌법 규정을 통하여 배심재판을 받을 권리를 헌법상 권리로 보장하고 있는 미국의 경우와 달리 우리 헌법에서는 그와 같은 명문규정이 없고, 단지 헌법 제27조 제1항에서 "모든 국민은 헌법과 법률이 정한 법관에 의하여 법률에 의한 재판을 받을 권리를 가진다."고 규정하고 있다….위 규정은 "모든 국민은 헌법과 법률이 정한 자격과 절차에 의하여 임명되고(헌법 제101조 제3항, 제104조, 법원조직법 제41조 내지 제43조), 물적독립(헌법 제103조)과 인적독립(헌법 제106조, 법원조직법 제46조)이 보장된 법관에 의하여 합헌적인 법률이 정한 내용과 절차에 따라 재판을 받을 권리를 보장하는 것이고, 여기서 재판이라고 함은 구체적 사건에 관하여 사실의 확정과 그에 대한 법률의 해석적용을 보장한다는 것으로서 결국 법관이 사실을 확정하고 법률을 해석·적용하는 재판을 받을 권리를 보장한다는 것"을 의미한다(헌재 2002. 2. 28. 2001헌가18, 판례집 14-1, 98, 103-104 참조). 따라서 우리 헌법상 헌법과 법률이 정한 법관에 의한 재판을 받을 권리라 함은 직업법관에 의한 재판을 주된 내용으로 하는 것이므로 '국민참여재판을 받을 권리'가 헌법 제27조 제1항에서 규정한 재판을 받을 권리의 보호범위에 속한다고 볼 수 없다. 헌재 2009. 11. 26. 2008헌바12

# Ⅱ 기본권의 주체

## 1. 개념

기본권의 주체란 기본권을 향유할 수 있는 자를 말한다. 여기서 '향유'란 '보유'를 의미한다. 기본권을 보유하는 자는 단순하게 '국민' 혹은 '자연인' 정도로 생각할 수 있지만, 실제로는 '외국인', '법인'도 기본권의 주체가 되는 경우가 있다. 주의해야 할 점은 기본권의 주체성, 즉 '향유능력'은 기본권의 '행사능력'과는 다르다는 것이다. 예를 들어 자연인의 경우 살아있는 사람이라면 모두 기본권을 가지겠지만, 기본권을 가지는 모든 사람이 행사능력이 있는 것은 아니다. 예를 들어 3살의 어린이가 집회의 자유의 기본권 주체가 될 수 있지만 행사할 수 있는 능력이 있는지에 대해서는 부정적일 수 있다. 그러나 12살의 초등학교 6학년 아이는 구체적인 상황에 따라 행사능력도 인정될 수 있다. 즉 기본권 주체가 '행사능력'도 있는지에 대해서는 개별기본권마다, 그리고 기본권 주체와 구체적인 상황에 따라 인정 혹은 불인정 될 수도 있다. 다만 대통령의 피선거권을 40세 이상으로 정한 헌법 제67조 제4항이나 그 외 피선거권, 선거권 연령이나 자격 등을 법률로 규정한 경우와 같이 그 행사능력을 일률적으로 정해놓은 경우도 있다.

## 2. 자연인

### 가. 국민

헌법의 기본권 규정은 "모든 국민은…"이라고 규정함으로써 국민을 기본권 주체로 정하고 있다. 기본권 주체로서의 국민이라면 연령이나 신체적 · 정신적 능력, 재산, 성별 등을 따지지 않는, 즉 살아있는 모든 자연인인 국민을 의미한다. 따라서 '살아있음'에 대한 정의에 따라 달라질 수 있는 '태아'나 '배아'에 대해 기본권의 주체성을 인정할 수 있는지 문제될 수 있다. 헌법재판소는 '태아'와 관련하여서는 기본권 주체성을 인정하였고,[7] (초기)배아에 대해서는 기본권 주체성을 부정하였다.[8]

## 나. 외국인

외국인이란 외국국적을 가진 자와 무국적자를 말한다. 원칙적으로 외국인에게는 기본권이 인정된다고 할 수 없다. 헌법은 '국민'에게 기본권을 인정하고 있기 때문이다. 그러나 헌법재판소는 기본권의 성질이 어떤 것인가에 따라 외국인에게도 기본권이 인정된다고 본다. 즉 기본권이 '인간의 권리'로 인정될 수 있다면 외국인에게도 인정한다. 그 외국인이 '불법체류'중인 외국인이라 하더라도 마찬가지이다.

| **판례) 외국인의 기본권 주체성(헌재 2012. 8. 23. 2008헌마430)** |
|---|
| 헌법재판소법 제68조 제1항 소정의 헌법소원은 기본권의 주체이어야만 청구할 수 있는데, 단순히 '국민의 권리'가 아니라 '인간의 권리'로 볼 수 있는 기본권에 대해서는 외국인도 기본권의 주체가 될 수 있다. 나아가 청구인들이 불법체류 중인 외국인들이라 하더라도, 불법체류라는 것은 관련 법령에 의하여 체류자격이 인정되지 않는다는 것일 뿐이므로, '인간의 권리'로서 외국인에게도 주체성이 인정되는 일정한 기본권에 관하여 불법체류 여부에 따라 그 인정 여부가 달라지는 것은 아니다. |

다만 무엇이 '인간의 권리'인가를 설정하는 작업은 쉽지 않다. '신체의 자유'나 '생명권'과 같은 것은 '인간의 권리'라고 인정하는 것이 자연스럽지만, '직업의 자유'나 '재산권'만 해도 모호하다. 외국인들이 국내에서 직업을 가질 수 있지만 원하는 모든 직업을 선택할 수 있지 않고, 재산의 인정범위도 국민과 다를 수 밖에 없다.

---

7) "모든 인간은 헌법상 생명권의 주체가 되며, 형성중인 생명인 태아에게도 생명에 대한 권리가 인정되어야 한다. 따라서 **태아도 헌법상 생명권의 주체**가 되며, 국가는 헌법 제10조에 따라 태아의 생명을 보호할 의무가 있다."헌재 2008.7.31. 2004헌바81

8) "수정이 된 배아라는 점에서 형성 중인 생명의 첫걸음을 떼었다고 볼 여지가 있기는 하나 **아직 모체에 착상되거나 원시선이 나타나지 않은 이상 현재의 자연과학적 인식 수준에서 독립된 인간과 배아 간의 개체적 연속성을 확정하기 어렵다고 봄이 일반적**이라는 점, 배아의 경우 현재의 과학기술 수준에서 모태 속에서 수용될 때 비로소 독립적인 인간으로의 성장가능성을 기대할 수 있다는 점, 수정 후 착상 전의 배아가 인간으로 인식된다거나 그와 같이 취급하여야 할 필요성이 있다는 사회적 승인이 존재한다고 보기 어려운 점 등을 종합적으로 고려할 때, 초기배아에 대한 국가의 보호필요성이 있음은 별론으로 하고, 청구인1,2,의 **기본권 주체성을 인정하기 어렵다.**"헌재 2010.5.27. 2005헌마346

판례) 외국인에게 직장 선택의 자유에 대한 기본권 주체성을 한정적으로 긍정한 사례(헌재 2011. 9. 29. 2007헌마1083등)

직업의 자유 중 이 사건에서 문제되는 직장 선택의 자유는 인간의 존엄과 가치 및 행복추구권과도 밀접한 관련을 가지는 만큼 단순히 국민의 권리가 아닌 인간의 권리로 보아야 할 것이므로 외국인도 제한적으로라도 직장 선택의 자유를 향유할 수 있다고 보아야 한다. 청구인들이 이미 적법하게 고용허가를 받아 적법하게 우리나라에 입국하여 우리나라에서 일정한 생활관계를 형성, 유지하는 등, 우리 사회에서 정당한 노동인력으로서의 지위를 부여받은 상황임을 전제로 하는 이상, 이 사건 청구인들에게 직장 선택의 자유에 대한 기본권 주체성을 인정할 수 있다 할 것이다.

판례) 외국인에게 직장 선택의 자유에 대한 기본권 주체성을 부정한 사례(헌재 2014. 8. 28. 2013헌마359)

심판대상조항이 제한하고 있는 직업의 자유는 국가자격제도정책과 국가의 경제상황에 따라 법률에 의하여 제한할 수 있는 국민의 권리에 해당한다. 국가정책에 따라 정부의 허가를 받은 외국인은 정부가 허가한 범위 내에서 소득활동을 할 수 있는 것이므로, 외국인이 국내에서 누리는 직업의 자유는 법률에 따른 정부의 허가에 의해 비로소 발생하는 권리이다. 따라서 외국인인 청구인에게는 그 기본권주체성이 인정되지 아니하며, 자격제도 자체를 다툴 수 있는 기본권주체성이 인정되지 아니하는 이상 국가자격제도에 관련된 평등권에 관하여 따로 기본권주체성을 인정할 수 없다.

## 3. 법인

법인은 법에 의해서 권리능력을 인정받은 단체나 조직을 말한다. 법인은 '사법인'과 '공법인'으로 구별할 수 있다. 헌법재판소는 성질상 법인이 누릴 수 있는 기본권이라면 법인이 기본권 주체라고 보고 있다.

### 가. 사법인

'사법인'은 '자연인'들의 이익을 위해 설립되고 조직된 것이기 때문에, 효율적으로 '자연인'들의 기본권을 보장하기 위해 그 주체성을 인정한다. 다만'생명권'이나

'신체의 자유'를 법인에게 인정할 수는 없기 때문에,[9] 모든 기본권이 아니라 법인에게 인정할 수 있는 기본권에 한해서 그 주체성을 인정할 수 있게 된다. 결국 기본권의 성질에 의해 주체성 여부가 결정된다고 보아야 한다. 예를 들어 언론·출판의 자유, 재산권과 같은 기본권의 주체성이 인정될 수 있고, 인간의 존엄과 가치, 행복을 추구할 권리는 법인에게 인정되지 않는다.[10] 다만 헌법재판소는 '사죄광고' 사건에서 법인(언론사)의 인격권 주체성을 인정한 바 있다.[11]

---

9) 청구인 진보신당은 국민의 정치적 의사형성에 참여하기 위한 조직으로 성격상 권리능력 없는 단체에 속하지만, 구성원과는 독립하여 그 자체로서 기본권의 주체가 될 수 있고, 그 조직 자체의 기본권이 직접 침해당한 경우 자신의 이름으로 헌법소원심판을 청구할 수 있으나, 이 사건에서 침해된다고 하여 주장되는 기본권은 생명·신체의 안전에 관한 것으로서 성질상 자연인에게만 인정되는 것이므로, 이와 관련하여 청구인 진보신당과 같은 권리능력 없는 단체는 위와 같은 기본권의 행사에 있어 그 주체가 될 수 없고, 또한 청구인 진보신당이 그 정당원이나 일반 국민의 기본권이 침해됨을 이유로 이들을 위하거나 이들을 대신하여 헌법소원심판을 청구하는 것은 원칙적으로 허용되지 아니하므로, 이 사건에 있어 청구인 진보신당은 청구인능력이 인정되지 아니한다 할 것이다. 헌재 2008. 12. 26. 2008헌마419등

10) 법인격이 있는 사법상의 사단이나 재단은 성질상 기본권주체가 될 수 있는 범위에서 청구인 능력을 가진다. 그런데 헌법 제10조의 인간으로서의 존엄과 가치, 행복을 추구할 권리는 그 성질상 자연인에게 인정되는 기본권이라고 할 것이어서, 법인인 청구인들에게는 적용되지 않는다고 할 것이다. 헌재 2006. 12. 28. 2004헌바67

11) "사과한다"는 행위는 윤리적인 판단·감정 내지 의사의 발로인 것이므로 본질적으로 마음으로부터 우러나오는 자발적인 것이라야 할 것이며 그때 비로소 사회적 미덕이 될 것이고, 이는 결코 외부로부터 강제하기에 적합치 않은 것으로 이의 강제는 사회적으로는 사죄자 본인에 대하여 굴욕이 되는 것에 틀림없다.… 따라서 사죄광고 과정에서는 자연인이든 법인이든 인격의 자유로운 발현을 위해 보호받아야 할 인격권이 무시되고 국가에 의한 인격의 외형적 변형이 초래되어 인격형성에 분열이 필연적으로 수반되게 된다. 이러한 의미에서 사죄광고제도는 헌법에서 보장된 인격의 존엄과 가치 및 그를 바탕으로 하는 인격권에 큰 위해도 된다고 볼 것이다. 헌재 1991. 4. 1. 89헌마160

판례) 법인의 기본권 주체성(헌재 1991.6.3. 90헌마56)

우리 **헌법은 법인의 기본권 향유능력을 인정하는 명문의 규정을 두고 있지 않지만**, 본래 자연인에게 적용되는 기본권 규정이라도 **언론·출판의 자유, 재산권의 보장 등과 같이 성질상 법인이 누릴 수 있는 기본권**을 당연히 **법인에게도 적용**하여야 할 것으로 본다. 따라서 법인도 사단법인·재단법인 또는 영리법인 · 비영리법인을 가리지 아니하고 위 한계 내에서는 헌법상 보장된 기본권이 침해되었음을 이유로 헌법소원심판을 청구할 수 있다. 또한 법인 아닌 사단재단이라고 하더라도 대표자의 정함이 있고 독립된 사회적 조직체로서 활동하는 때에는 성질상 법인이 누릴 수 있는 기본권을 침해당하게 되면 **그의 이름으로 헌법소원심판을 청구할 수 있다.**(헌재 1991.6.3. 90헌마56)

## 나. 공법인

그러나 '공법인'의 경우에는 원칙적으로 기본권 주체성이 인정되지 않는다. '공법인'은 기본권을 수호해야 할 주체이지 향유해야 할 주체가 아니기 때문이다. 그러나 '공법인'이라 하더라도 기본권 주체성이 인정되는 경우가 있다. 공법인이 사경제 주체로서 활동을 하거나 조직법상 국가로부터 독립된 고유 업무를 수행하는 등 다른 공권력 주체와의 관계에서 지배복종관계가 성립되어 일반 사인처럼 그 지배하에 있는 경우에는 예외적으로 기본권 주체가 될 수 있다.[12] 헌법재판소는 한국방송공사의 '방송의 자유'의 주체성을 인정한 바 있고,[13] 서울대학교의 '학문의 자유'를 인정한 바 있다.

판례) 서울대학교[14]의 기본권 주체성(헌재 1992. 10. 1. 92헌마68등)

국립대학인 **서울대학교는 다른 국가기관 내지 행정기관과는 달리** 공권력 행사자의 지위와 함께 **기본권의 주체라는 점도 중요하게 다루어져야 한다**….청구인들과 서울대학교와의 관계는 기본권 주체와 공권력 주체와의 관계뿐만 아니라 기본권 주체 상호간의 관계이기도 하기 때문이다.

---

12) 헌재 2013. 9. 26. 2012헌마271

13) 공사가 그 방송프로그램에 관한 자유를 누리고 국가나 정치적 영향력, 특정 사회세력으로부터 자유롭기 위하여는 적정한 재정적 토대를 확립하지 아니하면 아니되는 것이다. 이 법은 수신료를 공사의 원칙적인 재원으로 삼고 있으므로 수신료에 관한 사항은 공사가 방송의 자유를 실현함에 있어서 본질적이고도 중요한 사항이라고 할 것이므로 의회 자신에게 그 규율이 유보된 사항이라 할 것이다. 헌재 1999. 5. 27. 98헌바70

## 4. 국가기관

국가기관은 기본권의 수범자이므로 기본권의 주체가 될 수 없다. 국회의원[15], 대통령, 국회노동위원회[16] 등은 기본권의 주체가 될 수 없다. 그러나 국가기관으로서가 아니라 개인으로서의 기본권이 문제가 될 때에는 기본권의 주체가 될 수 있다.

> **판례) 국가기관의 직무를 담당하는 자연인의 기본권 주체성(헌재 2008. 1. 17. 2007헌마700)**
>
> 공적 과제를 수행하는 주체의 권한 내지 직무영역을 제약하는 성격이 강한 경우에는 그 기본권 주체성이 부정될 것이지만, 그것이 일반 국민으로서 국가에 대하여 가지는 헌법상의 기본권을 제약하는 성격이 강한 경우에는 기본권 주체성을 인정할 수 있다.
>
> 개인의 지위를 겸하는 국가기관이 기본권의 주체로서 헌법소원의 청구적격을 가지는지 여부는, 심판대상조항이 규율하는 기본권의 성격, 국가기관으로서의 직무와 제한되는 기본권 간의 밀접성과 관련성, 직무상 행위와 사적인 행위 간의 구별가능성 등을 종합적으로 고려하여 결정되어야 할 것이다.
>
> 그러므로 대통령도 국민의 한사람으로서 제한적으로나마 기본권의 주체가 될 수 있는바, 대통령은 소속 정당을 위하여 정당활동을 할 수 있는 사인으로서의 지위와 국민 모두에 대한 봉사자로서 공익실현의 의무가 있는 헌법기관으로서의 지위를 동시에 갖는데 최소한 전자의 지위와 관련하여는 기본권 주체성을 갖는다고 할 수 있다.

---

14) 국립대학은 대부분 '영조물'이다. 다만 서울대학교는 현재 공법인으로 전환되어 있는 상태이다. 이 결정은 법인이 되기 전 '영조물'이었을 때의 결정이다.

15) 청구인이 이 사건 법률조항에 의하여 침해당하였다고 주장하는 기본권은 청구인이 국회 상임위원회에 소속하여 활동할 권리, 청구인이 무소속 국회의원으로서 교섭단체소속 국회의원과 동등하게 대우받을 권리라는 것으로서 이는 입법권을 행사하는 국가기관인 국회를 구성하는 국회의원의 지위에서 주장하는 권리일지언정 헌법이 일반국민에게 보장하고 있는 기본권이라고 할 수는 없다. 그러므로 국회의 구성원인 지위에서 공권력작용의 주체가 되어 오히려 국민의 기본권을 보호 내지 실현할 책임과 의무를 지는 국회의원이 위와 같은 권한을 침해당하였다고 하더라도 이는 헌법재판소법 제68조 제1항에서 말하는 기본권의 침해에는 해당하지 않으므로, 이러한 경우 국회의원은 개인의 권리구제수단인 헌법소원을 청구할 수 없다고 할 것이다. 헌재 2000. 8. 31. 2000헌마156

16) 국가나 국가기관 또는 국가조직의 일부나 공법인은 기본권의 '수범자(受範者)(Adressat)'이지 기본권의 주체로서 그 '소지자(Trager)'가 아니고 오히려 국민의 기본권을 보호 내지 실현해야 할 '책임'과 '의무'를 지니고 있는 지위에 있을 뿐이므로, 국가기관인 국회의 일부조직인 국회의 노동위원회는 기본권의 주체가 될 수 없고 따라서 헌법소원을 제기할 수 있는 적격이 없다. 헌재 1994. 12. 29. 93헌마120

# Ⅲ 기본권의 효력

## 1. 기본권 효력의 의의

기본권의 효력이란, 말 그대로 기본권이 가지고 있는 '효력'이 무엇인가에 대한 것이다. 기본권은 '권리'이기도 하고 '객관적 법질서'이기도 하기 때문에, '권리'로서의 효력, '객관적 법질서'로서의 효력을 말한다. 따라서 '권리'로서 기본권은 어떤 법적 힘이 있는지, '객관적 법질서'로서 기본권은 누구를 구속하는지에 대한 문제이다.

### 가. 대국가적 효력

기본권은 원칙적으로 개인의 국가에 대한 권리이다. 뿐만 아니라 기본권은 객관적 법질서이기 때문에 국가는 기본권의 수범자의 지위에 서게 된다. 따라서 입법, 사법, 행정 모두 기본권의 수범자로서 기본권을 실현하고 구체화해야 한다. 헌법 제10조는 "국가는 개인이 가지는 불가침의 기본적 인권을 확인하고 이를 보장할 의무를 진다"고 규정하고 있는데, 이 규정은 기본권의 대국가적 효력을 말하는 것이라고 해석할 수 있다.

### 나. 대사인적 효력

기본권의 대사인적 효력(제3자효)이란 기본권이 개인과 개인 간에도 효력을 갖는다는 개념이다. 원칙적으로 기본권은 대국가적 효력이다. 그러나 현대 사회에서는 국가보다 오히려 사인에 의해 기본권적인 권리를 침해당할 가능성이 높다. 예를 들어 계약을 하는 당사자 사이의 힘의 차이 때문에 공정한 계약을 할 수 없다던지, 회사에 고용되어 있는 직원이 회사에 의해 기본권적인 권리를 침해당하던지, 혹은 사립고등학교에 들어간 학생이 자신의 종교적 신념과 다른 종교교육을 받는다던지 하는 것등을 들 수 있다. 이런 사례들에서 객관적 법질서로서의 기본권이 단지 국가와 개인 간이 아니라 개인과 개인 간에도 작동되어야 할 필요가 있고, 그 필요성에 응답하는 이론이 기본권의 대사인효 이론이다. 다만 기본권은 원칙적으로 대국가적 효력을 갖는다는 것은 틀림없기 때문에, 기본권이 과연 사인 간에 직접적으로 효력을 미쳐도 되는 것인지에 대해서는 의견의 대립이 존재해왔다. 이러한 의견대립은 주로 독일 학계와 판례에서 나왔던 것들인데, 대표적으로 직접효력설[17] 간접효력설,[18] 국가행위설[19]이 있다.

독일과 우리의 경우 대사인효를 인정하고, 적용과 관련하여서는 간접효력설을 인정하는 것이 다수설이고 판례의 입장이다. 그러나 근로에 관한 기본권처럼 애초에 사인 간의 관계를 염두에 둔 규정은 직접 적용할 수 있다고 봐야 하고, 국가에 대한 '청구권'처럼 사인 간의 관계에서 발생할 수 없는 문제에 대해서는 대사인효 자체가 발생할 수 없다고 볼 수밖에 없다.

**판례) 기본권의 대사인적 효력**(대법원 2010.4.22. 2008다38288)**-대광학원 종교교육 사건**

헌법상의 **기본권은 제1차적으로 개인의 자유로운 영역을 공권력의 침해로부터 보호하기 위한 방어적 권리이지만 다른 한편으로 헌법의 기본적인 결단인 객관적인 가치질서를 구체화한 것으로서**, 사법을 포함한 모든 법영역에 그 영향을 미치는 것이므로 사인간의 사적인 법률관계도 헌법상의 기본권 규정에 적합하게 규율되어야 한다. 다만 기본권 규정은 그 성질상 사법관계에 직접 적용될 수 있는 예외적인 것을 제외하고는 **사법상의 일반원칙을 규정한 민법 제2조, 제103조, 제750조, 제751조** 등의 내용을 형성하고 그 **해석기준**이 되어 **간접적으로 사법관계에 효력을 미치게 된다.** 종교의 자유라는 기본권의 침해와 관련한 불법행위의 성립여부도 위와 같은 일반규정을 통하여 사법상으로 보호되는 종교에 관한 인격적 법익침해 등의 형태로 구체화되어 논하여져야 한다.

---

17) 직접효력설은 객관적 가치질서인 기본권이 사인 간에 직접 효력을 갖는다는 것으로, 독일연방노동법원이 남녀 임금 평등문제에 대한 사건을 결정하면서, 특히 노동법분야에서의 기본권의 직접효력의 필요성을 강조하였다. 김하열, 위의 책223쪽; 한수웅, 위의 책, 416쪽.

18) 간접효력설은 기본권이 대국가적인 것이 원칙임을 강조하고, 사인간에 효력을 미치기 위해서는 사법의 조항(신의성실, 공서양속조항)을 통해서 간접적으로 미쳐야 한다는 것이다. 김하열, 위의 책224쪽; 한수웅, 위의 책, 417쪽.

19) 국가행위설은 미국에서 state-action-doctrine라고 불리는 이론을 지칭한다. 이 이론은 사인간의 행위라 하더라도, 권리를 침해하고 있는 쪽의 사인이 국가와 어떤 형태로든 관계가 있다면, 예를 들어 국가로부터 토지를 임차해서 사업을 하고 있다던지, 사인간의 분쟁이 사법적인 판단을 받게 되었다던지, 국가로부터 세금등의 재정적 원조를 받고 있다던지 하는 경우에는 국가행위와 동일시 함으로써 상대방의 헌법상의 권리의 효력을 인정한다는 것이다. 김하열, 위의 책225쪽; 한수웅, 위의 책, 423쪽.

## 2. 기본권의 보호의무

### 가. 기본권보호의무의 개념과 근거

기본권보호의무는 주로 사인인 제3자에 의한 기본권적 법익에 대한 침해로부터 보호할 의무를 말한다.[20] 기본권보호의무의 전제는 국가가 기본권의 '침해자'로서가 아니라 기본권의 '수호자'로써의 역할을 갖는다는 것이다. 기본권 보호의무는 독일 연방헌법재판소 판례로부터 발전하였다. 1975년 낙태판결에서 태아의 생명에 대한 국가의 보호의무를 인정하면서 법리가 시작되었고, Schleyer납치 사건[21], 원자력발전소 사건 등을 통해 발전되었다. 기본권보호의무는 헌법 제10조 후문 "국가는 개인이 가지는 불가침의 기본적 인권을 확인하고 이를 보장할 의무를 진다"에 근거한다고 해석된다. 그리고 기본권보호의무는 기본권의 '객관적 법질서'로서의 성격으로부터 도출되는 것으로, 모든 국가기관은 기본권의 수범자이기 때문이다.

### 나. 보호의무 이행에 대한 헌법재판소 통제기준

국가가 국민의 기본권을 보호하기 위한 의무를 다하였는지가 문제되어 헌법재판소에 의하여 판단을 받을 때, 그 통제기준은 '과소보호금지의 원칙'이다. '과소보호금지원칙'은 "국민의 기본권을 보호하기 위한 조치가 필요한 상황인데도 국가가 아무런 보호조치를 취하지 않았든지 아니면 취한 조치가 기본권을 보호하기에 전적으로 부적합하거나 매우 불충분한 것임이 명백한 경우에 한하여 국가의 보호의

20) 기본권 보호의무란 기본권적 법익을 기본권 주체인 사인에 의한 위법한 침해 또는 침해의 위험으로부터 보호하여야 하는 국가의 의무를 말하며, 주로 사인인 제3자에 의한 개인의 생명이나 신체의 훼손에서 문제되는바…헌재 2009. 2. 26. 2005헌마764

21) 1977년 10월 독일의 테러집단이었던 적군파가 당시 독일의 경제연합회 회장이면서 벤츠자동차 회사의 사장이었던 슐라이어를 납치하였다. 슐라이어는 나치당시 나치에 부역하면서 체코인의 희생에 책임이 있다고 평가되던 인물이었다. 적군파는 나치에 의해 희생당한 체코인 수십만명에 대한 보상금을 요구하기 위해 인질로 슐라이어를 납치하였다. 독일 정부는 테러집단의 요구에 응할 수 없다는 입장이었는데, 슐라이어의 가족이 국민의 생명에 대한 국가의 보호의무를 주장하며, 그들의 요구에 응해야 한다는 주장을 하며 독일연방헌법재판소에 소를 제기하였다. 독일연방헌법재판소는 슐라이어에 대한 국가의 보호의무는 인정하였지만, 국가기관이 어떤 보호를 할 것인가에 대해서는 스스로 독자적으로 결정할 수 있어야 한다고 하였다.(BVerfGE 46, 160, 164, Schleier) 결국 슐라이어는 적군파에 의하여 사살되었다.

무 위반이 인정된다"[22] 이 기준은 보호의무의 1차적 책임자인 입법자에게 광범위한 형성권이 있음을 인정하는 기준이다. 따라서 기본권 주체는 국가에게 "특정한 조치"를 취해달라고 요구할 수 없다.

**판례) 과소보호금지원칙** (헌재 2008. 12. 26. 2008헌마419등)

국가가 국민의 생명·신체의 안전에 대한 보호의무를 다하지 않았는지 여부를 헌법재판소가 심사할 때에는 국가가 이를 보호하기 위하여 적어도 적절하고 효율적인 최소한의 보호조치를 취하였는가 하는 이른바 '과소보호 금지원칙'의 위반 여부를 기준으로 삼아, 국민의 생명·신체의 안전을 보호하기 위한 조치가 필요한 상황인데도 국가가 아무런 보호조치를 취하지 않았든지 아니면 취한 조치가 법익을 보호하기에 전적으로 부적합하거나 매우 불충분한 것임이 명백한 경우에 한하여 국가의 보호의무의 위반을 확인하여야 한다.

소해면상뇌증의 위험성, 미국 내에서의 발병사례, 국내에서의 섭취가능성을 감안할 때 미국산 쇠고기가 수입, 유통되는 경우 소해면상뇌증에 감염된 것이 유입되어 소비자의 생명, 신체의 안전이라는 중요한 기본권적 법익이 침해될 가능성을 전적으로 부정할 수는 없으므로, 국가로서는 미국산 쇠고기의 수입과 관련하여 소해면상뇌증의 원인물질인 변형 프리온 단백질이 축적된 것이 유입되는 것을 방지하기 위하여 적절하고 효율적인 조치를 취함으로써 소비자인 국민의 생명, 신체의 안전을 보호할 구체적인 의무가 있다.

이 사건 고시는 가축전염예방법 제34조 제2항에 근거하여 미국산 쇠고기 수입으로 인한 소해면상뇌증 발병 가능성 등에 대응하기 위하여 취해진 보호조치의 일환으로, 사건에 있어서는 고시상의 보호조치가 국가의 기본권 보호의무를 위반함으로써 생명, 신체의 안전과 같은 청구인들의 중요한 기본권적 법익이 침해되었는지 여부가 문제된다.

이 사건 고시가 개정 전 고시에 비하여 완화된 수입위생조건을 정한 측면이 있다 하더라도, 미국산 쇠고기의 수입과 관련한 위험상황 등과 관련하여 개정 전 고시 이후에 달라진 여러 요인들을 고려하고 지금까지의 관련 과학기술 지식과 OIE국제기준 등에 근거하여 보호조치를 취한 것이라면, 이 사건 고시 상의 보호조치가 체감적으로 완벽한 것은 아니라 할 지라도, 위 기준과 그 내용에 비추어 쇠고기 소비자인 국민의 생명, 신체의 안전을 보호하기에 전적으로 부적합하거나 매우 부족하여 그 보호의무를 명백히 위반한 것이라고 단정하기는 어렵다 할 것이다.

22) 헌재 1997. 1. 16. 90헌마110

**판례) 공직선거 선거운동 시 확성장치 사용에 따른 소음 규제기준 부재 사건** (헌재 2019. 12. 27. 2018헌마730)

국가가 국민의 건강하고 쾌적한 환경에서 생활할 권리에 대한 보호의무를 다하지 않았는지 여부를 헌법재판소가 심사할 때에는 국가가 이를 보호하기 위하여 적어도 적절하고 효율적인 최소한의 보호조치를 취하였는가 하는 이른바 '과소보호금지원칙'의 위반 여부를 기준으로 삼아야 한다….(중략) 공직선거법에는 야간 연설 및 대담을 제한하는 규정만 있다. 그러나 대다수의 직장과 학교는 그 근무 및 학업 시간대를 오전 9시부터 오후 6시까지로 하고 있어 그 전후 시간대의 주거지역에서는 정온한 환경이 더욱더 요구된다. 그러므로 출근 또는 등교 시간대 이전인 오전 6시부터 7시까지, 퇴근 또는 하교 시간대 이후인 오후 7시부터 11시까지에도 확성장치의 사용을 제한할 필요가 있다….(중략) 따라서 심판대상조항이 선거운동의 자유를 감안하여 선거운동을 위한 확성장치를 허용할 공익적 필요성이 인정된다고 하더라도 정온한 생활환경이 보장되어야 할 주거지역에서 출근 또는 등교 이전 및 퇴근 또는 하교 이후 시간대에 확성장치의 최고출력 내지 소음을 제한하는 등 사용시간과 사용지역에 따른 수인한도 내에서 확성장치의 최고출력 내지 소음 규제기준에 관한 규정을 두지 아니한 것은, 국민이 건강하고 쾌적하게 생활할 수 있는 양호한 주거환경을 위하여 노력하여야 할 국가의 의무를 부과한 헌법 제35조 제3항에 비추어 보면, 적절하고 효율적인 최소한의 보호조치를 취하지 아니하여 국가의 기본권 보호의무를 과소하게 이행한 것으로서, 청구인의 건강하고 쾌적한 환경에서 생활할 권리를 침해하므로 헌법에 위반된다.

**판례) 민법 제3조 등 위헌소원** (헌재 2008. 7. 31. 2004헌바81)

태아는 형성 중의 인간으로서 생명을 보유하고 있으므로 국가는 태아를 위하여 각종 보호조치들을 마련해야 할 의무가 있다. 하지만 그와 같은 국가의 기본권 보호의무로부터 태아의 출생 전에, 또한 태아가 살아서 출생할 것인가와는 무관하게, 태아를 위하여 민법상 일반적 권리능력까지도 인정하여야 한다는 헌법적 요청이 도출되지는 않는다. 법치국가원리로부터 나오는 법적안정성의 요청은 인간의 권리능력이 언제부터 시작되는가에 관하여 가능한 한 명확하게 그 시점을 확정할 것을 요구한다. 따라서 인간이라는 생명체의 형성이 출생 이전의 그 어느 시점에서 시작됨을 인정하더라도, 법적으로 사람의 시기를 출생의 시점에서 시작되는 것으로 보는 것이 헌법적으로 금지된다고 할 수 없다….그렇다면 이 사건 법률조항들이 권리능력의 존재 여부를 출생 시를 기준으로 확정하고 태아에 대해서는 살아서 출생할 것을 조건으로 손해배상청구권을 인정한다 할지라도 이러한 입법적 태도가 입법형성권의 한계를 명백히 일탈한 것으로 보기는 어려우므로 이 사건 법률조항들이 국가의 생명권 보호의무를 위반한 것이라 볼 수 없다.

**판례) 대한민국과 일본국 간의 재산 및 청구권에 관한 문제의 해결과 경제협력에 관한 협정 제3조 부작위 위헌확인(2011. 8. 30. 2008헌마648)**

우리 헌법은 제10조에서 "모든 국민은 인간으로서의 존엄과 가치를 가지며, 행복을 추구할 권리를 가진다. 국가는 개인이 가지는 불가침의 기본적 인권을 확인하고 이를 보장할 의무를 진다."고 규정하고 있는데, 이 때 인간의 존엄성은 최고의 헌법적 가치이자 국가목표규범으로서 모든 국가기관을 구속하며, 그리하여 국가는 인간존엄성을 실현해야 할 의무와 과제를 안게 됨을 의미한다. 따라서 인간의 존엄성은 '국가권력의 한계'로서 국가에 의한 침해로부터 보호받을 개인의 방어권일 뿐 아니라, '국가권력의 과제'로서 국민이 제3자에 의하여 인간존엄성을 위협받을 때 국가는 이를 보호할 의무를 부담한다.

또한 헌법 제2조 제2항은 "국가는 법률이 정하는 바에 의하여 재외국민을 보호할 의무를 진다."라고 규정하고 있는바, 이러한 재외국민 보호의무에 관하여 헌법재판소는 "헌법 제2조 제2항에서 규정한 재외국민을 보호할 국가의 의무에 의하여 재외국민이 거류국에 있는 동안 받는 보호는 조약 기타 일반적으로 승인된 국제법규와 당해 거류국의 법령에 의하여 누릴 수 있는 모든 분야에서의 정당한 대우를 받도록 거류국과의 관계에서 국가가 하는 외교적 보호와 국외거주 국민에 대하여 정치적인 고려에서 특별히 법률로써 정하여 베푸는 법률·문화·교육 기타 제반영역에서의 지원을 뜻하는 것이다."라고 판시함으로써(헌재 1993. 12. 23. 89헌마189, 판례집 5-2, 646), 국가의 재외국민에 대한 보호의무가 헌법에서 도출되는 것임을 인정한 바 있다.

한편, 우리 헌법은 전문에서 "3·1운동으로 건립된 대한민국임시정부의 법통"의 계승을 천명하고 있는바, 비록 우리 헌법이 제정되기 전의 일이라 할지라도 국가가 국민의 안전과 생명을 보호하여야 할 가장 기본적인 의무를 수행하지 못한 일제강점기에 징병과 징용으로 일제에 의해 강제이주 당하여 전쟁수행의 도구로 활용되다가 원폭피해를 당한 상태에서 장기간 방치됨으로써 심각하게 훼손된 청구인들의 인간으로서의 존엄과 가치를 회복시켜야 할 의무는 대한민국임시정부의 법통을 계승한 지금의 정부가 국민에 대하여 부담하는 가장 근본적인 보호의무에 속한다고 할 것이다.

위와 같은 헌법 규정들 및 이 사건 협정 제3조의 문언에 비추어 볼 때, 피청구인이 위 제3조에 따라 분쟁해결의 절차로 나아갈 의무는 일본국에 의해 자행된 일련의 불법행위에 의하여 인간의 존엄과 가치를 심각하게 훼손당한 자국민들이 배상청구권을 실현할 수 있도록 협력하고 보호하여야 할 헌법적 요청에 의한 것으로서, 그 의무의 이행이 없으면 청구인들의 기본권이 중대하게 침해될 가능성이 있으므로, 피청구인의 작위의무는 헌법에서 유래하는 작위의무로서 그것이 법령에 구체적으로 규정되어 있는 경우라고 할 것이다.

나아가 특히, 우리 정부가 직접 원폭피해자들의 기본권을 침해하는 행위를 한 것은 아니지만, 위 피해자들의 일본에 대한 배상청구권의 실현 및 인간으로서의 존엄과 가치의 회복을 하는 데 있어서 현재의 장애상태가 초래된 것은 우리 정부가 청구권의 내용을 명확히 하지

| 않고 '모든 청구권'이라는 포괄적인 개념을 사용하여 이 사건 협정을 체결한 것에도 책임이 있다는 점에 주목한다면, 피청구인에게 그 장애상태를 제거하는 행위로 나아가야 할 구체적 의무가 있음을 부인하기 어렵다. |
|---|

## 3. 기본권의 충돌

### 가. 기본권 충돌의 개념

기본권의 충돌이란 상이한 기본권의 주체가 서로의 권익을 실현하기 위해 하나의 동일한 사건에서 국가에 대하여 서로 대립되는 기본권의 적용을 주장하는 경우를 말한다.[23] 기본권 충돌은 한 기본권 주체의 기본권 행사가 다른 기본권 주체의 기본권 행사를 제한 또는 희생시킨다는 데 그 특징이 있다.[24] 언론사가 특정인에 대한 기사를 보도할 때, 언론·출판의 자유와 인격권이 충돌할 수 있다. 종립고등학교가 학생들에게 종교교육을 시킬 때, 학교의 종교의 자유와 학생의 종교의 자유는 충돌할 수 있다. 애연가의 행복을 추구할 권리와 비흡연자의 건강권은 충돌할 수 있다.

예) 혐연권 vs. 흡연권
반론보도청구권 vs. 언론의 자유
근로자의 단결거부권 vs. 노동조합의 단결권

### 나. 기본권 충돌의 해결기준

기본권이 충돌하는 경우에 헌법재판소는 '실제적 조화의 원칙(규범조화적 원칙)'의 기준으로 판단하는 것이 보통이다. 실제적 조화의 원칙은 헌법의 통일성을 유지하기 위하여 상충하는 기본권 모두를 최대한으로 그 기능과 효력을 발휘할 수 있도록 방법을 모색하는 것이다.[25] 이 경우 충돌하는 기본권의 상호 양보가 전제된다.

23) 헌재 2005. 11. 24. 2002헌바95
24) 헌재 2005. 11. 24. 2002헌바95

**판례) 언론 · 출판의 자유와 반론권** (헌재 1991. 9. 16. 89헌마165)-**파스퇴르 사건**

반론권은 보도기관이 사실에 대한 보도과정에서 타인의 인격권 및 사생활의 비밀과 사유에 대한 중대한 침해가 될 직접적 위험을 초래하게 되는 경우 이러한 법익을 보호하기 위한 적극적 요청에 의하여 마련된 제도인 것이지 언론의 자유를 제한하기 위한 소극적 필요에서 마련된 것은 아니기 때문에 이에 따른 보도기관이 누리는 언론의 자유에 대한 제약의 문제는 결국 피해자의 반론권과 서로 충돌하는 관계에 있는 것으로 보아야 할 것이다. 이와 같이 두 기본권이 서로 충돌하는 경우에는 헌법의 통일성를 유지하기 위하여 상충하는 기본권 모두가 최대한으로 그 기능과 효력을 나타낼 수 있도록 하는 조화로운 방법이 모색되어야 할 것이고, 결국은 이 법에 규정한 정정보도청구제도가 과잉금지의 원칙에 따라 그 목적이 정당한 것인가 그러한 목적을 달성하기 위하여 마련된 수단 또한 언론의 자유를 제한하는 정도가 인격권과의 사이에 적정한 비례를 유지하는 것인가의 여부가 문제된다 할 것이다.

**판례) 직업선택의 자유와 대학의 자율성**(헌재 2013. 5. 30. 2009헌마514)

학생의 선발, 입학의 전형도 사립대학의 자율성의 범위에 속한다는 점, 여성 고등교육기관이라는이화여자대학교의정체성에 비추어 여자대학교라는 정책의 유지 여부는 대학 자율성의 본질적인 부분에 속한다는 점, 이 사건 인가처분으로 인하여 남성인 청구인이 받는 불이익이 크지 않다는 점 등을 고려하면, 이 사건 인가처분은 청구인의 직업선택의 자유와 대학의 자율성이라는 두 기본권을 합리적으로 조화시킨 것이며 양 기본권의 제한에 있어 적정한 비례관계를 유지한 것이라고 할 것이다. 따라서 이 사건 인가처분이 청구인의 직업선택의 자유를 침해한다고 할 수 없다.

그러나 간혹 충돌되는 기본권 중 하나가 더 중요하다고 판단되는 경우에는 상호조화가 아니라 위계질서에 의해 상위기본권을 우선시키기도 한다.

**판례) 혐연권과 흡연권**(헌재 2004. 8. 26. 2003헌마457)

흡연자와 비흡연자가 함께 생활하는 공간에서의 흡연행위는 필연적으로 흡연자의 기본권과 비흡연자의 기본권이 충돌하는 상황이 초래된다.

그런데 흡연권은 위와 같이 사생활의 자유를 실질적 핵으로 하는 것이고 혐연권은 사생활의 자유뿐만 아니라 생명권에까지 연결되는 것이므로 혐연권이 흡연권보다 상위의 기본권이라 할 수 있다. 이처럼 상하의 위계질서가 있는 기본권끼리 충돌하는 경우에는 상위기본권우선의 원칙에 따라 하위기본권이 제한될 수 있으므로, 결국 흡연권은 혐연권을 침해하지 않는 한에서 인정되어야 한다.

25) 헌재 2013. 5. 30. 2009헌마514

**판례) 적극적 단결권과 단결하지 않을 자유**(헌재 2005. 11. 24. 2002헌바95등)

이 사건 법률조항은 노동조합의 조직유지·강화를 위하여 당해 사업장에 종사하는 근로자의 3분의 2 이상을 대표하는 노동조합(이하 '지배적 노동조합' 이라 한다)의 경우 단체협약을 매개로 한 조직강제[이른바 유니언 샵(Union Shop) 협정의 체결]를 용인하고 있다. 이 경우 근로자의 단결하지 아니할 자유와 노동조합의 적극적 단결권(조직강제권)이 충돌하게 되나, 근로자에게 보장되는 적극적 단결권이 단결하지 아니할 자유보다 특별한 의미를 갖고 있고, 노동조합의 조직강제권도 이른바 자유권을 수정하는 의미의 생존권(사회권)적 성격을 함께 가지는 만큼 근로자 개인의 자유권에 비하여 보다 특별한 가치로 보장되는 점 등을 고려하면, 노동조합의 적극적 단결권은 근로자 개인의 단결하지 않을 자유보다 중시된다고 할 것이고, 또 노동조합에게 위와 같은 조직강제권을 부여한다고 하여 이를 근로자의 단결하지 아니할 자유의 본질적인 내용을 침해하는 것으로 단정할 수는 없다.

**판례) 교사의 수업권과 학생의 수학권 (헌재 1992. 11. 12. 89헌마88)**

국민(國民)의 수학권(修學權)(헌법 제31조 제1항의 교육(敎育)을 받을 권리(權利))과 교사(敎師)의 수업(授業)의 자유(自由)는 다같이 보호되어야 하겠지만 그 중에서도 국민(國民)의 수학권(修學權)이 더 우선적으로 보호되어야 한다.

## 4. 기본권의 경합

기본권의 경합은 특정 사건에서 기본권 주체가 복수의 기본권 침해를 동시에 주장하는 경우를 말한다. 예를 들어 학교정화구역내에서 극장영업을 금지하자, 극장사업을 하고 싶어하는 사람이 직업의 자유, 예술의 자유, 표현의 자유를 주장하는 경우를 말한다. 기본권의 경합시 헌법재판소는 사안과 가장 밀접한 관계에 있고 침해의 정도가 큰 주된 기본권을 중심으로 그 제한의 한계를 따져야 한다고 한다.[26)]

---

26) 헌재 1998. 4. 30. 95헌가16

**판례) 기본권 경합시 판단방법**(헌재 2002. 4. 25. 2001헌마614)

하나의 규제로 인해 여러 기본권이 동시에 제약을 받는다고 주장하는 경우에는 기본권침해를 주장하는 청구인의 의도 및 기본권을 제한하는 입법자의 객관적 동기 등을 참작하여 먼저 사안과 가장 밀접한 관계에 있고 또 침해의 정도가 큰 주된 기본권을 중심으로 해서 그 제한의 한계를 따져 보아야 한다. 청구인들의 주장취지 및 입법자의 동기를 고려하면 이 사건 법률조항으로 인한 규제는 직업의 자유와 가장 밀접한 관계에 있다.

**판례) 기본권 경합시 판단방법**(헌재 1998. 4. 30. 95헌가16)

이 사건 법률조항은 등록된 출판사가 음란 또는 저속한 간행물을 출판하여 공중도덕이나 사회윤리를 침해하였다고 인정되는 경우 등록청이 그 출판사의 등록을 취소할 수 있도록 하고 있다. 우선 이러한 등록취소제가 제청신청인의 어떠한 기본권을 제한하고 있는지 살펴 보기로 한다….(중략)그러므로 이 사건 법률조항은 언론·출판의 자유, 직업선택의 자유 및 재산권을 경합적으로 제약하고 있다. 이처럼 하나의 규제로 인해 여러 기본권이 동시에 제약을 받는 기본권경합의 경우에는 기본권침해를 주장하는 제청신청인과 제청법원의 의도 및 기본권을 제한하는 입법자의 객관적 동기 등을 참작하여 사안과 가장 밀접한 관계에 있고 또 침해의 정도가 큰 주된 기본권을 중심으로 해서 그 제한의 한계를 따져 보아야 할 것이다. 이 사건에서는 제청신청인과 제청법원이 언론·출판의 자유의 침해를 주장하고 있고, 입법의 일차적 의도도 출판내용을 규율하고자 하는 데 있으며, 규제수단도 언론·출판의 자유를 더 제약하는 것으로 보이므로 언론·출판의 자유를 중심으로 해서 이 사건 법률조항이 그 헌법적 한계를 지키고 있는지를 판단하기로 한다.

**판례) 기본권 경합시 판단방법**(헌재 2004. 5. 27. 2003헌가1등)

이 사건 법률조항은 정화구역 내에서 극장시설 및 영업행위를 금지하고 있는바, 이 사건 위헌법률심판의 쟁점은 우선 이 사건 법률조항이 정화구역 내에서 극장영업을 하고자 하는 자의 직업의 자유를 침해하여 위헌인지 여부이다. 아울러 학생들의 문화향유에 관한 행복추구권도 문제가 된다고 할 것이다. 한편, 극장의 자유로운 운영에 대한 제한은 공연물·영상물이 지니는 표현물, 예술작품으로서의 성격에 기하여 직업의 자유에 대한 제한으로서의 측면 이외에 표현의 자유 및 예술의 자유의 제한과도 관련성을 가지고 있다.

이와 같이 하나의 규제로 인해 여러 기본권이 동시에 제약을 받는 기본권경합의 경우에는 기본권침해를 주장하는 제청신청인과 제청법원의 의도 및 기본권을 제한하는 입법자의 객관적 동기 등을 참작하여 사안과 가장 밀접한 관계에 있고 또 침해의 정도가 큰 주된 기본권을 중심으로 해서 그 제한의 한계를 따져 보아야 할 것이다. 살피건대, 이 사건 법률조항에 의한 표현 및 예술의 자유의 제한은 극장 운영자의 직업의 자유에 대한 제한을 매개로 하여 간접적으로 제약되는 것이라 할 것이고, 입법자의 객관적인 동기 등을 참작하여 볼 때 사안과 가장 밀접한 관계에 있고 또 침해의 정도가 가장 큰 주된 기본권은 직업의 자유라고 할 것이다. 따라서 이하에서는 직업의 자유의 침해여부를 중심으로 살피는 가운데 표현·예술의 자유의 침해여부에 대하여도 부가적으로 살펴보기로 한다.

다만, 경합하는 기본권이 일반-특별의 관계에 있는 경우에는 특별한 위치에 있는 기본권이 심사적용의 대상이 되어야 하고, 행복추구권이 다른 개별기본권이 경합하는 경우에는 개별기본권이 적용되어야 한다. 즉 직업의 자유와 공무담임권이 경합하는 때에는 공무담임권이 대상이 되어야 하고[27], 사생활의 비밀과 통신의 비밀이 경합하는 경우에는 통신의 비밀[28] 적용되어야 한다. 그리고 행복추구권과 직업의 자유가 경합하는 경우에는 직업의 자유만 적용되어야 한다.[29]

# Ⅳ 기본권의 제한

## 1. 기본권 제한의 개념

헌법 제37조 제2항은 국민의 자유와 권리가 제한될 수 있음을 규정하고 있다. 즉 기본권이라고 해서 제한없이 누리고 행사할 수 있는 것이 아니다. 기본권은

---

27) 침해된 기본권의 하나로 직업선택의 자유도 주장하고 있지만, 공무담임권을 침해하는지 여부를 심사하는 이상 이와 별도로 직업선택의 자유 침해 여부를 심사할 필요는 없다. 헌재 2001. 2. 22. 2000헌마25등

28) 이 사건 법률조항은 범죄수사를 위하여 통신제한조치를 받고 있는 자에게 법원의 허가를 통하여 그 통신제한조치기간을 2월의 범위 내에서 횟수 제한 없이 연장받을 수 있도록 하는 근거가 되어 헌법 제18조 통신의 자유 중에서도 가장 핵심내용인 '통신의 비밀'을 제한하고 있다. 제청법원은 그 밖에 이 사건 법률조항이 사생활의 비밀을 침해한다고도 주장하지만, 이 사건 법률조항은 사생활의 비밀의 특별한 영역으로 헌법이 개별적인 기본권으로 보호하는 통신의 비밀을 제한하고 있다는 점에서 별도로 사생활의 비밀을 침해하는지 여부를 검토할 필요는 없다. 헌재 2010. 12. 28. 2009헌가30

29) 어떠한 법령이 수범자의 직업의 자유와 행복추구권 양자를 제한하는 외관을 띠는 경우 두 기본권의 경합 문제가 발생하는데, 보호영역으로서 '직업'이 문제되는 경우 행복추구권과 직업의 자유는 서로 일반특별관계에 있어 기본권의 내용상 특별성을 갖는 직업의 자유의 침해 여부가 우선하므로 행복추구권 관련 위헌 여부의 심사는 배제되어야 한다. 헌재 2008. 11. 27. 2005헌마161등

타인과 함께 살아가는 공동체에서 배려하고 질서를 지키면서 행사하는 것이기 때문이다. 그렇기 때문에 헌법 제37조 제2항은 “국민의 모든 자유와 권리는 국가안전보장 · 질서유지 또는 공공복리를 위하여 필요한 경우에 한하여 법률로써 제한할 수 있으며, 제한하는 경우에도 자유와 권리의 본질적인 내용을 침해할 수 없다.”라고 하여 기본권을 제한하기 위한 조건을 규정하고 있다. 이 요건에 맞게 기본권을 제한하였다면 ‘정당한 제한’이고, 이 요건을 갖추지 못했다면 ‘정당하지 않은 제한’ 즉 위헌적인 제한이 되어 ‘기본권의 침해’라고 할 수 있다. 헌법 제37조 제2항은 기본권을 제한할 때 ‘법률’로 하라고 규정하고 있기 때문에 이를 기본권 제한의 법률유보라고 한다. 그런데 헌법은 법률을 거치지 않고 직접적으로 기본권을 제한하는 규정을 두고 있기도 하다. 예를 들어 헌법 제21조 제4항은 “언론 · 출판은 타인의 명예나 권리 또는 공중도덕이나 사회윤리를 침해하여서는 아니된다. 언론 · 출판이 타인의 명예나 권리를 침해한 때에는 피해자는 이에 대한 피해의 배상을 청구할 수 있다.”고 규정하여 헌법이 직접적으로 표현의 자유를 제한하고 있다. 이러한 형식은 기본권 제한의 헌법유보라고 한다. 그 외에도 헌법 제8조 제4항은 정당의 자유를 직접 제한하고 있고, 제29조 제2항은 공무원의 국개배상청구권을 직접 제한하고 있다.[30]

## 2. 기본권 제한의 원칙 및 심사기준

### 가. 헌법 제37조 제2항에 의한 기본권 제한

기본권 제한에 대한 근거는 헌법 제37조 제2항으로 기본권을 제한하기 위해서는 ‘국가안전보장, 질서유지, 공공복리’와 같은 목적이 있어야 하고, 반드시 ‘법률로써’(법률유보 원칙) 해야 하고, ‘필요한 경우에 한하여’(과잉금지원칙) 해야 하고, ‘본질적 내용을 침해’해서는 안 된다.

---

30) 그 외에도 헌법 제33조 제2항의 공무원의 근로3권과 헌법 제23조 제2항의 재산권의 사회적 구속성 조항도 헌법유보조항으로 본다. 김하열, 위의 책, 271쪽; 이민열, 최규환, 기본권의 기초이론, 한국방송통신대학교출판문화원, 2021, 50-51쪽; 한수웅, 위의 책, 473쪽.

### 1) 국가안전보장, 질서유지, 공공복리

목적상의 한계

### 2) 법률로써(법률유보의 원칙)

기본권을 제한할 때에는 국민의 대표기관인 국회가 정한 법률에 의해 해야 한다. 다만, 법률유보의 원칙은 '법률에 의한' 규율만을 의미하는 것이 아니라 '법률에 근거한'규율에 의한 것이면 족하기 때문에 위임입법에 의한 기본권 제한도 가능하다.

### 3) 필요한 경우에 한하여(과잉금지원칙)

'과잉금지원칙'이란 기본권을 제한 하는 경우에 '필요한 만큼'만, 즉 '최소한의 정도'에 그칠 것을 요구하는 원칙이다. 과잉금지원칙은 '비례성의 원칙'과 동일하게 이해하면 되는 데, 세부적으로는 '목적의 정당성', '수단의 적절성', '침해의 최소성', '법익의 균형성'의 4단계를 요구한다.

'목적의 정당성'이란 기본권 제한을 하려는 목적이 정당해야 함을 의미한다. 기본권을 제한하는 목적이 헌법적인 가치에 위배되지 않아야 함을 의미한다.[31] '수단의 적절성'이란 기본권 제한을 위해 사용되는 수단이 목적을 달성하는데 효과가 있는가를 묻는다. 주의할 것은 여기에서 그 수단이 목적을 달성하는 제일 적절하고 알맞은 수단이어야 한다는 의미가 아니다. 수단은 목적을 달성하는 데 기여할 수 있는 것이면 족하다. 즉 새집을 없애기 위해서 대포를 쏘는 것은 효율적인 방법은 아니지만 효과는 있다. 이 때 수단의 적절성이 인정된다. 즉 수단의 적합성은 그 수단이 유일한 수단일 것을 요하는 것이 아니다.[32] 따라서 '목적의 정당성'과 '수단의 적절성'을 판단하는 데에는 세밀한 가치판단이나 형량이 요구되는 부분이 아니다.

그러나 그 다음 뒤따르는 2개의 단계는 상당한 정도의 밀도있는 검토가 행해지게 된다. 우선 '침해(피해)의 최소성'은 목적을 달성하려는 수단이 최선의 것인가를 묻는다. 즉 기본권 제한을 최소화하는 수단을 사용하였는지, 혹시 제시된 수단보다 더 나은 대안은 있었는지를 검토해야 한다. 예를 들어 침해(피해)의 최소성의 관점

31) 한수웅, 위의 책, 489쪽

32) 헌재1989. 12. 22. 88헌가13

에서, 입법자는 기본권 행사의 '방법'에 관한 규제로써 공익을 실현할 수 있는가를 시도하고 이러한 방법으로는 공익달성이 어렵다고 판단되는 경우에 비로소 그 다음 단계인 기본권행사의 '여부'에 관한 규제를 선택해야 한다.[33] 또는 기본권침해의 정도가 덜한 임의적 취소제도의 적절한 운용을 통하여 입법목적을 달성하려는 노력은 기울이지 아니한 채 기본권침해의 정도가 한층 큰 필요적 취소제도를 사용한다면 최소침해성 위반이 된다.[34] 마지막으로 '법익의 균형성'은 기본권을 제한하려는 목적(공익)이 제한당하는 기본권에 비해 더 크거나 양자 간에 균형을 이루는 지를 검토한다. '법익의 균형성'은 '협의의 비례의 원칙'이라고도 한다.

#### 4) 본질적인 내용 침해 금지

헌법 제37조 제2항은 기본권을 제한하는 경우 법률유보와 필요성원칙 외에도 기본권의 본질적 내용을 침해하지 말 것을 요청하고 있다. 그런데 문제는 기본권의 '본질적인 내용'이 무엇인지 분명하지 않다는 것이다. 헌법재판소는 '제한으로 인해 기본권 자체가 무의미 해지는 경우'가 본질적 내용의 침해이며 본질적 내용은 '개별기본권마다 다를 수 있다'고 밝힌 바 있다.[35] 그런데 생명권과 관련된 사형제도 사건에서는 사형의 형벌이 생명을 빼앗는 수단이어서, '제한으로 기본권 자체가 무의미해지는 경우'임에도 불구하고 본질적 내용의 침해가 아니라고 하였다.[36]

### 나. 그 밖의 원칙과 기준

기본권 제한에 대한 방식과 기준에 대해서는 헌법 제37조 제2항과 특히 과잉금지원칙이 작동하지만, 기본권의 제한의 정당성은 그 밖에 명확성의 원칙, 신뢰보호의 원칙, 적법절차원칙, 과소보호금지원칙(사회권의 경우) 등 다른 기준도 적용될수 있다. 이러한 원칙과 기준에 대해서는 개별기본권을 검토하면서 다룬다.

---

33) 헌재 1998. 5. 28. 96헌가5
34) 헌재 2000. 6. 1. 99헌가11등
35) 헌재 1995. 4. 20. 92헌바29
36) 생명권 역시 헌법 제37조 제2항에 의한 일반적 법률유보의 대상이 될 수밖에 없는 것이나, 생명권에 대한 제한은 곧 생명권의 완전한 박탈을 의미한다 할 것이므로, 사형이 비례의 원칙에 따라서 최소한 동등한 가치가 있는 다른 생명 또는 그에 못지 아니한 공공의 이익을 보호하기 위한 불가피성이 충족되는 예외적인 경우에만 적용되는 한, 그것이 비록 생명을 빼앗는 형벌이라 하더라도 헌법 제37조 제2항 단서에 위반되는 것으로 볼 수는 없다. 헌재 1996. 11. 28. 95헌바1

제2장

# 인간의 존엄과 가치·행복추구권

# 제2장 인간의 존엄과 가치·행복추구권

## Ⅰ. 인간의 존엄과 가치

| 제10조 모든 국민은 인간으로서의 존엄과 가치를 가지며, 행복을 추구할 권리를 가진다. 국가는 개인이 가지는 불가침의 기본적 인권을 확인하고 이를 보장할 의무를 진다. |
|---|

### 1. 개념과 법적 성격

#### 가. 의미

헌법의 제2장 '국민의 권리와 의무'의 시작인 제10조는 "모든 국민은 인간으로서의 존엄과 가치를 가지며"라고 규정하고 있다. 인간의 존엄과 가치는 그 어떤 조건이나 근거를 요하지 않고 오직 인간이라는 이유만으로 그를 존엄한 대상으로 대우하라고 요청하는 것이다. 다만 '존엄'이라는 개념은 추상적이기 때문에 어떤 내용으로 규범력을 가져야 하는지 문제될 수 있다. 인간을 어떻게 대우하여야 존엄하게 대하는 것인지에 대해 표지가 없기 때문이다. 독일연방헌법재판소는 "인간이 수단이 아니라 목적으로 실존해야 한다"고 하고,[37] 헌법이 전제하고 있는 인간상(Menschenbild)을 "인간을 자유롭게 스스로 결정하며 스스로를 발현하는 소질을 부여받은 정신적·윤리적 존재로 보는 관념"은 헌법상 인간존엄규범의 기초가 된다. 한편 헌법은 자유를 "고립적이고 독단적인 개인의 자유로 이해하지 않고, 공동체 관련적이고 공동체 구속적인 개인의 자유"라고 말한다.[38] 헌법재판소 역시

37) BVerfGE 9, 89(95), 50, 125(133)

38) BVerfGE 45, 187, 227; BVerfGE 4, 7, 15; BVerfGE 27, 1, 7; BVerfGE 30, 173, 193; BVerfGE

"자신이 스스로 선택한 인생관 · 사회관을 바탕으로 사회공동체 안에서 각자의 생활을 자신의 책임 아래 스스로 결정하고 형성하는" 동시에 "공동체에 관련되고 공동체에 구속되어 있기는 하지만 그로 인하여 자신의 고유가치를 훼손당하지 아니하고 개인과 공동체의 상호연관 속에서 균형을 잡고 있는 인격체"인 인격주의적 인간상을 헌법이 이해하고 전제하는 인간상으로 보고 있다.[39] 인간상은 존엄한 대우를 받을 인간의 자격을 말하는 것이 아니라 인간존엄성을 보장하기 위해 노력하는 국가에 대해 국가의 작용이 제대로 된 방향성을 띄고 있는지를 스스로 점검할 어떤 하나의 척도로서 헌법상의 인간상이 제시되는 것이라고 보는 것이 타당하다.[40] 인간은 합리적 선택을 할 수 있는 능력이 있는 지 여부를 따지지 않고 존엄한 대우를 받아야 한다. 다만, 인간을 존엄하게 대하는 것이 어떤 의미인지 적극적으로 논하는 것이 어렵기 때문에 독일 연방헌법재판소처럼 소극적인 인식을 통해 그 개념을 파악하는 것이 유리한데, 인간이 수단이나 객체가 되어서는 안된다는 '객체공식'[41]을 중심으로 개별적 · 구체적 사례에 비춰 파악해야 한다.[42]

### 나. 객관적 법질서, 헌법의 최고원리

인간의 존엄과 가치는 헌법이념의 핵심으로, 국가는 헌법에 규정된 개별적 기본권을 비롯하여 헌법에 열거되지 아니한 자유와 권리까지도 이를 보장하여야 하며,

---

32, 98, 108; BVerfGE 33, 303, 334; BVerfGE 45, 187, 227; BVerfGE 50, 166, 175; BVerfGE 50, 290, 353.

39) 헌재 1998. 5. 28. 96헌가5, 판례집 10-1, 541, 555; 헌재 2000. 4. 27. 98헌가16 등, 판례집 12-1, 427, 461; 헌재 2003. 10. 30. 2002헌마518, 판례집 15-2하, 185, 201.

40) 최규환, 인간존엄의 형량가능성, 헌법재판소 헌법재판연구원, 2017. 6쪽.

41) 객체공식(Objektformel)은 귄터 뒤리히(Günter Dürig)가 인간존엄성에 대한 칸트의 이해를 헌법적으로 도입안 이론이다. 뒤리히는 그의 주석서에서 "인간존엄성은 구체적인 인간이 한낱(단순한) 수단으로, 대체될 수 있는 정도의 중요성을 가진 것으로 축소될 때 침해된다."고 하였다.Günter Dürig/Theodor Maunz, Grundgesetz, 1958, Art. 1 Abs.1 Rn.28, Rn.34. 최규환, 위의 글, 9쪽 재인용.

42) '공동체 구성원 중 특정집단을 경멸 · 멸시하거나 이등시민으로 격하시킴으로써 대등하고 평등한 구성원들로 이루어진 공동체의 형성을 가로막는 행위(노예제, 인신매매, 강제노동, 인종이나 피부색을 이유로 한 차별적 입법 등), 각 개인의 자율적 인격체로서의 지위를 부정하는 행위(고문, 세뇌, 군대를 동원한 집단강간), 생존을 위한 최소한도의 경제적 조건마저 빼앗거나 보장해주지 못하는 경우' 등을 인간존엄성의 사례로 제시한 H. Dreier(Hrsg.), Grundgesetz-Kommentar, Bd. Ⅰ, Mohr Siebeck, 1996, Art.1.

이를 통하여 개별 국민이 가지는 인간으로서의 존엄과 가치를 존중하고 확보하여야 한다[43]

### 다. 주관적 권리

인간의 존엄은 주관적인 권리이기도 하다. 제10조가 인간의 존엄을 '권리'로 규정되어 있지 않기 때문에 주관적 권리성을 부정하는 견해도 있지만, 권리성이 인정되어야 직접적으로 인간의 존엄을 헌법소원을 통해 요구하고 구제받을 수 있다. 헌법재판소는 주관적 권리성을 인정한다.[44]

## 2. 헌법재판소 결정례에 나타난 인간존엄의 내용과 사례

**광주교도소장이 2000. 3. 7.부터 2001. 4. 2.까지 총 392일(가죽수갑 388일)동안 광주교도소에 수용되어 있는 청구인에게 상시적으로 양팔을 사용할 수 없도록 금속수갑과 가죽수갑을 착용하게 한 것이 청구인의 신체의 자유 등 기본권을 침해하였다고 판시한 사례(헌재 2003.12.18. 2001헌마163)**

피청구인이 수용시설의 안전과 질서유지를 책임지는 교도소의 소장으로서 청구인의 도주 및 자살, 자해 등을 막기 위하여 수갑 등의 계구를 사용한 목적이 정당하고 이 사건 계구사용행위가 이를 위한 적합한 수단이라 볼 수 있다. 그러나 청구인은 1년이 넘는 기간 동안 일주일에 1회 내지 많으면 수회, 각 약 30분 내지 2시간 동안 탄원서나 소송서류의 작성, 목욕, 세탁 등을 위해 일시적으로 해제된 것을 제외하고는 항상 이중금속수갑과 가죽수갑을 착용하여 두 팔이 몸에 고정된 상태에서 생활하였고 이와 같은 상태에서 식사, 용변, 취침을

---

43) 헌재 2000. 6. 1. 98헌마216

44) 헌법 제10조에서 규정한 인간의 존엄과 가치는 헌법이념의 핵심으로, 국가는 헌법에 규정된 개별적 기본권을 비롯하여 헌법에 열거되지 아니한 자유와 권리까지도 이를 보장하여야 하며, 이를 통하여 개별 국민이 가지는 인간으로서의 존엄과 가치를 존중하고 확보하여야 한다는 헌법의 기본원리를 선언한 조항이다. 따라서 자유와 권리의 보장은 1차적으로 헌법상 개별적 기본권규정을 매개로 이루어지지만, 기본권제한에 있어서 인간의 존엄과 가치를 침해한다거나 기본권형성에 있어서 최소한의 필요한 보장조차 규정하지 않음으로써 결과적으로 인간으로서의 존엄과 가치를 훼손한다면, 헌법 제10조에서 규정한 인간의 존엄과 가치에 위반된다고 할 것이다. 헌재 2000. 6. 1. 98헌마216

함으로써 일상생활을 정상적으로 수행할 수 없었으므로 그로 인하여 신체적, 정신적으로 건강에 해를 입었을 가능성이 높고 인간으로서 최소한의 품위유지조차 어려운 생활을 장기간 강요당했다. 또한 적어도 기본적인 생리현상을 해결할 수 있도록 일시적으로 계구를 해제하거나 그 사용을 완화하는 조치가 불가능하였다고 볼 수도 없고, 청구인에게 도주의 경력이나 정신적 불안과 갈등으로 인하여 자살, 자해의 위험이 있었다 하더라도 그러한 전력과 성향이 1년 이상의 교도소 수용기간동안 상시적으로 양팔을 몸통에 완전히 고정시켜둘 정도의 계구 사용을 정당화 할 만큼 분명하고 구체적인 사유가 된다고 할 수 없다. 따라서 이 사건 계구 사용행위는 기본권제한의 한계를 넘어 필요 이상으로 장기간, 그리고 과도하게 청구인의 신체거동의 자유를 제한하고 최소한의 인간적인 생활을 불가능하도록 하여 청구인의 신체의 자유를 침해하고, 나아가 인간의 존엄성을 침해한 것으로 판단된다.

**구치소 내 과밀수용행위 위헌확인 사건.(헌재 2016.12.29. 2013헌마142)**

수형자가 인간 생존의 기본조건이 박탈된 교정시설에 수용되어 인간의 존엄과 가치를 침해당하였는지 여부를 판단함에 있어서는 1인당 수용면적뿐만 아니라 수형자 수와 수용거실 현황 등 수용시설 전반의 운영 실태와 수용기간, 국가 예산의 문제 등 제반 사정을 종합적으로 고려할 필요가 있다. 그러나 교정시설의 1인당 수용면적이 수형자의 인간으로서의 기본 욕구에 따른 생활조차 어렵게 할 만큼 지나치게 협소하다면, 이는 그 자체로 국가형벌권 행사의 한계를 넘어 수형자의 인간의 존엄과 가치를 침해하는 것이다.

이 사건의 경우, 성인 남성인 청구인이 이 사건 방실에 수용된 기간 동안 1인당 실제 개인사용가능면적은, 2일 16시간 동안에는 1.06㎡, 6일 5시간 동안에는 1.27㎡였다. 이러한 1인당 수용면적은 우리나라 성인 남성의 평균 신장인 사람이 팔다리를 마음껏 뻗기 어렵고, 모로 누워 '칼잠' 을 자야 할 정도로 매우 협소한 것이다. 그렇다면 청구인이 이 사건 방실에 수용된 기간, 접견 및 운동으로 이 사건 방실 밖에서 보낸 시간 등 제반 사정을 참작하여 보더라도, 청구인은 이 사건 방실에서 신체적·정신적 건강이 악화되거나 인격체로서의 기본 활동에 필요한 조건을 박탈당하는 등 극심한 고통을 경험하였을 가능성이 크다. 따라서 청구인이 인간으로서 최소한의 품위를 유지할 수 없을 정도로 과밀한 공간에서 이루어진 이 사건 수용행위는 청구인의 인간으로서의 존엄과 가치를 침해한다.

## 3. 제한과 형량가능성 문제

독일 기본법은 제1조 제1항에 인간존엄의 불가침성(unantastbar)을 규정하고 있는데 반해, 헌법 제10조 제1문은 '인간으로서의 존엄과 가치를 가지며'라고만 규정하고 있다. 그러나 인간존엄성은 최고의 헌법적 가치로서 그 불가침성 전제되고 있다. 다만, 헌법 제37조 제2항은 '모든' 기본권이 제한의 대상이 되고 있음을 분명히 하고 있을 뿐만 아니라, 현대사회에서 벌어지고 있는 극단적인 사례(테러 위협 등)들은 인간존엄성의 불가침이라는 전제를 그대로 유지할 수 없다는 신호를 보내고 있다. 예를 들어 '고문'은 인간존엄성에 직접적으로 반하는 것으로서 절대적 금지사항이지만, 만약 그 고문이 인질을 구조하거나 더 많은 생명을 구하기 위한 것이라면 엄격하게라도 인정해야 하지 않는가에 대한 논의들이 있다.[45] 그러나 헌법이 보장하는 권리가 개별적 · 구체적 상황에서의 정치적 협상과 형량에 개방되어 있다 할지라도, 개인의 실존 및 공동체의 목적에 직접적으로 관계된 원천적 문제는 함부로 형량가능을 공식화 할 수 없다.[46] 인간존엄이라는 가장 중요한 근간을 깨어놓을 수 있는 시도는 최대한 예민하게 다루어야 할 것이다. 모든 것이 형량가능하다고 생각하는 형량만능적 사고는 모든 것을 비교대상으로 놓을 수 있기 때문이다. 인간존엄의 불가침은 유지되어야 할 것이다.

## 4. 인격권

인격권은 '인간의 존엄과 가치'가 구체적인 권리로 표현된 것으로 인간의 존엄을 침해할 때 대표적으로 문제되는 권리이다. 특히 인간으로서의 기본적 품위를 유지하지 못하도록 하였거나 수인할 수 없는 비인도적이고 굴욕적인 처우를 받지 않을 권리를 말한다. 당연히 '인간의 존엄과 가치'로부터 유래한다.

45) "인간의 존엄은 형량가능한가?", 『원광법학』, 제26권 제1호, 원광대학교 법학연구소, 2010); 최규환, 위의 글.

46) 최규환, 위의 글, 69쪽.

**유치장내화장실설치및관리행위 위헌확인(헌재 2001.7.19. 2000헌마546)**

청구인들은 서울 영등포경찰서 유치장에 2000. 6. 18. 09:00경부터 같은 달 20. 02:00경까지 수용되어 있었는바, 이 사건 유치실은 유치장 1층에 위치하였으며, 각 면의 너비 중 후면과 좌·우면이 각 약 5m, 전면이 약 2.3m정도 되는 사다리꼴의 형태로서, 수용적정인원이 8명이다. 이 사건 유치실 좌·우면 및 후면의 각 3개면은 바닥으로부터 천장까지 벽으로 막혀 있으나 출입문이 설치된 유치실 전면에는 22여개의 쇠창살이 8㎝간격으로 바닥에서부터 천장까지 세로로 세워져 있을 뿐이어서 유치실 내부 및 유치실 안의 한쪽 구석에 위치한 이 사건 화장실의 모습이 창살의 틈을 통하여 유치실 밖에 있는 같은 층의 경비경찰관들 뿐만 아니라 2층의 경비경찰관에게도 관찰될 수 있게 되어 있고 유치실 밖에는 유치인들의 동태를 감시하기 위해 유치실을 앞쪽으로부터 관찰할 수 있는 감시카메라(CC-TV)가 4대가 설치되어 있었다. 청구인들은 다른 여성유치인들과 함께 이 사건 유치실에 수용되어 있던 중 유치실 밖의 화장실 사용이 허가되지 아니하여 이 사건 화장실에서만 용변을 보아야 했다.

청구인들 유치당시(그 후 이 사건 화장실은 개수되었다) 이 사건 화장실의 구조는 장방형으로서 2개면은 천장까지 이어져 있는 유치실 벽면에 붙어 있고, 나머지 2개면 중 1개면은 그 높이가 거실 바닥으로부터 약 76㎝인 차폐벽으로, 유치실 전면에서 정면으로 보이는 나머지 1개면은 같은 높이의 차폐벽과 그 높이가 거실 바닥으로부터 약 74㎝인 화장실문으로 가려져 있었고(그러나 화장실 바닥이 거실 바닥보다 약 12㎝ 더 낮다), 화장실문에는 그 상단으로부터 약 4㎝아래의 위치에 가로 약 30㎝, 세로 약10㎝의 직사각형의 유리창이 설치되어 있었다. 그리고 차폐벽이나 화장실문의 윗 부분은 거실과의 사이에 차폐시설이 없이 개방된 구조이고, 쪼그려 앉은 자세로 사용하는 방식의 수세식변기가 설치되어 있었으며 이 사건 화장실이나 유치실내에는 창문 등의 별도의 환기시설도 없었다.

이와 같은 상황이었으므로 이 사건 청구인들이 용변을 볼 때는 그 소리와 냄새가 같은 유치실내 거실로 직접 유출될 수 있고, 옷을 벗고 입는 과정에서 둔부 이하가 이 사건 유치실내의 다른 동료 유치인들에 노출될 수 있으며, 이 사건 유치실 밖에 있는 같은 층의 경찰관들이나 특히 유치실을 앞쪽에서 내려다 볼 수 있는 2층에 있는 경찰관들에게는 옷을 추스르는 과정에서 허벅지 등이 보일 수 있게 되어 있었다….헌법 제10조에서는 "모든 국민은 인간으로서의 존엄과 가치를 가지며, 행복을 추구할 권리를 가진다" 라고 하여 모든 기본권의 종국적 목적이자 기본이념이라 할 수 있는 인간의 존엄과 가치를 규정하고 있는바, 이는 인간의 본질적이고도 고유한 가치로서 모든 경우에 최대한 존중되어야 한다.

그런데 앞에서 본 사실관계에 비추어 보면, 보통의 평범한 성인인 청구인들로서는 내밀한 신체부위가 노출될 수 있고 역겨운 냄새, 소리 등이 흘러나오는 가운데 용변을 보지 않을 수 없는 상황에 있었으므로 그때마다 수치심과 당혹감, 굴욕감을 느꼈을 것이고 나아가 생리적 욕구까지도 억제해야만 했을 것임을 어렵지 않게 알 수 있다. 나아가 함께 수용되어 있던 다른 유치인들로서도 누군가가 용변을 볼 때마다 불쾌감과 역겨움을 감내하고 이를 지켜보면서 마찬가지의 감정을 느꼈을 것이다.

그렇다면, 이 사건 청구인들로 하여금 유치기간동안 위와 같은 구조의 화장실을 사용하도록 강제한 피청구인의 행위는 인간으로서의 기본적 품위를 유지할 수 없도록 하는 것으로서, 수인하기 어려운 정도라고 보여지므로 전체적으로 볼 때 비인도적 · 굴욕적일 뿐만 아니라 동시에 비록 건강을 침해할 정도는 아니라고 할지라도 헌법 제10조의 인간의 존엄과 가치로부터 유래하는 인격권을 침해하는 정도에 이르렀다고 판단된다.

**신체과잉수색행위 위헌확인(헌법재판소 2002. 7. 18. 2000헌마327)**

피청구인이 유치장에 수용되는 자에게 실시하는 신체검사는 수용자의 생명 · 신체에 대한 위해를 방지하고 유치장 내의 안전과 질서를 유지하기 위하여 흉기 등 위험물이나 반입금지물품의 소지 · 은닉 여부를 조사하는 것으로서, 위 목적에 비추어 일정한 범위 내에서 신체수색의 필요성과 타당성은 인정된다 할 것이나, 이러한 행정목적을 달성하기 위하여 경찰청장이 일선 경찰서 및 그 직원에 대하여 그 직무권한 행사의 지침을 발한 피의자유치및호송규칙에 따른 신체검사가 당연히 적법한 것이라고는 할 수 없고, 그 목적 달성을 위하여 필요한 최소한도의 범위 내에서 또한 수용자의 명예나 수치심을 포함한 기본권이 침해되는 일이 없도록 충분히 배려한 상당한 방법으로 이루어져야 한다. 그런데 청구인들은 공직선거및선거부정방지법위반의 현행범으로 체포된 여자들로서 체포될 당시 흉기 등 위험물을 소지 · 은닉하고 있었을 가능성이 거의 없었고, 처음 유치장에 수용될 당시 신체검사를 통하여 위험물 및 반입금지물품의 소지 · 은닉 여부를 조사하여 그러한 물품이 없다는 사실을 이미 확인하였으며, 청구인들이 변호인 접견실에서 변호인을 접견할 당시 경찰관이 가시거리에서 그 접견과정을 일일이 육안으로 감시하면서 일부 청구인의 휴대폰 사용을 제지하기도 하였던 점 등에 비추어 청구인들이 유치장에 재수용되는 과정에서 흉기 등 위험물이나 반입금지물품을 소지 · 은닉할 가능성이 극히 낮았던 한편, 당해 경찰서의 경우 변호인 접견 후 신체검사를 실시하여 흉기 등 위험물이나 반입금지물품의 소지 · 은닉을 적발한 사례가 없었던 사실을 피청구인이 자인하였으며, 특히 청구인들의 옷을 전부 벗긴 상태에서 청구인들에 대하여 실시한 이 사건 신체수색은 그 수단과 방법에 있어서 필요 최소한의 범위를 명백하게 벗어난 조치로서 이로 말미암아 청구인들에게 심한 모욕감과 수치심만을 안겨주었다고 인정하기에 충분하다. 따라서 피청구인의 청구인들에 대한 이러한 과도한 이 사건 신체수색은 그 수단과 방법에 있어서 필요한 최소한도의 범위를 벗어났을 뿐만 아니라, 이로 인하여 청구인들로 하여금 인간으로서의 기본적 품위를 유지할 수 없도록 하는 것으로서 수인하기 어려운 정도라고 보여지므로 헌법 제10조의 인간의 존엄과 가치로부터 유래하는 인격권 및 제12조의 신체의 자유를 침해하는 정도에 이르렀다고 판단된다.

# Ⅱ 행복추구권

## 1. 의의

헌법 제10조 제1항 모든 국민의 '행복을 추구할 권리'를 규정하고 있다. 행복추구권은 '행복'이라는 추상적이고 개방적이며 주관적 가치의 단어를 사용하고 있기 때문에 그 내용이 무엇인지 구체적으로 알기 어려운 것이 사실이다.[47] 그러나 '행복'은 헌법에 규정됨으로써 국가 목적으로 전환되었고,[48] 인간의 존엄과 함께 기본권에 관한 첫 번째 조항인 헌법 제10조에 규정되었기에 행복추구권은 인간존엄과 더불어 최고의 권리조항으로 파악되어야 한다.[49] 인간의 존엄이 개별 기본권의 근원이라면, 행복추구권은 개별기본권으로 다 포함할 수 없는 소외된 권리의 보장과 확장을 가능하게 하는 자유의 일반성을 책임진다고 볼 수 있다.[50] 따라서 행복추구권은 헌법과 기본권을 해석하는 데 기준으로 작동하고, 개별기본권에는 보충적인 성격을 가지게 된다.[51] 한편 헌법 제37조 제1항"국민의 자유와 권리는 헌법에 열거되지 아니한 이유로 경시되지 아니한다."와 결합하여 열거되지 않은 기본권을 찾아내고 확인하는 중요한 기능의 수행 근거가 될 수 있다.

## 2. 내용

행복추구권은 인격의 자유로운 발현을 보장하기 위한 것으로, 그 방법은 '개인

47) 행복추구권(right to the pursuit of happiness)은 1776년 미국 독립선언서에서 등장한 용어로서, 우리의 경우에는 1980년 헌법에 규정되었다.

48) 한수웅, 위의 책, 547쪽.

49) 이재승, 행복추구권의 기원과 본질, 민주법학, 제38권, 127쪽; 김하열, 위의 책, 307쪽.

50) 인간의 존엄은 인격핵심의 강력한 옹성이고, 행복추구권은 인격의 편재성을 지향한다는 견해로 김하열 위의 책, 307쪽.

51) 행복추구권은 다른 기본권에 대한 보충적 기본권으로서의 성격을 지니므로, 공무담임권이라는 우선적으로 적용되는 기본권이 존재하여 그 침해여부를 판단하는 이상, 행복추구권 침해 여부를 독자적으로 판단할 필요가 없다. 헌재 2000. 12. 14. 99헌마112등

의 상태나 정체성, 자율성'을 보호함으로써 목적을 실현하려는 '일반적 인격권'과 '행위를 통한 인격의 발현'을 보호함으로써 목적을 실현하려는 '일반적 행동자유권'으로 나눌 수 있다.

| 행복추구권 | 일반적 인격권 | 자기결정권, 초상권 등 |
| --- | --- | --- |
| | 일반적 행동자유권 | 사적자치권, 계약의 자유,<br>사립학교운영의 자유 등 |

### 가. 일반적 인격권

일반적 인격권이란 행복추구권을 근거로 하지만 인간존엄과 밀접한 관련이 있기 때문에, 근거를 '인간존엄의 가치'와 '행복추구권', 즉 헌법 제10조 제1문에서 찾는다.

일반적 인격권이란 행위를 보호한다기 보다는 개인의 인격과 정체성의 결정과 같이 자기 삶의 조건을 결정하는 것과 관련된다. 정체성이나 자율성, 삶의 조건에 대한 결정은 나아가 자신의 인격발현의 토대가 되기 때문이다. 예를 들어서 출산을 하여 '모(母)'로써 아이를 양육하면서 살 것 인지 여부를 결정한다거나,[52] 죽음에 임박한 상태에서 어떤 죽음을 맞이할 것인가를 결정한다거나,[53] 어떤 상대방과 성행위를 할 것인가 여부를 결정한다거나,[54] 어떤 물건을 살 것인지를 결정하는

52) 자기낙태죄조항은…예외 없이 전면적 · 일률적으로 임신의 유지 및 출산을 강제하고 이를 위반한 경우 형사처벌하고 있다…자기낙태죄조항은 입법목적을 달성하기 위하여 필요한 최소한의 정도를 넘어 임신한 여성의 자기결정권을 제한하고 있어 침해의 최소성을 갖추지 못하였고, 태아의 생명보호라는 공익에 대하여만 일방적이고 절대적인 우위를 부여함으로써 법익균형성의 원칙도 위반하였다고 할 것이므로, 과잉금지원칙을 위반하여 임신한 여성의 자기결정권을 침해하는 위헌적인 규정이다. 헌재 2019. 4. 11. 2017헌바127

53) 환자가 장차 죽음에 임박한 상태에 이를 경우에 대비하여 미리 의료인 등에게 연명치료 거부 또는 중단에 관한 의사를 밝히는 등의 방법으로 죽음에 임박한 상태에서 인간으로서의 존엄과 가치를 지키기 위하여 연명치료의 거부 또는 중단을 결정할 수 있다 할 것이고, 위 결정은 헌법상 기본권인 자기결정권의 한 내용으로서 보장된다 할 것이다. 헌재 2009. 11. 26. 2008헌마385)

54) 간통죄의 보호법익인 혼인과 가정의 유지는 당사자의 자유로운 의지와 애정에 맡겨야지, 형벌을 통하여 타율적으로 강제될 수 없는 것이며, 현재 간통으로 처벌되는 비율이 매우 낮고, 간통 행위에 대한 사회적 비난 역시 상당한 수준으로 낮아져 간통죄는 행위규제규범으로서의 기

것[55] 등이 이에 해당한다. 뿐만 아니라 개인의 명예나 초상과 같은 것도 자신의 정체성과 자율성, 인격발현을 결정하는 사안이므로, 자신의 명예[56]나 초상[57], 정보의 공개등이 자신의 정체성이나 사회적 평가를 침해하는 경우[58]에 일반적 인격권을 제한하는 경우에 해당할 수 있다.

## 나. 일반적 행동자유권

일반적 행동자유권이란 인격과 개성의 자유로운 발현을 위해 자유롭게 행동할 수 있는 권리를 말한다. 이는 포괄적인 의미의 자유권으로 일반조항적인 성격을 가지며 가치있는 행동만 보호영역으로 하는 것이 아닌 것으로 개인의 생활방식이나 취미에 관한 사항도 포함된다. 따라서 위험한 스포츠를 즐길 권리와 같은 위험한 생활방식으로 살아갈 권리도 포함된다.[59] 헌법재판소는 사적자치권,[60] 계약

---

능을 잃어가고, 형사정책상 일반예방 및 특별예방의 효과를 거두기도 어렵게 되었다. 부부간 정조의무 및 여성 배우자의 보호는 간통한 배우자를 상대로 한 재판상 이혼청구, 손해배상청구 등 민사상의 제도에 의해 보다 효과적으로 달성될 수 있고…국민의 성적 자기결정권 및 사생활의 비밀과 자유를 침해하는 것으로 헌법에 위반된다. 헌재 2015. 2. 26. 2009헌바17 등

55) 의료소비자인 국민이 의료계약을 통하여 의료행위 내용 등을 자유롭게 결정하는 것을 제약하여 의료소비자인 청구인들의 행복추구권에서 파생되는 자기결정권을 제한한다. 헌재 2014. 4. 24. 2012헌마865

56) 친일반민족행위반민규명위원회(이하 '반민규명위원회'라 한다)의 조사대상자 선정 및 친일반민족행위결정이 이루어지면, 조사대상자의 사회적 평가에 영향을 미치므로 헌법 제10조에서 유래하는 일반적 인격권이 제한받는다. 헌재 2010. 10. 28. 2007헌가23

57) 사람은 자신의 의사에 반하여 얼굴을 비롯하여 일반적으로 특정인임을 식별할 수 있는 신체적 특징에 관하여 함부로 촬영당하지 아니할 권리를 가지고 있으므로, 촬영허용행위는 헌법 제10조로부터 도출되는 초상권을 포함한 일반적 인격권을 제한한다고 할 것이다. 헌재 2014. 3. 27. 2012헌마652

58) 신상공개제도는 국가가 개인의 신상에 관한 사항 및 청소년의 성매수 등에 관한 범죄의 내용을 대중에게 공개함으로써 개인의 일반적 인격권을 제한하며, 한편 사생활의 비밀에 해당하는 사항을 국가가 일방적으로 공개하는 것이므로, 이는 일반적 인격권과 사생활의 비밀의 자유를 제한하는 것이라 할 것이다. 헌재 2003. 6. 26. 2002헌가14

59) 헌재 2003. 10. 30. 2002헌마518

60) 이른바 사적 자치의 원칙이란 자신의 일을 자신의 의사로 결정하고 행하는 자유뿐만 아니라 원치 않으면 하지 않을 자유로서 우리 헌법 제10조의 행복추구권에서 파생되는 일반적 행동자유권의 하나이다. 이런 사적 자치의 원칙은 법률행위의 영역에서는 계약자유의 원칙으로 나타나는데 계약자유의 원칙은 계약의 체결에서부터 종결에 이르기까지 모든 단계에서 자신의 자유의사에 따라 계약관계를 형성하는 것으로서 계약의 내용, 이행의 상대방 및 방법의 변경뿐만 아니라 계약 자체의 이전이나 폐기도 당사자 자신의 의사로 결정하는 자유를 말한

의 자유,[61] 사립학교운영의 자유[62] 등이 일반적 행동자유권에 해당한다고 하였다.

**좌석안전띠를 매지 않을 자유(헌재 2003. 10. 30. 2002헌마518)**

헌법 제10조 전문은 모든 국민은 인간으로서의 존엄과 가치를 지니며, 행복을 추구할 권리를 가진다고 규정하여 행복추구권을 보장하고 있고, 행복추구권은 그의 구체적인 표현으로서 일반적인 행동자유권과 개성의 자유로운 발현권을 포함한다. 일반적 행동자유권은 개인이 행위를 할 것인가의 여부에 대하여 자유롭게 결단하는 것을 전제로 하여 이성적이고 책임감 있는 사람이라면 자기에 관한 사항은 스스로 처리할 수 있을 것이라는 생각에서 인정되는 것이다. 일반적 행동자유권에는 적극적으로 자유롭게 행동을 하는 것은 물론 소극적으로 행동을 하지 않을 자유 즉, 부작위의 자유도 포함되며, 포괄적인 의미의 자유권으로서 일반조항적인 성격을 가진다. 즉 일반적 행동자유권은 모든 행위를 할 자유와 행위를 하지 않을 자유로 가치있는 행동만 그 보호영역으로 하는 것은 아닌 것으로, 그 보호영역에는 개인의 생활방식과 취미에 관한 사항도 포함되며, 여기에는 위험한 스포츠를 즐길 권리와 같은 위험한 생활방식으로 살아갈 권리도 포함된다. 따라서 좌석안전띠를 매지 않을 자유는 헌법 제10조의 행복추구권에서 나오는 일반적 행동자유권의 보호영역에 속한다. 이 사건 심판대상조항들은 운전할 때 좌석안전띠를 매야 할 의무를 지우고 이에 위반했을 때 범칙금을 부과하고 있으므로 청구인의 일반적 행동의 자유에 대한 제한이 존재한다….

자동차 운전자에게 좌석안전띠를 매도록 하고 이를 위반했을 때 범칙금을 납부하도록 통고하는 것은, 교통사고로부터 국민의 생명 또는 신체에 대한 위험과 장애를 방지 · 제거하고 사회적 부담을 줄여 교통질서를 유지하고 사회공동체의 상호이익을 보호하는 공공복리를 위한 것으로 그 입법목적이 정당하고, 운전자의 불이익은 약간의 답답함이라는 경미한 부담이고 좌석안전띠 미착용으로 부담하는 범칙금이 소액인데 비하여 좌석안전띠 착용으로 달성하려는 공익은 동승자를 비롯한 국민의 생명과 신체를 보호하고 교통사고로 인한 사회적인 비용을 줄여 사회공동체의 이익을 증진하는 것이므로 달성하고자 하는 공익이 침해되는 청구인의 좌석안전띠를 매지 않을 자유라는 사익보다 크며, 제도의 연혁과 현황을 종합하여 볼 때 청구인의 일반적 행동자유권을 비례의 원칙에 위반되게 과도하게 침해하는 것이 아니다.

---

다고 할 것이다. 헌재 2003. 5. 15. 2001헌바98

61) 헌법 제10조는 행복을 추구할 권리를 보장하고 있는바, 여기의 행복추구권 속에는 일반적 행동자유권이 들어있고, 이 일반적 행동자유권으로부터 계약의 자유가 파생된다. 계약의 자유란 계약체결의 여부, 계약의 상대방, 계약의 방식과 내용 등을 당사자의 자유로운 의사로 결정하는 자유를 말한다. 헌재 1991. 6. 3. 89헌마204

62) 진리탐구와 인격도야의 본산이며 자유로운 인간형성을 본분으로 하는 학교에서야말로 학생들의 다양한 자질과 능력이 자유롭게 발현될 수 있는 교육제도가 마련되어야 한다. 특히 사립학교는 설립자의 의사와 재산으로 독자적인 교육목적을 구현하기 위해 설립되는 것이므로 사립학교설립의 자유와 운영의 독자성을 보장하는 것은 그 무엇과도 바꿀 수 없는 본질적 요체

**대마 흡연을 할 자유(헌재 2005. 11. 24. 2005헌바46)**

일반적 행동자유권은 적극적으로 자유롭게 행동을 하는 것은 물론 소극적으로 행동을 하지 않을 자유도 포함되고, 가치있는 행동만 보호영역으로 하는 것은 아닌 것인바(헌재 2003. 10. 30. 2002헌마518, 판례집 15-2, 98, 195), 개인이 대마를 자유롭게 수수하고 흡연할 자유도 헌법 제10조의 행복추구권에서 나오는 일반적 행동자유권의 보호영역에 속한다. 이 사건 법률조항은 대마의 흡연과 수수를 금지하고 그 위반행위에 대하여 형벌을 가함으로써 청구인의 행복추구권을 제한하고 있다….

법 제61조 제1항은 대마 흡연자를 법 제2조 제4호 가목의 향정신성의약품의 원료가 되는 식물을 흡연한 자와 같은 법정형으로 처벌하고 있으나, 대마의 사용자가 흡연 행위를 한 후 그에 그치지 않고 환각상태에서 다른 강력한 범죄로 나아갈 경우와 같은 사회적인 위험성의 측면에서 보면 대마의 흡연 행위가 법 제2조 제4호 가목 소정의 향정신성의약품 원료식물의 흡연 등의 행위보다 사회적 위험성 면에서 결코 약하다고 만은 할 수 없고, 법 제61조 제1항이 위 두 경우를 같은 법정형으로 처벌하도록 규정하고 있으면서도 5년 이하의 징역이나 5천만 원 이하의 벌금에 처하도록 법정형의 상한만을 정하여 그 죄질에 따라 법원이 적절한 선고형을 정하는 것이 가능하도록 하고 있으므로, 단순히 법률규정 자체가 향정신성의약품과 대마 자체가 가진 위험성의 비례관계를 엄격히 지키지 않았다는 이유로 과잉금지의 원칙에 반하여 행복추구권을 침해하는 것이라고 할 수는 없다.

**전동킥보드 최고속도 제한 사건(헌재 2020. 2. 27. 2017헌마1339)**

심판대상조항이 전동킥보드에 대하여 최대속도는 시속 25km 이내로 제한하여야 한다는 안전기준을 둠으로써 이를 통과한 전동킥보드만 제조·수입이 가능하게 되었다. 심판대상조항은 소비자가 자신의 의사에 따라 자유롭게 제품을 선택하는 것을 제약함으로써 헌법 제10조의 행복추구권에서 파생되는 소비자의 자기결정권을 제한하고 나아가 헌법 제10조의 행복추구권에서 파생되는 일반적 행동자유권도 함께 제한한다….

전동킥보드의 자전거도로 통행을 허용하는 조치를 실시하기 위해서는 제조·수입되는 전동킥보드가 일정 속도 이상으로는 동작하지 않도록 제한하는 것이 선행되어야 한다. 소비자가 아직 전동킥보드의 자전거도로 통행이 가능하지 않음에도 불구하고 최고속도 제한기준을 준수한 제품만을 구입하여 이용할 수밖에 없는 불편함이 있다고 하여 전동킥보드의 최고속도를 제한하는 안전기준의 도입이 입법목적 달성을 위한 수단으로서의 적합성을 잃었다고

---

라고 할 수 있다. 따라서 설립자가 사립학교를 자유롭게 운영할 자유는 비록 헌법에 독일기본법 제7조 제4항과 같은 명문규정은 없으나 헌법 제10조에서 보장되는 행복추구권의 한 내용을 이루는 일반적인 행동의 자유권과 모든 국민의 능력에 따라 균등하게 교육을 받을 권리를 규정하고 있는 헌법 제31조 제1항 그리고 교육의 자주성·전문성·정치적 중립성 및 대학의 자율성을 규정하고 있는 헌법 제31조 제3항에 의하여 인정되는 기본권의 하나라 하겠다. 헌재 2001. 1. 18. 99헌바63

볼 수는 없다.

최고속도 제한을 두지 않는 방식이 이를 두는 방식에 비해 확실히 더 안전한 조치라고 볼 근거가 희박하고, 최고속도가 시속 25km라는 것은 자전거도로에서 통행하는 다른 자전거보다 속도가 더 높아질수록 사고위험이 증가할 수 있는 측면을 고려한 기준 설정으로서, 전동킥보드 소비자의 자기결정권 및 일반적 행동자유권을 박탈할 정도로 지나치게 느린 정도라고 보기 어렵다.

심판대상조항은 과잉금지원칙을 위반하여 소비자의 자기결정권 및 일반적 행동자유권을 침해하지 아니한다.

**공공기관의 공문서와 초·중등교육법상 교과용 도서를 편찬하거나 검정 또는 인정하는 경우 표준어 규정을 준수 규정(헌재 2009. 5. 28. 2006헌마618)**

언어는 의사소통 수단으로서 다른 동물과 인간을 구별하는 하나의 주요한 특징으로 인식되고, 모든 언어는 지역, 세대, 계층에 따라 각기 상이한 방언을 가지고 있는바, 이들 방언은 이를 공유하는 사람들의 의사소통에 중요한 역할을 담당하며, 방언 가운데 특히 지역 방언은 각 지방의 고유한 역사와 문화 등 정서적 요소를 그 배경으로 하기 때문에 같은 지역 주민들 간의 원활한 의사소통 및 정서교류의 기초가 되므로, 이와 같은 지역 방언을 자신의 언어로 선택하여 공적 또는 사적인 의사소통과 교육의 수단으로 사용하는 것은 행복추구권에서 파생되는 일반적 행동의 자유 내지 개성의 자유로운 발현의 한 내용이 된다 할 것이다…

이 사건 법률조항들은 이 사건 표준어 규정에 따른 표준어의 범위를 그 규율 내용으로 하고 있다. 서울의 역사성, 문화적 선도성, 사용인구의 최다성 및 지리적 중앙성 등 다양한 요인에 비추어 볼 때, 서울말을 표준어의 원칙으로 삼는 것이 기본권을 침해하는 것이라 하기 어렵고, 또한 서울말에도 다양한 형태가 존재하므로 교양 있는 사람들이 사용하는 말을 기준으로 삼는 것은 합리적인 기준이라 할 수 있다. 결국, 이 사건 심판대상인 이 사건 법률조항들이 과잉금지원칙에 위배하여 행복추구권을 침해하는 것으로 보기 어렵다.

# 제3장
# 평등권

# 제3장 평등권

제11조 ①모든 국민은 법 앞에 평등하다. 누구든지 성별·종교 또는 사회적 신분에 의하여 정치적·경제적·사회적·문화적 생활의 모든 영역에 있어서 차별을 받지 아니한다.
②사회적 특수계급의 제도는 인정되지 아니하며, 어떠한 형태로도 이를 창설할 수 없다.
③훈장등의 영전은 이를 받은 자에게만 효력이 있고, 어떠한 특권도 이에 따르지 아니한다.

## I 평등권의 일반이론

헌법은 그 전문에 "정치, 경제, 사회, 문화의 모든 영역에 있어서 각인의 기회를 균등히 하고"라고 규정하고, 제11조 제1항에 "모든 국민은 법앞에 평등하다"고 규정하고 있다. 평등의 원칙은 국민의 기본권 보장에 관한 우리 헌법의 최고원리로서 국가가 입법을 하거나 법을 해석 및 집행함에 있어 따라야 할 기준인 동시에, 국가에 대하여 합리적 이유없이 불평등한 대우를 하지 말 것과, 평등한 대우를 요구할 수 있는 모든 국민의 권리로서, 국민의 기본권 중의 기본권이다.[63]

### 1. '법 앞의 평등'의 의미

헌법 제11조의 '법 앞의 평등'이란 '법적용의 평등'만을 의미하는 것이 아니라 '법 내용의 평등'도 의미하기 때문에 입법자에 대한 요청, 즉 법 제정의 평등도 요청한다. 따라서 입법내용이 정의와 형평에 반하거나 자의적으로 이루어져서는 안된다.[64] 다만 헌법상의 평등은 일체의 차별을 부정하는 절대적 평등이 아니라 '같

63) 헌재 1989. 1. 25. 88헌가7

은 것은 같게 다른 것은 다르게' 처우할 것을 요청하는 상대적 평등을 의미한다. 따라서 합리적인 근거가 있는 차별을 금지하는 것이 아니다.[65] 그러나 헌법상 평등의 원칙은 법적 가치의 상향적 실현을 위한 것이므로, 불균등의 제거를 위해 하향적 균등을 수용하는 것은 아니다. 따라서 국가는 합리적인 기준에 따라 가치의 상향적 구현을 위한 제도의 단계적 개선을 추진할 수 있다.[66] 한편 법 앞에 평등하다는 것은, 법적 취급의 불평등의 금지를 의미하는 데 그치고, 현실로 사회에 존재하는 경제적, 사회적 기타 여러 가지의 사실상 불균등을 시정하여 그 실질적 평등을 보장하여야만 하는 것은 아니다.[67]

**상향적 평등(헌재 2006. 6. 29. 2006헌마87)**

국가보훈적 예우의 방법과 내용, 범위 등은 입법자가 국가의 경제수준, 재정능력, 전체적인 사회보장의 수준, 국민감정 등을 종합적으로 고려하여 구체적으로 결정해야 하는 입법정책의 문제로서 폭넓은 입법재량의 영역에 속한다. 또한, 헌법상 평등의 원칙은 국가가 언제 어디에서 어떤 계층을 대상으로 하여 기본권에 관한 사항이나 제도의 개선을 시작할 것인지를 선택하는 것을 방해하지 않는다. 말하자면 국가는 합리적인 기준에 따라 능력이 허용하는 범위 내에서 법적 가치의 상향적 구현을 위한 제도의 단계적인 개선을 추진할 수 있는 길을 선택할 수 있어야 한다. 그것이 허용되지 않는다면 모든 사항과 계층을 대상으로 하여 동시에 제도의 개선을 추진하는 예외적인 경우를 제외하고는 어떠한 제도의 개선도 평등의 원칙 때문에 그 시행이 불가능하다는 결과에 이르게 되어 불합리할 뿐만 아니라 평등의 원칙이 실현하고자 하는 가치에도 어긋나기 때문이다.

---

64) 우리 헌법이 선언하고 있는 "인간의 존엄성"과 "법앞에 평등"은 행정부나 사법부에 의한 법적용상의 평등만을 의미하는 것이 아니고, 입법권자에게 정의와 형평의 원칙에 합당하게 합헌적으로 법률을 제정하도록 하는 것을 명하는 법내용상의 평등을 의미하고 있기 때문에 그 입법내용이 정의와 형평에 반하거나 자의적으로 이루어진 경우에는 평등권 등의 기본권을 본질적으로 침해한 입법권의 행사로서 위헌성을 면하기 어렵다. 헌재 1992. 4. 28. 90헌바24

65) 헌법에서 규정하고 있는 평등의 원칙은 일체의 차별적 대우를 부정하는 절대적 평등을 의미하는 것이 아니라 입법과 법의 적용에 있어서 합리적인 근거가 없는 차별을 하여서는 아니된다는 상대적 평등을 뜻하므로 합리적인 근거가 있는 차별은 평등의 원칙에 반하는 것이 아니며, 선거운동에서의 기회균등보장도 일반적 평등원칙과 마찬가지로 절대적이고도 획일적인 평등 내지 기회균등을 요구하는 것이 아니라 합리적인 근거가 없는 자의적 차별 내지 차등만을 금지하는 것으로 이해하여야 한다(헌재 1998. 8. 27. 97헌마372등)

66) 헌재 1990. 6. 25. 89헌마107

67) 헌재 2009. 2. 26. 2006헌마626

## 2. 헌법 제11조의 차별금지사유의 의미

헌법 제11조는 차별금지사유로 '성별 · 종교 또는 사회적 신분'을 명시하고 있다. 이 사유는 '열거'가 아닌 '예시'의 의미를 가진다.[68] '사회적 신분'이 무엇을 의미하는가에 대하여 헌법재판소는 "사회에서 장기간 점하는 지위로서 일정한 사회적 평가를 수반하는 것"이라고 한 바 있다.[69]

## 3. 차별금지영역

헌법 제11조는 "정치적 · 경제적 · 사회적 · 문화적 생활의 모든 영역"에서의 차별을 금지한다고 하고 있지만, 모든 생활영역에서 차별이 금지된다.

68) 헌재 2014. 2. 27. 2011헌마825

69) 사회적 신분이란 사회에서 장기간 점하는 지위로서 일정한 사회적 평가를 수반하는 것을 의미한다 할 것이므로 전과자도 사회적 신분에 해당된다고 할 것이며 누범을 가중처벌하는 것이 전과자라는 사회적 신분을 이유로 차별대우를 하는 것이 되어 헌법상의 평등의 원칙에 위배되는 것이 아닌가 하는 의문이 생길 수 있으므로 이에 대하여 살펴본다.(중략) 누범을 가중처벌하는 것은 전범에 대한 형벌의 경고적 기능을 무시하고 다시 범죄를 저질렀다는 점에서 비난가능성이 많고, 누범이 증가하고 있다는 현실에서 사회방위, 범죄의 특별예방 및 일반예방이라는 형벌목적에 비추어 보아, 형법 제35조가 누범에 대하여 형을 가중한다고 해서 그것이 인간의 존엄성 존중이라는 헌법의 이념에 반하는 것도 아니며, 누범을 가중하여 처벌하는 것은 사회방위, 범죄의 특별예방 및 일반예방, 더 나아가 사회의 질서유지의 목적을 달성하기 위한 하나의 적정한 수단이기도 하는 것이므로 이는 합리적 근거 있는 차별이어서 헌법상의 평등의 원칙에 위배되지 아니한다고 할 것이다. 헌재 1995. 2. 23. 93헌바43

## II 평등권 침해 및 평등원칙 위반 심사구조 및 기준

### 1. 심사의 단계

헌법상 평등의 원칙은 일반적으로 "본질적으로 같은 것은 같게, 본질적으로 다른 것은 다르게 취급"하는 것이다. 그러므로 비교의 대상을 이루는 두 개의 사실관계 사이에 서로 상이한 취급을 정당화할 수 있을 정도의 차이가 없음에도 불구하고 서로 다르게 취급한다면 평등권을 침해하게 된다.[70] 따라서 평등권 침해가 인정되기 위해서는 우선 (1) 본질적으로 동일한 비교집단간에 차별취급이 있어야 한다.(1단계) 그리고 (2)그 차별취급이 자의적이거나 비례의 원칙에 위배되어야 한다.(2단계)

### 2. 1단계: "본질적으로 동일한 비교집단간의 차별취급"인가

비교집단이 본질적으로 동일한 지 여부는 일반적으로 당해 법률조항의 의미와 목적에 달려 있다.[71]

| **미주지역이나 유럽 등에 거주하는 정부수립이후이주동포vs중국과 구소련지역에 거주하는 정부수립이전이주동포(헌재 2001. 11. 29. 99헌마494)** |
|---|
| 평등의 원칙은 입법자에게 본질적으로 같은 것을 자의적으로 다르게, 본질적으로 다른 것 |

70) 헌재 2001. 11. 29. 99헌마494

71) 평등의 원칙은 입법자에게 본질적으로 같은 것을 자의적으로 다르게, 본질적으로 다른 것을 자의적으로 같게 취급하는 것을 금하고 있다. 그러므로 비교의 대상을 이루는 두개의 사실관계 사이에 서로 상이한 취급을 정당화할 수 있을 정도의 차이가 없음에도 불구하고 두 사실관계를 서로 다르게 취급한다면, 입법자는 이로써 평등권을 침해하게 된다. 그러나 서로 비교될 수 있는 두 사실관계가 모든 관점에서 완전히 동일한 것이 아니라 단지 일정 요소에 있어서만 동일인 경우에 비교되는 두 사실관계를 법적으로 동일한 것으로 볼 것인지 아니면 다른 것으로 볼 것인지를 판단하기 위하여는 어떠한 요소가 결정적인 기준이 되는가가 문제된다. 두 개의 사실관계가 본질적으로 동일한가의 판단은 일반적으로 당해 법률조항의 의미와 목적에 달려 있다. 헌재 1996. 12. 26. 96헌가18

을 자의적으로 같게 취급하는 것을 금하고 있다. 그러므로 비교의 대상을 이루는 두 개의 사실관계 사이에 서로 상이한 취급을 정당화할 수 있을 정도의 차이가 없음에도 불구하고 두 사실관계를 서로 다르게 취급한다면, 입법자는 이로써 평등권을 침해하게 된다. 그런데 서로 비교될 수 있는 사실관계가 모든 관점에서 완전히 동일한 것이 아니라 단지 일정 요소에 있어서만 동일한 경우에, 비교되는 두 사실관계를 법적으로 동일한 것으로 볼 것인지 아니면 다른 것으로 볼 것인지를 판단하기 위하여는 어떠한 요소가 결정적인 기준이 되는가가 문제된다. 두 개의 사실관계가 본질적으로 동일한가의 판단은 일반적으로 당해 법률조항의 의미와 목적에 달려 있다(헌재 1996. 12. 26. 96헌가18, 판례집 8-2, 680, 701).앞에서 본 바와 같이 이 사건 심판대상규정은 실질적으로 대부분 미주지역이나 유럽 등에 거주하는 정부수립이후이주동포와 대부분 중국과 구소련지역에 거주하는 정부수립이전이주동포를 구분하여 전자에게는 재외동포법의 광범위한 혜택을 부여하고 있고, 후자는 이러한 수혜대상에서 제외하고 있다. 그런데, 정부수립이후이주동포와 정부수립이전이주동포는 이미 대한민국을 떠나 그들이 거주하고 있는 외국의 국적을 취득한 우리의 동포라는 점에서 같고, 다만 대한민국 정부수립 이후에 국외로 이주한 자인가 또는 대한민국 정부수립 이전에 국외로 이주한 자인가 하는 점에서만 다른 것이다. 이와 같은 차이는 정부수립이후이주동포와 정부수립이전이주동포가 법적으로 같게 취급되어야 할 동일성을 훼손할 만한 본질적인 성격이 아니다. 즉, 정부수립이후이주동포인지 아니면 정부수립이전이주동포인지는 결정적인 기준이 될 수 없는 것이다.

재외동포법은 외국국적동포등에게 광범한 혜택을 부여하고 있는바, 이 사건 심판대상규정은 대한민국 정부수립 이전에 국외로 이주한 동포와 그 이후 국외로 이주한 동포를 구분하여 후자에게는 위와 같은 혜택을 부여하고 있고, 전자는 그 적용대상에서 제외하고 있다.(중략)

그런데, 정부수립이후이주동포와 정부수립이전이주동포는 이미 대한민국을 떠나 그들이 거주하고 있는 외국의 국적을 취득한 우리의 동포라는 점에서 같고, 국외로 이주한 시기가 대한민국 정부수립 이전인가 이후인가는 결정적인 기준이 될 수 없는데도, 정부수립이후이주동포(주로 재미동포, 그 중에서도 시민권을 취득한 재미동포 1세)의 요망사항은 재외동포법에 의하여 거의 완전히 해결된 반면, 정부수립이전이주동포(주로 중국동포 및 구 소련동포)는 재외동포법의 적용대상에서 제외됨으로써 그들이 절실히 필요로 하는 출입국기회와 대한민국 내에서의 취업기회를 차단당하였고, 사회경제적 또는 안보적 이유로 거론하는 우려도, 당초 재외동포법의 적용범위에 정부수립이전이주동포도 포함시키려 하였다가 제외시킨 입법과정에 비추어 보면 엄밀한 검증을 거친 것이라고 볼 수 없으며, 또한 재외동포법상 외국국적동포에 대한 정의규정에는 일응 중립적인 과거국적주의를 표방하고, 시행령으로 일제시대 독립운동을 위하여 또는 일제의 강제징용이나 수탈을 피하기 위해 조국을 떠날 수밖에 없었던 중국동포나 구 소련동포가 대부분인 대한민국 정부수립 이전에 이주한 자들에게 외국국적 취득 이전에 대한민국의 국적을 명시적으로 확인받은 사실을 입증하도록 요구함으로써 이들을 재외동포법의 수혜대상에서 제외한 것은 정당성을 인정받기 어렵다.

요컨대, 이 사건 심판대상규정이 청구인들과 같은 정부수립이전이주동포를 재외동포법의 적용대상에서 제외한 것은 합리적 이유없이 정부수립이전이주동포를 차별하는 자의적인 입법이어서 헌법 제11조의 평등원칙에 위배된다.

**애국지사vs.순국선열의 유족(헌재2018. 1. 25. 2016헌마319)**

애국지사는 일제의 국권침탈에 반대하거나 항거한 사실이 있는 당사자로서 조국의 자주독립을 위하여 직접 공헌하고 희생한 사람이지만, 순국선열의 유족은 일제의 국권침탈에 반대하거나 항거하다가 그로 인하여 사망한 당사자의 유가족으로서 독립유공자법이 정하는 바에 따라 그 공로에 대한 예우를 받는 지위에 있다. 독립유공자의 유족에 대하여 국가가 독립유공자법에 의한 보상을 하는 것은 유족 그 자신이 조국의 자주독립을 위하여 직접 공헌하고 희생하였기 때문이 아니라, 독립유공자의 공헌과 희생에 대한 보은과 예우로서 그와 한가족을 이루고 가족공동체로서 함께 살아온 그 유족에 대하여서도 그에 상응한 예우를 하기 위함이다. 애국지사 본인과 순국선열의 유족은 본질적으로 다른 집단이므로, 같은 서훈 등급임에도 순국선열의 유족보다 애국지사 본인에게 높은 보상금 지급액 기준을 두고 있다 하여 곧 청구인의 평등권이 침해되었다고 볼 수 없다.

**공무원연금법상의 유족급여수급권자와 산재보험법상의 유족급여수급권자(헌재 2014. 5. 29. 2012헌마555)**

공무원연금제도와 산재보험제도는 사회보장 형태로서 사회보험이라는 점에 공통점이 있을 뿐, 보험가입자, 보험관계의 성립 및 소멸, 재정조성 주체 등에서 큰 차이가 있어, 공무원연금법상의 유족급여수급권자와 산재보험법상의 유족급여수급권자가 본질적으로 동일한 비교집단이라고 보기 어렵다.

## 3. 2단계: 자의금지원칙 심사 혹은 비례의 원칙 심사

헌법재판소는 평등심사기준으로 '자의금지원칙'을 적용하고, 예외적으로 엄격한 '비례의 원칙'을 적용한다. '자의금지원칙' 심사는 입법형성권을 넓게 인정하는 완화된 심사기준이고, '비례의 원칙'심사는 이를 좁게 해석하는 엄격한 심사기준이다. 평등권침해 여부를 심사함에 있어 엄격한 심사척도에 의할 것인지, 완화된 심사척도에 의할 것인지는 입법자에게 인정되는 입법형성권의 정도에 따라 달라지게 된다. 헌법에서 특별히 평등을 요구하고 있는 경우나 차별적 취급으로 인하여 관련 기본권에 대한 중대한 제한을 초래하게 되는 경우에는 입법형성권은 축소되고, 보다 엄격한 심사척도가 적용된다.[72)]

## 가. 자의금지원칙 심사

### 1) 내용 및 대상

자의금지원칙에 의한 심사의 경우에는 차별을 정당화하는 합리적인 이유가 있는지를 심사하는 것이다. 자의금지 심사는 명백하게 불합리하지만 않는다면 입법자의 판단을 존중하는 것으로, 비교대상간의 사실상의 차이나 입법목적(차별목적)의 발견·확인에 그친다. 헌법재판소는 평등심사에 있어 원칙적으로 자의금지원칙을 기준으로 심사하여 왔다. 만약 수익적 내시 시혜적인 법률에 의한 차별이 있는 경우에도 자의금지의 원칙으로 심사한다.

**자의금지원칙 심사요건과 방법(헌재 2002. 11. 28. 2002헌바45)**

일반적으로 자의금지원칙에 관한 심사요건은 ① 본질적으로 동일한 것을 다르게 취급하고 있는지에 관련된 차별취급의 존재 여부와, ② 이러한 차별취급이 존재한다면 이를 자의적인 것으로 볼 수 있는지 여부라고 할 수 있다. 한편, ①의 요건에 관련하여 두개의 비교집단이 본질적으로 동일한가의 판단은 일반적으로 당해 법규정의 의미와 목적에 달려 있고, ②의 요건에 관련하여 차별취급의 자의성은 합리적인 이유가 결여된 것을 의미하므로, 차별대우를 정당화하는 객관적이고 합리적인 이유가 존재한다면 차별대우는 자의적인 것이 아니게 된다.

**자의금지원칙 심사(헌재 2001. 11. 29. 99헌마494)**

차별을 두는 입법은 그 차별에 의하여 달성하려고 하는 목적과 그 목적을 달성하기 위한 차별을 두기 마련인데, 국민의 기본권에 관한 차별에 있어서 합리적 근거에 의한 차별이라고 하기 위하여서는 우선 그 차별의 목적이 헌법에 합치하는 정당한 목적이어야 하고 다음으로 차별의 기준이 목적의 실현을 위하여 실질적인 관계가 있어야 하며 차별의 정도 또한 적정한 것이어야 한다

72) 헌재 1999. 12. 23. 98헌마363

### 2) 비판

자의금지심사는 입법 형성의 광범위한 재량을 인정하는 것이기 때문에 차별의 정당성을 심사하는 데에 충분하지는 않다.

### 3) 판례

**현역병 및 사회복무요원과 달리 공무원의 초임호봉 획정에 인정되는 경력에 산업기능요원의 경력을 제외하도록 한 공무원보수규정이 평등권을 침해하는 지 여부(소극)**(헌재 2016. 6. 30. 2014헌마192)

심판대상조항은 병역의무로 인하여 본인의 의사와 관계없이 징집 · 소집되어 적정한 보수를 받지 못하고 공무수행으로 복무한 기간을 공무원 초임호봉에 반영함으로써, 상대적으로 열악한 환경에서 병역의무를 이행한 공로를 금전적으로 보상하고자 함에 그 취지가 있다. 그런데 사회복무요원은 공익 수행을 목적으로 한 제도로, 그 직무가 공무수행으로 인정되고, 본인의사에 관계없이 소집되며, 현역병에 준하는 최소한의 보수만 지급됨에 반하여, 산업기능요원은 국가산업 육성을 목적으로 한 제도로, 그 직무가 공무수행으로 인정되지 아니하고, 본인의사에 따라 편입 가능하며, 근로기준법 및 최저임금법의 적용을 받는다. 심판대상조항은 이와 같은 실질적 차이를 고려하여 상대적으로 열악한 환경에서 병역의무를 이행한 것으로 평가되는 현역병 및 사회복무요원의 공로를 보상하도록 한 것으로 산업기능요원과의 차별취급에 합리적 이유가 있으므로, 청구인의 평등권을 침해하지 아니한다.

**공중보건의사가 군사교육에 소집된 기간을 복무기간에 산입하지 않도록 규정한 병역법이 평등권을 침해하는지 여부(소극)**(헌재 2020. 9. 24. 2019헌마472등)

같은 병역 유형인 보충역에 속한다고 하더라도 개별 보충역마다 제도 도입취지, 복무형태, 복무내용, 신분 등이 상이하므로 군사교육 소집기간 산입 여부와 같은 병역의무이행의 세부적인 내용이 모두 동일하게 적용되어야 한다고 볼 수는 없다. 공중보건의사는 장교의 지위에 있는 군의관과 입법 연혁, 선발과정, 보수, 수행 업무의 내용 등 여러 가지 면에서 동일하거나 유사한 측면이 있다는 점을 고려하면, 군사교육소집기간의 복무기간 산입 여부와 같은 정책적인 사항에 대하여 전문연구요원과 달리 규정한다고 해서 이를 부당한 차별취급이라고 단정하기는 어렵다. 따라서 심판대상조항이 전문연구요원과 달리 공중보건의사의 군사교육소집기간을 복무기간에 산입하지 않은 데에는 합리적 이유가 있으므로, 청구인들의 평등권을 침해하지 않는다.

**자율형 사립고등학교(이하 '자사고'라 한다)를 후기학교로 정하여 신입생을 일반고와 동시에 선발하도록 한 초·중등교육법 시행령이 평등권을 침해하는지 여부(소극)(헌재 2019. 4. 11. 2018헌마221)**

어떤 학교를 전기학교로 규정할 것인지 여부는 해당 학교의 특성상 특정 분야에 재능이나 소질을 가진 학생을 후기학교보다 먼저 선발할 필요성이 있는지에 따라 결정되어야 한다. 과학고는 '과학분야의 인재 양성'이라는 설립 취지나 전문적인 교육과정의 측면에서 과학 분야에 재능이나 소질을 가진 학생을 후기학교보다 먼저 선발할 필요성을 인정할 수 있으나, 자사고의 경우 교육과정 등을 고려할 때 후기학교보다 먼저 특정한 재능이나 소질을 가진 학생을 선발할 필요성은 적다. 따라서 이 사건 동시선발 조항이 자사고를 후기학교로 규정함으로써 과학고와 달리 취급하고, 일반고와 같이 취급하는 데에는 합리적인 이유가 있으므로 청구인 학교법인의 평등권을 침해하지 아니한다.

**근로자가 사업주의 지배관리 아래 출퇴근하던 중 발생한 사고로 부상 등이 발생한 경우만 업무상 재해로 인정하는 산업재해보상보험법 제37조 제1항 제1호 다목(이하 '심판대상조항' 이라 한다)이 평등원칙에 위배되는지 여부(적극)(헌재 2016. 9. 29. 2014헌바254)**

도보나 자기 소유 교통수단 또는 대중교통수단 등을 이용하여 출퇴근하는 산업재해보상보험(이하 '산재보험'이라 한다) 가입 근로자(이하 '비혜택근로자'라 한다)는 사업주가 제공하거나 그에 준하는 교통수단을 이용하여 출퇴근하는 산재보험 가입 근로자(이하 '혜택근로자'라 한다)와 같은 근로자인데도 사업주의 지배관리 아래 있다고 볼 수 없는 통상적 경로와 방법으로 출퇴근하던 중에 발생한 재해(이하 '통상의 출퇴근 재해'라 한다)를 업무상 재해로 인정받지 못한다는 점에서 차별취급이 존재한다.

산재보험제도는 사업주의 무과실배상책임을 전보하는 기능도 있지만, 오늘날 산업재해로부터 피재근로자와 그 가족의 생활을 보장하는 기능의 중요성이 더 커지고 있다. 그런데 근로자의 출퇴근 행위는 업무의 전 단계로서 업무와 밀접·불가분의 관계에 있고, 사실상 사업주가 정한 출퇴근 시각과 근무지에 기속된다. 대법원은 출장행위 중 발생한 재해를 사업주의 지배관리 아래 발생한 업무상 재해로 인정하는데, 이러한 출장행위도 이동방법이나 경로 선택이 근로자에게 맡겨져 있다는 점에서 통상의 출퇴근행위와 다를 바 없다. 따라서 통상의 출퇴근 재해를 업무상 재해로 인정하여 근로자를 보호해 주는 것이 산재보험의 생활보장적 성격에 부합한다.

사업장 규모나 재정여건의 부족 또는 사업주의 일방적 의사나 개인 사정 등으로 출퇴근용 차량을 제공받지 못하거나 그에 준하는 교통수단을 지원받지 못하는 비혜택근로자는 비록 산재보험에 가입되어 있다 하더라도 출퇴근 재해에 대하여 보상을 받을 수 없는데, 이러한 차별을 정당화할 수 있는 합리적 근거를 찾을 수 없다.

통상의 출퇴근 재해를 산재보험법상 업무상 재해로 인정할 경우 산재보험 재정상황이 악화되거나 사업주 부담 보험료가 인상될 수 있다는 문제점은 보상대상을 제한하거나 근로자에게도 해당 보험료의 일정 부분을 부담시키는 방법 등으로 어느 정도 해결할 수 있다. 반면에 통상의 출퇴근 중 재해를 입은 비혜택근로자는 가해자를 상대로 불법행위 책임을 물어도 충분한 구제를 받지 못하는 것이 현실이고, 심판대상조항으로 초래되는 비혜택근로자와 그 가족의 정신적 · 신체적 혹은 경제적 불이익은 매우 중대하다.

따라서 심판대상조항은 합리적 이유 없이 비혜택근로자를 자의적으로 차별하는 것이므로, 헌법상 평등원칙에 위배된다.

## 나. 비례의 원칙

### 1) 내용

'차별취급의 목적'과 '차별취급의 수단' 간에 비례성이 있는지를 심사하는 것으로, '자의금지원칙'심사에 비해서 엄격한 심사이다. '차별목적의 정당성', '차별취급의 적합성', '차별취급의 필요성', '차별취급의 비례성'을 심사한다.

### 2) 적용대상

헌법재판소는 (a) 헌법 스스로가 평등을 요구하는 경우 또는 (b) 관련 기본권에 중대한 제한을 초래하는 경우에는 비례의 원칙이 적용되어야 한다고 한다.

**심사기준 결정(헌재 1999. 12. 23. 98헌마363)**

평등권침해 여부를 심사함에 있어 엄격한 심사척도에 의할 것인지, 완화된 심사척도에 의할 것인지는 입법자에게 인정되는 입법형성권의 정도에 따라 달라지게 될 것이다. 헌법에서 특별히 평등을 요구하고 있는 경우나 차별적 취급으로 인하여 관련 기본권에 대한 중대한 제한을 초래하게 되는 경우에는 입법형성권은 축소되고, 보다 엄격한 심사척도가 적용되어야 할 것이다.

#### 가) 헌법 스스로가 평등을 요구하는 경우

일반적인 평등조항인 헌법 제11조 외에 헌법이 특별히 평등을 요구하는 규정들이 있다. 우리 헌법은 '근로', '혼인과 가족생활' 등 인간의 활동의 주요부분을 차지하는 영역으로서 성별에 의한 불합리한 차별적 취급을 엄격하게 통제할 필요가 있는 영역에 대하여는 양성평등 보호규정(제32조 제4항, 제36조 제1항)[73]을 별도로 두고 있으며, 헌법재판소는 위와 같이 헌법이 특별히 양성평등을 요구하는 경우에는 엄격한 심사기준을 적용한다.[74] 주의할 것은 헌법 제11조는 특별히 평등을 요구하는 규정이 아니라 일반적인 평등원칙을 선언하는 규정이다. 앞에서 언급했듯이 11조의 '성별 · 종교 또는 사회적 신분'은 예시적 문구이다. 따라서 병역을 남성만 하도록 한 것에 대해 평등심사를 할 때 엄격한 심사가 적용되지 않는다.[75]

**누진과세제도 하에서 혼인한 부부에게 조세부담의 증가를 초래하는 부부자산소득합산과세를 규정하고 있는 구 소득세법 제80조 제1항 제2호가 헌법 제36조 제1항에 위반되는지 여부를 판단하는 심사기준으로 비례원칙이 적용되는지 여부(적극)(헌재 2005. 5. 26. 2004헌가6)**

자산소득합산대상배우자의 자산소득이 주된 소득자의 연간 종합소득에 합산되면 합산전의 경우보다 일반적으로 더 높은 누진세율을 적용받기 때문에, 더 높은 세율이 적용되는 만큼 소득세액이 더 증가하게 되어 합산대상소득을 가진 부부는 자산소득이 개인과세되는 독신자 또는 사실혼관계의 부부보다 더 많은 조세를 부담하게 되는바, 특정한 조세법률조항이 혼인을 근거로 혼인한 부부를 혼인하지 아니한 자에 비해 차별취급하는 것이라면 비례의 원칙에 의한 심사에 의해 정당화되지 않는 한 헌법 제36조 제1항에 위반된다.

---

73) 헌법 제32조 ④여자의 근로는 특별한 보호를 받으며, 고용 · 임금 및 근로조건에 있어서 부당한 차별을 받지 아니한다. 헌법 제36조 ①혼인과 가족생활은 개인의 존엄과 양성의 평등을 기초로 성립되고 유지되어야 하며, 국가는 이를 보장한다.

74) 우리 헌법은 '근로', '혼인과 가족생활' 등 인간의 활동의 주요부분을 차지하는 영역으로서 성별에 의한 불합리한 차별적 취급을 엄격하게 통제할 필요가 있는 영역에 대하여는 양성평등 보호규정(제32조 제4항, 제36조 제1항)을 별도로 두고 있으며, 헌법재판소는 위와 같이 헌법이 특별히 양성평등을 요구하는 경우에는 엄격한 심사기준을 적용하여 왔다. 헌재 2010. 11. 25. 2006헌마328

75) 헌법 제11조 제1항 후문의 위와 같은 규정은 불합리한 차별의 금지에 초점이 있고, 예시한 사유가 있는 경우에 절대적으로 차별을 금지할 것을 요구함으로써 입법자에게 인정되는 입법형성권을 제한하는 것은 아니다. '성별'의 경우를 살펴보면, 성별은 개인이 자유로이 선택할 수 없고 변경하기 어려운 생래적인 특징으로서 개인의 인간으로서의 존엄과 가치에 영향을 미치는 요소는 아니다. 그럼에도 불구하고 역사적으로 매우 오랜 기간 동안 대표적인 차별가능사유로서 정당화되어 왔기 때문에, 불합리한 차별을 극복해야 할 절실한 필요에 의하여 우리 헌법이 이를 차별금지의 사유로 예시하기에 이른 것이다. 그러나 이와 같은 헌법규정이 남성과 여성의 차이, 예컨대 임신이나 출산과 관련된 신체적 차이 등을 이유로 한 차별취급까지 금지하는 것은 아니며, 성별에 의한 차별취급이 곧바로 위헌의 강한 의심을 일으키는 사례군으로서 언제나 엄격한 심사를 요구하는 것이라고 단정짓기는 어렵다. 헌재 2010. 11. 25. 2006헌마328

**혼인한 등록의무자 모두 배우자가 아닌 본인의 직계존 · 비속의 재산을 등록하도록 법이 개정되었음에도 이미 배우자의 직계존 · 비속의 재산을 등록한 혼인한 여성 등록의무자는 종전과 동일하게 계속해서 배우자의 직계존 · 비속의 재산을 등록하도록 규정한 공직자윤리법 부칙 제2조가 평등원칙에 위배되는지 여부(적극)**(헌재 2021. 9. 30. 2019헌가3)

헌법 제11조 제1항은 "모든 국민은 법 앞에 평등하다. 누구든지 성별 · 종교 또는 사회적 신분에 의하여 정치적 · 경제적 · 사회적 · 문화적 생활의 모든 영역에 있어서 차별을 받지 아니한다." 라고 하여 성별에 의한 차별을 금지하고 있고, 나아가 헌법 제36조 제1항은 "혼인과 가족생활은 개인의 존엄과 양성의 평등을 기초로 성립되고 유지되어야 하며, 국가는 이를 보장한다." 라고 규정하여 혼인과 가족생활에 있어서 특별히 양성의 평등대우를 명하고 있다. 그런데 이 사건 부칙조항으로 인해 혼인한 남성 등록의무자와 일부 혼인한 여성 등록의무자 간에 등록대상재산의 범위에 차이가 발생하게 되었으므로, 이에 대해서는 엄격한 심사척도를 적용하여 비례성 원칙에 따른 심사를 행하여야 할 것이다.

나) 관련 기본권에 중대한 제한을 초래하는 경우

차별적 취급으로 인하여 관련 기본권에 대한 중대한 제한을 초래하게 되는 경우에 입법형성권이 축소되어 엄격한 심사척도가 적용되어야 한다.

**제대군인지원에관한법률 제8조 제1항 등 위헌확인(제대군인이 6급 이하의 공무원 또는 공 · 사기업체의 채용시험에 응시한 때에 필기시험의 각 과목별 득점에 각 과목별 5퍼센트 또는 3퍼센트를 가산하도록 규정한 제대군인지원에 관한 법률 위헌여부)**(헌재 1999. 12. 23. 98헌마363)

1. 가산점제도로 인한 차별의 대상

전체여성 중의 극히 일부분만이 제대군인에 해당될 수 있는 반면, 남자의 대부분은 제대군인에 해당하므로 가산점제도는 실질적으로 성별에 의한 차별이고, 가산점을 받을 수 있는 현역복무를 하게 되는지 여부는 병역의무자의 의사와 관계없이 징병검사의 판정결과, 학력, 병력수급의 사정에 따라 정해지는 것이므로 가산점제도는 현역복무나 상근예비역 소집근무를 할 수 있는 신체 건장한 남자와 그렇지 못한 남자, 즉 병역면제자와 보충역복무를 하게 되는 자를 차별하는 제도이다.

2. 가산점제도의 평등위반여부를 심사함에 있어 적용되는 심사척도

평등위반 여부를 심사함에 있어 엄격한 심사척도에 의할 것인지, 완화된 심사척도에 의할 것인지는 입법자에게 인정되는 입법형성권의 정도에 따라 달라지게 될 것이나, 헌법에서 특별히 평등을 요구하고 있는 경우와 차별적 취급으로 인하여 관련 기본권에 대한 중대한 제한을 초래하게 된다면 입법형성권은 축소되어 보다 엄격한 심사척도가 적용되어야 할 것인

바, 가산점제도는 헌법 제32조 제4항이 특별히 남녀평등을 요구하고 있는 "근로" 내지 "고용"의 영역에서 남성과 여성을 달리 취급하는 제도이고, 또한 헌법 제25조에 의하여 보장된 공무담임권이라는 기본권의 행사에 중대한 제약을 초래하는 것이기 때문에 엄격한 심사척도가 적용된다.

3. 가산점제도로 여성, 신체장애자 등의 평등권이 침해되는지 여부(적극)

제대군인에 대하여 여러 가지 사회정책적 지원을 강구하는 것이 필요하다 할지라도, 그것이 사회공동체의 다른 집단에게 동등하게 보장되어야 할 균등한 기회 자체를 박탈하는 것이어서는 아니되는데, 가산점제도는 아무런 재정적 뒷받침없이 제대군인을 지원하려 한 나머지 결과적으로 여성과 장애인 등 이른바 사회적 약자들의 희생을 초래하고 있으며, …우리 법체계내에 확고히 정립된 기본질서라고 할 '여성과 장애인에 대한 차별금지와 보호'에도 저촉되므로 정책수단으로서의 적합성과 합리성을 상실한 것이다.

…공무원채용시험의 경쟁률이 매우 치열하고 합격선도 평균 80점을 훨씬 상회하고 있으며 그 결과 불과 영점 몇 점 차이로 당락이 좌우되고 있는 현실에서 각 과목별 득점에 각 과목별 만점의 5퍼센트 또는 3퍼센트를 가산함으로써 합격여부에 결정적 영향을 미쳐 가산점을 받지 못하는 사람들을 6급이하의 공무원 채용에 있어서 실질적으로 거의 배제하는 것과 마찬가지의 결과를 초래하고 있고, 제대군인에 대한 이러한 혜택을 몇 번이고 아무런 제한없이 부여함으로써 한 사람의 제대군인을 위하여 몇 사람의 비(非)제대군인의 기회가 박탈당할 수 있게 하는 등 차별취급을 통하여 달성하려는 입법목적의 비중에 비하여 차별로 인한 불평등의 효과가 극심하므로 가산점제도는 차별취급의 비례성을 상실하고 있다. 그렇다면 가산점제도는 제대군인에 비하여, 여성 및 제대군인이 아닌 남성을 부당한 방법으로 지나치게 차별하는 것으로서 헌법 제11조에 위배되며, 이로 인하여 청구인들의 평등권이 침해된다.

### 다. 완화된 비례의 원칙 심사(완화된 엄격심사)

관련 기본권에 중대한 제한을 초래하기 때문에 비례의 원칙으로 심사를 해야 하지만, 만약 헌법이 오히려 차별취급을 요청하고 있는 경우라면 '완화된 비례의 원칙'으로 심사하여야 한다. 헌법재판소는 헌법 제32조 제6항이 "국가유공자 · 상이군경 및 전몰군경의 유가족은 법률이 정하는 바에 의하여 우선적으로 근로의 기회를 부여받는다."라고 규정하여 차별적으로 우선기회를 주고 있다는 점을 주목하고 "완화된 기준"을 적용할 것을 결정한 바 있다.

**국가유공자와 그 유족 등 취업보호대상자가 국가기관이 실시하는 채용시험에 응시하는 경우에 10%의 가점을 주도록 한 이 사건 가산점제도가 평등권을 침해하는지 여부를 심사함에 있어 적용되는 심사의 기준(헌재 2001. 2. 22. 2000헌마25)**

평등권의 침해 여부에 대한 심사는 그 심사기준에 따라 자의금지원칙에 의한 심사와 비례의 원칙에 의한 심사로 크게 나누어 볼 수 있는데, 국가유공자등예우및지원에관한법률 제34조 제1항 중 같은 법률 제30조 제1항 소정의 "국가기관"에 관한 부분의 규정에 따라 국가유공자와 그 유족 등 취업보호대상자가 국가기관이 실시하는 채용시험에 응시하는 경우에 10%의 가점을 주도록 하고 있는 이 사건의 경우는 비교집단이 일정한 생활영역에서 경쟁관계에 있는 경우로서 국가유공자와 그 유족 등에게 가산점의 혜택을 부여하는 것은 그 이외의 자들에게는 공무담임권 또는 직업선택의 자유에 대한 중대한 침해를 의미하게 되므로, 헌법재판소가 1999. 12. 23. 선고한 98헌마363 사건의 결정에서 비례의 원칙에 따른 심사를 하여야 할 경우의 하나로 들고 있는 차별적 취급으로 인하여 관련 기본권에 대한 중대한 제한을 초래하게 되는 경우에 해당하여 원칙적으로 비례심사를 하여야 할 것이나, 구체적인 비례심사의 과정에서는 헌법 제32조 제6항이 근로의 기회에 있어서 국가유공자 등을 우대할 것을 명령하고 있는 점을 고려하여 보다 완화된 기준을 적용하여야 할 것이다.

주의) 헌법재판소는 이후의 결정에서 국가유공자가 아닌 '국가유공자의 가족'에게 가산점을 부여하는 것은 헌법 제32조 제6항에 근거한 것이 아니라는 취지로 판결의 일부를 변경하였다.

**국가유공자등예우및지원에관한법률(헌재 2006. 2. 23. 2004헌마675등) 헌법불합치, 잠정적용결정**

1. 종전 합헌결정의 변경 필요성

헌법재판소는 2001. 2. 22. 선고 2000헌마25 결정(이하 '종전 결정'이라 한다)에서, 이 사건 조항과 동일한 내용을 지닌 구 국가유공자등예우및지원에관한법률 규정(제34조 제1항 중 동법 제30조 제1호 소정의 '국가기관' 부분)이 일반 응시자의 평등권이나 공무담임권을 침해하지 않는다고 판단하였다. 이 사건에서는 다음과 같은 점에서 종전 결정과 달리 판단될 필요가 있다.

가. 가산점 수혜대상이 되는 취업보호대상자가 1984년 이후 대폭 증가하여 온 것에 더하여, 종전 결정 이후인 2002년에는 광주민주유공자예우에관한법률이, 2004년에는 특수임무수행자지원에관한 법률이, 해당자들과 그 유가족에게 가산점 혜택이 주어지고 있다. 또한 2000년부터 보훈대상자(가산점 수혜대상자)가 비약적으로 증가하고….(중략)

다. 종전 결정에서 헌법재판소는 헌법 제32조 제6항의 "국가유공자 · 상이군경 및 전몰군경의 유가족은 법률이 정하는 바에 의하여 우선적으로 근로의 기회를 부여받는다."는 규정을 넓게 해석하여, 이 조항이 국가유공자 본인뿐만 아니라 가족들에 대한 취업보호제도(가산점)의 근거가 될 수 있다고 보았다. 그러나 오늘날 가산점의 대상이 되는 국가유공자와 그 가족의 수가 과거에 비하여 비약적으로 증가하고 있는 현실과, 취업보호대상자에서 가족이 차지하는 비율, 공무원시험의 경쟁이 갈수록 치열해지는 상황을 고려할 때, 위 조항의 폭넓은 해석은 필연적으로 일반 응시자의 공무담임의 기회를 제약하게 되는 결과가 될 수 있으므로 위 조항은 엄격하게 해석할 필요가 있다. 이러한 관점에서 위 조항의 대상자는 조문의 문리해석대로 "국가유공자", "상이군경", 그리고 "전몰군경의 유가족"이라고 봄이 상당하다.

2. '국가유공자의 가족'의 경우 가산점의 부여는 헌법이 직접 요청하고 있는 것이 아니고, 그러한 법률상의 입법정책은 능력주의 또는 성과주의를 바탕으로 하여야 하는 공직취임권의 규율에 있어서 중요한 예외를 구성한다. 헌법적 요청이 있는 경우에는 합리적 범위 안에서 능력주의가 제한될 수 있지만, 단지 법률적 차원의 정책적 관점에서 능력주의의 예외를 인정하려면 해당 공익과 일반응시자의 공무담임권의 차별 사이에 엄밀한 법익형량이 이루어져야 한다.

이 사건 조항으로 인한 공무담임권의 차별효과는 앞서 본 바와 같이 심각한 반면, 국가유공자 가족들에 대하여 아무런 인원제한도 없이 매 시험마다 10%의 높은 가산점을 부여해야만 할 필요성은 긴요한 것이라고 보기 어렵고, 입법목적을 감안하더라도 일반 응시자들의 공무담임권에 대한 차별효과가 지나친 것이다.

이 사건 조항의 경우 명시적인 헌법적 근거 없이 국가유공자의 가족들에게 만점의 10%라는 높은 가산점을 부여하고 있는바, 그러한 가산점 부여 대상자의 광범위성과 가산점 10%의 심각한 영향력과 차별효과를 고려할 때, 그러한 입법정책만으로 헌법상의 공정경쟁의 원리와 기회균등의 원칙을 훼손하는 것은 부적절하며, 국가유공자의 가족의 공직 취업기회를 위하여 매년 많은 일반 응시자들에게 불합격이라는 심각한 불이익을 입게 하는 것은 정당화될 수 없다. 이 사건 조항의 차별로 인한 불평등 효과는 입법목적과 그 달성수단 간의 비례성을 현저히 초과하는 것이므로, 이 사건 조항은 청구인들과 같은 일반 공직시험 응시자들의 평등권을 침해한다.

## Ⅲ 점진적 평등(단계적 평등실현)

헌법재판소는 "헌법이 보장하는 평등의원칙은 개인의 기본권 신장이나 제도의 개혁에 있어 법적 가치의 상향적 실현을 보편화하기 위한 것이지, 불균등의 제거만을 목적으로 한 나머지 하향적 균등까지 수용하고자 하는 것은 결코 아니다."라고 하였고, "국가는 합리적인 기준에 따라 능력이 허용하는 범위 내에서 법적 가치의 상향적 구현을 위한 제도의 단계적 개선을 추진할 수 있는 길을 선택할 수 있어야 한다"고 하였다.[76] 즉 단계적 개선을 위한 합리적 차등은 허용된다.

| **단계적 개선을 위한 차등(헌재 1991.2.11. 90헌가27)** |
|---|
| 헌법상 평등의 원칙은 국가가 언제 어디에서 어떤 계층을 대상으로 하여 기본권에 관한 사항이나 제도의 개선을 시작할 것인지를 선택하는 것을 방해하지 않는다. 말하자면 국가는 합리적인 기준에 따라 능력이 허용하는 범위내에서 법적 가치의 상향적 구현을 위한 제도의 단계적 개선을 추진할 수 있는 길을 선택할 수 있어야 한다. 그것이 허용되지 않는다면 모든 사항과 계층을 대상으로 하여 동시에 제도의 개선을 추진하는 예외적인 경우를 제외하고는 어떤 한 제도의 개선도 평등의 원칙 때문에 그 시행이 불가능하다는 결과에 이르게 되어 불합리 할 뿐만 아니라 평등의 원칙이 실현하고자 하는 가치와도 어긋나기 때문이다. |

## Ⅳ 적극적 평등실현조치

적극적 평등실현조치는 종래 사회로부터 오랫동안 차별을 받아 온 일정집단에 대해 그 집단의 구성원이라는 이유로 취업이나 입학 등의 영역에서 직·간접적으로 이익을 부여하는 조치를 말한다. 그런데 적극적 평등실현조치는 헌법 제11조를

76) 헌재1990.6.25. 89헌마107

근거로 한다고 보기 어렵다. 법앞의 평등이라는 형식적인 요구가 아니라 적극적으로 실질적인 평등을 요구하는 적극적 평등실현조치는 사회국가원리나 사회적 기본권에 그 근거를 두고 있다고 봐야 한다. 장애인고용의무제가 그 예시이다. 일종의 잠정적인 우대조치로서 개인의 자격이나 실적보다는 집단의 일원이라는 것을 근거로 하여 혜택을 부여하며, 기회의 평등보다는 결과의 평등을 추구한다는 점, 항구적 정책이 아니라 구제목적인 실현되면 종료하는 임시적 조치라는 점이 특징이다.[77]

**장애인고용의무제(헌재 2003. 7. 24. 2001헌바96)**

장애인은 그 신체적 · 정신적 조건으로 말미암아 유형 · 무형의 사회적 편견 및 냉대를 받기 쉽고 이로 인하여 능력에 맞는 직업을 구하기가 지극히 어려운 것이 현실이므로, 장애인의 근로의 권리를 보장하기 위하여는 사회적 · 국가적 차원에서의 조치가 요구된다. 이러한 관점에서 볼 때, 자유민주적 기본질서를 지향하는 우리 헌법이 원칙적으로 기업의 경제활동의 자유를 보장(헌법 제119조 제1항)하고 개인의 계약자유의 원칙을 천명(헌법 제10조 전문)하고 있다 하더라도 일정한 범위에서 이러한 자유를 제약하는 것은 불가피한 조치라고 할 수 있다. 즉, 일자리의 창출은 국가 이외에도 일반 사기업이 담당하므로, 장애인의 고용보장과 관련하여 사기업에 대해서도 상당한 정도내에서의 의무의 부과는 불가피한 것이다.

77) 헌재1990. 12. 23. 98헌마363.

# 제4장
# 자유권적 기본권

# 제4장 자유권적 기본권

## Ⅰ 생명권

### 1. 의의와 근거

생명권은 헌법에 명문의 규정이 없지만 인간의 생존 본능과 존재목적에 바탕을 둔 선험적이고 자연법적인 권리로서 헌법에 규정된 모든 기본권의 전제로서 기능하는 기본권 중의 기본권이다.[78]

### 2. 주체

자연인이라면 신체적·정신적 능력, 국적, 재산, 연령 등을 가리지 않고 모두 생명권의 주체가 될 수 있다. 그러나 자연인이 아닌 태아나 배아의 경우에는 보호의 필요성이 있기 때문에 논란의 대상이 될 수 있다. 헌법재판소는 태아의 생명권은 인정하였으나[79] 초기배아의 생명권은 인정하지 않았다.[80]

78) 헌재1996. 11. 28. 95헌바1
79) 인간의 생명은 고귀하고, 이 세상에서 무엇과도 바꿀 수 없는 존엄한 인간 존재의 근원이다. 이러한 생명에 대한 권리, 즉 생명권은 비록 헌법에 명문의 규정이 없다 하더라도 인간의 생존본능과 존재목적에 바탕을 둔 선험적이고 자연법적인 권리로서 헌법에 규정된 모든 기본권의 전제로서 기능하는 기본권 중의 기본권이다. 모든 인간은 헌법상 생명권의 주체가 되며, 형성 중의 생명인 태아에게도 생명에 대한 권리가 인정되어야 한다. 따라서 태아도 헌법상 생명권의 주체가 되며, 국가는 헌법 제10조에 따라 태아의 생명을 보호할 의무가 있다. 헌재 2008. 7. 31. 2004헌바81

## 3. 법적성격 및 내용

### 가. 주관적 공권

생명권은 1차적으로 국가에 의한 생명의 박탈에 대항하는 방어권의 성격을 갖는다. 국가는 함부로 국민의 생명을 앗아갈 수 없다. 문제가 되는 것은 정당한 사유가 있는 경우 생명을 제한, 즉 박탈할 수 있는가가 문제된다. 가장 문제되는 것은 사형제도이다.

### 나. 국가의 보호의무

생명권은 국가에 대한 방어권이지만 현대민주주의 사회에서 국가폭력에 의한 생명의 박탈은 거의 문제되지 않는다. 오히려 사인에 의한 생명의 침해의 위험으로부터 국가가 의무를 다하고 있는지가 더 문제된다. 생명·신체의 안전에 관한 권리는 인간의 존엄과 가치의 근간을 이루는 기본권이고, 국민의 생명, 신체의 안전이 위협받거나 받게 될 우려가 있는 경우 국가는 그 위험의 원인과 정도에 따라 사회·경제적 여건과 재정사정 등을 감안하여 국민의 생명·신체의 안전을 보호가기에 필요한 행정상의 조치를 취하여 그 침해의 위험을 방지하고 이를 유지할 포괄적 의무를 진다.[81] 기본권 보호의무를 어떻게 이행할 것인가에 대하여는

---

80) 출생 전 형성 중의 생명에 대해서 헌법적 보호의 필요성이 크고 일정한 경우 그 기본권 주체성이 긍정된다고 하더라도, 어느 시점부터 기본권 주체성이 인정되는지, 또 어떤 기본권에 대해 기본권 주체성이 인정되는지는 생명의 근원에 대한 생물학적 인식을 비롯한 자연과학·기술 발전의 성과와 그에 터 잡은 헌법의 해석으로부터 도출되는 규범적 요청을 고려하여 판단하여야 할 것이다. 초기배아는 수정이 된 배아라는 점에서 형성 중인 생명의 첫걸음을 떼었다고 볼 여지가 있기는 하나 아직 모체에 착상되거나 원시선이 나타나지 않은 이상 현재의 자연과학적 인식 수준에서 독립된 인간과 배아 간의 개체적 연속성을 확정하기 어렵다고 봄이 일반적이라는 점, 배아의 경우 현재의 과학기술 수준에서 모태 속에서 수용될 때 비로소 독립적인 인간으로의 성장가능성을 기대할 수 있다는 점, 수정 후 착상 전의 배아가 인간으로 인식된다거나 그와 같이 취급하여야 할 필요성이 있다는 사회적 승인이 존재한다고 보기 어려운 점 등을 종합적으로 고려할 때, 기본권 주체성을 인정하기 어렵다. 헌재 2010. 5. 27. 2005헌마346

81) 국가는 개인이 가지는 불가침의 기본적 인권을 확인하고 이를 보장할 의무를 진다(헌법 제10조). 생명·신체의 안전에 관한 권리는 인간의 존엄과 가치의 근간을 이루는 기본권이고, 국민의 생명·신체의 안전이 위협받거나 받게 될 우려가 있는 경우 국가는 그 위험의 원인과 정도에 따라 사회·경제적 여건과 재정사정 등을 감안하여 국민의 생명·신체의 안전을 보호

광범위한 형성권이 부여되기 때문에, 국가의 보호의무가 있다고 하여 국가에게 특정형태의 보호를 요구할 수 있는 것은 아니다.

> **낙태죄 처벌조항의 위헌성(헌재 2019. 4. 11. 2017헌바127)**
>
> 자기결정권은 인간의 존엄성을 실현하기 위한 수단으로서 인간이 자신의 생활영역에서 인격의 발현과 삶의 방식에 관한 근본적인 결정을 자율적으로 내릴 수 있는 권리다. (중략) 이러한 자기결정권과 '인간과 국가의 관계' 가 남녀 구별 없이 여성에게도 동일하게 적용되어야 함은 자명하다. 특히 여성은 남성과 달리 임신, 출산을 할 수 있는데 이에 관한 결정은 여성의 삶에 중대한 영향을 미친다.(중략) 따라서 자기결정권에는 여성이 그의 존엄한 인격권을 바탕으로 하여 자율적으로 자신의 생활영역을 형성해 나갈 수 있는 권리가 포함되고, 여기에는 임신한 여성이 자신의 신체를 임신상태로 유지하여 출산할 것인지 여부에 대하여 결정할 수 있는 권리가 포함되어 있다. (중략) 태아도 헌법상 생명권의 주체가 되며, 국가는 헌법 제10조 제2문에 따라 태아의 생명을 보호할 의무가 있다.(중략) 신·출산·육아는 여성의 삶에 근본적이고 결정적인 영향을 미칠 수 있는 중요한 문제이므로, 임신한 여성이 일정한 범위 내에서 자신의 몸을 임신상태로 유지하여 출산할 것인지 여부에 대하여 결정하는 것은 자신의 생활영역을 자율적으로 형성해 나가는 것에 관한 것으로서 인간의 존엄성과 자율성에 터 잡고 있는 것이다. 이러한 결정은 임신한 여성에게 신체적·심리적·사회적·경제적 결과를 가져오는 것으로서 이를 초래하는 상황은 임신한 여성이 처한 신체적·심리적·사회적·경제적 상황에 따라 복잡하고 다양한 양상을 보인다. 그렇기 때문에 임신한 여성이 자신의 임신을 유지 또는 종결할 것인지 여부를 결정하는 것은 스스로 선택한 인생관·사회관을 바탕으로 자신이 처한 신체적·심리적·사회적·경제적 상황에 대한 깊은 고민을 한 결과를 반영하는 전인적(全人的) 결정이다.
>
> 그런데, 임신한 여성과 태아 사이의 특별한 관계로 인하여 그 대립관계는 단순하지 않다. 태아는 엄연히 모와는 별개의 생명체이지만, 모의 신체와 밀접하게 결합되어 특별한 유대관계를 맺으면서 생명의 유지와 성장을 전적으로 모에게 의존하고 있다. 임신한 여성과 태아

---

하기에 필요한 적절하고 효율적인 입법·행정상의 조치를 취하여 그 침해의 위험을 방지하고 이를 유지할 포괄적 의무를 진다. 피청구인(대통령 박근혜)은 행정부의 수반으로서 국가가 국민의 생명과 신체의 안전 보호의무를 충실하게 이행할 수 있도록 권한을 행사하고 직책을 수행하여야 하는 의무를 부담한다. 하지만 국민의 생명이 위협받는 재난상황이 발생하였다고 하여 피청구인이 직접 구조 활동에 참여하여야 하는 등 구체적이고 특정한 행위의무까지 바로 발생한다고 보기는 어렵다. 세월호 참사로 많은 국민이 사망 하였고 그에 대한 피청구인의 대응조치에 미흡하고 부적절한 면이 있었다고 하여 곧바로 피청구인이 생명권 보호의무를 위반하였다고 인정하기는 어렵다. 그 밖에 세월호 참사와 관련하여 피청구인이 생명권 보호의무를 위반하였다고 인정할 수 있는 자료가 없다. 헌재 2017. 3. 10. 2016헌나1

는 서로 독립적이면서도 의존적인 매우 독특한 관계를 형성하고 있다. 임신한 여성은 자녀가 출생하면 입양 등의 특별한 사정이 없는 한 어머니로서 출생한 자녀에 대한 양육책임을 부담한다. 특별한 예외적 사정이 없는 한, 임신한 여성의 안위(安危)가 곧 태아의 안위이며, 이들의 이해관계는 그 방향을 달리하지 않고 일치한다.(중략) 입법자는 자기낙태죄 조항을 형성함에 있어 태아의 생명 보호와 임신한 여성의 자기결정권의 실제적 조화와 균형을 이루려는 노력을 충분히 하지 아니하여 태아의 생명 보호라는 공익에 대하여만 일방적이고 절대적인 우위를 부여함으로써 공익과 사익간의 적정한 균형관계를 달성하지 못하였다. (중략) 자기낙태죄 조항은 입법목적을 달성하기 위하여 필요한 최소한의 정도를 넘어 임신한 여성의 자기결정권을 제한하고 있어 침해의 최소성을 갖추지 못하고 있으며, 법익균형성의 원칙도 위반하였다고 할 것이므로, 과잉금지원칙을 위반하여 임신한 여성의 자기결정권을 침해하는 위헌적인 규정이다.

## 4. 제한

헌법 제37조 제2항은 모든 국민의 자유와 권리가 제한될 수 있다고 규정하고 있고, 생명권 역시 제37조 제2항에 의하여 제한될 수 있는 권리라고 할 수 있다. 그러나 생명권은 부분적으로 제한될 수 있는 것이 아니기 때문에, 생명권의 제한은 곧 생명권의 박탈과 동일한 의미와 효과를 갖게 된다. 그런데 기본권을 제한에서 '본질적 내용의 침해 금지'를 규정하고 있는 헌법 제37조 제2항에 의하면 생명권의 제한이 곧 본질적 내용의 침해가 되므로 생명권의 제한은 그 자체로 모순적인 것이 된다. 이러한 문제를 고스란히 담고 있는 것이 사형제도이다. 뿐만 아니라 사형이란 범죄자를 죽임으로써 사회의 안전과 방위를 꾀한다는 측면에서 인간을 목적이 아닌 수단으로 대우하여 인간의 존엄과 가치라는 가장 중요한 기본권에 반하는 것이라는 비판이 있다. 그러나 헌법재판소는 생명권은 절대적 기본권이 아니라 제한의 대상이며, 예외적인 경우 생명권의 박탈이 기본권의 본질적 내용의 침해가 아니라고 하여 합헌이라고 하였다.

**사형제도의 위헌여부(헌재 2010. 2. 25. 2008헌가23)**

헌법 제110조 제4항은 법률에 의하여 사형이 형벌로서 규정되고 그 형벌조항의 적용으로 사형이 선고될 수 있음을 전제로 하여, 사형을 선고한 경우에는 비상계엄하의 군사재판이라도 단심으로 할 수 없고 사법절차를 통한 불복이 보장되어야 한다는 취지의 규정으로, 우리 헌법은 문언의 해석상 사형제도를 간접적으로나마 인정하고 있다.

헌법은 절대적 기본권을 명문으로 인정하고 있지 아니하며, 헌법 제37조 제2항에서는 국민의 모든 자유와 권리는 국가안전보장 · 질서유지 또는 공공복리를 위하여 필요한 경우에 한하여 법률로써 제한할 수 있도록 규정하고 있어, 비록 생명이 이념적으로 절대적 가치를 지닌 것이라 하더라도 생명에 대한 법적 평가가 예외적으로 허용될 수 있다고 할 것이므로, 생명권 역시 헌법 제37조 제2항에 의한 일반적 법률유보의 대상이 될 수밖에 없다. 나아가 생명권의 경우, 다른 일반적인 기본권 제한의 구조와는 달리, 생명의 일부 박탈이라는 것을 상정할 수 없기 때문에 생명권에 대한 제한은 필연적으로 생명권의 완전한 박탈을 의미하게 되는바, 위와 같이 생명권의 제한이 정당화될 수 있는 예외적인 경우에는 생명권의 박탈이 초래된다 하더라도 곧바로 기본권의 본질적인 내용을 침해하는 것이라 볼 수는 없다.

사형제도는 우리 헌법이 적어도 간접적으로나마 인정하고 있는 형벌의 한 종류일 뿐만 아니라, 사형제도가 생명권 제한에 있어서 헌법 제37조 제2항에 의한 헌법적 한계를 일탈하였다고 볼 수 없는 이상, 범죄자의 생명권 박탈을 내용으로 한다는 이유만으로 곧바로 인간의 존엄과 가치를 규정한 헌법 제10조에 위배된다고 할 수 없으며, 사형제도는 형벌의 경고기능을 무시하고 극악한 범죄를 저지른 자에 대하여 그 중한 불법 정도와 책임에 상응하는 형벌을 부과하는 것으로서 범죄자가 스스로 선택한 잔악무도한 범죄행위의 결과인바, 범죄자를 오로지 사회방위라는 공익 추구를 위한 객체로만 취급함으로써 범죄자의 인간으로서의 존엄과 가치를 침해한 것으로 볼 수 없다. 한편 사형을 선고하거나 집행하는 법관 및 교도관 등이 인간적 자책감을 가질 수 있다는 이유만으로 사형제도가 법관 및 교도관 등의 인간으로서의 존엄과 가치를 침해하는 위헌적인 형벌제도라고 할 수는 없다.

# II 신체의 자유

헌법 제12조는 신체의 자유와 형사사법절차의 기본적인 원칙을 담고 있다. 형사절차에서 공권력 행사로 발생할 수 있는 인권침해를 방지하기 위하여 많은 규정을 꽤 자세하게 담고 있다. 입법자에 의해서 형사사법절차의 기본이 삭제되거나 축소되지 않게 하기 위하여 주의를 기울여 헌법에 내용을 담았다고 보인다. 그래서 헌법 제12조는 체포, 구속과 같은 전형적인 신체의 자유 문제뿐만 아니라 고문, 압수, 수색, 심문, 강제노역, 변호사의 조력을 받을 권리, 자백의 증거능력까지 내용을 담고 있다.

## 1. 제12조 제1항 신체의 자유의 의의

> 제12조 ①모든 국민은 신체의 자유를 가진다. 누구든지 법률에 의하지 아니하고는 체포·구속·압수·수색 또는 심문을 받지 아니하며, 법률과 적법한 절차에 의하지 아니하고는 처벌·보안처분 또는 강제노역을 받지 아니한다.

신체의 자유는 다른 기본권을 행사하기 위한 전제가 되는 기본권으로 생명권과 함께 가장 기본이 되는 권리라고 할 수 있다. 헌법 제12조 제1항 신체의 자유는 신체의 '거동'의 자유를 보호하는 것이다. '거동'의 자유를 보호하는 것이므로 움직임의 자유를 그 보호대상으로 한다. 즉 원하는 곳으로 이동할 자유 혹은 원하지 않는 곳으로 이동하지 않을 자유를 보호한다. 이 '신체의 자유'는 엄밀하게 볼 때 '신체의 완전성'에 대한 보호를 포함하지 않는다. '거동'을 보호하는 것과 '신체의 완전성'을 보호하는 것은 다르기 때문이다. 따라서 원칙적으로, 헌법 제12조는 '신체를 훼손당하지 않을 권리'를 포함하지 않는다. '신체를 훼손당하지 않은 권리'란 함부로 몸에 약물을 주입한다거나, 수술을 강제당하는 등의 침해로부터 신체를 보호할 자유이다. 헌법은 '신체의 완전성'에 대한 보호인 '신체를 훼손당하지 않은 권리'에 대해서는 침묵하고 있는 셈이다. 그러나 생명권과 마찬가지로 '신체를 훼손당하지 않을 자유'는 선험적이고 자연법적인 권리라고 할 수 있어서 모든 기본권 중의 기본권이라고 할 수 있다. 따라서 헌법이 규정하고 있는가가 이 자유의 보호여부를 결정하지는 않는다. 그런데 우리 헌법재판소는 특별한 설명은 하지는 않지만 헌법 제12조 '신체의 자유'에 '신체를 훼손당하지 않을 권리'가 포함되어 있다고 보고 있다. 헌법재판소는 '신체'와 관련된 모든 형태의 자유를 헌법 제12조를 통해 보호하려는 것으로 보인다. 신체의 거동도 아니고 훼손도 아닌 모호한 영역의 문제도 신체의 자유 문제로 보기도 하는데 예를 들어서 교도소에서 징계처분의 하나인 금치처분을 받은 사람의 실외운동을 원칙적으로 금지하는 것도 신체의 자유에 대한 침해라고 하였기 때문이다.[82]

**디엔에이감식시료 채취와 신체의 자유(헌재 2016. 3. 31. 2014헌마457)**

(1) 제한되는 기본권

헌법 제12조 제1항의 신체의 자유는 신체의 안정성이 외부로부터의 물리적인 힘이나 정신적인 위험으로부터 침해당하지 아니할 자유와 신체활동을 임의적이고 자율적으로 할 수 있는 자유를 말한다(헌재 1992. 12. 24. 92헌가8; 헌재 2005. 5. 26. 99헌마513등 참조). 디엔에이감식시료 채취의 구체적인 방법은 구강점막 또는 모근을 포함한 모발을 채취하는 방법으로 하고, 위 방법들에 의한 채취가 불가능하거나 현저히 곤란한 경우에는 분비물, 체액을 채취하는 방법으로 한다(디엔에이법 시행령 제8조 제1항). 디엔에이감식시료의 채취행위는 신체의 안정성을 해한다고 볼 수 있으므로 디엔에이법 조항은 신체의 자유를 제한한다

(2) 신체의 자유 침해 여부

가) 목적의 정당성 및 수단의 적합성

강력범죄에서 기존의 수사방식에 따른 범인 검거 및 사후관리의 어려움을 해소하고자 강력범죄를 저지른 사람의 디엔에이신원확인정보를 미리 확보·관리하는 디엔에이신원확인정보데이터베이스제도를 도입하여 조속히 범인을 검거하고, 무고한 용의자를 수사선상에서 조기에 배제하며, 아울러 범죄예방의 효과를 높이기 위하여 강제추행죄에 대하여 형의 선고를 받아 확정된 사람으로부터 디엔에이감식시료를 채취하는 입법목적은 정당하다. 강제추행죄에 대하여 형의 선고를 받아 확정된 사람의 디엔에이신원확인정보를 데이터베이스에 수록하고 관리하기 위하여 이들로부터 디엔에이감식시료를 채취하는 것은 입법 목적을 달성하기 위해 적절한 수단이다.

(나) 침해의 최소성

강제추행죄와 같은 성범죄는 일반 범죄와는 달리 행위자의 습벽에 의하여 저질러지는 경

---

82) 헌재 2016.5.26. 2014헌마45

우가 많아 반복적으로 발생하는 경향이 있다. 따라서 위 범죄에 대하여 형의 선고를 받아 확정된 사람은 이후에도 다시 범죄를 저지를 가능성이 있으므로 이를 지속적으로 감시하는 제도를 마련하는 것이 필요하다. 이에 입법자는 강제추행죄로 유죄판결이 확정된 자에 대해서는 형사처벌을 하는 외에, 신상정보 등록(등록조항), 공개(아동 · 청소년성보호법 제49조), 고지(아동 · 청소년성보호법 제50조), 아동 · 청소년 관련기관 등 취업제한(아동 · 청소년성보호법 제56조), 위치추적 전자장치 부착(특정 범죄자에 대한 보호관찰 및 위치추적 전자장치 부착 등에 관한 법률 제5조) 등의 제도를 마련하여 조속히 범인을 검거하고 범죄예방의 효과를 높이고자 한다. 강제추행죄와 같은 성범죄를 유발하는 습벽은 단기간에 교정되지 않고 장기간 계속될 가능성이 크다는 점을 고려하면, 위 제도들과 같은 맥락에서 위 범죄로 형의 선고를 받아 확정된 자의 디엔에이신원확인정보를 데이터베이스에 수록하고 관리할 필요가 있다.

디엔에이법 제8조 제2항은 디엔에이감식시료를 채취할 때 대상자가 동의하지 않는 경우에는 판사가 발부한 영장에 의하도록 하고 있는데, 채취의 요건으로 '재범의 위험성'을 별도로 규정하고 있지 않더라도 이는 판사가 채취영장을 발부하는 단계에서 채취의 필요성과 상당성을 판단하면서 실무상 충분히 고려될 여지가 있다.

나아가 채취의 경우 채취를 거부할 수 있음을 사전에 고지하고 서면으로 동의를 받도록 하고 있으며(디엔에이법 제8조 제3항), 채취할 때에는 대상자에게 채취 이유, 채취할 시료의 종류 및 방법을 고지하도록 하여(디엔에이법 제8조 제8항) 기본권 제한을 최소화하기 위한 절차상 장치가 마련되어 있다. 디엔에이감식시료를 채취할 때 우선적으로 구강점막 또는 모근을 포함한 모발에서 채취하도록 하고 위의 방법이 불가능하거나 현저히 곤란한 경우에 한하여 그 밖에 디엔에이를 채취할 수 있는 신체부분, 분비물, 체액의 채취를 하게 하는 등 채취대상자의 신체나 명예에 대한 침해를 최소화하는 방법을 사용하도록 하고 있다(디엔에이법 제9조, 같은 법 시행령 제8조) 따라서 디엔에이법 조항은 침해의 최소성 요건을 갖추었다(헌재 2014. 8. 28. 2011헌마28등 참조).

(다) 법익의 균형성

디엔에이법 조항에 의하여 제한되는 신체의 자유의 정도는 일상생활 중에서도 경험할 수 있는 정도의 미약한 것으로서 외상이나 생리적 기능의 저하를 수반하지 아니한다는 점에서 범죄수사 및 범죄예방 등 입법목적에 해당하는 공익에 비하여 크다고 할 수 없어 법익의 균형성이 인정된다.

(라) 소결

디엔에이법 조항은 과잉금지원칙을 위반하여 청구인의 신체의 자유를 침해하지 않는다.

**성폭력범죄자의 성충동 약물치료에 관한 법률(헌재 2015. 12. 23. 2013헌가9)**

〈 심판대상 조문 〉

성폭력범죄자의 성충동 약물치료에 관한 법률 제4조(치료명령의 청구) ① 검사는 사람에 대하여 성폭력범죄를 저지른 성도착증 환자로서 성폭력범죄를 다시 범할 위험성이 있다고 인정되는 19세 이상의 사람에 대하여 약물치료명령(이하 "치료명령"이라고 한다)을 법원에 **청구할 수 있다.**

제8조(치료명령의 판결 등) ① 법원은 **치료명령 청구가 이유 있다고 인정하는 때에는 15년의 범위에서 치료기간을 정하여 판결로 치료명령을 선고하여야 한다.**

주 문

1. '성폭력범죄자의 성충동 약물치료에 관한 법률'(2012. 12. 18. 법률 제11557호로 개정된 것) 제4조 제1항은 헌법에 위반되지 아니한다.

2. '성폭력범죄자의 성충동 약물치료에 관한 법률'(2010. 7. 23. 법률 제10371호로 제정된 것) **제8조 제1항은 헌법에 합치되지 아니한다**. 이 법률조항은 2017. 12. 31.을 시한으로 입법자가 개정할 때까지 계속 적용된다.

(1) 제한되는 기본권

심판대상조항들에 의한 성충동 약물치료명령에 의하여 약물투여가 되면 치료대상자의 성적 충동·욕구가 억제되고, 성기능이 제한될 수 있으며, 이에 따라 범죄행위에 해당하지 아니하는 성적 욕구나 행위까지도 억제될 수 있다.

따라서 심판대상조항들은 피치료자의 정신적 욕구와 신체기능에 대한 통제를 그 내용으로 하는 것으로서, 신체의 완전성이 훼손당하지 아니할 자유를 포함하는 헌법 제12조의 신체의 자유를 제한하고, 사회공동체의 일반적인 생활규범의 범위 내에서 사생활을 자유롭게 형성해 나가고 그 설계 및 내용에 대해서 외부로부터의 간섭을 받지 아니할 권리인 헌법 제17조의 사생활의 자유를 제한한다.

또한 심판대상조항들은 피치료자의 동의를 요건으로 하지 않으므로, 환자가 질병의 치료 여부 및 방법 등을 결정할 수 있는 신체에 관한 자기결정권 내지 성행위 여부 등에 관한 성적자기결정권 등 헌법 제10조에서 유래하는 개인의 자기운명결정권을 제한한다.

그 밖에 강제적인 성적 욕구·기능의 통제 자체로 대상자로 하여금 물적(物的) 취급을 받는 느낌, 모욕감과 수치심을 가지게 할 수 있으므로 헌법 제10조로부터 유래하는 인격권 역시 제한한다.

(2) 과잉금지원칙 위반 여부

(가) 입법목적의 정당성

심판대상조항들은 사람에 대하여 성폭력범죄를 저지른 성도착증 환자로서 성폭력범죄를 다시 범할 위험성이 있다고 인정되는 사람에 대하여, 그의 동의 유무에 관계없이 피고사건의 판결 선고 시에 성충동 약물치료를 명할 수 있도록 한 것이다. 이는 **성폭력범죄의 재범을 방지하고 사회복귀를 촉진하며, 성폭력범죄로부터 국민을 보호**하고자 하는 것으로서(제1조), 그 **입법목적이 정당**하다.

(나) 수단의 적합성

성충동 약물치료는 성도착증 환자의 성폭력범죄 재범을 방지한다고 볼 수 있고, 이는 외국의 여러 연구결과들에 의하여도 일정 부분 입증되었으므로, 심판대상조항들은 입법목적 달성을 위한 적합하고도 **효과적인 수단**을 규정하고 있다고 할 수 있다.

(다) 침해의 최소성

심판대상조항들에 의한 성충동 약물치료의 청구 및 명령은 의학적인 판단에 기초하여, 치료가 필요하고 치료 효과가 기대되는 집단에 대하여 목적 달성에 필요한 범위 내에서 제한적으로 이루어지고 있다…..위와 같은 사정들을 종합하여 보면, 심판대상조항들에 의한 **성충동 약물치료제도 자체**는 목적 달성을 위하여 불필요한 제한을 가하고 있다거나, 목적 달성을 위한 덜 침해적인 대체수단이 있음에도 이를 채택하지 아니한 것이라고 보기 어려우므로 원칙적으로 **침해의 최소성을 인정할 수 있다.**

그런데 **성충동약물치료법 제8조 제4항에 의하여 치료명령은**…피치료자에게 장기형이 선고된 경우에는 치료명령의 선고 시점과 집행 시점 사이에 상당한 시간적 간극이 존재할 수 있다. 그에 따라 치료명령 선고 시점에는 치료명령의 요건이 충족되었다고 하더라도 그 집행 시점에는 사정변경이 발생할 수 있다. 치료감호 중에 이루어진 치료 등을 통하여 성충동을 조절할 수 있게 되거나 장기의 수감생활을 거치며 노령화 등으로 성도착증이 자연스럽게 완화되거나 치유될 가능성도 배제하기 어려우므로, …치료명령의 집행 시점에 이미 치료의 필요성이 없는 경우에 불필요한 치료가 이루어지는 것까지 방지하지는 못한다….위와 같은 범위에서 침해의 **최소성이 인정되지 아니한다.**

(라) 법익균형성

치료명령을 청구, 선고받아 성충동 약물치료를 받게 되는 피치료자가 심판대상조항들로 인하여 받는 불이익이 결코 작지 않다는 점은 명백하나, 부작용 검사와 그에 대한 치료, 부작용이 큰 경우의 약물치료 중단 등의 대책이 마련되어 있다. 이를 감안하면, 피치료자의 사익의 제한이 달성되는 공익과 비교하여 현저히 균형을 잃은 것이라 보기는 어렵다.

다만 치료의 필요성이 달라졌다고 주장하며 그 치료에 이의를 제기하는 경우 치료의 필요성에 관하여 다시 법원의 판단을 거치게 하는 등 불필요한 치료가 이루어지는 것을 막을 수 있는 절차가 마련되어 있지 않음에도, 그 선고 시점에서 치료명령의 요건이 충족된다고 판단하는 때에는 성충동 약물치료를 명하도록 하는 것…구체적으로 달성되는 공익을 상정하기 어려우며, 피치료자의 건강한 성적 욕구 · 충동, 행위를 그 의사에 반하여 제한함으로 인한 불이익이 더 크다고 볼 수 있을 것이다.

(마) 소결

따라서 **심판대상조항들 중 검사의 치료명령 청구에 관한 이 사건 청구조항은 과잉금지원칙에 위반되지 아니하여** 피치료자의 신체의 자유 등 기본권을 침해하지 아니하나, 법원의 **치료명령 선고에 관한 이 사건 명령조항은 과잉금지원칙을 위반하여 피치료자의 신체의 자유 등 기본권을 침해한다.**

## 2. 헌법 제12조 제1항과 제3항의 체포·구속·압수·수색

제12조 ①모든 국민은 신체의 자유를 가진다. **누구든지 법률에 의하지 아니하고는 체포 · 구속 · 압수 · 수색 또는 심문을 받지 아니하며,** 법률과 적법한 절차에 의하지 아니하고는 처벌 · 보안처분 또는 강제노역을 받지 아니한다.

③**체포 · 구속 · 압수 또는 수색을 할 때에는 적법한 절차에 따라 검사의 신청에 의하여 법관이 발부한 영장을 제시하여야 한다.** 다만, 현행범인인 경우와 장기 3년 이상의 형에 해당하는 죄를 범하고 도피 또는 증거인멸의 염려가 있을 때에는 사후에 영장을 청구할 수 있다.

### 가. 체포·구속·압수·수색의 적법절차

체포와 구속은 신체를 속박하여 신체의 자율성과 임의성을 빼앗는 것이다. 헌법은 체포와 구속을 행할 때 반드시 적법한 법률에 의하고, 게다가 검사의 신청에 의한 법관 발부 영장에 의하도록 하고 있다. 즉 신체의 자유는 헌법 제37조 제2항 뿐만 아니라 헌법 제12조 1항과 3항에 의하여 더 강력한 보호를 받는다. 헌법 제12조 제3항의 영장주의는 헌법 제12조 제1항의 적법절차원칙의 특별규정으로 기본권 제한 정도가 가장 심한 형사상 강제처분의 영역에서 기본권을 더욱 강하게 보장하려는 의지를 담아 중복 규정된 것이라고 해석하는 것이 상당하다.[83] 압수와 수색은 신체의 자유에 대한 것은 아니지만, 헌법이 형사사법절차에서 인권을

83) 헌재 2012. 6. 27. 2011헌가36

침해할 수 있는 상황을 방지하기 위하여 제12조에 압수와 수색에 대한 내용도 포함시켰다. 그런데 헌법재판소는 적법절차원칙이 형사절차상의 제한된 범위를 넘어 국가작용에 광범위하게 적용된다고 하였다.[84] 따라서 입법과정, 행정절차 등에서도 적법절차가 적용된다.[85]

**행정절차에서의 적법절차원칙(헌재 2015. 9. 24. 2012헌바302)**

헌법 제12조의 적법절차원칙은 형사절차뿐만 아니라 모든 국가작용 전반에 대하여 적용되므로(헌재 2003. 7. 24. 2001헌가25 참조), 이 사건과 같이 법무부장관이 형사재판에 계속 중인 사람에 대하여 행정처분으로 출국의 자유를 제한함에 있어서도 헌법에서 정한 적법절차원칙에 따라야 한다. 적법절차원칙에서 도출할 수 있는 중요한 절차적 요청 중의 하나로, 당사자에게 적절한 고지를 행할 것, 당사자에게 의견 및 자료 제출의 기회를 부여할 것 등을 들 수 있다. 그러나 이 원칙이 구체적으로 어떠한 절차를 어느 정도로 요구하는지는 규율되는 사항의 성질, 관련 당사자의 권리와 이익, 절차 이행으로 제고될 가치, 국가작용의 효율성, 절차에 소요되는 비용, 불복의 기회 등 다양한 요소를 비교하여 개별적으로 판단할 수밖에 없다.

심판대상조항에 따른 출국금지결정은 형사재판에 계속 중인 사람의 해외도피를 방지하여 국가 형벌권을 확보하고자 함에 그 목적이 있는 것이므로 성질상 신속성과 밀행성을 요한다. 그런데 법무부장관으로 하여금 출국금지결정을 할 때 출국금지 대상자에게 사전통지를 하거나 청문을 실시하도록 한다면, 출국금지 대상자가 국가의 형벌권을 피하기 위하여 출국금지결정 이전에 외국으로 도피할 가능성을 배제하기 어렵고, 이로 인하여 국가 형벌권 확보라는 출국금지제도의 목적을 달성하는 데 지장을 초래할 우려가 크다. 나아가 출입국관리법은 법무부장관으로 하여금 출국을 금지하였을 때에는 즉시 서면으로 통지하도록 하여(제4조의4 제1항) 해당 출국금지 대상자에게 방어의 준비 및 불복의 기회를 보장하고 있고, 이의신청이나 행정소송을 통하여 출국금지 대상자가 충분히 의견을 진술하거나 자료를 제출할

84) 헌법 제12조 제1항 후문과 제3항에 규정된 적법절차의 원칙은 형사절차상의 제한된 범위뿐만 아니라 국가작용으로서 모든 입법 및 행정작용에도 광범위하게 적용된다. 헌재 2009. 6. 25. 2007헌마451

85) 전투경찰순경에 대한 영창처분은 그 사유가 제한되어 있고, 징계위원회의 심의절차를 거쳐야 하며, 징계심의 및 집행에 있어 징계대상자의 출석권과 진술권이 보장되고 있다. 또한 소청과 행정소송 등 별도의 불복절차가 마련되어 있고 소청에서 당사자 의견진술기회 부여를 소청결정의 효력에 영향을 주는 중요한 절차적 요건으로 규정하는바, 이러한 점들을 종합하면 이 사건 영창조항이 헌법에서 요구하는 수준의 절차적 보장 기준을 충족하지 못했다고 볼 수 없으므로 헌법 제12조 제1항의 적법절차원칙에 위배되지 아니한다. 헌재 2016.3.31.2013헌바190

기회도 보장하고 있다.

이와 같이 출국금지 대상자가 출국금지결정에 대해 사후적으로 다툴 수 있는 기회를 제공하여 절차적 참여를 보장해 주고 있으므로, 심판대상조항이 출국금지 대상자에게 사전통지를 하도록 규정하지 아니하거나 청문의 기회를 부여하고 있지 아니한 것만으로 적법절차원칙에 위배된다고 보기 어렵다.

### 나. 적법절차의 의미와 과잉금지원칙과의 관계

적법절차원칙은 법에 정한 절차에 따라야 한다는 의미이지만, '적법'의 의미를 '정당하고 합리적인'이라는 의미까지 요구하는 것으로 본다면, '법'의 정당성을 검토해야 한다. 전자의 적법절차원칙을 '절차적 적법절차원칙'이라고 한다면, 후자의 적법절차원칙은 '실체적 적법절차원칙'이라고 할 수 있다. 우리 헌법재판소는 '실체적 적법절차원칙'으로 이해하고 있는 듯이 보인다.[86] 그런데 헌법은 제37조 제2항을 두어 모든 국가 공권력 행사의 합리성과 정당성을 요구하고 있기 때문에, 중복된 검토를 한다는 평가를 받는다.[87]

**출입국관리법상 보호(헌재 2018. 2. 22. 2017헌가29)**

1. 강제퇴거명령을 받은 사람을 즉시 대한민국 밖으로 송환할 수 없으면 송환할 수 있을 때까지 보호시설에 보호할 수 있도록 규정한 출입국관리법(2014. 3. 18. 법률 제12421호로 개정된 것) 제63조 제1항(이하 '심판대상조항' 이라 한다)이 **과잉금지원칙에 반하여 신체의 자유를 침해하는지 여부(소극)**

출입국관리법상 보호는 국가행정인 출입국관리행정의 일환이며, 주권국가로서의 기능을 수

86) 현행 헌법에 규정된 적법절차의 원칙을 어떻게 해석할 것인가에 대하여 표현의 차이는 있지만 대체적으로 적법절차의 원칙이 독자적인 헌법원리의 하나로 수용되고 있으며 이는 절차의 적법성 뿐만 아니라 절차의 적정성까지 보장되어야 한다는 뜻으로 이해하는 것이 마땅하다. 다시 말하면 형식적인 절차 뿐만 아니라 실체적 법률내용이 합리성과 정당성을 갖춘 것이어야 한다는 실질적인 의미로 확대 해석하고 있다. 이러한 적법절차의 원리가 형사절차 이외 행정절차에도 적용되는가에 관하여 우리 헌법재판소는 이 적법절차의 원칙의 적용범위를 형사소송절차에 국한하지 않고 모든 국가작용에 대하여 문제된 법률의 실체적 내용이 합리성과 정당성을 갖추고 있는지 여부를 판단하는 기준으로 적용된다고 판시하고 있다. 헌재 1998. 5. 28. 96헌바4

87) 실체적 적법절차원칙과 과잉금지원칙은 내용적으로 같은 것이라는 견해에 김하열, 위의 책, 370-371쪽; 한수웅, 위의 책, 644쪽.

행하는 데 필요한 것이므로 일정부분 입법정책적으로 결정될 수 있다.

심판대상조항은 외국인의 출입국과 체류를 적절하게 통제하고 조정하여 국가의 안전보장 · 질서유지 및 공공복리를 도모하기 위한 것으로 입법목적이 정당하다. 강제퇴거대상자를 출국 요건이 구비될 때까지 보호시설에 보호하는 것은 강제퇴거명령의 신속하고 효율적인 집행과 외국인의 출입국 · 체류관리를 위한 효과적인 방법이므로 수단의 적정성도 인정된다.

강제퇴거대상자의 송환이 언제 가능해질 것인지 미리 알 수가 없으므로, 심판대상조항이 보호기간의 상한을 두지 않은 것은 입법목적 달성을 위해 불가피한 측면이 있다. 보호기간의 상한이 규정될 경우, 그 상한을 초과하면 보호는 해제되어야 하는데, 강제퇴거대상자들이 보호해제 된 후 잠적할 경우 강제퇴거명령의 집행이 현저히 어려워질 수 있고, 그들이 범죄에 연루되거나 범죄의 대상이 될 수도 있다. 강제퇴거대상자는 강제퇴거명령을 집행할 수 있을 때까지 일시적 · 잠정적으로 신체의 자유를 제한받는 것이며, 보호의 일시해 제, 이의신청, 행정소송 및 집행정지 등 강제퇴거대상자가 보호에서 해제될 수 있는 다양한 제도가 마련되어 있다. 따라서 심판대상조항은 침해의 최소성 및 법익의 균형성 요건도 충족한다.

그러므로 심판대상조항은 과잉금지원칙에 위배되어 신체의 자유를 침해하지 아니한다.

2.심판대상조항이 헌법상 **적법절차원칙에 위배되는지 여부(소극)**

강제퇴거명령 및 보호에 관한 단속, 조사, 심사, 집행 업무를 동일한 행정기관에서 하게 할 것인지, 또는 서로 다른 행정기관에서 하게 하거나 사법기관을 개입시킬 것인지는 입법정책의 문제이므로, 보호의 개시나 연장 단계에서 사법부의 판단을 받도록 하는 절차가 규정되어 있지 않다고 하여 곧바로 적법절차원칙에 위반된다고 볼 수는 없다. 강제퇴거대상자는 행정소송 등을 통해 사법부로부터 보호의 적법 여부를 판단받을 수 있고, 강제퇴거 심사 전 조사, 이의신청이나 행정소송 과정에서 자신의 의견을 진술하거나 자료를 제출할 수 있다.

따라서 심판대상조항은 헌법상 적법절차원칙에 위반된다고 볼 수 없다.

## 3. 헌법 제12조 1항 처벌, 보안처분, 강제노역

제12조 ①모든 국민은 신체의 자유를 가진다. 누구든지 법률에 의하지 아니하고는 체포 · 구속 · 압수 · 수색 또는 심문을 받지 아니하며, **법률과 적법한 절차에 의하지 아니하고는 처벌 · 보안처분 또는 강제노역을 받지 아니한다.**

헌법 제12조 제1항은 체포 등뿐만이 아니라 처벌, 보안처분, 강제노역 역시 법률과 적법한 절차에 의하여 부과해야 함을 명시하고 있다. 이 조항 역시 적법절차원칙을 나타낸 것이고, 국민의 중요한 기본권에 중대한 제한을 가할 유형의 국가 작용에 대한 법률유보를 더욱 강조하고 있다. 다만 법률에 의한다고 하여 위임입법에 의한 위의 작용이 불가능한 것은 아니다. 헌법 제75조에 따라 위임의 한계를 지킨 행정입법이나 조례에 의한 처벌, 보안처분, 강제노역이 가능하다. 그러나 형법법규에 대한 위임은 최소한에 그쳐야 하고 위임의 요건도 엄격하게 설정되어야 한다. 만약 형벌에 관한 내용을 법률에 직접 정하지 않고 정관이나 단체협약에 위임하는 경우에는 법률주의에 반하고 더불어 명확하지 않아 명확성 원칙[88]에 반한다.

88) 명확성원칙은 법률이 처벌하고자 하는 행위를 규정할 때 누구나 그 규정을 보고 그 행위를 예측할 수 있을 정도로 되어 있어야 한다는 것으로, 죄형법정주의의 중요한 내용이다. 다만 모든 법률은 완전히 명확할 수는 없기 때문에 어느 정도는 해석이 필요한 문구가 들어가기 마련이다. 따라서 헌법재판소는 "처벌 법규의 구성요건이 다소 광범위하더라도 **법관의 통상적인 해석방법을 통해 그 규범의 의미, 내용이 보충될 수 있다면 죄형법정주의의 명확성 원칙에 위배되지 않는다고 본다**.:『일반인이라도 법률전문가의 도움을 받아 무엇이 금지되는 것인지 여부에 관하여 예측하는 것이 가능한 정도라면 명확성원칙에 반하지 아니한다"고 하였다. 헌재 2005. 3. 31. 2003헌바12; 헌법재판소는 공무원이 정당한 이유없이 그 직무수행을 거부하거나 그 직무를 유기한 때에는 1년 이하의 징역이나 금고 또는 3년 이하의 자격정지에 처하도록 한 형법 제122조 중 '직무', '유기' 등의 용어들이 불명확한 개념으로서 죄형법정주의의 명확성의 원칙에 위배되는지 여부에 관하여 "형법 제122조 중 '직무' 또는 '유기'의 의미가 무엇인지, 그에 해당하는 범위가 어디까지인지는 다소 불분명한 점이 있으나, 직무유기죄의 입법취지 및 보호법익, 그 적용대상의 특수성 등을 고려할 때, '직무'란 공무원이 법령의 근거 또는 특별한 지시, 명령에 의하여 맡은 일을 제 때에 집행하지 아니함으로써 그 집행의 실효를 거둘 수 없게 될 가능성이 있는 때의 구체적인 업무를 말한다 할 것이고, '유기'는 직무의 의식적 방임 내지 포기로서 단순한 태만, 분망, 착각 등으로 인하여 직무를 성실히 수행하지 아니한 경우나 형식적으로 또는 소홀히 직무를 수행하였기 때문에 성실한 직무수행을 못한 것에 불과한 경우는 제외된다고 해석할 수 있는바, 이 사건 법률조항이 지닌 약간의 불명확성은 법관의 통상적인 해석작용에 의하여 충분히 보완될 수 있고, 건전한 상식과 통상적인 법감정을 가진 일반인 및 이 사건 법률조항의 피적용자인 공무원이라면 금지되는 행위가 무엇인지 예측할 수 있다고 할 것이므로 이 사건 법률조항은 죄형법정주의에서 요구되는 명확성의 원칙에 위배되지 아니한다."고 하였다. 헌재 2005. 9. 29. 2003헌바52

**형벌법규에 대한 위임(헌재1991.7.8. 91헌가4)**

범죄와 형벌에 관한 사항에 있어서도 위임입법의 근거와 한계에 관한 헌법 제75조는 적용되는 것이고, 다만 법률에 의한 처벌법규의 위임은, 헌법이 특히 인권을 최대한 보장하기 위하여 죄형법정주의와 적법절차를 규정하고, 법률에 의한 처벌을 강조하고 있는 기본권 보장 우위사상에 비추어 바람직하지 못한 일이므로, 그 요건과 범위가 보다 엄격하게 제한적으로 적용되어야 하는 바, 따라서 **처벌법규의 위임을 하기 위하여는 첫째, 특히 긴급한 필요가 있거나 미리 법률로써 자세히 정할 수 없는 부득이한 사정이 있는 경우에 한정되어야 하며, 둘째, 이러한 경우에도 법률에서 범죄의 구성요건은 처벌대상행위가 어떠한 것일 것이라고 예측할 수 있을 정도로 구체적으로 정하고, 셋째, 형벌의 종류 및 그 상한과 폭을 명백히 규정하여야 하되, 위임이법의 위와 같은 예측가능성의 유무를 판단함에 있어서는 당해 특정 조항 하나만을 가지고 판단할 것이 아니고 관련 법조항 전체를 유기적 · 체계적으로 종합하여 판단하여야 한다.**

**형사처벌의 주요내용이 단체협약에 규정되어 있는 경우(헌재 1998. 3. 26. 96헌가20)**

구 노동조합법 제46조의3은 그 구성요건을 "단체협약에……위반한 자"라고만 규정함으로써 범죄구성요건의 외피(外皮)만 설정하였을 뿐 구성요건의 실질적 내용을 직접 규정하지 아니하고 모두 단체협약에 위임하고 있어 죄형법정주의의 기본적 요청인 "법률"주의에 위배되고, 그 구성요건도 지나치게 애매하고 광범위하여 죄형법정주의의 명확성의 원칙에 위배된다.

**형사처벌의 주요내용이 정관에 규정되어 있는 경우(헌재 2016. 11. 24. 2015헌가29)**

이 사건 호별방문금지조항은 중소기업중앙회 임원 선거와 관련하여 '정관으로 정하는 기간에는' 선거운동을 위하여 정회원에 대한 호별방문 등의 행위를 한 경우 이를 형사처벌하도록 하고 있는바, 이때 '정관으로 정하는 기간'은 구성요건의 중요부분에 해당한다. 한편, 정관은 법인의 조직과 활동에 관하여 단체 내부에서 자율적으로 정한 자치규범으로서, 대내적으로만 효력을 가질 뿐 대외적으로 제3자를 구속하지는 않는 것이 원칙이고, 그 생성과정 및 효력발생요건에 있어 법규명령과 성질상 차이가 크다. 그럼에도 불구하고 이 사건 호별방문금지조항은 형사처벌과 관련한 주요사항을 헌법이 위임입법의 형식으로 예정하고 있지도 않은 특수법인의 정관에 위임하고 있는데, 이는 사실상 그 정관 작성권자에게 처벌법규의 내용을 형성할 권한을 준 것이나 다름없으므로 죄형법정주의에 비추어 허용되기 어렵다.

## 4. 헌법 제12조 제2항 고문을 받지 아니할 권리와 헌법 제12조 제7항 자백의 증거능력 제한

> 제12조 ②**모든 국민은 고문을 받지 아니하며**, 형사상 자기에게 불리한 진술을 강요당하지 아니한다.
> ⑦피고인의 자백이 고문·폭행·협박·구속의 부당한 장기화 또는 기망 기타의 방법에 의하여 자의로 진술된 것이 아니라고 인정될 때 또는 정식재판에 있어서 피고인의 자백이 그에게 불리한 유일한 증거일 때에는 이를 유죄의 증거로 삼거나 이를 이유로 처벌할 수 없다.

헌법 제12조 제2항이 금지하고 있는 고문에 대한 정의나 그 해석에 대하여 많은 연구가 있지 않지만, 동 조항이 만들어진 역사적 배경과 헌법 개정 과정에서의 논의, 헌법 제12조 제7항과의 관계를 고려해 보면, 헌법 제12조 제2항의 '고문'이란 **형사절차에서 사용하기 위한 증거의 수집을 목적으로 사람의 신체나 정신에 상당한 고통을 가하는 행위**라고 할 수 있다.[89] 헌법 제12조 제7항과의 관계에서 볼 때, 고문을 위와 같이 이해하는 것이 적절하다. 제12조 제7항은 고문으로 '고문 등으로 받아 낸 자백'과 '유죄의 유일한 증거일 때의 자백'이 증거가 되지 못하게 함으로써 수사기관이 고문 등에 의존하지 못하게 해놓았다.

## 5. 헌법 제12조 제2항 후단 진술거부권

> 제12조 ②**모든 국민은 고문을 받지 아니하며**, 형사상 자기에게 불리한 진술을 강요당하지 아니한다.

89) 이종훈, "헌법 제12조 제2항의 고문 개념과 금지의 내용", 법학연구, 제64권 제4호, 부산대학교 법학연구소, 2023. 30-39면.

### 가. 의의 및 내용

진술거부권은 자기부죄거부의 특권(privilege against selfincrimination)에서 유래하는 권리로서, 피고인 또는 피의자가 공판절차나 수사절차에서 법원 또는 수사기관의 신문에 대하여 **형사상 자신에게 불리한 진술을 거부할 수 있는 권리**로 묵비권이라고도 한다. 헌법이 진술거부권을 기본적 권리로 보장하는 것은 **형사피의자나 피고인의 인권을** 형사소송의 목적인 **실체적 진실발견이나 구체적 사회정의의 실현이라는 국가적 이익보다** 우선적으로 **보호**함으로써, 인간의 존엄성과 생존가치를 보장하고 나아가 비인간적인 자백의 강요와 고문을 근절하려는 데 있다. 진술거부권은 형사절차에서만 보장되는 것이 아니라 행정절차이거나 국회에서의 질문 등 어디에서나 그 진술이 자기에게 형사상 불리한 경우에도 보장된다. 한편 고문 등 **폭력에 의한 강요는 물론 법률에 의하여서도 진술을 강요당하여서는 아니함**을 의미한다.[90] 거부할 수 있는 '진술'은 구술이든 서면이든 언어적인 표출을 의미하는 것이기 때문에 형사적으로 불리한 것이라 하더라도 언어적이지 않은 것의 표출에는 적용되지 않는다. 따라서 지문채취나 음주측정, 소변채취와 같은 신체적 상태를 드러내는 것이 형사적으로 불리하더라도 여기에는 진술거부권이 적용되지 않는다.

### 나. 헌법재판소 판례

**음주 측정에 응할 의무를 지우고 이에 불응할 경우 처벌하는 규정의 진술거부권 침해여부(소극)(헌재 1997. 3. 27. 96헌가11)**

이 사건 법률조항이 진술거부권을 침해하는지의 여부는 결국 주취운전의 혐의자에게 호흡측정기에 의한 측정에 응할 것을 요구하는 것이 "형사상 불리한 진술을 강요"하는 것에 해당하는지의 여부에 달려 있다. 먼저 호흡측정기에 의한 측정에 응하는 것이 "형사상 불리한"것이 되는 것은 의문의 여지가 없다. 호흡측정의 결과는 곧바로 주취운전죄라는 범죄의 직접적 증거로 활용되기 때문이다. 다음 호흡측정에 응하도록, 구체적으로는 호흡측정기에 입을 대고 호흡을 불어 넣도록 요구하고 이를 거부할 때 처벌하는 것이 "진술강요"에 해당하는 것인가가 문제이다. "진술"이라함은 언어적 표출 즉, 생각이나 지식, 경험사실을 정신작용의 일환인 언어를 통하여 표출하는 것을 의미하는데 반하여, 호흡측정은 신체의 물리적,

90) 헌재1998.7.16. 96헌바35

사실적 상태를 그대로 드러내는 행위에 불과하다. 또한 호흡측정은 진술서와 같은 진술의 등가물(等價物)로도 평가될 수 없는 것이고 신체의 상태를 객관적으로 밝히는데 그 초점이 있을 뿐, 신체의 상태에 관한 당사자의 의식, 사고, 지식 등과는 아무런 관련이 없는 것이다. 호흡측정에 있어 결정적인 것은 측정결과 밝혀질 객관적인 혈중알콜농도로서 이는 당사자의 의식으로부터 독립되어 있고 당사자는 이에 대하여 아무런 지배력도 갖고 있지 아니한다. 따라서 호흡측정행위는 진술이 아니므로 호흡측정에 응하도록 요구하고 이를 거부할 경우 처벌한다고 하여도 "진술강요"에 해당한다고 할 수는 없다 할 것이다. 요컨대 이 사건 법률조항은 형사상 불리한 "진술"을 강요하는 것이 아니며 수사상 증거확보를 목적으로 사람의 신체를 직접적인 대상으로 하는 신체검사로서의 성질을 가지므로, 헌법 제12조 제2항의 진술거부권조항에 위배되지는 아니한다 할 것이다.

**교통사고를 낸 운전자에게 신고의무를 부담시키고 있는 도로교통법의 위헌여부(한정합헌)** (헌재 1990.8.27. 89헌마118)

진술거부권은 형사절차에서만 보장되는 것은 아니고 행정절차이거나 국회에서의 질문 등 어디에서나 그 진술이 자기에게 형사상 불리한 경우에는 묵비권을 가지고 이를 강요받지 아니할 국민의 기본권으로 보장된다. 따라서 현재 형사피의자나 피고인으로서 수사 및 공판절차에 계속적인 자 뿐만 아니라 교통사고를 일으킨 차량이 운전자 등과 같이 장차 형사피의자나 피고인이 될 가능성이 있는 자에게도 그 진술내용이 자기의 형사책임에 관련되는 것일 대에는 그 진술을 강요받지 않을 자기부죄거절의 권리가 보장되는 것이다.(중략)헌법상 국민의 기본권을 보장하면서 교통질서의 혼란과 마비도 사전에 방지할 수 있어야 하는 것이므로 교통사고의 본질적 양면성을 엄격히 구분하여 도로교통법 제50조 제2항, 제111조 제3호는 피해자의 구호 및 교통질서의 회복을 위한 조치가 필요한 상황에서만 적용되는 것이고 형사책임과 관련되는 사항의 신고에는 적용되지 않는 것으로 해석하는 한 헌법에 위반되지 아니 한다고 할 것이다.

**회계장부에 허위 기재하거나 관할 선거관리위원회에 허위 보고한 정당의 회계책임자를 형사처벌하는 구 정치자금에관한법률의 진술거부권 침해여부(소극)(헌재** 2005. 12. 22. 2004헌바25)

정치자금법 제31조 제1호 중 제22조 제1항의 허위기재 부분과 제24조 제1항의 허위보고 부분은 궁극적으로 정치자금의 투명성을 확보하여 민주정치의 건전한 발전을 도모하려는 것으로서 그 입법목적이 정당하고, 위 조항들이 규정하고 있는 정치자금에 대한 정확한 수입과 지출의 기재 · 신고에 의하여 정당의 수입과 지출에 관하여 정확한 정보를 얻고 이를 검증할 수 있게 되므로, 이는 위 입법목적과 밀접한 관련을 갖는 적절한 수단이다. 또한, 정치자금에 관한 사무를 처리하는 선거관리위원회가 모든 정당 · 후원회 · 국회의원 등의 모든 정치자금 내역을 파악한다는 것은 거의 불가능에 가까우므로 만일 불법 정치자금의 수수 내역을 기재하고 이를 신고하는 조항이 없다면 '정치자금의 투명성 확보'라는 정치자금법 본연의 목적을 달성할 수 없게 된다는 점에서 위 조항들의 시행은 정치자금법의 입법목적을 달성하기 위한 필수불가결한 조치라고 할 것이고, 달리 이보다 진술거부권을 덜 침해하는 방안을 현실적으로 찾을 수 없다. 마지막으로, 위 조항들을 통하여 달성하고자 하는 정치자금의 투명한 공개라는 공익은 불법 정치자금을 수수한 사실을 회계장부에 기재하고 신고해야 할 의무를 지키지 않은 채 진술거부권을 주장하는 사익보다 우월하다. 결국, 정당의 회계책임자가 불법 정치자금이라도 그 수수 내역을 회계장부에 기재하고 이를 신고할 의무가 있다고 규정하고 있는 위 조항들은 헌법 제12조 제2항이 보장하는 진술거부권을 침해한다고 할 수 없다.

## 6. 헌법 제12조 제3항 영장주의

제12조 ③체포·구속·압수 또는 수색을 할 때에는 적법한 절차에 따라 검사의 신청에 의하여 법관이 발부한 영장을 제시하여야 한다. 다만, 현행범인인 경우와 장기 3년 이상의 형에 해당하는 죄를 범하고 도피 또는 증거인멸의 염려가 있을 때에는 사후에 영장을 청구할 수 있다.

### 가. 의의와 근거

체포·구속·압수·수색은 형사사법절차에서 인신의 자유에 대한 침해가 가장 중대하게 일어나는 작용이다. 헌법 제12조 제3항은 인신구속등을 하기 전에 중립적인 법관에게 인신구속의 합리성을 판단할 수 있도록 함으로써 기본권 침해를 최대한 방지하기 위하여 영장주의를 규정하고 있다. 영장은 보통 수사를 하는 경찰이 검사에게 영장을 신청해 달라고 요청하고, 검사가 신청하여 법관으로부터 발부받는다. 헌법 제12조 제3항이 체포·구속·압수·수색을 할 때 영장 신청의 주체를 '검사'로 한정하고 있기 때문이다.[91] 그러나 모든 영장에 검사의 신청이 있어

91) 헌법에서 수사단계에서의 영장신청권자를 검사로 한정한 것은 다른 수사기관에 대한 수사지휘권을 확립시켜 인권유린의 폐해를 방지하고, 법률전문가인 검사를 거치도록 함으로써 기본권침해가능성을 줄이고자 한 것이다. 헌법에 규정된 영장신청권자로서의 검사는 검찰권을 행사하는 국가기관인 검사로서 공익의 대표자이자 수사단계에서의 인권옹호기관으로서의 지위

야 하는 것은 아니다. 수사단계가 아닌 공판단계에서 법원이 직권으로 영장을 발부하는 경우가 있는데 이 때는 검사의 신청 없이 바로 영장을 발부하게 된다. 그리고 이 때의 영장은 헌법 제12조 제3항이 아니라 헌법 제 12조 제1항에 근거한 영장이라고 할 수 있다.[92)]

> **공판단계에서 법원 직권의 구속영장(헌재 1997. 3. 27. 96헌바28등)**
>
> 형사절차에 있어서의 영장주의란 체포·구속·압수 등의 강제처분을 함에 있어서는 사법권 독립에 의하여 그 신분이 보장되는 법관이 발부한 영장에 의하지 않으면 아니된다는 원칙이고, 따라서 영장주의의 본질은 신체의 자유를 침해하는 강제처분을 함에 있어서는 중립적인 법관이 구체적 판단을 거쳐 발부한 영장에 의하여야만 한다는 데에 있다.
>
> 헌법 제12조 제3항이 영장의 발부에 관하여 "검사의 신청"에 의할 것을 규정한 취지는 모든 영장의 발부에 검사의 신청이 필요하다는 데에 있는 것이 아니라 수사단계에서 영장의 발부를 신청할 수 있는 자를 검사로 한정함으로써 검사 아닌 다른 수사기관의 영장신청에서 오는 인권유린의 폐해를 방지하고자 함에 있으므로, 공판단계에서 법원이 직권에 의하여 구속영장을 발부할 수 있음을 규정한 형사소송법 제70조 제1항 및 제73조 중 "피고인을 …… 구인 또는 구금함에는 구속영장을 발부하여야 한다." 부분은 헌법 제12조 제3항에 위반되지 아니한다.

---

에서 그에 부합하는 직무를 수행하는 자를 의미하는 것이지, 검찰청법상 검사만을 지칭하는 것으로 보기 어렵다. 검찰청법 제4조에 따른 검사의 직무 및 군사법원법 제37조에 따른 군검사의 직무를 수행하는 수사처검사는 공익의 대표자로서 다른 수사기관인 수사처수사관을 지휘·감독하고, 단지 소추권자로서 처벌을 구하는 데에 그치는 것이 아니라 피고인의 이익도 함께 고려하는 인권옹호기관으로서의 역할을 한다. 또한 수사처검사는 변호사 자격을 일정 기간 보유한 사람 중에서 임명하도록 되어 있으므로, 법률전문가로서의 자격도 충분히 갖추었다. 따라서 공수처법 제8조 제4항은 영장주의원칙을 위반하여 청구인들의 신체의 자유 등을 침해하지 않는다. 헌재 2021. 1. 28. 2020헌마264등(공수처 검사도 헌법 제12조 3항의 검사)

92) 헌법재판소는 헌법 제12조 제1항과 제3항의 관계를 일반-특별의 관계로 본다. "헌법 제12조 제1항은 '신체의 자유'에 관한 일반규정(一般規定)이고, 같은 조 제3항은 수사기관의 피의자에 대한 강제처분절차 등에 관한 특별규정(特別規定)이기 때문에, 수사기관의 피의자에 대한 구속영장청구에 관련된 이 사건 법률조항의 위헌성 여부는 원칙적으로 헌법적 특별규정인 헌법 제12조 제3항의 '영장주의'에 합치되는지 여부에 달려있고, 유죄판결이 확정되기 전에 당해 피의자의 '신체의 자유'가 제한되는 결과가 발생한다는 측면에 대해서는 헌법 제12조 제3항에 위배되는지 여부를 판단하는 것으로 족하며 이에 관하여 일반규정인 헌법 제12조 제1항 및 제27조 제4항의 위반 여부 등을 별도로 판단할 필요는 없다."헌재 2003. 12. 18. 2002헌마593

## 나. 영장주의 적용범위

### 1) 형사절차에서만 영장주의

헌법재판소는 영장주의는 형사절차와 관련한 강제처분에 적용되는 것으로 보고, 행정절차 상의 강제처분에는 영장주의가 적용되지 않는다고 하였다.

**행정상 즉시강제 영장주의 적용안됨(헌재 2002. 10. 31. 2000헌가12)**

영장주의가 행정상 즉시강제에도 적용되는지에 관하여는 논란이 있으나, 행정상 즉시강제는 상대방의 임의이행을 기다릴 시간적 여유가 없을 때 하명 없이 바로 실력을 행사하는 것으로서, 그 본질상 급박성을 요건으로 하고 있어 법관의 영장을 기다려서는 그 목적을 달성할 수 없다고 할 것이므로, 원칙적으로 영장주의가 적용되지 않는다고 보아야 할 것이다.

만일 어떤 법률조항이 영장주의를 배제할 만한 합리적인 이유가 없을 정도로 급박성이 인정되지 아니함에도 행정상 즉시강제를 인정하고 있다면, 이러한 법률조항은 이미 그 자체로 과잉금지의 원칙에 위반되는 것으로서 위헌이라고 할 것이다.

이 사건 법률조항은 앞에서 본바와 같이 급박한 상황에 대처하기 위한 것으로서 그 불가피성과 정당성이 충분히 인정되는 경우이므로, 이 사건 법률조항이 영장 없는 수거를 인정한다고 하더라도 이를 두고 헌법상 영장주의에 위배되는 것으로는 볼 수 없다.

**전투경찰 영창처분 영장주의 적용안됨(헌재 2016. 3. 31. 2013헌바190)**

헌법 제12조 제1항은 "모든 국민은 신체의 자유를 가진다."라고 규정하여 신체의 자유를 헌법상 기본권의 하나로 보장하고 있다. 신체의 자유는 신체의 안정성이 외부로부터의 물리적인 힘이나 정신적인 위험으로부터 침해당하지 아니할 자유와 신체활동을 임의적이고 자율적으로 할 수 있는 자유를 말한다(헌재 1992. 12. 24. 92헌가8). 영창처분은 전투경찰순경을 일정한 시설에 구금하는 징계벌로서 전투경찰순경의 신체활동의 자유를 직접 제한하므로, 이 사건 영창조항이 적법절차원칙이나 과잉금지원칙에 위반되어 전투경찰순경의 신체의 자유를 침해하는지가 문제된다. 청구인은 이 사건 영창조항이 헌법상 영장주의에 위배된다는 주장도 하나, 헌법 제12조 제3항에서 규정하고 있는 영장주의란 형사절차와 관련하여 체포·구속·압수·수색의 강제처분을 할 때 신분이 보장되는 법관이 발부한 영장에 의하지 않으면 안 된다는 원칙으로(헌재 2015. 9. 24. 2012헌바302), 형사절차가 아닌 징계절차에도 그대로 적용된다고 볼 수 없다. 따라서 이 사건 영창조항이 헌법상 영장주의에 위반되는지 여부는 더 나아가 판단하지 아니한다.

### 2) 물리적 강제력을 행사하는 '직접강제'

헌법재판소에 의하면 원칙적으로 영장주의는 신체에 물리적 강제력을 행사하는 '직접강제'의 경우에만 적용되고, 형벌에 의한 불이익을 부과함으로써 심리적·간접적으로 강제하는 경우에 영장주의가 적용되지 않는다. 즉 주취운전의 혐의자에게 주취여부의 측정에 응할 의무를 지우고 이에 불응한 사람을 처벌하는 규정은 직접 물리력을 가하여 음주를 측정하려는 것이 아니므로 영장주의가 적용되는 것이 아니라고 하였다.[93] 헌법재판소는 같은 취지로 경찰에게 신문을 받으면서 자신의 신원을 밝히지 않고 지문채취에 불응하는 경우 형사처벌을 통하여 지문채취를 강제하는 규정에 대하여 영장주의 적용의 사례가 아니라고 하였다.[94] 그런데 헌법재판소는 '한나라당 대통령후보 이명박의 주가조작 등 범죄혐의의 진상규명을 위한 특별검사의 임명 등에 관한 법률 위헌확인'사건에서 '동행명령'을 따르지 않는 경우 형사처벌을 하는 규정에 대해 영장주의원칙이 적용되며, 영장주의위반이라고 판단하여, 영장주의 적용대상에 대하여 모순되어 보이는 결정을 한 바 있다.

---

93) 헌법 제12조 제3항은 체포·구속·압수 또는 수색을 할 때에는 적법한 절차에 따라 검사의 신청에 의하여 법관이 발부한 영장을 제시하도록 함으로써 영장주의를 헌법적 차원에서 보장하고 있다. 이 영장주의는 법관이 발부한 영장에 의하지 아니하고는 수사에 필요한 강제처분을 하지 못한다는 원칙을 말한다. 그러면 이 사건 음주측정의 경우 영장주의의 적용을 받아야 하는 것인가. 이 사건 음주측정은 호흡측정기에 의한 측정의 성질상 강제될 수 있는 것이 아니며 또 실무상 숨을 호흡측정기에 한 두번 불어 넣는 방식으로 행하여지는 것이므로 당사자의 자발적 협조가 필수적인 것이다. 따라서 당사자의 협력이 궁극적으로 불가피한 측정방법을 두고 강제처분이라고 할 수 없을 것이다. 헌재 1997. 3. 27. 96헌가11

94) 심판대상 조항은 경범죄처벌법 제1조(경범죄의 종류) 42호 (지문채취불응) "범죄의 피의자로 입건된 사람에 대하여 경찰공무원이나 검사가 지문조사 외의 다른 방법으로 그 신원을 확인할 수 없어 지문을 채취하려고 할 때 정당한 이유없이 이를 거부한 사람"이었는데 이에 대하여 헌법재판소는 "이 사건 법률조항은 수사기관이 직접 물리적 강제력을 행사하여 피의자에게 강제로 지문을 찍도록 하는 것을 허용하는 규정이 아니며 형벌에 의한 불이익을 부과함으로써 심리적·간접적으로 지문채취를 강요하고 있으므로 피의자가 본인의 판단에 따라 수용여부를 결정한다는 점에서 궁극적으로 당사자의 자발적 협조가 필수적임을 전제로 하므로 물리력을 동원하여 강제로 이루어지는 경우와는 질적으로 차이가 있다. 따라서 이 사건 법률조항에 의한 지문채취의 강요는 영장주의에 의하여야 할 강제처분이라 할 수 없다. 또한 수사상 필요에 의하여 수사기관이 직접강제에 의하여 지문을 채취하려 하는 경우에는 반드시 법관이 발부한 영장에 의하여야 하므로 영장주의원칙은 여전히 유지되고 있다고 할 수 있다." 하였다. 헌재 2004. 9. 23. 2002헌가17등

**특별검사가 참고인에게 지정된 장소까지 동행할 것을 명령할 수 있게 하고 참고인이 정당한 이유 없이 위 동행명령을 거부한 경우 천만 원 이하의 벌금형에 처하도록 규정한 이 사건 법률 제6조 제6항 · 제7항, 제18조 제2항이 영장주의 위반인지 여부(적극)(헌재 2008. 1. 10. 2007헌마1468)**

가. 재판관 이강국, 재판관 김희옥, 재판관 민형기, 재판관 이동흡, 재판관 목영준의 위헌의견

(1) 참고인에 대한 동행명령제도는 참고인의 신체의 자유를 사실상 억압하여 일정 장소로 인치하는 것과 실질적으로 같으므로 헌법 제12조 제3항이 정한 영장주의원칙이 적용되어야 한다. 그럼에도 불구하고 법관이 아닌 특별검사가 동행명령장을 발부하도록 하고 정당한 사유 없이 이를 거부한 경우 벌금형에 처하도록 함으로써, 실질적으로는 참고인의 신체의 자유를 침해하여 지정된 장소에 인치하는 것과 마찬가지의 결과가 나타나도록 규정한 이 사건 동행명령조항은 영장주의원칙을 규정한 헌법 제12조 제3항에 위반되거나 적어도 위 헌법상 원칙을 잠탈하는 것이다.

(2) 참고인은 수사의 협조자에 불과하므로 원칙적으로 출석의무가 없는 점, 입법론적으로 특별검사가 참고인을 강제로 소환할 절실한 필요가 있는 경우 법관에게 그 소환을 요청하여 법관의 명령으로 참고인을 소환하도록 하더라도 수사의 목적 달성에 큰 지장이 없는 점, 특별검사는 형사소송법상 출석요구에 응하지 않는 참고인에 대하여 증거보전절차(제184조) 또는 제1회 공판기일 전 증인신문의 청구(제221조의2) 절차에 의하여 '진상을 규명하기 위해 필수불가결한 참고인의 진술을 확보'할 수 있는 점 등에 비추어 보면, 이 사건 동행명령조항에 의한 신체의 자유의 제한이 입법목적 달성을 위한 필요한 최소한에 그쳤다고는 볼 수 없다. 또한 참고인 진술의 수사상 효용가치에 한계가 있기 때문에 이 사건 동행명령조항으로 달성하고자 하는 '진상을 규명하기 위해 필수불가결한 참고인의 진술 확보'라는 공익은 그 실현 여부가 분명하지 않은데 반하여, 위 조항으로 인하여 청구인들이 감수해야 할 신체의 자유에 대한 침해는 지나치게 크다. 결국 이 사건 동행명령조항은 과잉금지원칙에 위배하여 청구인들의 신체의 자유와 평등권을 침해한다.

나. 재판관 이공현, 재판관 김종대의 위헌의견

(1) 신체의 자유와 관련한 헌법상 영장주의는 '신체에 대해 직접적이고 현실적인 강제력이 행사되는 경우'에 적용되는 것으로 보아야 하는바, 이 사건 동행명령조항은 동행명령을 거부하는 참고인에 대해 직접적이고 현실적인 강제력을 행사할 수 있음을 규정한 것이 아니라 동행명령을 거부할 정당한 사유가 없는 참고인에 대하여 지정된 장소에 출석할 의무를 부과하고 벌금형이라는 제재를 수단으로 하여 그 출석의무의 이행을 심리적 · 간접적으로 강제하는 것이어서, 영장주의의 적용대상이 될 수 없다. 따라서 이 사건 동행명령조항은 영장주의에 위반된다고 볼 수 없다.

(2) 그러나 이 사건 동행명령조항은 정당한 사유 없이 동행명령을 거부한 자를 형사처벌하도록 규정함으로써 침해의 최소성에 반하여 청구인들의 신체의 자유를 침해하였다. 그 자세

한 이유는 재판관 이강국, 재판관 김희옥, 재판관 민형기, 재판관 이동흡, 재판관 목영준의 위헌의견 중 이 사건 동행명령조항에 대한 과잉금지원칙 위반에 대한 판단 부분 및 재판관 조대현의 이 사건 법률 제18조 제2항 부분에 대한 위헌의견을 원용한다.

## 다. 영장주의의 내용

사전영장이 원칙이다. 다만 예외적인 경우, 즉 현행범인인 경우나 장기 3년 이상의 형에 해당하는 죄를 범하고 도피나 증거인멸의 염려가 있는 경우에는 먼저 체포하고 사후에 영장을 청구할 수 있도록 하고 있다. 영장주의는 구속을 개시할 때뿐만이 아니라 구속을 계속 할지여부에 대한 판단도 법관에 의해 결정되어야 함을 의미한다.[95]

참고) 기지국 수사사건

**통신비밀보호법 제13조 제2항 본문 중 제2조 제11호 가목 내지 라목의 통신사실 확인자료에 관한 부분(이하 '이 사건 허가조항'이라 한다)이 헌법상 영장주의에 위반되어 청구인의 개인정보자기결정권과 통신의 자유를 침해하는지 여부(소극)(헌재 2018. 6. 28. 2012헌마538)**

*통신비밀보호법 제13조 (범죄수사를 위한 통신사실 확인자료제공의 절차) ① 검사 또는 사법경찰관은 수사 또는 형의 집행을 위하여 필요한 경우 전기통신사업법에 의한 전기통신사업자(이하 "전기통신사업자"라 한다)에게 통신사실 확인자료의 열람이나 제출(이하 "통신사실 확인자료제공"이라 한다)을 요청할 수 있다.*

*② 제1항의 규정에 의한 통신사실 확인자료제공을 요청하는 경우에는 요청사유, 해당 가입자와의 연관성 및 필요한 자료의 범위를 기록한 서면으로 관할지방법원(보통군사법원을 포함한다. 이하 같다) 또는 지원의 허가를 받아야 한다. 다만, 관할 지방법원 또는 지원의 허가를 받을 수 없는 긴급한 사유가 있는 때에는 통신사실 확인자료제공을 요청한 후 지체 없이 그*

---

95) 보석허가결정에 대한 검사의 즉시항고권을 인정한 형사소송법 제97조 제3항은….보석허가결정에 대하여 검사의 즉시항고를 허용하여 그 즉시항고에 대한 항고심의 재판이 확정될 때까지 그 집행이 정지되도록 한 형사소송법 제97조 제3항의 규정은 당해 피고인에 대한 보석허가결정이 부당하다는 검사의 불복을 그 피고인에 대한 구속집행을 계속할 필요가 없다는 법원의 판단보다 우선시킨 것이어서 구속의 여부와 구속을 계속시키는 여부에 대한 판단을 사법권의 독립이 보장된 법관의 결정에만 맡기려는 영장주의에 위반되고, 그 내용에 있어 합리성과 정당성이 없으면서 피고인의 신체의 자유를 제한하는 것이므로 적법절차의 원칙에 반하며, 기본권제한입법의 기본원칙인 방법의 적정성, 피해의 최소성, 법익의 균형성을 갖추지 못하여 과잉금지의 원칙에도 위반된다. 헌재 1993. 12. 23. 93헌가2

*허가를 받아 전기통신사업자에게 송부하여야 한다.*

기지국수사는 통신비밀보호법이 정한 강제처분에 해당되므로 **헌법상 영장주의가 적용된다.** 헌법상 영장주의의 본질은 강제처분을 함에 있어 중립적인 법관이 구체적 판단을 거쳐야 한다는 점에 있는바, 이 사건 허가조항은 수사기관이 전기통신사업자에게 통신사실 확인자료 제공을 요청함에 있어 관할 지방법원 또는 지원의 허가를 받도록 규정하고 있으므로 **헌법상 영장주의에 위배되지 아니한다.**(헌재 2018. 6. 28. 2012헌마538)

## 7. 헌법 제12조 제4항 변호인의 조력을 받을 권리

제12조 ④누구든지 체포 또는 구속을 당한 때에는 즉시 변호인의 조력을 받을 권리를 가진다. 다만, 형사피고인이 스스로 변호인을 구할 수 없을 때에는 법률이 정하는 바에 의하여 국가가 변호인을 붙인다.

### 가. 의의

변호인의 조력을 받을 권리는 체포 또는 구속을 당한 자가 법률적으로 잘 대응하고 방어할 수 있도록 전문가의 도움을 받을 수 있게 하는 헌법상의 권리이다.

### 나. 주체

헌법은 체포 또는 구속을 당한 '누구든지'를 변호인 조력을 받을 주체로 규정하고 있다. 따라서 헌법은 변호인의 조력을 받을 권리가 불구속 피의자ㆍ피고인에게도 인정되는지에 대해서 규율하고 있지 않다. 그러나 헌법재판소는 불구속 피의자의 경우에도 헌법에 나타난 법치국가원리, 적법절차원칙에서 인정되는 당연한 권리라고 본다.[96] 한편 종래 헌법재판소와 학계는 변호인의 조력을 받을 권리가 형

96) 우리 헌법은 변호인의 조력을 받을 권리가 불구속 피의자ㆍ피고인 모두에게 포괄적으로 인정되는지 여부에 관하여 명시적으로 규율하고 있지는 않지만, 불구속 피의자의 경우에도 변호인의 조력을 받을 권리는 우리 헌법에 나타난 법치국가원리, 적법절차원칙에서 인정되는 당연한 내용이고, 헌법 제12조 제4항도 이를 전제로 특히 신체구속을 당한 사람에 대하여 변호인의

사절차에서 국가의 일방적인 소추권력에 맞서는 당사자에게 무기대등을 보장하여 부당한 처우나 판단으로부터 보호받을 수 있게 하는 데 있다고 보는 입장이었다.[97] 그러나 최근 헌법재판소는 행정절차에서 구속을 당한 사람에게도 헌법 제12조 제4항의 변호사의 조력을 받을 권리가 인정된다고 함으로써 형사절차상의 '체포와 구속'의 경우만이 아니라 국가권력에 의한 '인신구속에 대한 방어'를 위한 것임을 분명히 하였다.[98] 변호인의 조력을 받을 권리는 민사, 행정, 헌법재판을 받는 사람에게 인정되는 권리가 아니며, 이미 유죄판결을 받은 수형자도 변호인의 조력을 바을 권리의 주체가 될 수 없다. [99]

---

조력을 받을 권리의 중요성을 강조하기 위하여 별도로 명시하고 있다. 피의자·피고인의 구속 여부를 불문하고 조언과 상담을 통하여 이루어지는 변호인의 조력자로서의 역할은 변호인선임권과 마찬가지로 변호인의 조력을 받을 권리의 내용 중 가장 핵심적인 것이고, 변호인과 상담하고 조언을 구할 권리는 변호인의 조력을 받을 권리의 내용 중 구체적인 입법형성이 필요한 다른 절차적 권리의 필수적인 전제요건으로서 변호인의 조력을 받을 권리 그 자체에서 막바로 도출되는 것이다. 헌재 2004. 9. 23. 2000헌마138

97) 헌재 1992. 1. 28. 91헌마111결정; 2009. 10. 29. 2007헌마992결정; 2017. 11. 30. 2016헌마503결정 등 참조; 양건,헌법강의,법문사 2018, 528쪽;허영,한국헌법론,박영사, 2020, 406쪽; 한수웅, 헌법학, 헌법학, 2018, 654쪽.

98) "헌법 제12조 제4항 본문의 문언 및 헌법 제12조의 조문 체계, 변호인 조력권의 속성, 헌법이 신체의 자유를 보장하는 취지를 종합하여 보면 헌법 제12조 제4항 본문에 규정된 "구속"은 사법절차에서 이루어진 구속뿐 아니라, 행정절차에서 이루어진 구속까지 포함하는 개념이다. 따라서 헌법 제12조 제4항 본문에 규정된 변호인의 조력을 받을 권리는 행정절차에서 구속을 당한 사람에게도 즉시 보장된다. 종래 이와 견해를 달리하여 헌법 제12조 제4항 본문에 규정된 변호인의 조력을 받을 권리는 형사절차에서 피의자 또는 피고인의 방어권을 보장하기 위한 것으로서 출입국관리법상 보호 또는 강제퇴거의 절차에도 적용된다고 보기 어렵다고 판시한 우리 재판소 결정(헌재 2012. 8. 23. 2008헌마430)은, 이 결정 취지와 저촉되는 범위 안에서 변경한다." 헌재 2018. 5. 31. 2014헌마346.

99) 헌법재판소는 변호인의 조력을 받을 권리가 수형자의 경우에도 그대로 보장되는지에 대하여, 변호인의 조력을 받을 권리에 대한 헌법과 법률의 규정 및 취지에 비추어 보면 형사절차가 종료되어 교정시설에 수용중인 수형자는 원칙적으로 변호인의 조력을 받을 권리의 주체가 될 수 없다고 선언한 바 있다(헌재 1998. 8. 27. 96헌마398, 판례집 10-2, 416, 430; 헌재 2004. 12. 16. 2002헌마478, 판례집 16-2, 548, 564).
즉, 변호인의 조력을 받을 권리는 '형사사건'에서의 변호인의 조력을 받을 권리를 의미한다. 따라서 수형자가 형사사건의 변호인이 아닌 민사사건, 행정사건, 헌법소원사건 등에서 변호사와 접견할 경우에는 원칙적으로 헌법상 변호인의 조력을 받을 권리의 주체가 될 수 없다 할 것이므로, 이 사건 녹취행위에 의하여 청구인의 변호인의 조력을 받을 권리가 침해되었다고 할 수는 없다. 헌재 2013. 9. 26. 2011헌마398,

## 다. 내용

### 1) 변호인과의 접견교통권

접견교통권은 체포·구속된 자가 국가기관의 부당한 감시나 방해를 받지 않고 변호인과 자유롭게 접촉하고 조언과 상담을 받을 수 있는 권리를 말한다.[100] 접견교통권은 대면으로 접촉하는 것은 물론이고 서신이나 전화통화하는 것도 포함한다.[101] 변호인과의 접견교통권을 행사할 때에는 비밀이 보장되어야 한다. 국가의 부당한 개입이 없이 비밀이 보장되는 변호인과의 접견은 반드시 보장되어야 하는 것이지만, 접견교통권이 행사되는 방법이나 시간 등은 제한될 수 있다.[102]

**변호인의 조력을 받을 권리의 내용(헌재 1992. 1. 28. 91헌마111)**

변호인(辯護人)의 조력(助力)을 받을 권리(權利)의 필수적 내용은 신체구속(身體拘束)을 당한 사람과 변호인(辯護人)과의 접견교통권(接見交通權)이며 이러한 접견교통권(接見交通權)의 충분한 보장은 구속된 자와 변호인의 대화내용에 대하여 비밀이 완전히 보장되고 어떠한 제한·영향·압력 또는 부당한 간섭없이 자유롭게 대화할 수 있는 접견(接見)을 통하여서만 가능하고 이러한 자유로운 접견(接見)은 구속된 자와 변호인의 접견(接見)에 교도관(矯導官)이나 수사관(搜査官) 등 관계공무원(關係公務員)의 참여가 없어야 가능하다.

---

100) 헌재1992.1.28. 91헌마111.

101) 헌법(憲法) 제12조 제4항 본문은 신체구속을 당한 사람에 대하여 변호인(辯護人)의 조력(助力)을 받을 권리를 규정하고 있는바, 이를 위하여서는 신체구속을 당한 사람에게 변호인(辯護人)과 사이의 충분한 접견교통(接見交通)을 허용함은 물론 교통내용에 대하여 비밀(秘密)이 보장(保障)되고 부당한 간섭이 없어야 하는 것이며, 이러한 취지는 접견의 경우뿐만 아니라 변호인(辯護人)과 미결수용자(未決收容者) 사이의 서신(書信)에도 적용되어 그 비밀(秘密)이 보장(保障)되어야 할 것이다. 다만 미결수용자(未決收容者)와 변호인(辯護人) 사이의 서신(書信)으로서 그 비밀을 보장받기 위하여는, 첫째, 교도소측에서 상대방이 변호인(辯護人)이라는 사실을 확인할 수 있어야 하고, 둘째, 서신을 통하여 마약 등 소지금지품의 반입을 도모한다든가 그 내용에 도주·증거인멸·수용시설의 규율과 질서의 파괴·기타 형벌법령에 저촉되는 내용이 기재되어 있다고 의심할 만한 합리적인 이유가 있는 경우가 아니어야 한다. 헌재 1995. 7. 21. 92헌마144

102) 헌재 2011. 5. 26. 2009헌마341.

**변호인 접견 CCTV 관찰행위가 변호인의 조력을 받을 권리를 침해하는지 여부(소극)(헌재 2016. 4. 28. 2015헌마243)**

이 사건 CCTV 관찰행위는 금지물품의 수수나 교정사고를 방지하거나 이에 적절하게 대처하기 위한 것으로 교도관의 육안에 의한 시선계호를 CCTV 장비에 의한 시선계호로 대체한 것에 불과하므로 그 목적의 정당성과 수단의 적합성이 인정된다. 형집행법 및 형집행법 시행규칙은 수용자가 입게 되는 피해를 최소화하기 위하여 CCTV의 설치·운용에 관한 여러 가지 규정을 두고 있고, 이에 따라 변호인접견실에 설치된 CCTV는 교도관이 CCTV를 통해 미결수용자와 변호인 간의 접견을 관찰하더라도 접견내용의 비밀이 침해되거나 접견교통에 방해가 되지 않도록 조치를 취하고 있는 점, 금지물품의 수수를 적발하거나 교정사고를 효과적으로 방지하고 교정사고가 발생하였을 때 신속하게 대응하기 위하여는 CCTV를 통해 관찰하는 방법 외에 더 효과적인 다른 방법을 찾기 어려운 점 등에 비추어 보면, 이 사건 CCTV 관찰행위는 그 목적을 달성하기 위하여 필요한 범위 내의 제한으로 침해의 최소성을 갖추었다. CCTV 관찰행위로 침해되는 법익은 변호인접견 내용의 비밀이 폭로될 수 있다는 막연한 추측과 감시받고 있다는 심리적인 불안 내지 위축으로 법익의 침해가 현실적이고 구체화되어 있다고 보기 어려운 반면, 이를 통하여 구치소 내의 수용질서 및 규율을 유지하고 교정사고를 방지하고자 하는 것은 교정시설의 운영에 꼭 필요하고 중요한 공익이므로, 법익의 균형성도 갖추었다. 따라서 이 사건 CCTV 관찰행위가 청구인의 변호인의 조력을 받을 권리를 침해한다고 할 수 없다.

**변호인과의 접견교통권의 제한(헌재 2011. 5. 26. 2009헌마341)**

변호인의 조력을 받을 권리에는 **변호인을 선임하고, 변호인과 접견하며, 변호인의 조언과 상담을 받고, 변호인을 통해 방어권 행사에 필요한 사항들을 준비하고 행사하는 것 등이 모두 포함**된다.

청구인은 헌법재판소가 "변호인과의 자유로운 접견은 신체구속을 당한 사람에게 보장된 변호인의 조력을 받을 권리의 가장 중요한 내용이어서 국가안전보장·질서유지 또는 공공복리 등 어떠한 명분으로도 제한될 수 있는 성질의 것이 아니다."(헌재 1992. 1. 28. 91헌마111, 판례집 4, 51, 60-61)라고 판시한 것을 들어, 미결수용자와 변호인과의 접견에 대해서는 어떠한 제한도 할 수 없다고 주장한다. 그러나, 위 결정에서 어떠한 명분으로도 제한할 수 없다고 한 것은 구속된 자와 변호인 간의 접견이 실제로 이루어지는 경우에 있어서의 '자유로운 접견', 즉 '대화내용에 대하여 비밀이 완전히 보장되고 어떠한 제한, 영향, 압력 또는 부당한 간섭 없이 자유롭게 대화할 수 있는 접견'을 제한할 수 없다는 것이지(헌재 1992. 1. 28. 91헌마111, 판례집 4, 51, 60), 변호인과의 접견 자체에 대해 아무런 제한도 가할 수 없다는 것을 의미하는 것이 아니다. **변호인의 조력을 받을 권리 역시 다른 모든 헌법상 기본권과 마찬가지로 국가안전보장·질서유지 또는 공공복리를 위하여 필요한 경우에는 법률로써 제한할 수 있는 것이다**(헌법 제37조 제2항).

### 2) 변호인을 통한 수사기록 및 소송자료 열람 · 등사권

피고인은 변호인을 통하여 수사서류를 비롯한 소송관계서류를 열람 · 등사하고 이를 토대로 공격과 방어의 준비를 할 수 있는 권리가 있다. 열람 · 등사권은 접견교통권과 함께 변호인의 조력을 받을 권리의 핵심에 해당한다. 법원이 수사서류 열람 · 등사를 허용하였음에도 불구하고 검사가 해당 수사서류의 등사를 거부한 경우 변호인의 조력을 받을 권리를 침해하였다 할 수 있다.[103)] 구속적부심사건 피의자의 경우에는 변호인에게 수사기록 등 고소장과 피의자 신문조서의 내용의 열람 · 등사할 권리가 있다.[104)]

### 3) 국선변호인의 조력을 받을 권리

헌법 제12조 제4항의 단서는 "다만, 형사피고인이 스스로 변호인을 구할 수 없을 때에는 법률이 정하는 바에 의하여 국가가 변호인을 붙인다." 라고 함으로써 국선변호인의 조력을 받을 권리는 형사피고인에 한정하고 있다.

**국선변호인은 형사피고인에게 인정(헌재 2008. 9. 25. 2007헌마1126)**

헌법 제12조 제4항의 "누구든지 체포 또는 구속을 당한 때에는 즉시 변호인의 조력을 받을 권리를 가진다. 다만, 형사피고인이 스스로 변호인을 구할 수 없을 때에는 법률이 정하는 바에 의하여 국가가 변호인을 붙인다."는 규정은, 일반적으로 형사사건에 있어 변호인의 조

---

103) 피청구인은 법원의 수사서류 열람 · 등사 허용 결정 이후 해당 수사서류에 대한 열람은 허용하고 등사만을 거부하였는데, 변호인이 수사서류를 열람은 하였지만 등사가 허용되지 않는다면, 변호인은 형사소송절차에서 청구인들에게 유리한 수사서류의 내용을 법원에 현출할 수 있는 방법이 없어 불리한 지위에 놓이게 되고, 그 결과 청구인들을 충분히 조력할 수 없음이 명백하므로, 피청구인이 수사서류에 대한 등사만을 거부하였다 하더라도 청구인들의 신속 · 공정한 재판을 받을 권리 및 변호인의 조력을 받을 권리가 침해되었다고 보아야 한다. 헌재 2017. 12. 28. 2015헌마632,

104) 고소로 시작된 형사피의사건의 구속적부심절차에서 피구속자의 변호를 맡은 변호인으로서는 피구속자에 대한 고소장과 경찰의 피의자신문조서를 열람하여 그 내용을 제대로 파악하지 못한다면 피구속자가 무슨 혐의로 고소인의 공격을 받고 있는 것인지 그리고 이와 관련하여 피구속자가 수사기관에서 무엇이라고 진술하였는지 그리고 어느 점에서 수사기관 등이 구속사유가 있다고 보았는지 등을 제대로 파악할 수 없게 되고 그 결과 구속적부심절차에서 피구속자를 충분히 조력할 수 없음이 사리상 명백하므로 위 서류들의 열람은 피구속자를 충분히 조력하기 위하여 변호인에게 반드시 보장되지 않으면 안되는 핵심적 권리이다. 헌재 2003. 3. 27. 2000헌마474

력을 받을 권리는 피의자나 피고인을 불문하고 보장되나, 그 중 특히 국선변호인의 조력을 받을 권리는 피고인에게만 인정되는 것으로 해석함이 상당하다.

#### 4) 변호인의 '조력할 권리'

변호인의 조력을 받을 권리는 '체포 또는 구속을 당한 자'의 기본권이다. 문제는 변호인 자신에게 '조력할 권리'가 기본권으로 인정될 수 있는지이다. 헌법재판소는 변호인의 조력할 권리는 헌법상의 권리가 아니라 법률상의 권리라고 한 적이 있다.[105] 그러나 이후 헌법재판소는 변호인의 조력을 받을 권리와 변호인의 조력할 권리는 상호 표리관계에 있다는 점을 말하며 변호인의 조력할 권리 역시 헌법상의 기본권이라고 하였다.[106]

**'변호인이 되려는 자'의 접견교통권(헌재 2019. 2. 28. 2015헌마1204)**

변호인 선임을 위하여 피의자 · 피고인(이하 '피의자 등'이라 한다)이 가지는 '변호인이 되려는 자'와의 접견교통권은 헌법상 기본권으로 보호되어야 하고, '변호인이 되려는 자'의 접견교통권은 피의자 등이 변호인을 선임하여 그로부터 조력을 받을 권리를 공고히 하기 위한 것으로서, 그것이 보장되지 않으면 피의자 등이 변호인 선임을 통하여 변호인으로부터 충분한 조력을 받는다는 것이 유명무실하게 될 수밖에 없다. 이와 같이 '변호인이 되려는 자'의 접견교통권은 피의자 등을 조력하기 위한 핵심적인 부분으로서, 피의자 등이 가지는 헌법상의 기본권인 '변호인이 되려는 자'와의 접견교통권과 표리의 관계에 있다. 따라서 피의자 등이 가지는 '변호인이 되려는 자'의 조력을 받을 권리가 실질적으로 확보되기 위해서는 '변호인이 되려는 자'의 접견교통권 역시 헌법상 기본권으로서 보장되어야 한다.

---

105) 헌법상의 변호인과의 접견교통권은 체포 또는 구속당한 피의자 · 피고인 자신에만 한정되는 신체적 자유에 관한 기본권이고, 변호자신의 구속된 피의자 · 피고인과의 접견교통권은 헌법상의 권리라고는 말할 수 없으며 단지 형사소송법 제34조에 의하여 비로소 보장되는 권리임이 그친다. 헌재 1991. 7. 8. 89헌마181

106) 헌재 2003. 3. 27. 2000헌마474;헌재 2017. 11. 30. 2016헌마503; 헌재 2019. 2. 28. 2015헌마1204.

## 8. 헌법 제12조 제5항 구속이유 등 고지 및 통지제도

> 제12조 ⑤누구든지 체포 또는 구속의 이유와 변호인의 조력을 받을 권리가 있음을 고지받지 아니하고는 체포 또는 구속을 당하지 아니한다. 체포 또는 구속을 당한 자의 가족등 법률이 정하는 자에게는 그 이유와 일시·장소가 지체없이 통지되어야 한다.

체포 또는 구속을 당하는 사람이 자신이 왜 체포·구속을 당하는지 알지 못하고, 법률전문가인 변호인의 조력을 받을 권리가 있다는 것을 알지 못하면, 헌법이 보장하고 있는 방어권을 제대로 행사할 수 없다. 이유를 알려주지 않고 사람을 어디론가 끌고가는 것은 가장 공포스러운 일일 것이다. 뿐만 아니라 체포 또는 구속을 당하는 사람의 안위에 관심을 가지고 도움을 줄 가족 등이 구속이유와 인치장소 등에 대해 통지받지 못한다면 피체포·구속자가 아무리 자신의 권리를 잘 안다고 하여도 방어권을 행사하기 어려울 것이다.[107] 헌법 제12조 제5항은 체포 또는 구속 당한 사람의 방어권 행사를 위해 첫 단추로 구속 이유 등을 고지하고 가족에게 통지하는 내용을 규정하고 있다. 이 규정은 '미란다 원칙'이라고 불리는 것으로 보통 피의자를 체포나 구속의 개시시점, 즉 체포를 위한 실력행사를 하기 전에 하는 것이 원칙이지만, 달아나는 피의자를 쫓아가 붙들거나 하는 경우에는 제압한 후에 할 수도 있다.[108]

---

107) 가족 등이 통지를 받을 권리는 가족 등의 권리가 아니라 체포나 구속을 당하는 이의 권리이다. 한수웅, 위의 책, 662면.; vgl. BVerfGE 16, 119.

108) 사법경찰관 등이 체포영장을 소지하고 피의자를 체포하기 위하여는 체포 당시에 피의자에 대한 범죄사실의 요지, 구속의 이유와 변호인을 선임할 수 있음을 말하고 변명할 기회를 주어야 하는데, 이와 같은 고지는 체포를 위한 실력행사에 들어가기 이전에 미리 하여야 하는 것이 원칙이나, 달아나는 피의자를 쫓아가 붙들거나 폭력으로 대항하는 피의자를 실력으로 제압하는 경우에는 붙들거나 제압하는 과정에서 하거나, 그것이 여의치 않은 경우에라도 일단 붙들거나 제압한 후에 지체 없이 행하여야 한다.대법원 2000.7.4. 99도4341

## 9. 헌법 제12조 제6항 체포 · 구속적부심사 청구권

| 제12조 ⑥누구든지 체포 또는 구속을 당한 때에는 적부의 심사를 법원에 청구할 권리를 가진다. |
|---|

체포 · 구속적부심사 청구권은 체포나 구속을 당한 사람이 법원에 자신의 구속이 적법한 지 여부를 판단해 주기를 청구하는 권리이다.[109] 긴급체포나 현행범으로 체포된 피의자의 경우에도 적부심사를 청구할 수 있다. 다만 체포의 경우에는 48시간 안에 구속이나 석방이 결정되므로 체포적부심사는 거의 청구되지 않기 때문에, 주로 구속적부심사를 중심으로 논의가 이루어진다. 사전영장제도(제12조제3항)가 체포 · 구속의 개시 시점에 법원이 개입하여 수사기관의 체포 · 구속의 남용으로부터 보호하려는 것이라면, 체포 · 구속적부심사 청구권은 이미 구속된 상태에서 그 구속의 적부를 심사하여 구속을 계속할 것인지 석방할 것인지를 결정하는 것이다. 헌법재판소는 구속적부심사는 헌법상 독립된 법관으로부터 심사를 받고자 하는 권리라는 점을 강조하고, 이러한 권리가 법관이 아닌 검사 등 다른 이의 행위에 의해 제한되어서는 안 된다고 하였다.[110]

---

109) 제214조의2(체포와 구속의 적부심사) ① 체포되거나 구속된 피의자 또는 그 변호인, 법정대리인, 배우자, 직계친족, 형제자매나 가족, 동거인 또는 고용주는 관할법원에 체포 또는 구속의 적부심사(適否審査)를 청구할 수 있다. ②피의자를 체포하거나 구속한 검사 또는 사법경찰관은 체포되거나 구속된 피의자와 제1항에 규정된 사람 중에서 피의자가 지정하는 사람에게 제1항에 따른 적부심사를 청구할 수 있음을 알려야 한다.

110) 예전의 형사소송법 제214조의 2는 '체포 또는 구속된 피의자'로 구속적부심사의 청구인으로 한정시켜놓았었다. 그래서 구속된 피의자가 구속적부심사청구를 하려고 하면 검사가 바로 기소를 해서 '피고인'이 되게 하여 구속적부심사청구인 적격을 상실하게 만드는 일이 종종 있었다. 이것은 당시 '전격기소'라고 불이었는데, 이 규정에 대하여 헌법재판소는 위헌이라고 하였다. "우리 형사소송법상 구속적부심사의 청구인적격을 피의자 등으로 한정하고 있어서 청구인이 구속적부심사청구권을 행사한 다음 검사가 법원의 결정이 있기 전에 기소하는 경우(이른바 전격기소), 영장에 근거한 구속의 헌법적 정당성에 대하여 법원이 실질적인 판단을 하지 못하고 그 청구를 기각할 수밖에 없다. 그러나 구속된 피의자가 적부심사청구권을 행사한 경우 검사는 그 적부심사절차에서 피구속자와 대립하는 반대 당사자의 지위만을 가지게 됨에도 불구하고 헌법상 독립된 법관으로부터 심사를 받고자 하는 청구인의 '절차적 기회'가 반대 당사자의 '전격기소'라고 하는 일방적 행위에 의하여 제한되어야 할 합리적인 이유가 없고, 검사가 전격기소를 한 이후 청구인에게 '구속취소'라는 후속절차가 보장되어

## 10. 헌법 제13조 제1항 형벌불소급의 원칙

| 제13조 ①모든 국민은 행위시의 법률에 의하여 범죄를 구성하지 아니하는 행위로 소추되지 아니하며, 동일한 범죄에 대하여 거듭 처벌받지 아니한다. |
|---|

### 가. 의의와 근거

헌법 제13조 제1항의 전단 "모든 국민은 행위시의 법률에 의하여 범죄를 구성하지 아니하는 행위로 소추되지 아니하며"라고 규정하고 있는데, 그 근본 뜻은 형벌법규는 허용된 행위와 금지된 행위의 경계를 명확히 설정하여 어떠한 행위가 금지되어 있고, 그에 위반한 경우 어떠한 형벌이 정해져 있는가를 미리 개인에 알려 자신의 행위를 그에 맞출 수 있도록 하자는데 있다. 이로써 위 헌법조항은 실체적 형사법 영역에서의 어떠한 소급효력도 금지하고 있고, "범죄를 구성하지 않는 행위"라고 표현함으로써 절대적 소급효금지의 대상은 "범죄구성요건"과 관련되는 것임을 밝히고 있다. 헌법이 위 조항에서 비록 범죄구성요건만을 언급하고 있으나, 책임 없는 형벌을 금하고 행위의 불법과 행위자의 책임은 형벌과 적정한 비례관계를 유지하여야 한다는 적법절차의 원칙과 법치주의원칙에서 파생되는 책임원칙에 따라 범죄구성요건과 형벌은 불가분의 내적인 연관관계에 있기 때문에, 결국 죄형법정주의는 이 두 가지 요소로 구성되는 "가벌성"을 그 내용으로 하고 있는 것이다.[111] 즉 만약 행위할 때 그 행위를 범죄로 정하지 않았는데, 행위 이후의 어떤 시점에 법을 만들어 범죄로 정하고, 소급하여 그 새로 만든 법률을 적용해서는 안 된다는 의미이다. 그 뿐만 아니라 행위시에는 약한 처벌이 규정되어 있었는데 행위 이후에 법을 개정하여 처벌의 수준을 높이고, 그 개정한 법률을 적용하는 것도 금지된다. 형벌불소급원칙의 '처벌'은 단지 형법에 규정되어 있는 형

있다고 하더라도 그에 따르는 적지 않은 시간적, 정신적, 경제적인 부담을 청구인에게 지워야 할 이유도 없으며, 기소이전단계에서 이미 행사된 적부심사청구권의 당부에 대하여 법원으로부터 실질적인 심사를 받을 수 있는 청구인의 절차적 기회를 완전히 박탈하여야 하는 합리적인 근거도 없기 때문에, 입법자는 그 한도 내에서 적부심사청구권의 본질적 내용을 제대로 구현하지 아니하였다고 보아야 한다." 헌재 2004.3.25. 2002헌바104

111) 헌재1996.2.16. 96헌가2

식적 의미의 형벌 유형에 국한되지 않고 형법이 정한 형벌 외의 형태로 가해질 수 있는 형사적 제재나 불이익도 포함된다.[112)]

### 나 형벌불소급원칙의 규율대상: 진정소급입법

형벌불소급원칙은 국민이 행위시의 법률을 신뢰하고 자신의 행위에 대한 결과를 예측할 수 있어야 한다는 '신뢰보호원칙'을 보다 더 강하게 구현하고 있는 것이다. 주의해야 할 것은 형법 제13조 1항의 형벌불소급원칙이 금지하는 것은 진정소급입법만을 의미한다. 진정소급입법은 이미 과거에 완성된 사실 또는 법률관계를 규율대상으로 하여 사후에 입법을 하는 것이고, 부진정소급입법은 과거에 이미 시작되었지만 아직 완결되지 않고 진행과정에 있는 사실 또는 법률관계를 대상으로 한 입법을 말한다. 형벌불소급은 진정소급입법만을 금지하는 것이고 부진정소급입법은 금지하지 않는다. 그러나 부진정소급입법 역시 신뢰보호원칙에는 반할 수 있다 따라서 부진정소급입법이 형법 제13조 제1항에서 금지하는 것이 아니라고 해서 바로 합헌인 것이 아니라, 신뢰보호원칙위반인지 여부는 별도로 판단하여야 한다.

### 다. 시혜적인 소급입법은 가능, 단 소급적용이 의무 아님

행위시의 법이 정한 처벌의 수준보다 행위이후 만든 신법의 처벌이 더 낮아, 피적용자에게 유리하다면 신법을 적용하는 것은 형벌불소급원칙에 위반되지 않는다. 그렇지만 유리한 신법을 적용하는 것이 입법자의 의무라고 할 수는 없다.

---

112) 형벌불소급원칙에서 의미하는 '처벌'은 형법에 규정되어 있는 형식적 의미의 형벌 유형에 국한되지 않으며, 범죄행위에 따른 제재의 내용이나 실제적 효과가 형벌적 성격이 강하여 신체의 자유를 박탈하거나 이에 준하는 정도로 신체의 자유를 제한하는 경우에는 형벌불소급원칙이 적용되어야 한다. 노역장유치는 그 실질이 신체의 자유를 박탈하는 것으로서 징역형과 유사한 형벌적 성격을 가지고 있으므로 형벌불소급원칙의 적용대상이 된다. 헌재 2017. 10. 26. 2015헌바239등

**시혜적 소급입법(헌재 1995. 12. 28. 95헌마196)**

당해 법규범의 적용에 따라 이미 발생한 효과는 법규범이 폐지되더라도 특별한 경과규정이 없는 한 지속되는 것이므로, 청구인에 대한 피선거권 제한의 효력은 종전의 단체장선거법이 폐지되었다고 할지라도 당연히 지속되는 것이고, 이 사건 심판대상인 법률조항에 의하여 비로소 그와 같은 효력이 생긴 것은 아니다.

다음으로 법률의 변경으로 종래의 법률을 적용하는 경우보다 새로운 법률을 적용하는 것이 피적용자에게 유리한 경우에, 입법자에게 유리한 신법을 적용하도록 경과규정을 두어야 할 입법상의 의무가 있는지의 여부에 관하여 살펴본다.

법률이 변경된 경우 신법의 적용범위에 관하여 신법은 항상 최선의 것이므로 광범위한 시적영역을 가져야 하고 그 법적효과가 과거에 대하여도 미쳐야 한다는 견해와 각 시대에는 그에 맞는 자신의 법규범이 있으므로 신법은 현재와 장래에 발생하는 사태에 대하여만 미쳐야 한다는 견해가 대립되고 있다.

이에 관하여 헌법상으로는 "모든 국민은 행위시의 법률에 의하여 범죄를 구성하지 아니하는 행위로 소추되지 아니하며"(헌법 제13조 제1항 전단), "모든 국민은 소급입법에 의하여 참정권의 제한을 받거나 재산권을 박탈당하지 아니한다"(헌법 제13조 제2항)라고 규정하고 있을 뿐이고, 법률이 변경된 경우 피적용자에 대하여 유리한 신법을 적용할 것인가에 관하여 일반적인 규정은 두고 있지 않으며, 헌법상의 기본원칙인 법치주의로부터 도출되는 법적 안정성과 신뢰보호의 원칙상 모든 법규범은 현재와 장래에 한하여 효력을 가지는 것이기 때문에 소급입법은 금지 내지 제한된다.

다만, 신법이 피적용자에게 유리한 경우에는 이른바 시혜적인 소급입법이 가능하지만 이를 입법자의 의무라고는 할 수 없고, 그러한 소급입법을 할 것인지의 여부는 입법재량의 문제로서 그 판단은 일차적으로 입법기관에 맡겨져 있으며, 이와 같은 시혜적 조치를 할 것인가 하는 문제는 국민의 권리를 제한하거나 새로운 의무를 부과하는 경우와는 달리 입법자에게 보다 광범위한 입법형성의 자유가 인정된다고 할 것이다.

따라서 입법자는 입법목적, 사회실정이나 국민의 법감정, 법률의 개정이유나 경위 등을 참작하여 시혜적 소급입법을 할 것인가 여부를 결정할 수 있고, 그 판단은 존중되어야 하며, 그 결정이 합리적 재량의 범위를 벗어나 현저하게 불합리하고 불공정한 것이 아닌 한 헌법에 위반된다고 할 수는 없는 것이다.

### 라. 형벌불소급원칙의 적용범위

형벌불소급원칙의 '형벌'은 단지 형법에 규정되어 있는 형식적 의미의 형벌 유형에 국한되지 않고 형법이 정한 형벌 외의 형태로 가해질 수 있는 형사적 제재나 불이익도 포함한다.[113] 그러나 그렇다고 해서 모든 불이익적 제재가 형벌불소급원칙의 적용범위안에 있는 것은 아니다. 범죄를 저지른 사람의 재범위험성 등을 이유로 부과되는 보안처분의 경우 형벌불소급원칙이 적용되기도 하고 그렇지 않기도 하다. 즉 그 불이익의 성격에 따라 적용여부가 결정된다. 그 외 공소시효나 노역장유치도 형벌불소급원칙의 적용대상인지 여부가 문제된다.

### 1) 노역장유치와 형벌불소급원칙

노역장유치는 벌금형을 선고받은 사람이 벌금을 납부하지 않을 때 징역형과 같은 방법으로 일정기간 벌금대신 수감되도록 하는 제도있다. 노역장유치를 선고받으면 교도소에 수감되어 정역에 복무하게 된다. 헌법재판소는 노역장유치가 실질이 징역형과 같은 것이기 때문에 형벌불소급원칙의 적용대상이라고 하였다.

**노역장유치조항을 시행일 이후 최초로 공소제기되는 경우부터 적용하도록 한 형법 부칙(2014. 5. 14. 법률 제12575호) 제2조 제1항(이하 '부칙조항'이라 한다)이 형벌불소급원칙에 위반되는지 여부(적극)(헌재 2017. 10. 26. 2015헌바239등)**

형벌불소급원칙에서 의미하는 '처벌'은 형법에 규정되어 있는 형식적 의미의 형벌 유형에 국한되지 않으며, 범죄행위에 따른 제재의 내용이나 실제적 효과가 형벌적 성격이 강하여 신체의 자유를 박탈하거나 이에 준하는 정도로 신체의 자유를 제한하는 경우에는 형벌불소급원칙이 적용되어야 한다. 노역장유치는 그 실질이 신체의 자유를 박탈하는 것으로서 징역형과 유사한 형벌적 성격을 가지고 있으므로 형벌불소급원칙의 적용대상이 된다.

노역장유치조항은 1억 원 이상의 벌금형을 선고받는 자에 대하여 유치기간의 하한을 중하게 변경시킨 것이므로, 이 조항 시행 전에 행한 범죄행위에 대해서는 범죄행위 당시에 존재하였던 법률을 적용하여야 한다. 그런데 부칙조항은 노역장유치조항의 시행 전에 행해진 범죄행위에 대해서도 공소제기의 시기가 노역장유치조항의 시행 이후이면 이를 적용하도록 하고 있으므로, 이는 범죄행위 당시 보다 불이익한 법률을 소급 적용하도록 하는 것으로서 헌법상 형벌불소급원칙에 위반된다.

---

113) 형벌불소급원칙에서 의미하는 '처벌'은 형법에 규정되어 있는 형식적 의미의 형벌 유형에 국한되지 않으며, 범죄행위에 따른 제재의 내용이나 실제적 효과가 형벌적 성격이 강하여 신체의 자유를 박탈하거나 이에 준하는 정도로 신체의 자유를 제한하는 경우에는 형벌불소급원칙이 적용되어야 한다. 노역장유치는 그 실질이 신체의 자유를 박탈하는 것으로서 징역형과 유사한 형벌적 성격을 가지고 있으므로 형벌불소급원칙의 적용대상이 된다. 헌재 2017. 10. 26. 2015헌바239등

### 2) 형벌불소급원칙과 보안처분

보안처분이란 재범의 위험성이 있는 범죄행위자가 다시 범죄를 저지르지 않게 하기 위해 하는 처분으로 '형벌'이 아니다. 그러나 보안처분은 범죄를 저지른 사람이 대상이기 때문에 '형사적 제재'임은 분명하다. 보안처분에는 치료감호, 보안관찰, 전자장치부착, 성충동약물치료, 신상공개 등의 다양한 형태의 것들이 존재한다. 헌법재판소는 원칙적으로 보안처분은 형벌불소급원칙의 적용대상이 아니라고 하면서도, 보안처분이 형벌적 성격이 강하여 신체의 자유를 박탈하거나 그에 준하도록 신체의 자유를 제한하는 경우에는 소급효금지원칙을 적용해야 한다고 하고 있다.

**보호감호 소급효금지원칙 적용**(헌재 1989. 7. 14. 88헌가5등)

보안처분은 재범의 위험성이 있는 자를 치료·보호·개선·격리하여 피감호자의 "재범의 위험성"을 방지하거나 예방하고, 이로써 공공의 안전과 이익을 보호하고자 하는 특별예방적 목적처분이다. 즉, 보안처분은 죄를 범한 자중 "재범의 위험성"이 있는 사람에 한하여 그의 위험성에 대하여 부과하는 제재조치이다….

보호감호처분에 대하여는 소급입법이 금지되므로 비록 구법이 개정되어 신법이 소급 적용되도록 규정되었다고 하더라도 실체적인 규정에 관한 한 오로지 구법이 합헌적이어서 유효하였고 다시 신법이 보다 더 유리하게 변경되었을 때에만 신법이 소급적용될 것이므로 폐지된 구법에 대한 위헌여부의 문제는 신법이 소급적용될 수 있기 위한 전제문제로서 판단의 이익이 있어 위헌제청은 적법하다.

**성폭력 범죄자에 대한 위치추적 전자장치부착과 형벌불소급 원칙**(헌재 2012. 12. 27. 2010헌가82 등)

보안처분은 형벌과는 달리 행위자의 장래 재범위험성에 근거하는 것으로서, 행위시가 아닌 재판시의 재범위험성 여부에 대한 판단에 따라 보안처분 선고를 결정하므로 원칙적으로 재판 당시 현행법을 소급적용할 수 있다고 보는 것이 타당하고 합리적이다. 그러나 보안처분의 범주가 넓고 그 모습이 다양한 이상, 보안처분에 속한다는 이유만으로 일률적으로 소급효금지원칙이 적용된다거나 그렇지 않다고 단정해서는 안 되고, 보안처분이라는 우회적인 방법으로 형벌불소급의 원칙을 유명무실하게 하는 것을 허용해서도 안 된다. 따라서 보안처분이라 하더라도 형벌적 성격이 강하여 신체의 자유를 박탈하거나 박탈에 준하는 정도로 신체의 자유를 제한하는 경우에는 소급효금지원칙을 적용하는 것이 법치주의 및 죄형법정주의에 부합한다.

전자장치의 부착은 자유를 박탈하는 구금 형식과는 구별되고, 의무적 노동의 부과나 여가시간의 박탈을 내용으로 하지도 않는다. 전자장치 부착으로 인하여 일반적 행동의 자유나 인격권이 제한될 수 있으나 피부착자의 위치만이 국가에 노출될 뿐 자신의 행위가 노출되는 것은 아니어서 자신이 원하는 행동을 할 수 있으며, 일정한 장소에 머무르거나 다른 장소로 이동하는 것에도 그것이 주거 이전이나 출국에 해당하지 않는 한 아무런 제한을 받지 않는다.

또한 부착명령에 따른 부착자의 기본권 침해를 최소화하기 위하여 피부착자의 수신자료를 "피부착자의 특정범죄 혐의에 대한 수사 또는 재판자료로 사용하는 경우, 보호관찰관이 지도·원호를 목적으로 사용하는 경우, 보호관찰심사위원회의 부착명령 가해제와 그 취소에 관한 심사를 위하여 사용하는 경우" 외에는 열람·조회 또는 공개할 수 없도록 하고 있다. 검사 또는 사법경찰관이 수신자료를 열람 또는 조회하는 경우에는 법관이 발부한 압수수색영장을 제시하여야 한다(제16조 제2항, 제4항). 또 부착명령의 탄력적 집행을 위하여 3개월마다 가해제를 신청할 수 있게 하여(제17조 제1항, 제2항) 재범의 위험성이 없다고 인정되는 경우에는 부착명령을 가해제할 수 있도록 하고 있다(제18조 제4항).

전자장치 부착명령은 전통적 의미의 형벌이 아닐 뿐 아니라, 성폭력범죄자의 성행교정과 재범방지를 도모하고 국민을 성폭력범죄로부터 보호한다고 하는 공익을 목적으로 하며, 전자장치의 부착을 통해서 피부착자의 행동 자체를 통제하는 것도 아니라는 점에서 이 사건 부칙조항이 적용되었을 때 처벌적인 효과를 나타낸다고 보기 어렵다. 그러므로 이 사건 부착명령은 범죄행위를 한 사람에 대한 응보를 주된 목적으로 그 책임을 추궁하는 사후적 처분인 형벌과 구별되는 비형벌적 보안처분으로서 소급효금지원칙이 적용되지 아니한다.

(과도한 소급적용으로서 위헌인지 여부)

이 사건 부칙조항이 소급적으로 적용대상을 확대한 것이 형벌불소급의 원칙에 위배되지는 않는다고 하더라도, 무한정 소급적용을 허용할 경우 해당자의 신뢰보호와 기본권 침해 등 헌법적 문제가 발생한다. 보안처분이 형벌의 한계를 극복 내지는 보완해 줄 수 있는 유용하고 필요한 제도라고 하더라도 국민의 기본권을 제한하는 형사제재인 보안처분이 아무런 원칙 없이 자의적으로 부과될 수는 없고 그 정당성을 확보하기 위해서는 법치국가적 이념에 상응하는 원리의 한계 안에서 부과되어야 하기 때문이다. 그러므로 이 사건 부칙조항이 전자장치부착법 시행 당시 대상자에 포함되지 않았던 사람들에 대하여도 전자장치를 부착하도록 피부착 대상자를 확대한 것이 침해받은 신뢰이익의 보호가치, 침해의 중한 정도 및 방법, 위 조항을 통하여 실현하고자 하는 공익적 목적을 종합적으로 비교형량할 때 과도한 것인지 여부가 문제된다.

이 외에 헌법재판소는 DNA신원확인정보의 수집·이용[114], 성범죄자 신상공개고

114) 디엔에이신원확인정보의 수집·이용은 수형인 등에게 심리적 압박으로 인한 범죄예방효과를 가진다는 점에서 보안처분의 성격을 지니지만, 처벌적인 효과가 없는 비형벌적 보안처분으로서 소급입법금지원칙이 적용되지 않는다. 이 사건 법률의 소급적용으로 인한 공익적 목적이 당사자의 손실보다 더 크므로, 이 사건 부칙조항이 법률 시행 당시 디엔에이감식시료 채

지명령[115]과 같은 보안처분은 자유를 박탈하는 구금 형식과는 구별되고, 의무적 노동의 부과나 여가시간의 박탈을 내용으로 하지도 않으므로 형벌불소급원칙이 적용되지 않는다고 하였다.

한편 대법원은 가정폭력범죄의 처벌 등에 관한 특례법상 사회봉사명령에는 형벌불소급원칙이 적용된다고 하였는데, 사회봉사명령이 의무적 노동을 부과하고 여가시간을 박탈하여 실질적으로 신체적 자유를 제한하는 것이기 때문이라고 하였다.

**가정폭력범죄의 처벌 등에 관한 특례법상 사회봉사명령의 법적 성질 및 형벌불소급원칙의 적용 여부(적극)(대법원 2008. 7. 24.자 2008어4 결정)**

[1] 가정폭력범죄의 처벌 등에 관한 특례법이 정한 보호처분 중의 하나인 사회봉사명령은 가정폭력범죄를 범한 자에 대하여 환경의 조정과 성행의 교정을 목적으로 하는 것으로서 형벌 그 자체가 아니라 보안처분의 성격을 가지는 것이 사실이다. 그러나 한편으로 이는 가정폭력범죄행위에 대하여 형사처벌 대신 부과되는 것으로서, 가정폭력범죄를 범한 자에게 의무적 노동을 부과하고 여가시간을 박탈하여 실질적으로는 신체적 자유를 제한하게 되므로, 이에 대하여는 원칙적으로 형벌불소급의 원칙에 따라 행위시법을 적용함이 상당하다.

[2] 가정폭력범죄의 처벌 등에 관한 특례법상 사회봉사명령을 부과하면서, 행위시법상 사회봉사명령 부과시간의 상한인 100시간을 초과하여 상한을 200시간으로 올린 신법을 적용한 것은 위법하다고 한 사례.

### 3) 형벌불소급원칙과 공소시효

공소시효제도는 어떤 행위에 대하여 오랫동안 공소를 제기하지 않는 경우 증거의 산일등으로 공정한 재판을 못할 수 있기 때문에, 어느 기간 안에 소추하지 못하면 더 이상 소추 및 형사처벌을 할 수 없도록 하는 제도이다. 공소시효는 '소추

---

취 대상범죄로 실형이 확정되어 수용 중인 사람들까지 이 사건 법률을 적용한다고 하여 소급입법금지원칙에 위배되는 것은 아니다. 헌재 2014. 8. 28. 2011헌마28등

115) 신상정보 공개·고지명령의 근본적인 목적은 재범방지와 사회방위이고, 법원은 '신상정보를 공개하여서는 아니 될 특별한 사정'이 있는지 여부에 관하여 재범의 위험성을 고려하여 공개·고지명령을 선고하고 있으므로, 신상정보 공개·고지명령의 법적 성격은 형벌이 아니라 보안처분이다. 신상정보 공개·고지명령은 형벌과는 구분되는 비형벌적 보안처분으로서 어떠한 형벌적 효과나 신체의 자유를 박탈하는 효과를 가져오지 아니하므로 소급처벌금지원칙이 적용되지 아니한다. 따라서 심판대상조항은 소급처벌금지원칙에 위배되지 않는다. 헌재 2016. 12. 29. 2015헌바196등

의 조건'이므로 공소시효에 대한 법을 개정하여 피적용자에게 불리하게 되는 경우, 즉 예를 들어 공소시효를 중지시키거나 공소시효를 아예 없애는 등의 법규정이 행위 이후 만들어졌을 때, 그 법을 적용하면 사실상 불리하게 된다. 따라서 공소시효에 대한 규정이 소급적용될 수 있는가에 대한 문제가 발생하게 된다. 헌법재판소는 '공소시효'는 '가벌성' 그 자체에 대한 것이 아니라 '소추가능성'에 대한 것이므로 형벌불소급원칙의 적용대상이 아니라고 하였다.

**공소시효 정지와 형벌불소급원칙(헌재1996.2.16. 96헌가2)**

헌법 제12조 제1항과 제13조 제1항의 근본 뜻은 형벌법규는 허용된 행위와 금지된 행위의 경계를 명확히 설정하여 어떠한 행위가 금지되어 있고, 그에 위반한 경우 어떠한 형벌이 정해져 있는가를 미리 개인에 알려 자신의 행위를 그에 맞출 수 있도록 하자는데 있다. 이로써 위 헌법조항은 실체적 형사법 영역에서의 어떠한 소급효력도 금지하고 있고, "범죄를 구성하지 않는 행위"라고 표현함으로써 절대적 소급효금지의 대상은 "범죄구성요건"과 관련되는 것임을 밝히고 있다. 헌법이 위 조항에서 비록 범죄구성요건만을 언급하고 있으나, 책임없는 형벌을 금하고 행위의 불법과 행위자의 책임은 형벌과 적정한 비례관계를 유지하여야 한다는 적법절차의 원칙과 법치주의원칙에서 파생되는 책임원칙에 따라 범죄구성요건과 형벌은 불가분의 내적인 연관관계에 있기 때문에, 결국 죄형법정주의는 이 두 가지 요소로 구성되는 "가벌성"을 그 내용으로 하고 있는 것이다. 즉 가벌성의 조건을 사후적으로 변경할 것을 요구하는 공익의 요청도 개인의 신뢰보호와 법적 안정성에 우선할 수 없다는 것을 명백히 규정함으로써, 위 헌법조항은 소급적인 범죄구성요건의 제정과 소급적인 형벌의 가중을 엄격히 금하고 있다. 그러므로 우리 헌법이 규정한 형벌불소급의 원칙은 형사소추가 "언제부터 어떠한 조건하에서" 가능한가의 문제에 관한 것이고, "얼마동안" 가능한가의 문제에 관한 것은 아니다. 다시 말하면 헌법의 규정은 "행위의 가벌성"에 관한 것이기 때문에/ 소추가능성에만 연관될 뿐, 가벌성에는 영향을 미치지 않는 공소시효에 관한 규정은 원칙적으로 그 효력범위에 포함되지 않는다. 행위의 가벌성은 행위에 대한 소추가능성의 전제조건이지만 소추가능성은 가벌성의 조건이 아니므로 공소시효의 정지 규정을 과거에 이미 행한 범죄에 대하여 적용하도록 하는 법률이라 하더라도 그 사유만으로 헌법 제12조 제1항 및 제13조 제1항에 규정한 죄형법정주의의 파생원칙인 형벌불소급의 원칙에 언제나 위배되는 것으로 단정할 수 없다…

공소시효제도가 헌법 제12조 제1항 및 제13조 제1항에 정한 죄형법정주의의 보호범위에 바로 속하지 않는다면, 소급입법의 헌법적 한계는 법적 안정성과 신뢰보호원칙을 포함하는 법치주의의 원칙에 따른 기준으로 판단하여야 한다.

## 11. 이중처벌금지의 원칙

제13조 ①모든 국민은 행위시의 법률에 의하여 범죄를 구성하지 아니하는 행위로 소추되지 아니하며, 동일한 범죄에 대하여 거듭 처벌받지 아니한다.

이중처벌금지의 원칙은 동일한 범죄행위에 대하여 국가 형벌권이 거듭되는 경우 과도한 형벌권 발동으로 국민에 대한 기본권 침해가 크기 때문에 금지하는 것이다. 여기에서의 처벌은 오직 형벌권 실행을 의미하기 때문에 보안처분은 여기에 해당하지 않는다. 따라서 하나의 동일한 행위에 형벌과 보안처분의 제재가 가해지는 것은 이중처벌이 아니다.[116] 형벌과 보안처분의 동시 제재가 이중처벌은 아니지만, 만약 과도한 경우라면 과잉한 제재인지에 대해서는 검토하여야 한다.[117] 그리고 국가 형벌권의 거듭을 금지하는 것이기 때문에 하나의 행위에 외국의 형벌과 우리나라의 형벌이 거듭되는 것을 금지하는 것은 아니다.[118]

---

116) 헌법 제13조 제1항에서 말하는 '처벌'은 원칙으로 범죄에 대한 국가의 형벌권 실행으로서의 과벌을 의미하는 것이고, 국가가 행하는 일체의 제재나 불이익처분을 모두 그 '처벌'에 포함시킬 수는 없다는 것이 우리 재판소의 확립된 입장으로서(헌재 2003. 7. 24. 2001헌가25, 판례집 15-2상, 1, 10), 형벌에 보호감호나 보안관찰처분을 병과하거나 청소년의 성 매수자에 대해 형벌 이외에 신상공개를 병과하는 경우 모두 이중처벌금지원칙에 위배되지는 않는다(헌재 2001. 3. 21. 99헌바7, 판례집 13-1, 525, 541-542, 헌재 1997. 11. 27. 92헌바28, 판례집 9-2, 548, 565-566, 헌재 2003. 6. 26. 2002헌가14, 판례집 15-1, 624, 640-641 등). 그렇다면 이 사건 전자장치부착조항에 의한 전자장치 부착은 보안처분에 해당하므로 동일한 범죄행위에 대해 형벌과 병과된다고 해서 이중처벌금지원칙에 위반된다고 할 수는 없다. 헌재 2012. 12. 27. 2011헌바89

117) 부동산실명법상의 의무위반에 대하여 처벌을 함과 동시에 과징금 또는 이행강제금을 부과하는 것이 바로 이중처벌에 해당하여 헌법에 위반된다고 보기는 어렵다 할 것이고, 다만, 동일한 행위를 대상으로 하여 형벌을 부과하면서 아울러 과징금이나 이행강제금을 부과하여 대상자에게 거듭 처벌되는 것과 같은 효과를 낳는다면 이중처벌금지의 기본정신에 배치되어 국가 입법권의 남용이 문제될 수도 있다 할 것이나, 이는 이중처벌금지 원칙의 문제라기보다는 그러한 중복적 제재가 과잉에 해당하는지 여부의 문제로 다루어져야 할 것이므로, 결국 부동산실명법상의 의무위반에 대하여 벌칙 규정을 둔 이외에 과징금 또는 이행강제금을 부과하는 규정을 두는 것이 과잉제재에 해당하는지의 여부가 문제된다 할 것이다. 헌재 2001. 5. 31. 99헌가18등

118) 형사판결은 국가주권의 일부분인 형벌권 행사에 기초한 것으로서, 외국의 형사판결은 원칙적으로 우리 법원을 기속하지 않으므로 동일한 범죄행위에 관하여 다수의 국가에서 재판 또는 처벌을 받는 것이 배제되지 않는다. 따라서 이중처벌금지원칙은 동일한 범죄에 대하여 대한

## 12. 헌법 제13조 제3항 연좌제 금지

| 제13조 ③모든 국민은 자기의 행위가 아닌 친족의 행위로 인하여 불이익한 처우를 받지 아니한다. |
|---|

연좌제란 보통 가족 일원의 범죄나 행위로 인해 그에 대한 책임이 없는, 즉 친족의 행위와 본인 간에 실질적으로 의미있는 아무런 관련성을 인정할 수 없는 경우에 다른 가족 구성원에게 불이익을 주는 것을 의미한다. 반란을 꾀한 죄인의 삼족을 멸한다던가 하는 예전의 제도뿐만이 아니라, 우리 현대사에서도 친족이 월북을 했거나 범죄를 저지른 경우 먼 친척까지 불이익을 받는 경우가 허다했다. 헌법 제13조 제3항은 '책임주의'의 명확한 표현이라고 할 수 있다.

| **신고조항과 제재조항이 자기책임의 원리와 연좌제금지원칙에 위반되는지 여부(소극) 헌재 2016. 7. 28. 2015헌마236등**<br><br>〈 심판대상조문 〉<br>부정청탁 및 금품등 수수의 금지에 관한 법률(2015. 3. 27. 법률 제13278호로 제정된 것) 제9조 (수수 금지 금품등의 신고 및 처리) ① 공직자등은 다음 각 호의 어느 하나에 해당하는 경우에는 소속기관장에게 지체 없이 서면으로 신고하여야 한다.<br>1. 생략<br>2. 공직자등이 자신의 배우자가 수수 금지 금품등을 받거나 그 제공의 약속 또는 의사표시를 받은 사실을 안 경우<br>사립학교 관계자나 언론인 본인과 경제적 이익 및 일상을 공유하는 긴밀한 관계에 있는 배우자가 사립학교 관계자나 언론인의 직무와 관련하여 수수 금지 금품등을 받은 행위는 사실상 사립학교 관계자나 언론인 본인이 수수한 것과 마찬가지라고 볼 수 있다. 청탁금지법은 금품등을 받은 배우자를 처벌하는 규정을 두고 있지 않으며 신고조항과 제재조항은 배우자가 위법한 행위를 한 사실을 알고도 공직자등이 신고의무를 이행하지 아니할 때 비로소 그 의무위반 행위를 처벌하는 것이므로, 헌법 제13조 제3항에서 금지하는 연좌제에 해당하지 아니하며 자기책임 원리에도 위배되지 않는다. |
|---|

민국 내에서 거듭 형벌권이 행사되어서는 안 된다는 뜻으로 새겨야 할 것이므로 이 사건 법률조항은 헌법 제13조 제1항의 이중처벌금지원칙에 위배되지 아니한다. 헌재 2015. 5. 28. 2013헌바129

| 회계책임자의 300만원 이상 벌금선고시 후보자 당선무효 조항(헌재 2010. 3. 25. 2009헌마170) |
|---|
| 헌법 제13조 제3항은 '친족의 행위와 본인간에 실질적으로 의미있는 아무런 관련성을 인정할 수 없음에도 불구하고 오로지 친족이라는 사유 그 자체만으로' 불이익한 처우를 가하는 경우에만 적용되기 때문에 원칙적으로 회계책임자가 친족이 아닌 이상, 이 사건 법률조항은 적어도 헌법 제13조 제3항의 규범적 실질내용에 위배될 수는 없다.<br>(자기책임의 원칙 위배도 부정)<br>이 사건 법률조항은 후보자에게 회계책임자의 형사책임을 연대하여 지게 하는 것이 아니라, 선거의 공정성을 해치는 객관적 사실(회계책임자의 불법행위)에 따른 선거결과를 교정하는 것에 불과하고, 또한 후보자는 공직선거법을 준수하면서 공정한 경쟁이 되도록 할 의무가 있는 자로서 후보자 자신뿐만 아니라 최소한 회계책임자 등에 대하여는 선거범죄를 범하지 않도록 지휘 · 감독할 책임을 지는 것이므로, 이 사건 법률조항은 후보자 '자신의 행위'에 대하여 책임을 지우고 있는 것에 불과하기 때문에, 헌법상 자기책임의 원칙에 위반되지 아니한다. |

## III 거주·이전의 자유

| 제14조 모든 국민은 거주 · 이전의 자유를 가진다. |
|---|

### 1. 의의

거주 · 이전의 자유는 국가의 간섭없이 자유롭게 거주와 체류지를 정할 수 있는 자유이다. 거주 · 이전의 자유는 정치 · 경제 · 사회 · 문화 등 모든 생활영역에서 개성 신장을 촉진함으로써 헌법상 보장되고 있는 다른 기본권등의 실효성을 증대시킨다.[119)]

119) 헌재 2004. 10. 28. 2003헌가18.

## 2. 내용

거주・이전의 자유는 국내에서 거주지와 체류지를 정하는 것 뿐만 아니라, 출입국의 자유, 해외여행, 해외이주의 자유등을 포함한다. 문제는 국적선택(국적이탈)의 자유가 거주・이전의 자유로부터 도출될 수 있는가이다. 헌법재판소는 무국적의 자유나 복수국적의 자유는 인정되지 않지만, 국적이탈의 자유는 거주・이전의 자유로부터 도출된다고 본다.[120]

**대한민국 국민이 자진하여 외국 국적을 취득시 대한민국 국적을 상실(헌재 2014. 6. 26. 2011헌마502)**

국적에 관한 사항은 당해 국가가 역사적 전통과 정치・경제・사회・문화 등 제반사정을 고려하여 결정할 문제인바, 자발적으로 외국 국적을 취득한 자에게 대한민국 국적도 함께 보유할 수 있게 허용한다면, 출입국・체류관리가 어려워질 수 있고, 각 나라에서 권리만 행사하고 병역・납세와 같은 의무는 기피하는 등 복수국적을 악용할 우려가 있으며, 복수국적자로 인하여 외교적 보호권이 중첩되는 등의 문제가 발생할 여지도 있다. 한편, 국적법은 예외적으로 복수국적을 허용함과 동시에, 대한민국 국민이었던 외국인에 대해서는 국적회복허가라는 별도의 용이한 절차를 통해 국적을 회복시켜주는 조항들을 두고 있다. 따라서 국적법 제15조 제1항이 대한민국 국민인 청구인의 거주・이전의 자유 및 행복추구권을 침해한다고 볼 수 없다.

**국적이탈의 자유(헌재 2020. 9. 24. 2016헌마889)**

심판대상 법률조항의 입법목적은 병역준비역에 편입된 사람이 병역의무를 면탈하기 위한 수단으로 국적을 이탈하는 것을 제한하여 병역의무 이행의 공평을 확보하려는 것이다. 복수국적자의 주된 생활근거지나 대한민국에서의 체류 또는 거주 경험 등 구체적 사정에 따라서는 사회통념상 심판대상 법률조항이 정하는 기간 내에 국적이탈 신고를 할 것으로 기대하기 어려운 사유가 인정될 여지가 있다. 주무관청이 구체적 심사를 통하여, 주된 생활근거를 국내에 두고 상당한 기간 대한민국 국적자로서의 혜택을 누리다가 병역의무를 이행하여야 할 시기에 근접하여 국적을 이탈하려는 복수국적자를 배제하고 병역의무 이행의 공평성이 훼손되지 않는다고 볼 수 있는 경우에만 예외적으로 국적선택 기간이 경과한 후에도 국적이탈을 허가하는 방식으로 제도를 운용한다면, 병역의무 이행의 공평성이 훼손될 수 있다는 우려는

120) 헌재 2014. 6. 26. 2011헌마502.

불식될 수 있다.

병역준비역에 편입된 복수국적자의 국적선택 기간이 지났다고 하더라도, 그 기간 내에 국적이탈 신고를 하지 못한 데 대하여 사회통념상 그에게 책임을 묻기 어려운 사정 즉, 정당한 사유가 존재하고, 병역의무 이행의 공평성 확보라는 입법목적을 훼손하지 않음이 객관적으로 인정되는 경우라면, 병역준비역에 편입된 복수국적자에게 국적선택 기간이 경과하였다고 하여 일률적으로 국적이탈을 할 수 없다고 할 것이 아니라, 예외적으로 국적이탈을 허가하는 방안을 마련할 여지가 있다.

심판대상 법률조항의 존재로 인하여 복수국적을 유지하게 됨으로써 대상자가 겪어야 하는 실질적 불이익은 구체적 사정에 따라 상당히 클 수 있다. 국가에 따라서는 복수국적자가 공직 또는 국가안보와 직결되는 업무나 다른 국적국과 이익충돌 여지가 있는 업무를 담당하는 것이 제한될 가능성이 있다. 현실적으로 이러한 제한이 존재하는 경우, 특정 직업의 선택이나 업무 담당이 제한되는 데 따르는 사익 침해를 가볍게 볼 수 없다.

심판대상 법률조항은 과잉금지원칙에 위배되어 청구인의 국적이탈의 자유를 침해한다.

# Ⅳ 직업선택의 자유

제15조 모든 국민은 직업선택의 자유를 가진다.

## 1. 의의

직업 선택의 자유는 문언의 의미 그대로 자신이 원하는 직업을 자유롭게 선택하는 자유를 의미하고, 자신이 선택한 직업을 자신이 원하는 방식으로 자유롭게 수행할 수 있는 직업수행의 자유도 포괄하는 기본권이다. 직업의 자유는 단순히 생계를 이어가는 수단을 행사한다는 의미를 넘어서 인격을 발현하고 자신의 가치관을 실현하고 정체성을 만들어 나가는데에도 중요한 의미를 가진다. 한편 직업의 자유는 재산권과 함께 사유경제질서를 형성하는 중요한 역할을 한다. 직업의 자유에서 '직업'이란 생활의 기본적 수요를 충족시키기 위한 계속적 소득활동[121]을 말한다. 그러나 이 직업이 반드시 사회적으로 무해한, 즉 법적으로 허용되는 활동만으로 한정되는 것은 아니다. 헌법재판소는 성매매가 법적으로 허용되는 활동이 아니지만 생활의 기본적 수요를 충족시키는 것이므로 '직업의 자유'의 '직업'임을 인정[122]하였고, 무면허의료행위도 직업이라는 전제하에서 무면허의료의 관련 법상이에 대한 제한이 정당한지를 판단한 바 있다.[123]

| 헌법 제15조에서 보장하는 '직업'이란 생활의 기본적 수요를 충족시키기 위하여 행하는 계속적인 소득활동을 의미하고, 성매매는 그것이 가지는 사회적 유해성과는 별개로 성판매자의 입장에서 생활의 기본적 수요를 충족하기 위한 소득활동에 해당함을 부인할 수 없다 할 것이므로, 심판대상조항은 성판매자의 직업선택의 자유도 제한하고 있다.(헌재 2016. 3. 31. 2013헌가2) |
|---|

## 2. 내용

직업의 자유에는 직업선택의 자유만이 아니라 자신이 원하는 직업과 관련된 종합적이고 포괄적인 직업의 자유를 보장하는 것이다. 따라서 직업의 포기, 무직업, 직장선택, 영업의 자유, 기업의 설립과 경영의 자유를 의미하는 기업의 자유도 포함된다. 그리고 직장선택의 자유에는 '직업교육장선택의 자유'도 포함된다. 그러나 직장의 존속을 요구할 권리는 인정되지 않는다.

---

121) 헌재 2002. 5. 30. 2000헌마81.

122) 헌재 2016. 3. 31. 2013헌가2.

123) 의료인이 아닌 자의 의료행위를 금지·처벌하는 구 의료법(2002. 3. 30. 법률 제6686호로 개정되기 전의 것, 이하 '법'이라 한다) 제25조 제1항 본문의 전단부분 및 제66조 제3호 중 제25조 제1항 본문의 전단에 관한 부분(이하 위 조항들은 '이 사건 법률조항'이라 한다)이 의료인이 아닌 자의 의료행위를 전면적으로 금지한 것은 매우 중대한 헌법적 법익인 국민의 생명권과 건강권을 보호하고 국민의 보건에 관한 국가의 보호의무(헌법 제36조 제3항)를 이행하기 위하여 적합한 조치로서, 위와 같은 중대한 공익이 국민의 기본권을 보다 적게 침해하는 다른 방법으로는 효율적으로 실현될 수 없으므로, 직업선택의 자유 등 기본권의 제한은 비례의 원칙에 부합하는 것으로서 헌법적으로 정당화된다. (헌재 2005. 5. 26. 2003헌바86)

**직업교육장선택의 자유(헌재 2009. 2. 26. 2007헌마1262)**

헌법 제15조에 의한 직업선택의 자유라 함은 자신이 원하는 직업 내지 직종을 자유롭게 선택하는 직업선택의 자유뿐만 아니라 그가 선택한 직업을 자기가 결정한 방식으로 자유롭게 수행할 수 있는 직업수행의 자유를 포함한다(헌재 1995. 7. 21. 94헌마125, 판례집 7-2, 155, 162 ; 2002. 11. 28. 2001헌마596, 판례집 14-2, 734, 742). 그리고 직업선택의 자유에는 자신이 원하는 직업 내지 직종에 종사하는데 필요한 전문지식을 습득하기 위한 직업교육장을 임의로 선택할 수 있는 '직업교육장 선택의 자유'도 포함된다.

그런데 법 제26조 제2항 및 제3항이 로스쿨에 입학하는 자들에 대하여 학사 전공별로, 그리고 출신 대학별로 로스쿨 입학정원의 비율을 각각 규정한 것은 변호사가 되기 위하여 필요한 전문지식을 습득할 수 있는 로스쿨에 입학하는 것을 제한하는 것이기 때문에 직업교육장 선택의 자유 내지 직업선택의 자유를 제한한다고 할 것이다.

**직장존속청구권(불인정)(헌재 2002. 11. 28. 2001헌바50)**

헌법 제15조가 보장하는 직업선택의 자유는 직업 "선택"의 자유만이 아니라 직업과 관련된 종합적이고 포괄적인 직업의 자유를 보장하는 것이다. 또한 직업의 자유는 독립적 형태의 직업활동 뿐만 아니라 고용된 형태의 종속적인 직업활동도 보장한다. 따라서 직업선택의 자유는 직장선택의 자유를 포함한다. 헌법재판소도 일찍이 직업선택의 자유에 직장선택의 자유가 포함된다고 설시한바 있다(헌재 1989. 11. 20. 89헌가102, 판례집 1, 329, 336). 직장선택의 자유는 특히 근로자들에게 큰 의미를 지닌다. 이러한 직장선택의 자유는 개인이 그 선택한 직업분야에서 구체적인 취업의 기회를 가지거나, 이미 형성된 근로관계를 계속 유지하거나 포기하는 데에 있어 국가의 방해를 받지 않는 자유로운 선택·결정을 보호하는 것을 내용으로 한다. 그러나 이 기본권은 원하는 직장을 제공하여 줄 것을 청구하거나 한번 선택한 직장의 존속보호를 청구할 권리를 보장하지 않으며, 또한 사용자의 처분에 따른 직장 상실로부터 직접 보호하여 줄 것을 청구할 수도 없다. 다만 국가는 이 기본권에서 나오는 객관적 보호의무, 즉 사용자에 의한 해고로부터 근로자를 보호할 의무를 질 뿐이다.

## 3. 다른 기본권과의 관계(공무담임권과의 관계)

헌법 제25조는 "모든 국민은 법률이 정하는 바에 의하여 공무담임권을 가진다." 고 규정함으로써 국가의 공무원으로써 공무를 담당할 권리가 있음을 규정하고 있다. 공무담임권은 직업의 자유와의 관계에서 특별기본권의 성격을 가지기 때문에, 특정한 사안에서 공무담임권의 침해여부를 다루었다면 직업의 자유는 따로 심사할 필요가 없다.[124)]

## 4. 외국인과 직업의 자유

외국인에게도 직업은 중요하다. 그러나 국내에서 외국인이 누리는 직업의 자유는 법률에 따른 정부의 허가에 의해 비로소 발생하는 권리라고 할 수 있다. 따라서 근로관계가 형성되지 않은 전(前)단계에서 특정한 직업을 선택할 권리가 헌법상 기본권이라고 할 수는 없다.

> **외국인의 직업의 자유(헌재 2014. 8. 28. 2013헌마359)**
>
> 헌법재판소는, '국민' 또는 국민과 유사한 지위에 있는 '외국인'은 헌법재판소법 제68조 제1항의 헌법소원을 청구할 수 있는 기본권 주체로서, 인간의 존엄과 가치 및 행복추구권 등과 같이 단순히 '국민의 권리' 가 아닌 '인간의 권리' 로 볼 수 있는 기본권에 대해서는 외국인도 기본권 주체가 될 수 있다고 하여 인간의 권리에 대하여는 원칙적으로 외국인의 기본권주체성을 인정하였다(헌재 2011. 9. 29. 2007헌마1083등; 헌재 2014. 4. 24. 2011헌마474등 참조). 이와 같이 외국인에게는 모든 기본권이 인정되는 것이 아니라 인간의 권리의 범위 내에서만 인정되는 것이므로, 심판대상조항이 제한하고 있는 기본권이 권리의 성질상 외국인인 청구인에게 기본권주체성을 인정할 수 있는 것인지를 개별적으로 결정하여야 한다(헌재 2011. 9. 29. 2007헌마1083등 참조).
>
> 심판대상조항이 제한하고 있는 직업의 자유는 국가자격제도정책과 국가의 경제상황에 따라 법률에 의하여 제한할 수 있고 인류보편적인 성격을 지니고 있지 아니하므로 국민의 권

124) 공직취임권은 국가 등에게 능력주의를 존중하는 공정한 공직자선발을 요구할 수 있는 권리라는 점에서 직업선택의 자유보다는 그 기본권의 효과가 현실적·구체적이므로, 공직을 직업으로 선택하는 경우에 있어서 직업선택의 자유는 공직취임권을 통해서 그 기본권보호를 받게 된다고 할 수 있다. 따라서 앞에서 이 사건 가산점제도가 국가기관의 공무원 채용시험과 관련하여 공무담임권을 침해하는지 여부를 심사한 이상 이와 별도로 직업선택의 자유의 침해 여부를 심사할 필요는 없을 것이다.(헌재 2001. 2. 22. 2000헌마25)

리에 해당한다. 이와 같이 헌법에서 인정하는 직업의 자유는 원칙적으로 대한민국 국민에게 인정되는 기본권이지, 외국인에게 인정되는 기본권은 아니다. 국가 정책에 따라 정부의 허가를 받은 외국인은 정부가 허가한 범위 내에서 소득활동을 할 수 있는 것이므로, 외국인이 국내에서 누리는 직업의 자유는 법률 이전에 헌법에 의해서 부여된 기본권이라고 할 수는 없고, 법률에 따른 정부의 허가에 의해 비로소 발생하는 권리이다.

## 5. 제한

### 가. 단계이론

직업의 자유도 헌법 제37조 제2항에 의하여 제한될 수 있다. 독일연방헌법재판소는 직업의 자유의 제한이 정당한가를 판단하기 위하여 단계이론(Stufentheorie)[125)]을 개발, 적용하여 왔는데, 헌법재판소는 제한의 정당성을 과잉금지원칙으로 심사하면서도, 단계이론의 논리를 이용하고 있다. 단계이론은 직업의 자유가 제한되는 강도에 따라 3단계로 나누고, 정당성 요건을 차등화하는 것이다. 가장 약한 정도의 제한은 직업행사의 자유를 제한하는 것이고(1단계), 그 다음 정도의 제한은 주관적 사유로 직업선택의 자유를 제한하는 것이다.(2단계) 가장 강한 정도의 제한은 객관적 사유로 직업선택의 자유를 제한하는 것이다.(3단계) 3단계로 갈수록 제한의 정당성 심사의 강도도 높아진다.

#### (1) 직업행사의 자유 제한(1단계)

1단계 제한은 직업 수행의 방법에 대한 제한이기 때문에 입법자는 광범위한 제한의 권한을 가질 수 있다. 예를 들어 영업지의 제한, 영업시간의 제한, 광고의 제한, 영업방법의 규제, 영업정지 명령 등이 있고, 헌법재판소는 직업행사의 자유에 대한 제한의 경우, 공익을 고려할 때 합목적성이 인정되는 범위에서 입법자에게 폭넓은 형성의 여지를 인정한다.

125) BVerfGE 7, 377, 404ff.

직업수행의 자유는 직업결정의 자유에 비하여 상대적으로 그 침해의 정도가 작다고 할 것이어서, 이에 대하여는 공공복리 등 공익상의 이유로 비교적 넓은 법률상의 규제가 가능하다. 그러나 직업수행의 자유를 제한할 때에도 헌법 제37조 제2항에 의거한 비례의 원칙에 위배되어서는 안 된다』(2004.10.28. 2002헌바41)

셔틀버스운행을 규제하는 이 사건 법률조항은 상대적으로 폭 넓은 규제가 가능한 영업의 자유 영역 중에서도 기본권에 미치는 침해의 강도가 더욱 약한 부분을 규율하는 것이다. 그러므로 셔틀버스운행이 금지되는 경우에 청구인들이 입을 수 있는 매출액 감소라는 사익과, 여객자동자운송사업에 관한 질서를 확립하고 여객의 원활한 운송과 여객자동차운송사업의 종합적인 발달을 도모하고자 하는 이 법의 입법목적, 나아가 균형있는 국민경제의 성장과 안정, 경제수체간의 조화를 통한 경제의 민주화라는 우리 헌법상 경제조항이 표방하는 사회적 시장경제질서의 확립이라는 공익을 비교할 때, 이 사건 법률조항은 법익의 균형성을 잃지 않고 있다.(헌재2001.6.28. 2001헌마132)

### (2) 주관적 사유에 근거한 직업선택의 자유 제한(2단계)

2단계 주관적 사유에 의한 직업 선택의 자유는 그 직업을 수행하기 위해서 요구되는 능력, 자격, 신체적 특징, 전문성, 기술과 결부시켜서 제한하는 것을 말한다. 헌법재판소는 주관적 요건 자체가 그 제한 목적과 합리적인 관계가 있어야 한다고 하면서도 전문 분야 자격제도에 관하여는 넓은 입법형성권을 인정한다.

일반적으로 직업선택의 자유를 제한함에 있어, 어떤 직업의 수행을 위한 전제요건으로서 일정한 주관적 요건을 갖춘 자에게만 그 직업에 종사할 수 있도록 제한하는 경우에는 이러한 주관적 요건을 갖추도록 요구하는 것이 누구에게나 제한 없이 그 직업에 종사하도록 방임함으로써 발생할 우려가 있는 공공의 손실과 위험을 방지하기 위한 적절한 수단이고, 그 직업을 희망하는 모든 사람에게 동일하게 적용되어야 하며, 주관적 요건 자체가 그 제한목적과 합리적인 관계가 있어야 한다는 과잉금지원칙이 적용되어야 한다(헌재 1995. 6. 29. 90헌바43, 판례집 7-1, 854, 868 참조). 다만 과잉금지원칙을 적용함에 있어, 어떠한 직업 분야에 관한 자격제도를 만들면서 그 자격요건을 어떻게 설정할 것인가에 관하여는 국가에게 폭넓은 입법재량권이 부여되어 있으므로, 다른 방법으로 직업선택의 자유를 제한하는 경우에 비하여 보다 유연하고 탄력적인 심사가 필요하다(헌재 2008. 9. 25. 2007헌마419).

일반적으로 직업선택의 자유를 제한함에 있어, 어떤 직업의 수행을 위한 전제요건으로서 일정한 주관적 요건을 갖춘 자에게만 그 직업에 종사할 수 있도록 제한하는 경우에는, 이러한 주관적 요건을 갖추도록 요구하는 것이, 누구에게나 제한없이 그 직업에 종사하도록 방임함으로써 발생할 우려가 있는 공공의 손실과 위험을 방지하기 위한 적절한 수단이고, 그 직업을 희망하는 모든 사람에게 동일하게 적용되어야 하며, 주관적 요건 자체가 그 제한목적과 합리적인 관계가 있어야 한다는 비례의 원칙이 적용되어야 할 것이다.(헌재 1995. 6. 29. 90헌바43)

입법자는 일정한 전문분야에 관한 자격제도를 마련함에 있어서 그 제도를 마련한 목적을 고려하여 정책적인 판단에 따라 그 내용을 구성할 수 있고, 마련한 자격제도의 내용이 불합리하고 불공정하지 않은 한 입법자의 정책판단은 존중되어야 하며, 자격제도에서 입법자에게는 그 자격요건을 정함에 있어 광범위한 입법재량이 인정되는 만큼, 자격요건에 관한 법률조항은 합리적인 근거 없이 현저히 자의적인 경우에만 헌법에 위반된다고 할 수 있다.(2006.4.27. 2005헌마997)

**사법시험 제1차시험에 응시함에 있어 어학과목을 영어로 한정하고 다른 시험에서 일정 수준의 합격점수를 얻도록 요구하는 영어시험대체제도가 직업의 자유를 침해하는지 여부** (2007.4.26. 2003헌마947)

(1) 영어대체시험제도는 법조직역이 갖는 공공성과 전문성을 감안하여 그 직업수행에 필요한 학식과 능력에 대한 최소한의 요건을 규정하는 소위 '주관적 전제조건'에 관한 것이다. 한편, 입법부 내지 입법부로부터 위임을 받은 행정부가 일정한 전문분야에 관한 자격제도를 마련함에 있어서는 그 내용이 명백히 불합리하고 불공정하지 않은 한 원칙적으로 입법부 내지 입법부로부터 위임을 받은 행정부에게 광범위한 형성의 자유가 인정되는 것이다.

(2) 영어대체시험제도는 법조인의 국제화, 국제적 법률문제에 대한 실무능력 향상이라는 목적의 정당성이 인정되고, 영어를 필수과목으로 하는 것은 효과적이고 적절한 수단의 선택이라 평가할 수 있으며, 영어가 사실상 국제공용어로 이용되고 있고, 영어로 작성된 법률문헌이 늘어나고 있는 점, 각 대체시험별로 연 10여 회의 응시기회가 부여되는 점을 종합해 볼 때 침해의 최소성도 충족되었다 할 수 있다. 법조인의 국제화라는 공익이 사법시험응시자가 입게 될 불이익에 비하여 매우 크다 할 것이므로 법익균형성도 충족한다고 할 것이다. 그렇다면 청구인들의 직업선택의 자유가 침해되었다고 할 수 없다.

### (3) 객관적 사유에 근거한 직업선택의 자유의 제한(3단계)

객관적 사유로 직업선택의 자유를 제한하는 것은 직업을 선택하려는 사람과는 전혀 관계없는 요건에 의해 직업 선택을 하지 못하게 하는 경우이다. 예를 들어 수요를 조정하기 위하여 더 이상의 진입을 금지하는 것, 겸직 금지, 겸영금지, 정원제, 영업소 거리제한과 같은 것을 들 수 있다. 헌법재판소는 객관적 사유에 근거한 직업선택의 자유 제한의 경우 월등하게 중요한 공익을 위하여 명백하고 확실한 위험을 방지하기 위한 경우에만 그 제한이 정당화 된다고 본다.

> 이 사건 법률조항에 의하면 청구인들이 형사재판 결과 벌금형 이상의 형을 선고받아 그 판결이 확정되면 임원직에서 당연퇴임되므로, 형사재판의 결과에 따라 본인의 의지와는 상관없이 새마을금고 임원이라는 직위를 박탈당하게 되는 것이어서, 직업선택의 자유가 직접적으로 문제된다. 직업의 자유를 제한함에 있어, 당사자의 능력이나 자격과 상관없는 객관적 사유에 의한 직업선택의 자유의 제한은 월등하게 중요한 공익을 위하여 명백하고 확실한 위험을 방지하기 위한 경우에만 정당화될 수 있다(헌재 2008. 2. 28. 2006헌마1028, 판례집 20-1상, 311, 324-325). 이 사건에서 청구인들은 이 사건 금지조항 위반죄로 법원으로부터 벌금형 이상의 확정판결을 받기만 하면 새마을금고 임원으로서의 직업을 박탈당하게 되므로, 청구인들 스스로 그 조건충족에 아무런 영향을 미칠 수 없는 객관적인 사유, 즉 법원이 벌금형 이상의 형을 선고하고 그 판결이 확정된다는 객관적 사유가 발생함으로써 자신이 선택한 직업을 강제로 박탈당하게 된다. 따라서, 이 사건은 객관적 사유에 기한 직업선택의 자유 제한에 관한 문제로서, 월등히 중요한 공익을 위하여 명백하고 확실한 위험을 방지하기 위한 경우에만 정당화된다 할 것이다.(헌재 2010. 10. 28. 2008헌마612등)

> 겸영금지조항을 신설한 이유로는 마찬가지로 "경비업자가 경비업무 외 제조업, 근로자 파견업 등 다른 업무를 병행할 경우 무자격자 유입, 총기유출의 위험성이 높으므로 이를 차단하기 위해 경비업자는 경비업 이외의 영업을 할 수 없도록" 한다는 것이다….이 사건 법률조항은 청구인들과 같이 경비업을 경영하고 있는 자들이나 다른 업종을 경영하면서 새로이 경비업에 진출하고자 하는 자들로 하여금 경비업을 전문으로 하는 별개의 법인을 설립하지 않는 한 경비업과 그밖의 업종간에 택일하도록 법으로 강제하고 있다. 따라서 이미 선택한 직업을 어떠한 제약아래 수행하느냐의 관점이나 당사자의 능력이나 자격과도 상관없는 객관적 사유에 의한 이러한 제한은 직업의 자유에 대한 제한 중에서도 가장 심각한 제약이 아닐 수 없다. 따라서 이러한 제한은 월등하게 중요한 공익을 위하여 명백하고 확실한 위험을 방지하기 위한 경우에만 정당화될 수 있다고 보아야 한다.(헌재 2002.4.25. 2001헌마614)

### 나. 과잉금지원칙과 단계이론, 단계이론의 문제점

기본권 제한이 정당한지 여부의 심사기준은 과잉금지원칙(비례성 원칙)이다. 단계이론은 직업의 자유에 대한 제한을 분류하고 심사를 어느 정도의 강도로 할 것인가에 대한 기준을 줄 수는 있지만 독자적인 심사기준이라고 할 수는 없다. 보통 단계이론은 과잉금지원칙의 최소침해성이나 법익균형성을 판단할 때 기준을 제공하고 있다. 다만 단계이론은 실제 사례에서는 적용시키기 애매한 경우가 종종 발생한다. 법학전문대학원을 정원제로 하고 있는 것은 주관적 사유에 기한 제한인지 객관적 사유에 기한 제한인지 논란이 될 수 있다. 헌법재판소는 과잉금지원칙으로 제한의 정당성을 심사하면서 단계이론을 사용하기도 하고 하지 않기도 한다.

# V 주거의 자유

| 제16조 모든 국민은 주거의 자유를 침해받지 아니한다. 주거에 대한 압수나 수색을 할 때에는 검사의 신청에 의하여 법관이 발부한 영장을 제시하여야 한다. |
|---|

## 1. 의의

헌법 제16조가 보장하는 주거의 자유는 개방되지 않은 사적 공간인 주거를 공권력이나 제3자에 의해 침해당하지 않도록 함으로써 국민의 사생활영역을 보호하기 위한 권리이다.[126] 따라서 '주거'란 사적공간이어야 하므로 개방된 장소는 보호대상이 아니며, 그렇다고 해서 반드시 주체가 먹고자는 공간이어야 하는 것도 아니다. 형법은 주거침입죄를 통해서 헌법 제16조의 보호를 실현하고 있다. 한편 헌법 제16조는 주거에 대한 압수나 수색에 대한 영장의 근거이다. 즉 주거에 대한 압수와 수색의 영장은 헌법 제12조 제3항이 아니라 헌법 제16조이다.

126) 헌재 2014. 7. 24. 2012헌마662

## 2. 제한

주거의 자유도 헌법 제37조 제2항에 의하여 제한된다. 그런데 주거의 압수와 수색에 대한 영장주의에도 제한이 있다. 헌법 제16조는 사전영장주의만 규정하고 있는데, 헌법재판소는 헌법 제12조 제3항의 사전영장주의 예외가 있듯이 주거의 압수나 수색에 대한 사전영장주의에도 예외가 있다고 하였다.[127)]

# VI 사생활의 자유

| 제17조 모든 국민은 사생활의 비밀과 자유를 침해받지 아니한다. |
|---|

## 1. 의의와 보호범위

사생활의 비밀과 자유란 사회공동체의 일반적인 생활 규범의 범위 내에서 **사생활을 자유롭게 형성해 나가고 그 설계 및 내용에 대해서 외부로부터의 간섭을 받지 아니할 권리**이며, **사생활과 관련된 사사로운 자신만의 영역이 본인의 의사에 반해서 타인에게 알려지지 않도록 할 수 있는 권리**이다.[128)] 구체적으로 개인의 내

127) 헌법 제12조 제3항과는 달리 헌법 제16조 후문은 "주거에 대한 압수나 수색을 할 때에는 검사의 신청에 의하여 법관이 발부한 영장을 제시하여야 한다."라고 규정하고 있을 뿐 영장주의에 대한 예외를 명문화하고 있지 않다. 그러나 헌법 제12조 제3항과 헌법 제16조의 관계, 주거 공간에 대한 긴급한 압수·수색의 필요성, 주거의 자유와 관련하여 영장주의를 선언하고 있는 헌법 제16조의 취지 등을 종합하면, 헌법 제16조의 영장주의에 대해서도 그 예외를 인정하되, 이는 ① 그 장소에 범죄혐의 등을 입증할 자료나 피의자가 존재할 개연성이 소명되고, ② 사전에 영장을 발부받기 어려운 긴급한 사정이 있는 경우에만 제한적으로 허용될 수 있다고 보는 것이 타당하다. 헌재 2018. 4. 26. 2015헌바370등

128) 헌재 2002. 3. 28. 2000헌마53; 헌재 2001. 8. 30. 99헌바92

밀한 내용의 비밀을 유지할 권리, 개인이 자신의 사생활의 불가침을 보장받을 수 있는 권리, 개인의 양심영역이나 성적 영역과 같은 내밀한 영역에 대한 보호, 인격적인 감정세계의 존중의 권리와 정신적인 내면생활이 침해받지 아니할 권리 등이 포함된다[129] 그러나 사회적 관계를 전제로 한 활동과 관련한 영역은 사생활의 비밀과 자유의 보호대상이 아니다.

| 일반적으로 경제적 내지 직업적 활동은 복합적인 사회적 관계를 전제로 하여 다수 주체간의 상호작용을 통하여 이루어지는 것이고, 특히 변호사의 업무는 앞서 본 바와 같이 다른 어느 직업적 활동보다도 강한 공공성을 내포한다는 점 등을 감안하여 볼 때, 변호사의 업무와 관련된 **수임사건의 건수 및 수임액**이 **변호사의 내밀한 개인적 영역에 속하는 것이라고 보기 어렵고**, 따라서 이 사건 법률조항이 청구인들의 사생활의 비밀과 자유를 침해한 것이라고 할 수 없다.(헌재2009.10.29. 2007헌마667) |
|---|

| 일반 교통에 사용되고 있는 도로는 국가와 지방자치단체가 그 관리책임을 맡고 있는 영역이며, 수많은 다른 운전자 및 보행자 등의 법익 또는 공동체의 이익과 관련된 영역으로, 그 위에서 자동차를 운전하는 행위는 더 이상 개인적인 내밀한 영역에서의 행위가 아니며, 자동차를 도로에서 운전하는 중에 좌석안전띠를 착용할 것인가 여부의 생활관계가 개인의 전체적 인격과 생존에 관계되는 '사생활의 기본조건'이라거나 자기결정의 핵심적 영역 또는 인격적 핵심과 관련된다고 보기 어려워 더 이상 사생활영역의 문제가 아니므로, 운전할 때 운전자가 좌석안전띠를 착용할 의무는 청구인의 사생활의 비밀과 자유를 침해하는 것이라 할 수 없다.(헌재 2003. 10. 30. 2002헌마518) |
|---|

| 자신의 인격권이나 명예권을 보호하기 위하여 대외적으로 해명을 하는 행위는 표현의 자유에 속하는 영역일 뿐 이미 사생활의 자유에 의하여 보호되는 범주를 벗어난 행위이고, 또한, 자신의 태도나 입장을 외부에 설명하거나 해명하는 행위는 진지한 윤리적 결정에 관계된 행위라기보다는 단순한 생각이나 의견, 사상이나 확신 등의 표현행위라고 볼 수 있어, 그 행위가 선거에 영향을 미치게 하기 위한 것이라는 이유로 이를 하지 못하게 된다 하더라도 내면적으로 구축된 인간의 양심이 왜곡 굴절된다고는 할 수 없다는 점에서 양심의 자유의 보호영역에 포괄되지 아니하므로, 위 제93조 제1항은 사생활의 자유나 양심의 자유를 침해하지 아니한다.(헌재 2001. 8. 30. 99헌바92등) |
|---|

129) 헌재 2003. 10. 30. 2002헌마518

## 2. 다른 기본권과의 관계

사생활의 비밀과 자유의 보호가 적용되는 영역은 생각보다 넓지 않다. 헌법은 주거의 자유(헌법 제16조), 통신의 비밀과 자유(제18조)를 규정하여 가장 중요한 사적인 '공간'과 '통신'에서의 사생활을 보호하기 때문이다. 따라서 '사생활의 비밀과 보호'는 주거나 통신의 자유를 제외한 사생활의 보호로 이해해야 한다. 그런데 사생활의 비밀과 자유는 개인정보자기결정권의 근거조항이 된다.

## 3. 제한

사생활의 비밀과 자유도 헌법 제37조 제2항에 의하여 제한될 수 있다.

**4급 이상 공무원들의 병역 면제사유인 질병명을 관보와 인터넷을 통해 공개하도록 하는 것의 위헌 여부(적극)(헌재 2007.5.31. 2005헌마1139)**

병역공개제도의 실현을 위해 질병명에 대한 신고와 그 적정한 공개 자체는 필요하다 할지라도, **질병명이라는 민감한 개인정보의 일방적 공개의 범위와 방법을 정함에 있어서는 사생활의 비밀과 자유를 보장하는 헌법규정의 의미와 작용을 충분히 감안하여야** 한다. 사람의 육제적·정신적 상태나 건강에 대한 정보, 성생활에 대한 정보와 같은 것은 인간의 존엄성이나 인격의 내적 핵심을 이루는 요소이다. 따라서 외부세계의 어떤 이해관계에 따라 그에 대한 정보를 수집하고 공표하는 것이 쉽게 허용되어서는 개인의 내밀한 인격과 자기정체성이 유지될 수 없다. 이 사건 법률조항에 의하여 그 공개가 강제되는 질병명은 외부세계와의 접촉을 통하여 생성·전달·공개·이용되는 것이 자연스럽거나 필요한 정보가 아니다. 오히려 **특별한 사정이 없는 한 타인의 지득, 외부에 대한 공개로부터 차단되어 개인의 내밀한 영역 내에 유보되어야 하는 정보**인 것이다. 공무원의 질병명 정보 또한 마찬가지이다. 이 사건에서 문제되고 있는 것은 병역면제 처분의 사유인 질병명으로서 이는 해당 공무원의 공적 활동과 관련하여 생성된 정보가 아니라 그 이전에, 그와 무관하게 개인에게 부과된 것으로서 극히 사적인 정체성을 드러내는 정보이다. 질병이 병역처분, 특히 병역면제 여부를 판가름함에 있어서 본질적인 요소라고는 하지만 그것은 개인이 선택·조정 가능한 사항이 아니었다. 이러한 성격의 개인정보를 공개함으로써 사생활의 비밀과 자유를 제한하는 국가적 조치는 엄격한 기준과 방법에 따라 섬세하게 행하여지지 않으면 아니된다. 그럼에도 불구하고 이 사건 법률 조항은 질병명 공개의 범위와 방법을 정함에 있어서 위와 같은 사생활의 비밀과 자유라는 기본권이 지닌 의미와 작용을 제대로 고려하지 않았다. **질병이 병역면제 처분과 불가결의 관계에 있는 요소라고 할지라도 공개 대상자의 사생활 침해가 최소화되도록 하는 방안을 강구하여야 하였다.** 질병 중에는 인격 또는 사생활의 핵심에 관련되는 것과 그렇지 않은 것이 있다. 후자의 질병은 몰라도 전자의 질병까지 무차별적으로 공개토록 하는 것은 사생활보호의 헌법적 요청을 거의 고려하지 않은 것이라 하지 않을 수 없다.

**경찰공무원에게 재산등록 의무를 부과하는 조항의 위헌여부(소극)(헌재 2010.10.28. 2009헌마544)**

이 사건 시행령조항은 경찰공무원에게 재산등록 의무를 부과함으로써 경찰공무원의 청렴성을 확보하고자 하는 것이므로 그 목적의 정당성과 수단의 적정성이 인정되고, 등록되는 재산사항의 범위가 한정적인 점, 직계존비속이 재산사항의 고지를 거부할 수 있는 점 및 등록된 재산사항의 유출 방지를 위한 여러 형벌적 조치가 존재하는 점 등을 종합하여 보면 이 사건 시행령 조항은 청구인의 사생활의 비밀과 자유의 제한을 최소화하도록 규정하고 있다고 할 것이다. 또한 이 사건 시행령 조항이 달성하려는 공익은 경찰공무원의 비리 유혹을 억제하고 공무집행이 투명성을 확보하여 궁극적으로 국민의 봉사자로서 경찰공무원의 책임성을 확보하는 것이므로 기본권 제한의 법익균형성을 상실하였다고 볼 수 없어, 결국 이 사건 시행령 조항이 청구인의 사생활의 비밀과 자유를 침해한다고 할 수 없다.

**구치소장이 수용자의 거실에 폐쇄회로 텔레비전(이하 'CCTV' 라 한다)을 설치하여 계호한 행위(이하 '이 사건 CCTV 계호행위'라 한다)가 과잉금지원칙에 위배하여 수용자의 사생활의 비밀 및 자유를 침해하는지 여부(소극)(헌재2011.9.29. 2010헌마413)**

이 사건 CCTV 설치행위는 행형법 및 교도관직무규칙 등에 규정된 교도관의 계호활동 중 육안에 의한 시선계호를 CCTV장비에 의한 시선계호로 대체한 것에 불과하므로, 이 사건 CCTV 설치행위에 대한 특별한 법적 근거가 없더라도 일반적인 계호활동을 허용하는 법률규정에 의하여 허용된다고 보아야 한다. 헌편 CCTV에 의하여 감시되는 엄중격리대상자에 대하여 지속적이고 부단한 감시가 필요하고 자살·자해나 흉기제작 등의 위험성 등을 고려하면, 제반사정을 종합하여 볼 때 기본권 제한의 최소성 요건이나 법익균형성의 요건도 충족하고 있다.

**구치소장이 청구인과 배우자의 접견을 녹음한 행위(이하 '이 사건 녹음행위'라 한다)가 청구인의 사생활의 비밀과 자유를 침해하는지 여부(소극)(헌재 2012.12.27. 2010헌마153)**

소장이 미결수용자에 대하여 실시하는 접견내용 녹음행위는 증거인멸의 가능성 및 추가범죄의 발생가능성을 차단하고, 교정시설 내의 안전과 질서유지를 위한 것이다. 미결수용자는 아직 범죄 수사 중이거나 재판이 이루어지고 있는 상태이므로 접견시 가족 등을 통해 자신의 범죄에 대한 증거를 인멸할 가능성이 있는데, 특히 청구인과 같은 마약류 사범의 경우에는 범죄의 은밀성과 조직연계성으로 인하여 이러한 가능성이 더욱 크다고 할 것이다. 또한 마약류 사범을 그 중독성으로 인하여 재범자가 대다수를 차지한다는 점을 고려하여 보면, 교정시설 내부로 마약이 반입될 위험성이 항상 존재하므로 교정시설 내의 안전과 질서유지가 근본적으로 위협받을 수 있어 엄중한 관리감독이 요구된다.

## VII 개인정보자기결정권

### 1. 의의

개인정보자기결정권은 "자신에 관한 정보가 언제 누구에게 어느 범위까지 알려지고 또 이용되도록 할 것인지를 정보주체가 스스로 결정할 수 있는 권리이다.[130] 개인정보자기결정권은 헌법에 명시되어 있지는 않지만, 헌법재판소에 의해 독자적인 기본권으로 인정되었다. 헌법재판소는 개인정보자기결정권을 독자적인 기본권으로 인정해야 하는 필요성을 언급하면서, "오늘날 개인의 인적 사항이나 생활상의 각종 정보가 정보주체의 의사와는 전혀 무관하게 타인의 수중에서 무한대로 집적되고 이용 또는 공개될 수 있는 새로운 정보환경에 처하게 되었고, 현대의 정보 통신기술의 발달에 내재된 위험성으로부터 개인정보를 보호함으로써 궁극적으로는 개인의 결정의 자유를 보호하고, 나아가 자유민주체제의 근간이 총체적으로 훼손될 가능성을 차단하기 위하여 필요한 최소한의 헌법적 보장 장치를 만들기 위함"이라고 하였다. [131]

130) 헌재 2005. 5. 26. 99헌마513 등, 판례집 17-1, 668.
131) 헌재 2005. 5. 26. 99헌마513 등, 판례집 17-1, 668.

## 2. 헌법적 근거

헌법재판소는 헌법 제10조 제1문(일반적 인격권)과 헌법 제17조(사생활의 비밀과 자유)을 개인정보자기결정권의 근거로 본다.[132]

## 3. 내용

### 가. 보호대상으로서의 개인정보의 의미

개인정보자기결정권의 보호대상이 되는 개인정보는 개인의 신체, 신념, 사회적 지위, 신분 등과 같이 개인의 인격주체성을 특징짓는 사항으로서 그 개인의 동일성을 식별할 수 있게 하는 일체의 정보라고 할 수 있고, 반드시 개인의 내밀한 영역이나 사사(私事)의 영역에 속하는 정보에 국한되지 않고 공적 생활에서 형성되었거나 이미 공개된 개인정보까지 포함한다.[133]

『개인정보보호법』은 '개인정보'란 살아있는 개인에 관한 정보로서, '성명, 주민등록번호 및 영상 등을 통하여 개인을 알아볼 수 있는 정보', '해당 정보만으로는 특정 개인을 알아볼 수 없더라도 다른 정보와 쉽게 결합하여 알아볼 수 있는 정보', '가명정보'[134]라고 정의하고 있다.

### 나. 동의권과 열람·정정·삭제 요구권

개인정보 사용 동의권은 개인정보에 대한 처분권을 개인에게 유보시키는 것으로 개인정보자기결정권의 가장 중요하고 핵심적인 내용이다. 『개인정보보호법』은 제4조에서 '개인정보의 처리에 관한 동의 여부, 동의 범위 등을 선택하고 결정할

132) 헌재 2005. 7. 21. 2003헌마282등

133) 헌재 2005. 7. 21. 2003헌마282등

134) 『개인정보보호법』에 따르면 '가명정보'란 개인정보의 일부를 삭제하거나 일부 또는 전부를 대체하는 등의 방법으로 추가 정보가 없이는 특정 개인을 알아볼 수 없도록 처리한 정보를 말한다. (『개인정보보호법』 제2조 1의2)

권리'를 규정함으로써 '동의권'을 명시하고 있다. 그리고 이미 사용에 동의한 개인정보라 할지라도 '처리 정지, 정정·삭제 및 파기를 요구할 '통해 사후에 통제할 수 있는 권리도 규정하고 있다.

### 다. 개인정보자기결정권과 기본권 보호의무, 대사인적 효력

개인정보자기결정권은 1차적으로 국가에게 개인정보사용에 관한 침해를 하지 말 것을 요청하지만, 개인정보의 사용은 오늘날 사기업에 의해 사용되는 사례가 훨씬 더 많다. 온라인 상에서 이루어지는 모든 서비스는 대부분 개인정보를 이용하여 이루어지고 있어, 개인정보가 사기업에 의해 오용되는 사례가 더욱 많을 수 밖에 없다. 따라서 개인정보자기결정권에 대한 국가의 보호의무와 대사인적 효력은 타기본권에 비해 오늘날 더 중요한 의미를 갖는다. 『개인정보보호법』, 『정보통신망 이용촉진 및 정보보호 등에 관한 법률』, 『금융실명거래 및 비밀보장에 관한 법률』, 『신용정보의 보호 및 이용에 관한 법률』 등을 통해 개인정보가 보호된다.

## 4. 제한

개인정보자기결정권 역시 헌법 제37조 제2항에 의하여 제한될 수 있다.

**주민등록법 제17조의8 등 위헌여부(소극)(헌재2005.5.26. 99헌마513)**

이 사건 지문날인제도가 범죄자 등 특정인만이 아닌 17세 이상 모든 국민의 열손가락 지문정보를 수집하여 보관하도록 한 것은 신원확인기능의 효율적인 수행을 도모하고, 신원확인의 정확성 내지 완벽성을 제고하기 위한 것으로서, 그 목적의 정당성이 인정되고, 또한 이 사건 지문날인제도가 위와 같은 목적을 달성하기 위한 효과적이고 적절한 방법의 하나가 될 수 있다…이 사건 지문날인제도로 인하여 정보주체가 현실적으로 입게 되는 불이익에 비하여 경찰청장이 보관· 전산화하고 있는 지문정보를 범죄수사활동, 대형사건사고나 변사자가 발생한 경우의 신원확인, 타인의 인적사항 도용방지 등 각종 신원확인의 목적을 위하여 이용함으로써 달성할 수 있게 되는 공익이 더 크다고 보아야 할 것이므로, 이 사건 지문날인제도는 법익의 균형성의 원칙에 위배되지 아니한다.

| 디엔에이신원확인정보의 데이터베이스에 수록, 관리할 수 있도록 규정이 개인정보자기결정권을 침해하는지 여부(소극)(헌재 2014.8.28. 2011헌마28) |
|---|
| 디엔에이신원확인정보는 개인 식별을 목적으로 디엔에이감식을 통하여 취득한 정보로서 일련의 숫자 또는 부호의 조합으로 표기된 것인데, 이는 '개인정보보호법' 제2조 제1호에서 말하는 생존하는 개인에 관한 정보로서 당해 정보 만으로는 특정 개인을 식별할 수 없더라도 다른 정보와 쉽게 결합하여 당해 개인을 식별할 수 있는 정보에 해당하는 개인정보이다. 이 사건 삭제조항은 특별한 사유가 없는 한 사망할 때까지 개인정보인 디엔에이신원확인정보를 데이터 베이스에 수록 관리할 수 있도록 규정하여 개인정보자기결정권을 재범의 위험성이 높은 범죄를 범한 수형인 등은 생존하는 동안 재범의 가능성이 있으므로, 디엔에이신원확인정보를 수형인등이 사망할 때까지 관리하여 범죄 수사 및 예방에 이바지하고자 하는 이 사건 삭제조항은 입법목적의 정당성과 수단의 적절성이 인정된다. 디엔에이신원확인정보는 개인식별을 위한 최소한의 정보인 단순한 숫자에 불과하여 이로부터 개인의 유전정보를 확인할 수 없는 것이어서 개인의 존엄과 인격권에 심대한 영향을 미칠 수 있는 민감한 정보라고 보기 어렵고, 디엔에이신원확인정보의 수록 후 디엔에이감식시료와 디엔에이의 즉시 폐기, 무죄 등의 판결이 확정된 경우 디엔에이신원확인정보의 삭제, 디엔에이인적관리자와 디엔에이신원확인정보담당자의 분리, 디엔에이신원확인정보데이터베이스관리위원회의 설치, 업무목적 외 디엔에이신원확인정보의 사용·제공·누설 금지 및 위반시 처벌, 데이터베이스 보안장치 등 개인정보보호에 관한 규정을 두고 있으므로 이 사건 삭제조항은 침해최소성 원칙에 위배되지 않는다. 디엔에이신원확인정보를 범죄수사 등에 이용함으로써 달성할 수 있는 공익의 중요성에 비하여 청구인의 불이익이 크다고 보기 어려워 법익균형성도 갖추었다. 따라서 이 사건 삭제조항이 과도하게 개인정보자기결정권을 침해한다고 볼 수 없다. |
| 주민등록번호 변경불가가 개인정보자기결정권을 침해하는지 여부(적극)(헌재 2015.12.23. 2013헌바68) |
| 주민등록번호는 표준식별번호로 기능함으로써 개인정보를 통합하는 연결자로 사용되고 있어, 불법 유출 또는 오·남용될 경우 개인의 사생활뿐만 아니라 생명·신체·재산까지 침해될 소지가 크므로 이를 관리하는 국가는 이러한 사례가 발생하지 않도록 철저히 관리하여야 하고, 이러한 문제가 발생한 경우 그로 인한 피해가 최소화되도록 제도를 정비하고 보완하여야 할 의무가 있다. 그럼에도 불구하고 주민등록번호 유출 또는 오·남용으로 인하여 발생할 수 있는 피해 등에 대한 아무런 고려 없이 주민등록번호 변경을 일체 허용하지 않는 것은 그 자체로 개인정보자기결정권에 대한 과도한 침해가 될 수 있다. 비록 국가가 개인정보보호법 등으로 정보보호를 위한 조치를 취하고 있더라도, 여전히 주민등록번호를 처리하거나 수집·이용할 수 있는 경우가 적지 아니하며, 이미 유출되어 발생된 피해에 대해서는 뚜렷한 해결책을 제시해 주지 못하므로, 국민의 개인정보를 충분히 보호하고 있다고 보기 어렵다. 한편, 개별적인 주민등록번호 변경을 허용하더라도 변경 전 주민등록번호와의 연계 시스템을 구축하여 활용한다면 개인식별기능 및 본인 동일성 증명기능에 혼란이 발생할 가 |

능성이 없고, 일정한 요건 하에 객관성과 공정성을 갖춘 기관의 심사를 거쳐 변경할 수 있도록 한다면 주민등록번호 변경절차를 악용하려는 시도를 차단할 수 있으며, 사회적으로 큰 혼란을 불러일으키지도 않을 것이다. 따라서 주민등록번호 변경에 관한 규정을 두고 있지 않은 심판대상조항은 과잉금지원칙에 위배되어 개인정보자기결정권을 침해한다.

**검사 또는 사법경찰관의 수사목적 통신사실 확인자료의 열람이나 제출을 요청이 개인정보자기결정권과 통신의 자유를 침해하는 지 여부(적극)(헌재 2018.6.28. 2012헌마191)**

수사기관은 위치정보 추적자료를 통해 특정 시간대 정보주체의 위치 및 이동상황에 대한 정보를 취득할 수 있으므로 위치정보 추적자료는 충분한 보호가 필요한 민감한 정보에 해당되는 점, 그럼에도 이 사건 요청조항은 수사기관의 광범위한 위치정보 추적자료 제공요청을 허용하여 정보주체의 기본권을 과도하게 제한하는 점, 위치정보 추적자료의 제공요청과 관련하여서는 실시간 위치추적 또는 불특정 다수에 대한 위치추적의 경우 보충성 요건을 추가하거나 대상범죄의 경중에 따라 보충성 요건을 차등적으로 적용함으로써 수사에 지장을 초래하지 않으면서도 정보주체의 기본권을 덜 침해하는 수단이 존재하는 점, 수사기관의 위치정보 추적자료 제공요청에 대해 법원의 허가를 거치도록 규정하고 있으나 수사의 필요성만을 그 요건으로 하고 있어 절차적 통제마저도 제대로 이루어지기 어려운 현실인 점 등을 고려할 때, 이 사건 요청조항은 과잉금지원칙에 반하여 청구인들의 개인정보자기결정권과 통신의 자유를 침해한다.

**20년간 성범죄 신상정보 보존·관리 개인정보자기결정권을 침해하는지 여부(적극)(헌재 2015. 7. 30. 2014헌마340등)**

성범죄의 재범을 억제하고 수사의 효율성을 제고하기 위하여, 법무부장관이 등록대상자의 재범 위험성이 상존하는 20년 동안 그의 신상정보를 보존·관리하는 것은 정당한 목적을 위한 적합한 수단이다. 그런데 재범의 위험성은 등록대상 성범죄의 종류, 등록대상자의 특성에 따라 다르게 나타날 수 있고, 입법자는 이에 따라 등록기간을 차등화함으로써 등록대상자의 개인정보자기결정권에 대한 제한을 최소화하는 것이 바람직함에도, 이 사건 관리조항은 모든 등록대상 성범죄자에 대하여 일률적으로 20년의 등록기간을 적용하고 있으며, 이 사건 관리조항에 따라 등록기간이 정해지고 나면, 등록의무를 면하거나 등록기간을 단축하기 위해 심사를 받을 수 있는 여지도 없으므로 지나치게 가혹하다. 그리고 이 사건 관리조항이 추구하는 공익이 중요하더라도, 모든 등록대상자에게 20년 동안 신상정보를 등록하게 하고 위 기간 동안 각종 의무를 부과하는 것은 비교적 경미한 등록대상 성범죄를 저지르고 재범의 위험성도 많지 않은 자들에 대해서는 달성되는 공익과 침해되는 사익 사이의 불균형이 발생할 수 있으므로 이 사건 관리조항은 개인정보자기결정권을 침해한다.

# VIII 통신의 자유

| 제18조 모든 국민은 통신의 비밀을 침해받지 아니한다. |
|---|

## 1. 의의 및 내용

통신의 자유란 통신수단을 자유로이 이용하여 의사소통하고 본인의 의사에 반하여 공개되지 아니할 권리이다. 통신이란 편지, 전화, 이메일, 팩스등 공간적인 거리가 있는 상대방과의 의사 혹은 정보의 전달행위를 말한다. 헌법재판소는 '통신'의 의미를 '비공개를 전제로 하는 쌍방향적 의사소통'이라고 정의하고 있다.[135) '통신수단의 자유로운 이용'에는 자신의 인적 사항을 누구에게도 밝히지 않는 상태로 통신수단을 이용할 자유, 즉 통신수단의 익명성 보장도 포함된다.[136) 교정시설에 수용중인 수형자도,[137) 군인도 통신의 자유의 주체가 될 수 있지만,[138) 일반인

135) 헌재 2001. 3. 21. 2000헌바25

136) 헌재 2019. 9. 26. 2017헌마1209

137) 수형자를 구금하는 목적은 자유형의 집행이고, 자유형의 본질상 수형자에게는 외부와의 자유로운 교통·통신에 대한 제한이 수반된다. 따라서 수형자에게 통신의 자유를 구체적으로 어느 정도 인정할 것인가의 기준은 기본적으로 입법권자의 입법정책에 맡겨져 있다. 수형자의 교화·갱생을 위하여 서신수발의 자유를 허용하는 것이 필요하다고 하더라도, 구금시설은 다수의 수형자를 집단으로 관리하는 시설로서 규율과 질서유지가 필요하므로 수형자의 서신수발의 자유에는 내재적 한계가 있고, 구금의 목적을 달성하기 위하여 수형자의 서신에 대한 검열은 불가피하다. 현행법령과 제도하에서 수형자가 수발하는 서신에 대한 검열로 인하여 수형자의 통신의 비밀이 일부 제한되는 것은 국가안전보장·질서유지 또는 공공복리라는 정당한 목적을 위하여 부득이할 뿐만 아니라 유효적절한 방법에 의한 최소한의 제한이며 통신의 자유의 본질적 내용을 침해하는 것이 아니다. 헌재 1998. 8. 27. 96헌마398

금치 징벌의 목적 자체가 징벌실에 수용하고 엄격한 격리에 의하여 개전을 촉구하고자 하는 것이므로 접견·서신수발의 제한은 불가피하며, 행형법시행령 제145조 제2항은 금치 기간 중의 접견·서신수발을 금지하면서도, 그 단서에서 소장으로 하여금 "교화 또는 처우상 특히 필요하다고 인정되는 때"에는 금치 기간 중이라도 접견·서신수발을 허가할 수 있도록 예외를 둠으로써 과도한 규제가 되지 않도록 조치하고 있으므로, 금치 수형자에 대한 접견·서신수발의 제한은 수용시설 내의 안전과 질서 유지라는 정당한 목적을 위하여 필요·최소한의 제한이다.(헌재 2004. 12. 16. 2002헌마478)

138) 이 사건 지침은 신병교육훈련을 받고 있는 군인의 통신의 자유를 제한하고 있으나, 신병들을 군인으로 육성하고 교육훈련과 병영생활에 조속히 적응시키기 위하여 신병교육기간에 한

에 비해 많은 제한을 받을 수 있다. 통신의 비밀을 보호하고 제한하는 법은 통신비밀보호법이다.139)

## 2. 통신비밀보호법과 관련한 판례

통신비밀의 자유를 제한하는 통신비밀보호법은 여러 사건으로 헌법재판소의 판단을 받은 바 있다.

> **통신제한조치기간의 연장을 허가함에 있어 총연장기간 또는 총연장횟수의 제한을 두지 아니한 규정의 위헌 여부(적극) (헌재 2010. 12. 28. 2009헌가30)**
>
> 통신제한조치기간의 연장을 허가함에 있어 총연장기간 또는 총연장횟수의 제한을 두고 그 최소한의 연장기간동안 범죄혐의를 입증하지 못하는 경우 통신제한조치를 중단하게 한다고 하여도, 여전히 통신제한조치를 해야 할 필요가 있으면 법원에 새로운 통신제한조치의 허가를 청구할 수 있으므로 이로써 수사목적을 달성하는데 충분하다. 또한 법원이 실제 통신제

---

하여 신병의 외부 전화통화를 통제한 것이다. 또한 신병훈련기간이 5주의 기간으로서 상대적으로 단기의 기간이라는 점, 긴급한 전화통화의 경우는 지휘관의 통제 하에 허용될 수 있다는 점, 신병들이 부모 및 가족에 대한 편지를 작성하여 우편으로 송부하도록 하고 있는 점 등을 종합하여 고려하여 보면, 이 사건 지침에서 신병교육훈련기간 동안 전화사용을 하지 못하도록 정하고 있는 규율이 청구인을 포함한 신병교육훈련생들의 통신의 자유 등 기본권을 필요한 정도를 넘어 과도하게 제한하는 것이라고 보기 어렵다. 헌재 2010. 10. 28. 2007헌마890

139) 통신비밀보호법 제3조(통신 및 대화비밀의 보호) ①누구든지 이 법과 형사소송법 또는 군사법원법의 규정에 의하지 아니하고는 우편물의 검열 · 전기통신의 감청 또는 통신사실확인자료의 제공을 하거나 공개되지 아니한 타인간의 대화를 녹음 또는 청취하지 못한다. 다만, 다음 각호의 경우에는 당해 법률이 정하는 바에 의한다.
제4조(불법검열에 의한 우편물의 내용과 불법감청에 의한 전기통신내용의 증거사용 금지) 제3조의 규정에 위반하여, 불법검열에 의하여 취득한 우편물이나 그 내용 및 불법감청에 의하여 지득 또는 채록된 전기통신의 내용은 재판 또는 징계절차에서 증거로 사용할 수 없다.
제5조(범죄수사를 위한 통신제한조치의 허가요건) ①통신제한조치는 다음 각호의 범죄를 계획 또는 실행하고 있거나 실행하였다고 의심할만한 충분한 이유가 있고 다른 방법으로는 그 범죄의 실행을 저지하거나 범인의 체포 또는 증거의 수집이 어려운 경우에 한하여 허가할 수 있다.

한조치의 기간연장절차의 남용을 통제하는데 한계가 있는 이상 통신제한조치 기간연장에 사법적 통제절차가 있다는 사정만으로는 그 남용으로 인하여 개인의 통신의 비밀이 과도하게 제한되는 것을 막을 수 없다. 그럼에도 통신제한조치기간을 연장함에 있어 법운용자의 남용을 막을 수 있는 최소한의 한계를 설정하지 않은 이 사건 법률조항은 침해의 최소성원칙에 위반한다. 나아가 통신제한조치가 내려진 피의자나 피내사자는 자신이 감청을 당하고 있다는 사실을 모르는 기본권제한의 특성상 방어권을 행사하기 어려운 상태에 있으므로 통신제한조치기간의 연장을 허가함에 있어 총연장기간 또는 총연장횟수의 제한이 없을 경우 수사와 전혀 관계없는 개인의 내밀한 사생활의 비밀이 침해당할 우려도 심히 크기 때문에 기본권 제한의 법익균형성 요건도 갖추지 못하였다. 따라서 이 사건 법률조항은 헌법에 위반된다 할 것이다.

**범죄수사를 위한 위치정보 추척자료 요청에 관한 조항 위헌여부(적극)(헌재 2018. 6. 28. 2012헌마191등)**

수사기관은 위치정보 추적자료를 통해 특정 시간대 정보주체의 위치 및 이동상황에 대한 정보를 취득할 수 있으므로 위치정보 추적자료는 충분한 보호가 필요한 민감한 정보에 해당되는 점, 그럼에도 이 사건 요청조항은 수사기관의 광범위한 위치정보 추적자료 제공요청을 허용하여 정보주체의 기본권을 과도하게 제한하는 점, 위치정보 추적자료의 제공요청과 관련하여서는 실시간 위치추적 또는 불특정 다수에 대한 위치추적의 경우 보충성 요건을 추가하거나 대상범죄의 경중에 따라 보충성 요건을 차등적으로 적용함으로써 수사에 지장을 초래하지 않으면서도 정보주체의 기본권을 덜 침해하는 수단이 존재하는 점, 수사기관의 위치정보 추적자료 제공요청에 대해 법원의 허가를 거치도록 규정하고 있으나 수사의 필요성만을 그 요건으로 하고 있어 절차적 통제마저도 제대로 이루어지기 어려운 현실인 점 등을 고려할 때, 이 사건 요청조항은 과잉금지원칙에 반하여 청구인들의 개인정보자기결정권과 통신의 자유를 침해한다.

**통신비밀보호법 '기지국수사' 사건(헌재 2018. 6. 28. 2012헌마538)**[140)]

이동전화의 이용과 관련하여 필연적으로 발생하는 통신사실 확인자료는 비록 비내용적 정보이지만 여러 정보의 결합과 분석을 통해 정보주체에 관한 정보를 유추해낼 수 있는 민감한 정보인 점, 수사기관의 통신사실 확인자료 제공요청에 대해 법원의 허가를 거치도록 규정하고 있으나 수사의 필요성만을 그 요건으로 하고 있어 제대로 된 통제가 이루어지기 어려운 점, 기지국수사의 허용과 관련하여서는 유괴 · 납치 · 성폭력범죄 등 강력범죄나 국가안보를 위협하는 각종 범죄와 같이 피의자나 피해자의 통신사실 확인자료가 반드시 필요한 범죄로 그 대상을 한정하는 방안 또는 다른 방법으로는 범죄수사가 어려운 경우(보충성)를 요건으로 추가하는 방안 등을 검토함으로써 수사에 지장을 초래하지 않으면서도 불특정 다수의 기본권을 덜 침해하는 수단이 존재하는 점을 고려할 때, 이 사건 요청조항은 과잉금지원칙에 반하여 청구인의 개인정보자기결정권과 통신의 자유를 침해한다.

헌법재판소 결정 중 인터넷회신감청에 대한 내용은 중요한 의미를 담고 있다.

> **인터넷 패킷감청 위헌여부(적극)(헌재 2018. 8. 30. 2016헌마263)**
>
> 인터넷회선감청은,인터넷회선을통하여 흐르는 전기신호 형태의 '패킷'을 중간에 확보한 다음 재조합 기술을 거쳐 그 내용을 파악하는 이른바 '패킷감청'의 방식으로 이루어진다. 따라서 이를 통해 개인의 통신뿐만 아니라 사생활의 비밀과 자유가 제한된다. 오늘날 인터넷 사용이 일상화됨에 따라 국가 및 공공의 안전, 국민의 재산이나 생명·신체의 안전을 위협하는 범행의 저지나 이미 저질러진 범죄수사에 필요한 경우 인터넷 통신망을 이용하는 전기통신에 대한 감청을 허용할 필요가 있으므로 이 사건 법률조항은 입법목적의 정당성과 수단의 적합성이 인정된다.
>
> 인터넷회선 감청으로 수사기관은 타인 간 통신 및 개인의 내밀한 사생활의 영역에 해당하는 통신자료까지 취득할 수 있게 된다. 따라서 통신제한조치에 대한 법원의 허가 단계에서는 물론이고, 집행이나 집행 이후 단계에서도 수사기관의 권한 남용을 방지하고 관련 기본권 제한이 최소화될 수 있도록 입법적 조치가 제대로 마련되어 있어야 한다. 법은 "범죄를 계획 또는 실행하고 있거나 실행하였다고 의심할만한 충분한 이유가 있는 경우" 보충적 수사 방법으로 통신제한조치가 활용하도록 요건을 정하고 있고, 법원의 허가 단계에서 특정 피의자 내지 피내사자의 범죄수사를 위해 그 대상자가 사용하는 특정 인터넷회선에 한하여 필요한 범위 내에서만 감청이 이루어지도록 제한이 되어 있다(법 제5조, 제6조).
>
> 그러나 '패킷감청'의 방식으로 이루어지는 인터넷회선 감청은 수사기관이 실제 감청 집행을 하는 단계에서는 해당 인터넷회선을 통하여 흐르는 불특정 다수인의 모든 정보가 패킷

140) 기지국 수사를 허용하는 통신사실 확인자료 제공요청은 법원의 허가를 받으면, 해당 가입자의 동의나 승낙을 얻지 아니하고도 제3자인 전기통신사업자에게 해당 가입자에 관한 통신사실 확인자료의 제공을 요청할 수 있도록 하는 수사방법으로, 통신비밀보호법이 규정하는 강제처분에 해당하므로 헌법상 영장주의가 적용된다.
통신사실 확인자료는 주로 범죄의 수사를 시작하는 초동 수사단계에서 활용되고, 특히 특정 시간 및 장소에서 범죄가 발생하였지만 수사기관이 아무런 단서도 찾지 못하고 있는 경우에 그 특정 시간대 특정 기지국에서 발신된 모든 전화번호를 수사의 단서로 삼으면 용의자를 좁혀 검거나 관련 증거를 수집하는 데 유용하게 활용될 수 있다는 점에서, 수사실무상 범죄예방과 사건의 조기해결을 위하여 기지국 수사를 허용할 현실적인 필요성이 있음을 부정하기 어렵다. 이에 이 사건 허가조항은 기지국 수사의 필요성, 실체진실의 발견 및 신속한 범죄수사의 요청, 통신사실 확인자료의 특성, 수사현실 등을 종합적으로 고려하여, 수사기관으로 하여금 법원의 허가를 받아 특정 시간대 특정 기지국에서 발신된 모든 전화번호 등 통신사실 확인자료의 제공을 요청할 수 있도록 하고 있다. 영장주의의 본질이 강제처분을 함에 있어서는 인적·물적 독립을 보장받는 중립적인 법관이 구체적 판단을 거쳐야만 한다는 데에 있음을 고려할 때, 통신비밀보호법이 정하는 방식에 따라 관할 지방법원 또는 지원의 허가를 받도록 하고 있는 이 사건 허가조항은 실질적으로 영장주의를 충족하고 있다 할 것이다. 따라서 이 사건 허가조항은 헌법상 영장주의에 위배되지 아니한다. 헌재 2018. 6. 28. 2012헌마538

형태로 수집되어 일단 수사기관에 그대로 전송되므로, 다른 통신제한조치에 비하여 감청 집행을 통해 수사기관이 취득하는 자료가 비교할 수 없을 정도로 매우 방대하다는 점에 주목할 필요가 있다.

불특정 다수가 하나의 인터넷회선을 공유하여 사용하는 경우가 대부분이므로, 실제 집행 단계에서는 법원이 허가한 범위를 넘어 피의자 내지 피내사자의 통신자료뿐만 아니라 동일한 인터넷회선을 이용하는 불특정 다수인의 통신자료까지 수사기관에 모두 수집 · 저장된다. 따라서 인터넷회선 감청을 통해 수사기관이 취득하는 개인의 통신자료의 양을 전화감청 등 다른 통신제한조치와 비교할 바는 아니다.

따라서 인터넷회선 감청은 집행 및 그 이후에 제3자의 정보나 범죄수사와 무관한 정보까지 수사기관에 의해 수집 · 보관되고 있지는 않는지, 수사기관이 원래 허가받은 목적, 범위 내에서 자료를 이용 · 처리하고 있는지 등을 감독 내지 통제할 법적 장치가 강하게 요구된다.

그런데 현행법은 관련 공무원 등에게 비밀준수의무를 부과하고(법제11조), 통신제한조치로 취득한 자료의 사용제한(법 제12조)을 규정하고 있는 것 외에 수사기관이 감청 집행으로 취득하는 막대한 양의 자료의 처리 절차에 대해서 아무런 규정을 두고 있지 않다. 현행법상 전기통신 가입자에게 집행 통지는 하게 되어 있으나 집행 사유는 알려주지 않아야 되고, 수사가 장기화되거나 기소중지 처리되는 경우에는 감청이 집행된 사실조차 알 수 있는 길이 없도록 되어 있어(법 제9조의2), 더욱 객관적이고 사후적인 통제가 어렵다. 또한 현행법상 감청 집행으로 인하여 취득된 전기통신의 내용은 법원으로부터 허가를 받은 범죄와 관련되는 범죄를 수사 · 소추하거나 그 범죄를 예방하기 위하여도 사용이 가능하므로(법 제12조 제1호) 특정인의 동향 파악이나 정보수집을 위한 목적으로 수사기관에 의해 남용될 가능성도 배제하기 어렵다. 인터넷회선 감청과 동일하거나 유사한 감청을 수사상 필요에 의해 허용하면서도, 관련 기본권 침해를 최소화하기 위하여 집행 이후에도 주기적으로 경과보고서를 법원에 제출하도록 하거나, 감청을 허가한 판사에게 감청 자료를 봉인하여 제출하도록 하거나, 감청자료의 보관 내지 파기 여부를 판사가 결정하도록 하는 등 수사기관이 감청 집행으로 취득한 자료에 대한 처리 등을 객관적으로 통제할 수 있는 절차를 마련하고 있는 입법례가 상당수 있다. 이상을 종합하면, 이 사건 법률조항은 인터넷회선 감청의 특성을 고려하여 그 집행 단계나 집행 이후에 수사기관의 권한 남용을 통제하고 관련 기본권의 침해를 최소화하기 위한 제도적 조치가 제대로 마련되어 있지 않은 상태에서, 범죄수사 목적을 이유로 인터넷회선 감청을 통신제한조치 허가 대상 중 하나로 정하고 있으므로 침해의 최소성 요건을 충족한다고 할 수 없다.

이러한 여건 하에서 인터넷회선의 감청을 허용하는 것은 개인의 통신 및 사생활의 비밀과 자유에 심각한 위협을 초래하게 되므로 이 사건 법률조항으로 인하여 달성하려는 공익과 제한되는 사익 사이의 법익 균형성도 인정되지 아니한다. 그러므로 이 사건 법률조항은 과잉금지원칙에 위반하는 것으로 청구인의 기본권을 침해한다.

# IX 양심의 자유와 종교의 자유

## 1. 양심의 자유

| 헌법 제19조 모든 국민은 양심의 자유를 가진다. |
|---|

### 가. 의의

‘양심’이란 어떤 일의 옳고 그름을 판단함에 있어서 그렇게 행동하지 않고서는 지신의 인격적인 존재가치가 파멸되고 말 것이라는 절박하고 진지한 마음의 소리를 말한다.[141] 따라서 만약 양심상의 결정을 따르지 않는다면 내면적으로 심각한 갈등이 일어나고 그에 반하여 행동할 수 없는 것이다. 양심의 자유는 개인적 인격의 정체성과 동일성을 유지하기 위한 것이다.[142] 양심의 자유에서 ‘양심’이란 도덕적이라거나 정당하다는 의미도 아니고, 보편타당하다고 생각되는 사회적 다수의 가치관을 배경으로 하는 것도 아니다.

| 양심의 자유가 보장하고자 하는 ‘양심’은 민주적 다수의 사고나 가치관과 일치하는 것이 아니라, 개인적 현상으로서 지극히 주관적인 것이다. 양심은 그 대상이나 내용 또는 동기에 |
|---|

141) 음주측정요구에 처하여 이에 응하여야 할 것인지 거부해야 할 것인지 고민에 빠질 수는 있겠으나 그러한 고민은 선과 악의 범주에 관한 진지한 윤리적 결정을 위한 고민이라 할 수 없으므로 그 고민 끝에 어쩔 수 없이 음주측정에 응하였다 하여 내면적으로 구축된 인간양심이 왜곡·굴절된다고 할 수 없다. 따라서 이 사건 법률조항을 두고 헌법 제19조에서 보장하는 양심의 자유를 침해하는 것이라고 할 수 없다. 헌재 1997. 3. 27. 96헌가11

142) 헌법상 보호되는 양심은 어떤 일의 옳고 그름을 판단함에 있어서 그렇게 행동하지 아니하고는 자신의 인격적인 존재가치가 허물어지고 말 것이라는 강력하고 진지한 마음의 소리로서 절박하고 구체적인 양심을 말한다(헌재 1997. 3. 27. 96헌가11, 판례집 9-1, 245, 263; 2001. 8. 30. 99헌바92등, 판례집 13-2, 174, 203; 2002. 4. 25. 98헌마425등, 판례집 14-1, 351, 363). 즉, ‘양심상의 결정’이란 선과 악의 기준에 따른 모든 진지한 윤리적 결정으로서 구체적인 상황에서 개인이 이러한 결정을 자신을 구속하고 무조건적으로 따라야 하는 것으로 받아들이기 때문에 양심상의 심각한 갈등이 없이는 그에 반하여 행동할 수 없는 것을 말한다. 인간의 존엄성 유지와 개인의 자유로운 인격발현을 최고의 가치로 삼는 우리 헌법상의 기본권체계 내에서 양심의 자유의 기능은 개인적 인격의 정체성과 동질성을 유지하는 데 있다. 헌재 2004.8.26. 2002헌가1

의하여 판단될 수 없으며, 특히 양심상의 결정이 이성적 · 합리적인가, 타당한가 또는 법질서나 사회규범, 도덕률과 일치하는가 하는 관점은 양심의 존재를 판단하는 기준이 될 수 없다. …양심의 자유에서 현실적으로 문제가 되는 것은 사회적 다수의 양심이 아니라 국가의 법질서나 사회의 도덕률에서 벗어나려는 소수의 양심이다. 따라서 양심상의 결정이 어떠한 종교관 · 세계관 또는 그 외의 가치체계에 기초하고 있는가와 관계없이, 모든 내용의 양심상의 결정이 양심의 자유에 의하여 보장된다.(2004.8.26. 2002헌가1)

인격형성, 동질성과 무관한 것은 양심의 영역의 문제가 아니다. 예를 들어 단순한 사실관계의 확인이라던가 법률적 판단은 양심에 대한 문제라고 할 수 없다.

**사업자단체의 독점규제및공정거래법 위반행위가 있을 때 공정거래위원회가 당해 사업자단체에 대하여 "법위반사실의 공표"를 명할 수 있도록 한 동법 제27조 부분이 양심의 자유를 침해하는지 여부(소극) (헌재 2002. 1. 31. 2001헌바43)**

헌법 제19조에서 보호하는 양심은 옳고 그른 것에 대한 판단을 추구하는 가치적 · 도덕적 마음가짐으로, 개인의 소신에 따른 다양성이 보장되어야 하고 그 형성과 변경에 외부적 개입과 억압에 의한 강요가 있어서는 아니되는 인간의 윤리적 내심영역이다. 따라서 단순한 사실관계의 확인과 같이 가치적 · 윤리적 판단이 개입될 여지가 없는 경우는 물론, 법률해석에 관하여 여러 견해가 갈리는 경우처럼 다소의 가치관련성을 가진다고 하더라도 개인의 인격형성과는 관계가 없는 사사로운 사유나 의견 등은 그 보호대상이 아니다. 이 사건의 경우와 같이 경제규제법적 성격을 가진 공정거래법에 위반하였는지 여부에 있어서도 각 개인의 소신에 따라 어느 정도의 가치판단이 개입될 수 있는 소지가 있고 그 한도에서 다소의 윤리적 도덕적 관련성을 가질 수도 있겠으나, 이러한 법률판단의 문제는 개인의 인격형성과는 무관하며, 대화와 토론을 통하여 가장 합리적인 것으로 그 내용이 동화되거나 수렴될 수 있는 포용성을 가지는 분야에 속한다고 할 것이므로 헌법 제19조에 의하여 보장되는 양심의 영역에 포함되지 아니한다.

### 나. 국회의원의 '양심'과 법관의 '양심'

헌법 제19조 외에 헌법에는 두 곳에서 '양심'이라는 단어가 나오는데, 하나는 헌법 제46조 제2항[143]의 국회의원의 '양심'과 헌법 제103조[144]의 법관의 '양심'이다.

143) 헌법 제46조 ②국회의원은 국가이익을 우선하여 양심에 따라 직무를 행한다.
144) 헌법 제103조 법관은 헌법과 법률에 의하여 그 양심에 따라 독립하여 심판한다.

만약 국회의원이나 법관이 직무나 심판을 할 때 자신의 주관적인 양심을 기준으로 행한다면 문제가 발생할 것이다. 국회의원은 국가와 국민을 위해, 법관은 객관적이고 독립적으로 자신의 임무를 수행하라는 의미에서 직무상의 양심으로 파악해야 한다.[145]

## 다. 내용

양심의 자유는 '양심형성의 자유'와 '양심실현의 자유'로 구분할 수 있다. 양심형성의 자유는 제한이 거의 불가능하지만 양심실현의 자유는 제한할 수 있다. 양심실현의 자유는 양심을 표명할 자유, 양심을 표명하도록 강요받지 아니할 자유, 양심에 반하는 행동을 강요받지 아니할 자유, 양심에 따른 행위를 할 자유등을 의미한다.

**'양심형성의 자유'와 '양심실현의 자유'**(헌재 2004. 8. 26. 2002헌가1)

헌법 제19조의 양심의 자유는 크게 양심형성의 내부영역과 형성된 양심을 실현하는 외부영역으로 나누어 볼 수 있으므로, 그 구체적인 보장내용에 있어서도 내심의 자유인 '양심형성의 자유'와 양심적 결정을 외부로 표현하고 실현하는 '양심실현의 자유'로 구분된다. 양심형성의 자유란 외부로부터의 부당한 간섭이나 강제를 받지 않고 개인의 내심영역에서 양심을 형성하고 양심상의 결정을 내리는 자유를 말하고, 양심실현의 자유란 형성된 양심을 외부로 표명하고 양심에 따라 삶을 형성할 자유, 구체적으로는 양심을 표명하거나 또는 양심을 표명하도록 강요받지 아니할 자유(양심표명의 자유), 양심에 반하는 행동을 강요받지 아니할 자유(부작위에 의한 양심실현의 자유), 양심에 따른 행동을 할 자유(작위에 의한 양심실현의 자유)를 모두 포함한다.

양심의 자유 중 양심형성의 자유는 내심에 머무르는 한, 절대적으로 보호되는 기본권이라 할 수 있는 반면, 양심적 결정을 외부로 표현하고 실현할 수 있는 권리인 양심실현의 자유는 법질서에 위배되거나 타인의 권리를 침해할 수 있기 때문에 법률에 의하여 제한될 수 있는 상대적 자유라 할 것이다.(헌재 2004. 8. 26. 2002헌가1)

양심의 자유는 윤리적 판단을 국가권력에 의하여 외부에 표명하도록 강제받지 않는 자유를 포함한다.

---

145) 김하열, 위의 책 426쪽.; 한수웅, 위의 책, 722쪽.

**민법 제764조와 양심의 자유(헌재 1991. 4. 1. 89헌마160)**

민법 제764조가 사죄광고를 포함하는 취지라면 그에 의한 기본권제한에 있어서 그 선택된 수단이 목적에 적합하지 않을 뿐만 아니라 그 정도 또한 과잉하여 비례의 원칙이 정한 한계를 벗어난 것으로 헌법 제37조 제2항에 의하여 정당화될 수 없는 것으로서 헌법 제19조에 위반되는 동시에 헌법상 보장되는 인격권의 침해에 이르게 된다.

헌법 제19조의 '양심'이란 세계관 · 인생관 · 주의 · 신조 등은 물론, 이에 이르지 아니하여도 보다 널리 개인의 인격형성에 관계되는 내심에 있어서의 가치적 · 윤리적 판단도 포함된다. 그러므로 양심의 자유에는 널리 사물의 시시비비나 선악과 같은 윤리적 판단에 국가가 개입해서는 안되는 내심적 자유는 물론, 이와 같은 윤리적 판단을 국가권력에 의하여 외부에 표명하도록 강제받지 않는 자유 즉 윤리적 판단사항에 관한 침묵의 자유까지 포괄한다고 할 것이다.

사죄광고제도란 타인의 명예를 훼손하여 비행을 저질렀다고 믿지 않는 자에게 본심에 반하여 깊이 사과한다고 하면서 죄악을 자인하는 의미의 사죄의 의사표시를 강요하는 것이므로 이는 양심도 아닌 것을 양심인 것처럼 표현할 것의 강제로 인간양심의 왜곡 · 굴절이고 겉과 속이 다른 이중인격 형성의 강요인 것으로서 침묵의 자유의 파생인 양심에 반하는 행위의 강제금지에 저촉되는 것이며 따라서 우리 헌법이 보호하고자 하는 정신적 기본권의 하나인 양심의 자유의 제약(법인의 경우라면 그 대표자에게 양심표명의 강제를 요구하는 결과가 된다.)이라고 보지 않을 수 없다. 또한 사죄광고 과정에서 자연인이든 법인이든 인격의 자유로운 발현을 위해 보호받아야 할 인격권이 무시되고 국가에 의한 인격의 외형적 변형이 초래되어 인격형성에 분열이 필연적으로 수반되게 된다.

국가에 의한 사죄의 강요는 명예훼손죄에 의한 형사적 처단으로 만족하여야 할 보복감정을 민사책임에까지 확장하여 충족시키려고 하는 것으로서 민법 제764조의 제도적 의의와 목적에 적합치 않은 처분이며 사죄광고제도에 의한 기본권제한은 헌법 제37조 제2항의 과잉금지의 원칙에 위반된다. 즉 사죄광고를 명하는 판결이 아니라도 가해자의 비용으로 그가 패소한 민사손해배상판결문이나 형사명예훼손죄의 유죄판결문 등을 신문 · 잡지 등에 게재하거나 명예훼손기사의 취소광고 등의 방법에 의해서 얼마든지 명예회복을 위한 민법 제764조의 목적을 충분히 달성할 수 있으므로 가해자에게 양심표명의 강제 내지 굴욕감수를 강요하는 사죄광고제도는 과도한 것이며 불필요한 국민의 기본권 제한이 된다.

### 라. 제한

양심의 자유가 내면에 머무르는 한 공권력이 이를 제한하기 어렵지만, 양심의 자유가 외부로 표출되는 경우에는 헌법 제37조 제2항에 의하여 제한이 가능하다.

가장 많이 문제되는 유형은, 법률이 강요하는 것을 양심의 이유로 수행할 수 없을 때이다. 예를 들어 병역법에 의해 군복무를 하는 것이 양심의 자유에 반하는 경우, 병역법은 양심에 대한 제한을 가한다.

### 1) 사상전향서 사건

사상전향서는 1990년대에 국가보안법위반사범 수형자를 가석방할 때, 가석방의 조건으로 제출하도록 한 것이었다. 사상의 전향을 거부하는 사람은 가석방을 받지 못하게 되자 소를 제기하여 대법원 판결이 나왔는데, 대법원은 사상전향서는 양심의 자유를 침해하지 않난다고 하였다.

> 구 '가석방심사등에관한규칙' 제14조 제2항에서는 "국가보안법위반 등 수형자에 관하여는 특히 그 사상의 전향여부에 대하여 심사하고 필요한 때에는 전향에 관한 성명서 또는 감상록을 제출하게 하여야 한다"고 하여 사상전향서의 제출을 가석방의 조건으로 하였다. 사상전향제도가 양심의 자유를 침해하는지에 관하여, 대법원은『구 사회안전법 제7조 제1호가 보안처분의 면제요건으로 '반공정신이 확립되었을 것'을 규정하고 있다거나 보안처분기간의 갱신여부를 결정함에 있어 처분대상자의 신념이나 사상을 신문하고 전향의 의사를 확인하는 것은 그 대상자가 같은 법 제6조 제1항 소정의 '죄를 다시 범할 현저한 위험성'의 유무를 판단하기 위한 자료를 수집하는 과정에 불과할 뿐 전향의 의사를 강요하는 것이 아니므로 이를 두고 양심의 자유를 보장한 헌법규정에 반한다고 볼 수 없다』(1997.6.13. 96다56115)라고 판시한 바 있다.

### 2) 준법서약서 사건

사상전향서가 사실상 양심의 자유에 대한 침해라는 비판이 계속되자 정부는 사상전향서제도를 폐지하고 대신에 준법서약서를 도입하였다. 준법서약서에 대해서는 헌법재판소에서 양심의 자유에 대한 침해가 아니라는 결정을 하였다.

> 1. 국가보안법위반 및 집회및시위에관한법률위반 수형자의 가석방 결정시 준법서약서를 제출하도록 한 가석방심사등에관한규칙 제14조가 준법서약의 내용상 서약자의 양심의 영역을 침범하는 것인지 여부(소극)

내용상 단순히 국법질서나 헌법체제를 준수하겠다는 취지의 서약을 할 것을 요구하는 이 사건 준법서약은 국민이 부담하는 일반적 의무를 장래를 향하여 확인하는 것에 불과하며, 어떠한 가정적 혹은 실제적 상황하에서 특정의 사유(思惟)를 하거나 특별한 행동을 할 것을 새로이 요구하는 것이 아니다. 따라서 이 사건 준법서약은 어떤 구체적이거나 적극적인 내용을 담지 않은 채 단순한 헌법적 의무의 확인·서약에 불과하다 할 것이어서 양심의 영역을 건드리는 것이 아니다.

2. 이 사건 규칙조항이 준법서약의 강제방법상 서약자의 양심의 자유를 침해하는 것인지 여부(소극)

양심의 자유는 내심에서 우러나오는 윤리적 확신과 이에 반하는 외부적 법질서의 요구가 서로 회피할 수 없는 상태로 충돌할 때에만 침해될 수 있다. 그러므로 당해 실정법이 특정의 행위를 금지하거나 명령하는 것이 아니라 단지 특별한 혜택을 부여하거나 권고 내지 허용하고 있는 데에 불과하다면, 수범자는 수혜를 스스로 포기하거나 권고를 거부함으로써 법질서와 충돌하지 아니한 채 자신의 양심을 유지, 보존할 수 있으므로 양심의 자유에 대한 침해가 된다 할 수 없다.

이 사건의 경우, 가석방심사등에관한규칙 제14조에 의하여 준법서약서의 제출이 반드시 법적으로 강제되어 있는 것이 아니다. 당해 수형자는 가석방심사위원회의 판단에 따라 준법서약서의 제출을 요구받았다고 하더라도 자신의 의사에 의하여 준법서약서의 제출을 거부할 수 있다. 또한 가석방은 행형기관의 교정정책 혹은 형사정책적 판단에 따라 수형자에게 주는 은혜적 조치일 뿐이고 수형자에게 주어지는 권리가 아니어서, 준법서약서의 제출을 거부하는 당해 수형자는 결국 위 규칙조항에 의하여 가석방의 혜택을 받을 수 없게 될 것이지만, 단지 그것뿐이며 더 이상 법적 지위가 불안해지거나 법적 상태가 악화되지 아니한다.

이와 같이 위 규칙조항은 내용상 당해 수형자에게 하등의 법적 의무를 부과하는 것이 아니며 이행강제나 처벌 또는 법적 불이익의 부과 등 방법에 의하여 준법서약을 강제하고 있는 것이 아니므로 당해 수형자의 양심의 자유를 침해하는 것이 아니다. (헌재2002.4.25. 98헌마425)

### 3) 병역거부사건

양심과 종교상의 이유로 병역을 거부하는 경우에도 이를 강제하고 있는 병역법 등에 대한 결정에서 헌법재판소는 양심의 자유를 침해한다고 하였다.

**병역의 종류를 현역, 예비역, 보충역, 병역준비역, 전시근로역의 다섯 가지로 한정하여 규정하고 양심적 병역거부자에 대한 대체복무제를 규정하지 아니한 병역종류조항이 과잉금지원칙을 위반하여 양심적 병역거부자의 양심의 자유를 침해하는지 여부(적극)**(헌재 2018. 6. 28. 2011헌바379등)

병역종류조항이 규정하고 있는 병역들은 모두 군사훈련을 받는 것을 전제하고 있으므로, 양심적 병역거부자에게 그러한 병역을 부과할 경우 그들의 양심과 충돌을 일으키는데, 이에 대한 대안으로 대체복무제가 논의되어 왔다. 양심적 병역거부자의 수는 병역자원의 감소를 논할 정도가 아니고, 이들을 처벌한다고 하더라도 교도소에 수감할 수 있을 뿐 병역자원으로 활용할 수는 없으므로, 대체복무제를 도입하더라도 우리나라의 국방력에 의미 있는 수준의 영향을 미친다고 보기는 어렵다. 국가가 관리하는 객관적이고 공정한 사전심사절차와 엄격한 사후관리절차를 갖추고, 현역복무와 대체복무 사이에 복무의 난이도나 기간과 관련하여 형평성을 확보해 현역복무를 회피할 요인을 제거한다면, 심사의 곤란성과 양심을 빙자한 병역기피자의 증가 문제를 해결할 수 있으므로, 대체복무제를 도입하면서도 병역의무의 형평을 유지하는 것은 충분히 가능하다. 따라서 대체복무제라는 대안이 있음에도 불구하고 군사훈련을 수반하는 병역의무만을 규정한 병역종류조항은, 침해의 최소성 원칙에 어긋난다.

병역종류조항이 추구하는 '국가안보' 및 '병역의무의 공평한 부담'이라는 공익은 대단히 중요하나, 앞서 보았듯이 병역종류조항에 대체복무제를 도입한다고 하더라도 위와 같은 공익은 충분히 달성할 수 있다고 판단된다. 반면, 병역종류조항이 대체복무제를 규정하지 아니함으로 인하여 양심적 병역거부자들은 최소 1년 6월 이상의 징역형과 그에 따른 막대한 유·무형의 불이익을 감수하여야 한다. 양심적 병역거부자들에게 공익 관련 업무에 종사하도록 한다면, 이들을 처벌하여 교도소에 수용하고 있는 것보다는 넓은 의미의 안보와 공익실현에 더 유익한 효과를 거둘 수 있을 것이다. 따라서 병역종류조항은 법익의 균형성 요건을 충족하지 못하였다.

그렇다면 양심적 병역거부자에 대한 대체복무제를 규정하지 아니한 병역종류조항은 과잉금지원칙에 위배하여 양심적 병역거부자의 양심의 자유를 침해한다.

## 2. 종교의 자유

제20조 ①모든 국민은 종교의 자유를 가진다.
②국교는 인정되지 아니하며, 종교와 정치는 분리된다.

## 가. 의의

신앙의 자유에 대하여 헌법재판소는 “신과 피안 또는 내세에 대한 인간의 내적 확신에 대한 자유”라고 정의한 바 있다.[146] 그러나 종교를 정의하는 것 자체가 자칫 국가의 중립성 위반이 될 수 있는 위험이 있으므로 종교를 정의하는 작업은 신중해야 한다. 기본권으로서 종교의 자유는 종교적 고백과 행위에 대한 국가의 부당한 간섭을 금지하는 것으로, 이를 위해서는 필연적으로 종교적 다원주의, 즉 종교에 대한 관용과 중립성이라는 국가의 의무가 수반된다.[147] 종교적 관용이란 종교적 진실에 대한 다른 주장들의 존재를 인정하거나 묵인하는 것으로, 독일 연방헌법재판소는 중립성 의무를 수행하기 위하여 국가는 종교와 종교적 행동을 함부로 정의해서는 안 된다고 본다.[148] 미국 대법원 역시 휴머니즘과 무신론에 근거한 믿음도 ‘종교’가 아니라고 판단하거나, 종교적 신념의 정당성에 의문을 제기해서도 안 되며,[149] 상식적인 수준에서 믿을 수 없는 것이라 하더라도 사법부는 종교적 신념의 진위여부를 조사할 수 없다고 한다.[150]

## 나. 내용

종교의 자유는 신앙의 자유, 종교적 행위의 자유를 포함한다. 신앙의 자유는 자신의 종교적 신념을 자유로이 형성할 수 있는 자유를 말하며, 종교적 행위의 자유는 신념에 기반하여 행하는 여러 차원의 자유를 말한다. 예를 들면 신앙을 고백할 자유, 예배할 자유, 선교할 자유, 종교적 의식이나 관행을 행할 자유, 종교적 집회와 결사의 자유, 종교적 교육의 자유 등을 포함한다. 종교적 교육의 자유는 부모가 자신의 신앙에 따라 자녀를 교육할 자유뿐만 아니라 종립학교를 세운 사

146) 헌재2011. 12. 29. 2009헌마527

147) 한수웅, 헌법학, (법문사,2018) 738면.

148) 독일연방헌법재판소는 신앙의 자유는 높은 가치를 지니는 것으로 기본권 체계 내에서 가장 높은 가치인 인간 존엄성과 긴밀히 연결되어 있고, 그 중요성 때문에 광범위하게 해석되어야 한다고 한다. 2 BvR 1333/17- Rn. 101 ;BVerfGE 24, 236 〈246〉; 35, 366 〈375, 376〉

149) United States v. Ballard, 322 U.S. 78, 87 (1944).

150) United States v. Ballard, 322 U.S. 78, 87 (1944); 이념적 및 종교적 중립의 원칙은 국가로 하여금 종교 공동체의 신념과 가르침을 평가하는 것 자체를 금지한다는 독일연방헌법재판소 결정과 관련하여 2 BvR 1333/17- Rn. 88; BVerfGE 33, 23 〈29〉; 108, 282 〈300〉; 137, 273 〈305 Rn. 88〉; 138, 296 〈339 Rn. 110〉; 김하열, 위의 책. 437면.;한수웅, 위의 책. 737면.

람이 종교적 교육이념에 따라 교육할 자유도 포함한다.

| 우리 헌법 제20조 제1항은 "모든 국민은 종교의 자유를 가진다."고 규정하고 있는데, 종교의 자유에는 자기가 신봉하는 종교를 선전하고 새로운 신자를 규합하기 위한 선교의 자유가 포함되고, 선교의 자유에는 다른 종교를 비판하거나 다른 종교의 신자에 대하여 개종을 권고하는 자유도 포함되는바,…(대법원 2007. 4. 26. 선고 2006다87903 판결) |
|---|

### 다. 제한

일반적으로 신앙의 자유는 내심의 자유의 핵심이므로 침해할 수 없다. 그러나 그 외의 종교의 자유는 헌법 제37조 제2항에 의하여 제한이 가능하다.

| 종교의 자유는 일반적으로 신앙의 자유, 종교적 행위의 자유 및 종교적 집회·결사의 자유의 3요소로 구성된다(헌재 2001. 9. 27. 2000헌마159, 판례집 13-2, 353, 360). 신앙의 자유는 신과 피안 또는 내세에 대한 인간의 내적 확신에 대한 자유를 말하는 것으로서 이러한 신앙의 자유는 그 자체가 내심의 자유의 핵심이기 때문에 법률로써도 이를 침해할 수 없다. 종교적 행위의 자유는 종교상의 의식·예배 등 종교적 행위를 각 개인이 임의로 할 수 있는 등 종교적인 확신에 따라 행동하고 교리에 따라 생활할 수 있는 자유와 소극적으로는 자신의 종교적인 확신에 반하는 행위를 강요당하지 않을 자유 그리고 선교의 자유, 종교교육의 자유 등이 포함된다. 종교적 집회·결사의 자유는 종교적 목적으로 같은 신자들이 집회하거나 종교단체를 결성할 자유를 말한다. 이러한 종교적 행위의 자유와 종교적 집회·결사의 자유는 신앙의 자유와는 달리 절대적 자유가 아니므로 헌법 제37조 제2항에 의거하여 질서유지, 공공복리 등을 위해서 제한할 수 있는데, 그러한 제한은 비례의 원칙이나 종교의 자유의 본질적 내용을 침해해서는 안 된다.<br>…종교는 구속된 자들에게 심적 위안뿐만 아니라 자신과 타인에 대한 증오를 극복할 수 있는 정신적 해결책을 제시해 주는 등 수용자의 안정된 정신건강을 지원하는 순기능이 있는바, 갑자기 사회와 격리되어 심리적으로 불안정하고 위축되어 있는 미결수용자에게 종교행사 등에의 참석을 보장해 주는 것이 오히려 자살 등과 같은 교정사고를 미연에 방지할 수 있어 교정시설의 안전과 질서유지에 기여하는 바가 크다. 구치소장은 '형의 집행 및 수용자의 처우에 관한 법률' 제45조 제3항, 제4항 및 동법 시행규칙 제32조에 해당하는 사유가 있는 경우에는 수용자의 종교행사 등에의 참석을 제한할 수 있다. 그러나 '형의 집행 및 수용자의 처우에 관한 법률' 제45조는 종교행사 등에의 참석 대상을 "수용자"로 규정하고 있어 수형자와 미결수용자를 구분하고 있지도 아니하고, 앞서 본 바와 같이 무죄추정의 원칙 |
|---|

이 적용되는 미결수용자들에 대한 기본권 제한은 징역형 등의 선고를 받아 그 형이 확정된 수형자의 경우보다는 더 완화되어야 할 것임에도, 피청구인이 수용자 중 미결수용자에 대하여만 일률적으로 종교행사 등에의 참석을 불허한 것은 미결수용자의 종교의 자유를 나머지 수용자의 종교의 자유보다 거꾸로 더욱 엄격하게 제한한 것이다.

또한 피청구인은 공범이나 동일사건 관련자가 있는지 여부를 불문하고 미결수용자에 대하여 일률적으로 종교행사 등에의 참석을 불허하였는바, 공범 등이 없는 경우 내지 공범 등이 있는 경우라도 공범이나 동일사건 관련자를 분리하여 종교행사 등에의 참석을 허용하거나 수형자용 종교집회실을 시간을 달리하여 운영하는 등의 방법으로 미결수용자의 기본권을 덜 침해하는 수단이 존재함에도 불구하고 이를 전혀 고려하지 아니하였다. 따라서 이 사건 종교행사 등 참석불허 처우는 침해의 최소성 요건을 충족하였다고 보기 어렵다.

나아가 종교행사의 순기능이 미결수용자에게 미치는 영향이 상당한점, 무죄추정의 원칙상 미결수용자의 종교의 자유에 대한 제한은 수형자보다 완화되어야 한다는 점 등에 비추어 보면, 이 사건 종교행사 등 참석불허 처우로 얻어질 공익의 정도가 무죄추정의 원칙이 적용되는 미결수용자들이 종교행사 등에 참석을 하지 못함으로써 입게 되는 종교의 자유의 제한이라는 불이익에 비하여 결코 크다고 단정하기 어려우므로 이 사건 종교행사 등 참석불허 처우는 법익의 균형성 요건 또한 충족하였다고 할 수 없다.

결국 이 사건 종교행사 등 참석불허 처우는 과잉금지원칙을 위반하여 청구인의 종교의 자유를 침해하였다. (헌재 2011. 12. 29. 2009헌마527)

적성시험 시행공고가 시험의 시행일을 일요일로 정하고 있는 것은 대다수의 국민의 응시기회 보장 및 용이한 시험관리라는 정당한 목적을 달성하기 위한 적절한 수단이며, 시험장으로 임차된 학교들의 구체적인 학사일정에 차이가 있고 주5일 근무제의 시행이 배제되는 사업장이 존재하며 국가시험의 종류에 따라 시험의 시행기관 및 투입비용 등이 다르다는 점에 비추어 위 공고가 피해의 최소성 및 법익균형성 원칙에 반하여 종교의 자유를 침해한다고 볼 수 없다. 또한 기독교 문화를 사회적 배경으로 하는 구미 제국과 달리 우리나라에서는 일요일이 특정 종교의 종교의식일이 아니라 일반적 공휴일에 해당한다는 점 등을 고려하면 일요일에 적성시험을 실시하는 것이 특정 종교를 믿는 자들을 불합리하게 차별대우하는 것이라고 볼 수도 없다.(헌재 2010. 4. 29. 2009헌마399)

## 3. 국교부인과 정교분리

국교란 '국가에 의해 공인된 종교'로서, 국가가 어떤 특정 종교를 지정하여 특권과 혜택을 부여하는 경우를 말한다. 그러나 국교가 지정되어 있다고 해서 국교 이외의 종교의 자유가 항상 금지되거나 하는 것은 아니다. 영국이 국교를 지정하고 있지만 종교의 자유가 부정되지 않는 것이 그 예이다. 한편 정교분리는 '국가와 종교 간에 벽을 세운 것'의 의미로 해석할 수 있는데, 문리적으로는 국가는 종교에 간섭하지 않고 종교 역시 국가에 간섭하지 않을 것을 의미하지만, 종교의 자유와 함께 '국가의 중립성'이라는 의무로 수렴된다. 따라서 국가는 특정 종교적 행위에 '부담이나 제한'을 가할 수 없고, 특정 종교에 대한 '우대'나 '혜택'을 부여할 수 없다.[151] 대법원과 헌법재판소는 국가가 '정교분리원칙 위반'을 했는지 판단할 때, 세속적 목적이 있었는지 특정 종교를 조장, 승인, 장려하는 효과가 있었는지 등을 기준으로 삼는다.

> 오늘날 종교적인 의식 또는 행사가 하나의 사회공동체의 문화적인 현상으로 자리잡고 있으므로, 어떤 의식, 행사, 유형물 등이 비록 종교적인 의식, 행사 또는 상징에서 유래되었다고 하더라도 그것이 이미 우리 사회공동체 구성원들 사이에서 관습화된 문화요소로 인식되고 받아들여질 정도에 이르렀다면, 이는 정교분리원칙이 적용되는 종교의 영역이 아니라 헌법적 보호가치를 지닌 문화의 의미를 갖게 된다. 그러므로 이와 같이 이미 문화적 가치로 성숙한 종교적인 의식, 행사, 유형물에 대한 국가 등의 지원은 일정 범위 내에서 전통문화의 계승·발전이라는 문화국가원리에 부합하며 정교분리원칙에 위배되지 않는다.
>
> 지방자치단체가 유서 깊은 천주교 성당 일대를 문화관광지로 조성하기 위하여 상급 단체로부터 문화관광지 조성계획을 승인받은 후 사업부지 내 토지 등을 수용재결한 사안에서, 위 성당을 문화재로 보호할 가치가 충분하고 위 문화관광지 조성계획은 지방자치단체가 지역경제의 활성화를 도모하기 위하여 추진한 것으로 보이며 특정 종교를 우대·조장하거나 배타적 특권을 부여하는 것으로 볼 수 없어, 그 계획의 승인과 그에 따른 토지 등 수용재결이 헌법의 정교분리원칙이나 평등권에 위배되지 않는다고 한 사례.(대법원 2009. 5. 28. 선고 2008두16933 판결)

---

151) 미국 대법원은 1879년 몰몬교의 일부다처제와 관련한 Reynolds v. United States 사건을 통해, '국교부인조항'이 '국교금지'뿐만 아니라 '교회와 국가(주)간에 분리의 벽을 세운 것'이라고 함으로써 '정교분리'를 해석해 내었다. 김희정, "종교의 자유에 대한 평등원칙 적용의 문제점", 안암법학, 2024.

**피청구인이 청구인들로 하여금 육군훈련소 내 종교행사에 참석하도록 한 행위가 정교분리원칙에 위배되어 청구인들의 종교의 자유를 침해하는지 여부(적극)(헌재 2022. 11. 24. 2019헌마941)**

피청구인이 청구인들로 하여금 개신교, 천주교, 불교, 원불교 4개 종교의 종교행사 중 하나에 참석하도록 한 것은 그 자체로 종교적 행위의 외적 강제에 해당한다. 이는 피청구인이 위 4개 종교를 승인하고 장려한 것이자, 여타 종교 또는 무종교보다 이러한 4개 종교 중 하나를 가지는 것을 선호한다는 점을 표현한 것이라고 보여질 수 있으므로 국가의 종교에 대한 중립성을 위반하여 특정 종교를 우대하는 것이다. 또한, 이 사건 종교행사 참석조치는 국가가 종교를, 군사력 강화라는 목적을 달성하기 위한 수단으로 전락시키거나, 반대로 종교단체가 군대라는 국가권력에 개입하여 선교행위를 하는 등 영향력을 행사할 수 있는 기회를 제공하므로, 국가와 종교의 밀접한 결합을 초래한다는 점에서 정교분리원칙에 위배된다.

**종교시설 건축행위에 대한 부담금 면제조항 부존재 문제(헌재 2010. 2. 25. 2007헌바131등)**

종교의 자유에서 종교에 대한 적극적인 우대조치를 요구할 권리가 직접 도출되거나 우대할 국가의 의무가 발생하지 아니한다. 종교시설의 건축행위에만 기반시설부담금을 면제한다면 국가가 종교를 지원하여 종교를 승인하거나 우대하는 것으로 비칠 소지가 있어 헌법 제20조 제2항의 국교금지 · 정교분리에 위배될 수도 있다고 할 것이므로 종교시설의 건축행위에 대하여 기반시설부담금 부과를 제외하거나 감경하지 아니하였더라도, 종교의 자유를 침해하는 것이 아니다.

## X 언론·출판의 자유와 학문·예술의 자유

### 1. 언론·출판의 자유

제21조 ①모든 국민은 언론 · 출판의 자유와 집회 · 결사의 자유를 가진다.
②언론 · 출판에 대한 허가나 검열과 집회 · 결사에 대한 허가는 인정되지 아니한다.
③통신 · 방송의 시설기준과 신문의 기능을 보장하기 위하여 필요한 사항은 법률로 정한다.

④언론 · 출판은 타인의 명예나 권리 또는 공중도덕이나 사회윤리를 침해하여서는 아니된다. 언론 · 출판이 타인의 명예나 권리를 침해한 때에는 피해자는 이에 대한 피해의 배상을 청구할 수 있다.

## 가. 의의 및 기능

언론 · 출판의 자유는 전통적으로는 사상 또는 의견의 자유로운 표명(발표의 자유)과 그것을 전파할 자유(전달의 자유)를 의미하는 것으로서, 개인이 인간으로서의 존엄과 가치를 유지하고 행복을 추구하며 국민주권을 실현하는 데 필수불가결한 것으로 오늘날 민주국가에서 국민이 갖는 가장 중요한 기본권 중의 하나이다[152]

표현의 자유는 인격을 발현하는 불가결의 요소이어서 개인적인 차원에서도 매우 중요한 기본권이지만 민주주의 사회에서 다양한 견해와 사상이 자유롭게 전개될 수 있도록 함으로써 공동체의 차원에서도 중요한 기본권이다. 듣기 거북한 의견이라 하더라도 표현이 가급적 자유롭게 허용되게 하고, 사상의 시장에서 다양한 사상과 의견들이 충분히 걸러지고 평가됨으로써 사회 스스로 의미 있는 의견과 그렇지 않은 의견을 정화하고 걸러낼 수 있는 힘을 가질 수 있도록 하는 것이 바람직하다.

## 나. 내용

### 1) 의사표현의 자유

의사표현의 자유란 자신의 의사를 자유롭게 표현하고 전파할 자유를 말한다. 의사표현을 하지 않을 자유도 포함된다. 그러나 의사표현의 자유를 실현할 방법을 적극적으로 마련해 달라는 것까지 포함하지는 않는다.[153] 의사표현 · 전파의 자유에 있어서 의사표현 또는 전파의 매개체는 어떠한 형태이건 가능하며 그 제한이 없다. 즉, 담화 · 연설 · 토론 · 연극 · 방송 · 음악 · 영화 · 가요 등과 문서 · 소설 · 시가 · 도화 · 사진 · 조각 · 서화 등 모든 형상의 의사표현 또는 의사전파의 매개체를 포함한다[154]. 광고물도 사상 · 지식 · 정보 등을 불특정 다수인에게 전파하는 것으

152) 헌재 1992. 2. 25. 89헌가104
153) 헌재 2007. 8. 30. 2005헌마975

로서 언론·출판의 자유에 의한 보호를 받는 대상이 됨은 물론이고[155], 상업적 광고표현 또한 보호 대상이 되며[156], 텔레비전 방송광고 역시 그 보호의 대상이 된다.[157] 헌법재판소는 차별·혐오표현을 금지하고 있는 학생인권조례가 문제된 사례에서 표현의 자유 제한의 정당성을 검토함으로써, 차별·혐오 표현 역시 언론·출판의 자유의 보호범위내에 있음을 전제하였다.

**가) 사실주장, 허위사실주장이 보호대상인가의 문제**

'의사'는 개인의 주관적인 생각이나 평가를 의미한다. 원칙적으로 언론·출판의 자유가 보장하는 것은 '의사'표현이다. 그러나 의사는 '사실'에 대한 평가를 전제로 한 것이기도 하고, 의사와 사실을 엄밀하게 구별하는 것도 쉽지 않다. 따라서 표현의 자유가 강력하게 보장되기 위해서는 사실의 표현도 그 보호범위내에 있는 것으로 보아야 할 것이다. 문제는 허위사실의 표현을 보호할 것인가 하는 문제이다. 헌법재판소의 소위 '미네르바 사건'에서 5인의 재판관은 보충의견을 통해 "표현이 어떤 내용에 해당한다는 이유만으로 표현의 자유의 보호영역에서 애당초 배제된다고는 볼 수 없으므로, '허위사실의 표현'도 헌법 제21조가 규정하는 언론·출판의 자유의 보호영역에는 해당하되, 다만 헌법 제37조 제2항에 따라 제한될 수 있는 것"이라고 한 바 있다.[158]

**공익을 해할 목적으로 전기통신설비에 의하여 공연히 허위의 통신을 한 자를 형사 처벌하는 전기통신기본법 제47조 제1항(이하 '이 사건 법률조항'이라 한다)의 죄형법정주의의 명확성원칙 위반 여부(적극)(헌재 2010. 12. 28. 2008헌바157등)**

이 사건 법률조항은 표현의 자유에 대한 제한입법이며, 동시에 형벌조항에 해당하므로, 엄격한 의미의 명확성원칙이 적용된다. 그런데 이 사건 법률조항은 "공익을 해할 목적"의 허위의 통신을 금지하는바, 여기서의 "공익"은 형벌조항의 구성요건으로서 구체적인 표지를 정하고 있는 것이 아니라, 헌법상 기본권 제한에 필요한 최소한의 요건 또는 헌법상 언론·출판의 자유의 한계를 그대로 법률에 옮겨 놓은 것에 불과할 정도로 그 의미가 불명확하고 추상

154) 헌재 1993. 5. 13. 91헌바17
155) 헌재 1998. 2. 27. 96헌바2
156) 헌재 2000. 3. 30. 99헌마143
157) 헌재 2008. 6. 26. 2005헌마506
158) 헌재 2010. 12. 28. 2008헌바157등

적이다. 따라서 어떠한 표현행위가 "공익"을 해하는 것인지, 아닌지에 관한 판단은 사람마다 의 가치관, 윤리관에 따라 크게 달라질 수밖에 없으며, 이는 판단주체가 법전문가라 하여도 마찬가지이고, 법집행자의 통상적 해석을 통하여 그 의미내용이 객관적으로 확정될 수 있다고 보기 어렵다. 나아가 현재의 다원적이고 가치상대적인 사회구조 하에서 구체적으로 어떤 행위상황이 문제되었을 때에 문제되는 공익은 하나로 수렴되지 않는 경우가 대부분인바, 공익을 해할 목적이 있는지 여부를 판단하기 위한 공익간 형량의 결과가 언제나 객관적으로 명백한 것도 아니다. 결국, 이 사건 법률조항은 수범자인 국민에 대하여 일반적으로 허용되는 '허위의 통신' 가운데 어떤 목적의 통신이 금지되는 것인지 고지하여 주지 못하고 있으므로 표현의 자유에서 요구하는 명확성의 요청 및 죄형법정주의의 명확성원칙에 위배하여 헌법에 위반된다.

재판관 이강국, 재판관 이공현, 재판관 조대현, 재판관 김종대, 재판관 송두환의 과잉금지원칙 위반 여부에 관한 보충의견

표현이 어떤 내용에 해당한다는 이유만으로 표현의 자유의 보호영역에서 애당초 배제된다고는 볼 수 없으므로, '허위사실의 표현'도 헌법 제21조가 규정하는 언론·출판의 자유의 보호영역에는 해당하되, 다만 헌법 제37조 제2항에 따라 제한될 수 있는 것이다. 그런데 이 사건 법률조항을 당해 사건에서와 같이 공익을 해할 목적의 허위사실을 내용으로 하는 통신에 적용하는 것은, '공익' 개념의 모호성, 추상성, 포괄성으로 말미암아 필연적으로 규제되지 않아야 할 표현까지 다함께 규제하게 되어 과잉금지원칙에 어긋난다. 나아가 이 사건 법률조항은, 자신이 행하고자 하는 표현이 규제의 대상이 아니라는 확신이 없는 기본권 주체로 하여금 규제를 받을 것을 우려하여 스스로 표현행위를 억제하도록 할 가능성이 높은바, 제재에 대한 두려움으로 인하여 표현이 억제된다면, 표현의 자유의 기능은 훼손될 수밖에 없다. 결국, 이 사건 법률조항은 과잉금지원칙에 위배하여 표현의 자유를 침해하는 것으로서 헌법에 위반된다.

### 나) 익명표현

의사의 '자유로운' 표명과 전파의 자유에는 자신의 신원을 누구에게도 밝히지 아니한 채 익명 또는 가명으로 자신의 사상이나 견해를 표명하고 전파할 익명표현의 자유도 포함된다.[159] 헌법재판소는 인터넷상의 게시판을 이용하기 위해 본인확인을 하도록 한 법률규정과 선거기간중 인터넷 게시판을 이용하기 위해 본인확인을 하도록 한 법률규정에 대해 위헌결정을 하였다. 그러나 공공기관 게시판을 이용하기 위하여 본인확인을 하도록 한 법률규정에 대해서는 합헌결정을 하였다.

159) 헌재 2010. 2. 25. 2008헌마324등

**인터넷 게시판 본인확인조치 위헌여부(적극)(헌재 2012. 8. 23. 2010헌마47등)**

표현의 자유는 국민 개인적인 차원에서는 자유로운 인격발현의 수단임과 동시에 합리적이고 건설적인 의사형성 및 진리발견의 수단이 되며, 국가와 사회적인 차원에서는 민주주의 국가와 사회의 존립과 발전에 필수불가결한 기본권이 되는데, 특히 익명이나 가명으로 이루어지는 표현은, 외부의 명시적 · 묵시적 압력에 굴복하지 아니하고 자신의 생각과 사상을 자유롭게 표출하고 전파하여 국가권력이나 사회의 다수의견에 대한 비판을 가능하게 하며, 이를 통해 정치적 · 사회적 약자의 의사 역시 국가의 정책결정에 반영될 가능성을 열어 준다는 점에서 표현의 자유의 내용에서 빼놓을 수 없는 것이다. 그리고 인터넷 공간에서 이루어지는 익명표현은 인터넷이 가지는 정보전달의 신속성 및 상호성과 결합하여 현실 공간에서의 경제력이나 권력에 의한 위계구조를 극복하여 계층 · 지위 · 나이 · 성 등으로부터 자유로운 여론을 형성함으로써 다양한 계층의 국민 의사를 평등하게 반영하여 민주주의가 더욱 발전되게 한다. 따라서 비록 인터넷 공간에서의 익명표현이 부작용을 초래할 우려가 있다 하더라도 그것이 갖는 헌법적 가치에 비추어 강하게 보호되어야 한다.

그런데 이 사건 본인확인제는 기간 제한 없이, 표현의 내용을 불문하고 주요 인터넷 사이트의 대부분의 게시판 이용과 관련하여 본인확인을 요구하고 있다. 이는 정보 등을 게시하고자 하는 자가 무엇이 금지되는 표현인지 확신하기 어려운 상태에서 본인의 이름, 주민등록번호 등의 노출에 따른 규제나 처벌 등 불이익을 염려하여 표현 자체를 포기하게 만들 가능성이 높고, 인터넷을 악용하는 소수의 사람들이 존재하고 있다는 이유로 대다수 시민의 정당한 의사표현을 제한하는 것으로서 익명표현의 자유에 대한 과도한 제한이라 할 것이다.

**선거운동기간 중 인터넷게시판 실명확인(위헌)(헌재 2021. 1. 28. 2018헌마456등)**

정치적 의사표현을 자유롭게 할 수 있는 핵심적 기간이라 볼 수 있는 선거운동기간 중 익명표현의 제한이 구체적 위험에 기초한 것이 아니라 심판대상조항으로 인하여 위법한 표현행위가 감소할 것이라는 추상적 가능성에 의존하고 있는 점, 심판대상조항의 적용대상인 "인터넷언론사"의 범위가 광범위하다는 점까지 고려하면 심판대상조항으로 인한 기본권 제한의 정도는 결코 작다고 볼 수 없다. 실명확인제가 표방하고 있는 선거의 공정성이라는 목적은 인터넷 이용자의 표현의 자유나 개인정보자기결정권을 제약하지 않는 다른 수단에 의해서도 충분히 달성할 수 있다. 공직선거법은 정보통신망을 이용한 선거운동 규제를 통하여 공직선거법에 위반되는 정보의 유통을 제한하고 있고, '정보통신망 이용촉진 및 정보보호 등에 관한 법률'상 사생활 침해나 명예훼손 등의 침해를 받은 사람에게 인정되는 삭제요청 등의 수단이나 임시조치 등이 활용될 수도 있으며, 인터넷 이용자의 표현의 자유나 개인정보자기결정권을 제약하지 않고도 허위 정보로 인한 여론 왜곡을 방지하여 선거의 공정성을 확보하는 새로운 수단을 도입할 수도 있다….정치적 의사표현이 가장 긴요한 선거운동기간 중에 인터넷언론사 홈페이지 게시판 등 이용자로 하여금 실명확인을 하도록 강제함으로써 익명표현의 자유와 언론의 자유를 제한하고, 모든 익명표현을 규제함으로써 대다수 국민의 개인정보자기결정권도 광범위하게 제한하고 있다는 점에서 이와 같은 불이익은 선거의 공정성 유지라는 공익보다 결코 과소평가될 수 없다. 그러므로 심판대상조항은 과잉금지원칙에 반하여 인터넷언론사 홈페이지 게시판 등 이용자의 익명표현의 자유와 개인정보자기결정권, 인터넷언론사의 언론의 자유를 침해한다.

**공공기관 게시판 본인확인제(합헌)(헌재 2022. 12. 22. 2019헌마654)**

심판대상조항이 규율하는 게시판은 그 성격상 대체로 공공성이 있는 사항이 논의되는 곳으로서 공공기관등이 아닌 주체가 설치 · 운영하는 게시판에 비하여 통상 누구나 이용할 수 있는 공간이므로, 공동체 구성원으로서의 책임이 더욱 강하게 요구되는 곳이라고 할 수 있다. 공공기관등이 설치 · 운영하는 게시판에 언어폭력, 명예훼손, 불법정보 등이 포함된 정보가 게시될 경우 그 게시판에 대한 신뢰성이 저하되고 결국에는 게시판 이용자가 피해를 입을 수 있으며, 공공기관등의 정상적인 업무 수행에 차질이 빚어질 수도 있다. 따라서 공공기관등이 설치 · 운영하는 게시판의 경우 본인확인조치를 통해 책임성과 건전성을 사전에 확보함으로써 해당 게시판에 대한 공공성과 신뢰성을 유지할 필요성이 크며, 그 이용 조건으로 본인확인을 요구하는 것이 과도하다고 보기는 어렵다. 게시판의 활용이 공공기관등을 상대방으로 한 익명표현의 유일한 방법은 아닌 점, 공공기관등에 게시판을 설치 · 운영할 일반적인 법률상 의무가 존재한다고 보기 어려운 점, 심판대상조항은 공공기관등이 설치 · 운영하는 게시판이라는 한정적 공간에 적용되는 점 등에 비추어 볼 때 심판대상조항으로 인한 기본권 제한의 정도가 크지 않다. 그에 반해 공공기관등이 설치 · 운영하는 게시판에 언어폭력, 명예훼손, 불법정보의 유통이 이루어지는 것을 방지함으로써 얻게 되는 건전한 인터넷 문화 조성이라는 공익은 중요하다. 따라서 심판대상조항은 청구인의 익명표현의 자유를 침해하지 않는다.

### 다) 음란표현

과거에 헌법재판소는 너무 해악이 큰 음란표현의 경우에는 애초에 언론 · 출판의 자유의 보호영역내에 있지 않다고 하면서, '음란표현'은 언론 · 출판의 자유의 보호대상이 아닌 것처럼 결정한 적이 있었다. 그러나 이후 입장을 변경하여, 음란표현도 보호영역 내에 있다고 하였다.

음란표현이 언론 · 출판의 자유의 보호영역에 해당하지 아니한다고 해석할 경우 음란표현에 대하여는 언론 · 출판의 자유의 제한에 대한 헌법상의 기본원칙, 예컨대 명확성의 원칙, 검열금지의 원칙 등에 입각한 합헌성 심사를 하지 못하게 될 뿐만 아니라, 기본권 제한에 대한 헌법상의 기본원칙, 예컨대 법률에 의한 제한, 본질적 내용의 침해금지 원칙 등도 적용하기 어렵게 되는 결과, 모든 음란표현에 대하여 사전 검열을 받도록 하고 이를 받지 않은 경우 형사처벌을 하거나, 유통목적이 없는 음란물의 단순소지를 금지하거나, 법률에 의하지 아니하고 음란물출판에 대한 불이익을 부과하는 행위 등에 대한 합헌성 심사도 하지 못하게 됨으로써, 결국 음란표현에 대한 최소한의 헌법상 보호마저도 부인하게 될 위험성이 농후하게 된다는 점을 간과할 수 없다.

이 사건 법률조항의 음란표현은 헌법 제21조가 규정하는 언론·출판의 자유의 보호영역 내에 있다고 볼 것인바, 종전에 이와 견해를 달리하여 음란표현은 헌법 제21조가 규정하는 언론·출판의 자유의 보호영역에 해당하지 아니한다는 취지로 판시한 우리 재판소의 의견(헌재 1998. 4. 30. 95헌가16)을 변경한다.(헌재 2009. 5. 28. 2006헌바109등)

### 2) 알권리

#### 가) 의의

알권리는 정보에의 접근·수집·처리 할 수 있는 권리를 말한다. 표현을 하기 위해서는 의사가 형성되어야 하고, 의사가 형성되기 위해서는 알아야 하기 때문에, 표현의 자유를 보장하기 위해서는 알권리도 보장되어야 한다. 헌법재판소는 알권리가 표현의 자유와 표리일체의 관계에 있다고 말하며, 알권리는 표현의 자유를 근거로 인정된다고 하고 있다. 뿐만 아니라 알권리는 민주국가에서 국정의 공개와도 관련이 있는 것으로, 자유민주적 기본질서를 천명하고 있는 헌법 전문과 제1조 및 제4조의 해석상으로도 당연히 인정되어야 한다.

우리나라는 헌법 제21조에 언론출판의 자유 즉 표현의 자유를 규정하고 있는데, 이 자유는 전통적으로는 사상 또는 의견의 자유로운 표명(발표의 자유)과 그것을 전파할 자유(전달의 자유)를 의미하는 것으로서, 개인이 인간으로서의 존엄과 가치를 유지하고 행복을 추구하며 국민주권을 실현하는데 필수불가결한 것으로 오늘날 민주국가에서 국민이 갖는 가장 중요한 기본권의 하나로 인식되고 있는 것이다. 그런데 사상 또는 의견의 자유로운 표명은 자유로운 의사의 형성을 전제로 하는데, 자유로운 의사의 형성은 충분한 정보에의 접근이 보장됨으로써 비로소 가능한 것이며, 다른 한편으로 자유로운 표명은 자유로운 수용 또는 접수와 불가분의 관계에 있다고 할 것이다. 그러한 의미에서 정보에의 접근·수집·처리의 자유 즉 "알 권리"는 표현의 자유에 당연히 포함되는 것으로 보아야 하는 것이다. 이와 관련하여 인권에 관한 세계선언 제19조는 "모든 사람은 모든 수단에 의하여 국경을 초월하여 정보와 사상을 탐구하거나 입수 또는 전달할 자유를 갖는다"라고 하여 소위 "알 권리"를 명시하고 있는 것이다.

"알 권리"는 민주국가에 있어서 국정의 공개와도 밀접한 관련이 있는데 우리 헌법에 보면 입법의 공개(제50조 제1항), 재판의 공개(제109조)에는 명문규정을 두고 행정의 공개에 관하여서는 명문규정을 두고 있지 않으나, "알 권리"의 생성기반을 살펴볼 때 이 권리의 핵심은 정부가 보유하고 있는 정보에 대한 국민의 알권리 즉, 국민의 정부에 대한 일반적 정보공개를 구할 권리(청구권적 기본권)라고 할 것이며, 또한 자유민주적 기본질서를 천명하고 있는 헌법 전문과 제1조 및 제4조의 해석상 당연한 것이라고 봐야 할 것이다. (헌재 1989. 9. 4. 88헌마22)

### 나) 내용

알권리는 ㉠자유권적인 성질의 알권리와 ㉡청구권적인 성질의 알권리가 있다. 자유권적인 성질의 알권리는 일반적으로 접근할 수 있는 정보를 수령하고 수집하는 자유를 국가 등으로부터 방해받지 않고 누릴 수 있는 자유를 말한다. 여기서 일반적으로 접근할 수 있는 정보란 신문, 방송, 출판물, 영화, 국회의 회의록과 같이 불특정 다수인에게 공개되어 있는 정보를 말한다. 청구권적인 성질의 알권리는 일반적으로 접근가능한 정보는 아니지만 정부나 공공기관이 보유하고 있는 정보를 정당한 이해관계가 있는 자는 그 공개를 요청할 수 있는 권리를 말한다.[160]

#### (1) 자유권적 알권리

**수용소에서의 신문구독이 알 권리의 보호영역에 포함되는지 여부(적극)(헌재 1998. 10. 29. 98헌마4)**

국민의 알 권리는 정보에의 접근 · 수집 · 처리의 자유를 뜻하며 그 자유권적 성질의 측면에서는 일반적으로 정보에 접근하고 수집 · 처리함에 있어서 국가권력의 방해를 받지 아니한다고 할 것이므로, 개인은 일반적으로 접근가능한 정보원, 특히 신문, 방송 등 매스미디어로부터 방해받음이 없이 알 권리를 보장받아야 할 것이다. 미결수용자에게 자비(自費)로 신문을 구독할 수 있도록 한 것은 일반적으로 접근할 수 있는 정보에 대한 능동적 접근에 관한 개인의 행동으로서 이는 알 권리의 행사이다.

교화상 또는 구금목적에 특히 부적당하다고 인정되는 기사, 조직범죄 등 수용자 관련 범죄기사에 대한 신문기사 삭제행위는 구치소내 질서유지와 보안을 위한 것으로, 신문기사 중 탈주에 관한 사항이나 집단단식, 선동 등 구치소내 단체생활의 질서를 교란하는 내용이 미결수용자에게 전달될 때 과거의 예와 같이 동조단식이나 선동 등 수용의 내부질서와 규율을 해하는 상황이 전개될 수 있고, 이는 수용자가 과밀하게 수용되어 있는 현 구치소의 실정과 과

160) 헌재 2015 6. 25. 2011헌마769.

소한 교도인력을 볼 때 구치소내의 질서유지와 보안을 어렵게 할 우려가 있다. 이 사건 신문기사의 삭제 내용은 그러한 범위내에 그치고 있을 뿐 신문기사 중 주요기사 대부분이 삭제된 바 없음이 인정되므로 이는 수용질서를 위한 청구인의 알 권리에 대한 최소한의 제한이라고 볼 수 있으며, 이로서 침해되는 청구인에 대한 수용질서와 관련되는 위 기사들에 대한 정보획득의 방해와 그러한 기사 삭제를 통해 얻을 수 있는 구치소의 질서유지와 보안에 대한 공익을 비교할 때 청구인의 알 권리를 과도하게 침해한 것은 아니다.

(2) 청구권적 알권리

**변호사시험 성적 비공개 사건과 알권리(헌재 2015. 6. 25. 2011헌마769등)**[161]

정부나 공공기관이 보유하고 있는 정보에 대하여 정당한 이해관계가 있는 자가 그 공개를 요구할 수 있는 권리는 알 권리로서 이러한 알 권리는 헌법 제21조에 의하여 직접 보장된다. 어떤 문제가 있을 때 그에 관련된 정보에 대한 공개청구권은 알 권리의 당연한 내용이 된다. 심판대상조항은 변호사시험에 합격한 사람의 '성적'이라는 정보를 공개하지 않는다는 점에서 변호사시험에 합격한 청구인들의 알 권리 중 정보공개청구권을 제한하고 있다.

161) 변호사시험 성적 비공개를 통하여 법학전문대학원 간의 과다경쟁 및 서열화를 방지하고, 교육과정이 충실하게 이행될 수 있도록 하여 다양한 분야의 전문성을 갖춘 양질의 변호사를 양성하기 위한 심판대상조항의 입법목적은 정당하다.
그러나 변호사시험 성적 비공개로 인하여 변호사시험 합격자의 능력을 평가할 수 있는 객관적인 자료가 없어서 오히려 대학의 서열에 따라 합격자를 평가하게 되어 대학의 서열화는 더욱 고착화된다. 또한 변호사 채용에 있어서 학교성적이 가장 비중 있는 요소가 되어 다수의 학생들이 학점 취득이 쉬운 과목 위주로 수강하기 때문에 학교별 특성화 교육도 제대로 시행되지 않고, 학교 선택에 있어서도 자신이 관심 있는 교육과정을 가진 학교가 아니라 기존 대학 서열에 따라 학교를 선택하게 되며, 법학전문대학원도 학생들이 어떤 과목에 상대적으로 취약한지 등을 알 수 없게 되어 다양하고 경쟁력 있는 법조인 양성이라는 목적을 제대로 달성할 수 없게 된다. 한편 시험 성적이 공개될 경우 변호사시험 대비에 치중하게 된다는 우려가 있으나, 좋은 성적을 얻기 위해 노력하는 것은 당연하고 시험성적을 공개하지 않는다고 하여 변호사시험 준비를 소홀히 하는 것도 아니다. 오히려 시험성적을 공개하는 경우 경쟁력 있는 법률가를 양성할 수 있고, 각종 법조직역에 채용과 선발의 객관적 기준을 제공할 수 있다. 따라서 변호사시험 성적의 비공개는 기존 대학의 서열화를 고착시키는 등의 부작용을 낳고 있으므로 수단의 적절성이 인정되지 않는다. 또한 법학교육의 정상화나 교육 등을 통한 우수 인재 배출, 대학원 간의 과다경쟁 및 서열화 방지라는 입법목적은 법학전문대학원 내의 충실하고 다양한 교과과정 및 엄정한 학사관리 등과 같이 알 권리를 제한하지 않는 수단을 통해서 달성될 수 있고, 변호사시험 응시자들은 자신의 변호사시험 성적을 알 수 없게 되므로, 심판대상조항은 침해의 최소성 및 법익의 균형성 요건도 갖추지 못하였다. 따라서 심판대상조항은 과잉금지원칙에 위배하여 청구인들의 알 권리를 침해한다. 헌재 2015. 6. 25.

**변호사시험 성적 공개 청구기간 제한 사건과 알권리(헌재 2019. 7. 25. 2017헌마1329)**[162)]

특례조항은 개정 변호사시험법 시행일로부터 6개월로 성적 공개 청구기간을 한정하므로, 특례조항에 의하여 제한되는 기본권은 알 권리 중 정보공개청구권이다. 따라서 이 사건의 쟁점은 특례조항이 과잉금지원칙을 위반하여 정보공개청구권을 침해하는지 여부이다.

### 다) 알권리의 제한

알권리 역시 헌법 제37조 제2항에 따라 제한될 수 있다. 그러나 그 제한의 방법은 법률로써만 가능하고 제한의 정도도 본질적 내용을 침해할 수 없고 필요한 최소한도에 그쳐야 한다.[163)][164)]

**개인의 사생활의 비밀 또는 자유를 침해할 우려가 있다고 인정되는 정보를 비공개대상정보에 포함시킨 '공공기관의 정보공개에 관한 법률' 제9조 제1항 제6호가 알 권리를 침해하는지 여부(소극) (헌재 2010.12.28. 2009헌바258)**

이 사건 법률조항은 개인에 관한 사항 모두를 비공개대상정보로 규정하고 있는 것이 아니라 개인에 관한 사항 중에서 공개될 경우 개인의 사생활의 비민 또는 자유를 침해할 우려가 있다고 인정되는 정보만을 비공개대상정보로 규율하여 그 요건을 강화하고 있으며, 그 단서에서는 가목-마목에 해당하는 개인에 관한 정보는 비공개대상정보에서 제외하도록 규정함으로써 공개함으로써 얻어지는 공익이 큰 경우와의 균형도 도모하고 있다…따라서 이 사건 법률 조항은 국민의 알권리를 침해하지 아니한다.

---

2011헌마769등

162) 변호사시험 합격자는 성적 공개 청구기간 내에 열람한 성적 정보를 인쇄하는 등의 방법을 통해 개별적으로 자신의 성적 정보를 보관할 수 있으나, 성적 공개 청구기간이 지나치게 짧아 정보에 대한 접근을 과도하게 제한하는 이상, 이러한 점을 들어 기본권 제한이 충분히 완화되어 있다고 보기도 어렵다. 이상을 종합하면, 특례조항은 과잉금지원칙에 위배되어 청구인의 정보공개청구권을 침해한다. 헌재 2019. 7. 25. 2017헌마1329

163) 교화상 또는 구금목적에 특히 부적당하다고 인정되는 기사, 조직범죄 등 수용자 관련 범죄기사에 대해 신문을 삭제한 후 수용자에게 구독케 한 행위가 알 권리의 과잉침해에 해당하지 않는다. 헌재 1998.10.29. 98헌마4

164) 형사소송법상 변호인에게 소송기록의 열람·등사권이 보장되어 있고 변호인이 있는 피고인은 그 변호인을 통하여 공판조서 등 소송기록과 증거물을 열람·등사 할 수 있으므로 그 변호인과 별도로 피고인에게도 공판조서의 열람이 허용되지 않는다고 하여 위 법조항이 변호인이 있는 피고인의 알 권리를 침해하는 것이라고 할 수 없다. 헌재 1994.12.29. 92헌바31

**저속간행물을 발간한 출판사에 대해 등록취소를 가능케 한 규제의 위헌 여부(적극)(헌재 1998. 4. 30. 95헌가16)**

물론 청소년의 건전한 심성을 보호하기 위해서 퇴폐적인 성표현이나 지나치게 폭력적이고 잔인한 표현 등을 규제할 필요성은 분명 존재한다. 따라서 저속한 표현을 규제하더라도 그 보호대상은 청소년에게 한정되어야 하고, 규제수단 또한 청소년에 대한 유통을 금지하는 방향으로 좁게 설정되어야 한다. 예컨대, 청소년이 보아서는 안되는 저속한 표현물에 대해 등급표시를 하거나, 판매시 청소년의 접근을 차단시키기 위하여 별도의 코너를 마련하는 등의 규제조치를 고려할 수 있을 것이다. 그리고 은밀하고 변칙적인 유통경로를 통하여 청소년에게 유해한 저속간행물을 계속적으로 유통시키는 경우에는 그에 대한 행정적 제재로서 과징금을 부과하거나 일정 기간 영업을 정지시키거나 또는 필요한 경우 형사적 제재수단을 마련할 수도 있을 것이다. 그런데 이 사건 법률조항은 저속한 간행물의 출판을 전면 금지시키고 나아가 출판사의 등록을 취소시킬 수 있도록 하고 있는 바, 이는 지나치게 과도한 수단을 선택하고 있다고 하지 않을 수 없다.

더 나아가 청소년보호라는 명목으로 성인이 볼 수 있는 것까지 전면 금지시킨다면 이는 성인의 알권리의 수준을 청소년의 수준으로 맞출 것을 국가가 강요하는 것이어서 성인의 알권리를 명백히 침해한다고 하지 않을 수 없다.

요컨대, 이 사건 법률조항은 헌법상 보호받는 저속한 표현에 대해서까지 이를 전면적으로 무단히 금지시킴으로써 청소년보호의 입법목적을 넘어선 과도한 기본권제한임이 분명하다. 따라서 이 사건 법률조항 중 "저속한 간행물" 부분은 헌법 제37조 제2항의 과잉금지의 원칙에도 위반된다.

### 3) 언론기관의 자유

신문이나 방송과 같은 언론기관은 다양한 정보를 제공함으로써 국민에게 중요한 정보를 제공하고 여론을 주도함으로써 국민의 정치적 의사과정을 형성하는 데 실질적인 역할을 할 수 있다. 한편 이러한 언론기관은 강한 전파성으로 인하여 정보에 잘못이 있는 경우 타인의 법익에 중대한 타격을 입힐 수도 있다. 따라서 헌법 제21조 제3항과 4항은 언론기관이 공정성을 유지하면서 공적기능의 역할을 수행하고, 타인에게 입힌 피해를 어떻게 배상할 것인가에 대한 기준을 명시하고 있다.

#### 가) 통신과 방송의 자유

방송의 자유는 언론 · 출판의 자유 중 하나로 인정된다. 방송의 자유의 내용으로는 방송설립의 자유, 방송운영의 자유, 방송편성의 자유(프로그램의 자유) 등이 언급되고, 그 중 방송편성의 자유야말로 방송의 자유의 핵심이다. 이것은 방송주체가 외부의 압력이나 영향으로부터 자유롭게 자신의 언론적 과제나 방식, 즉 방송프로그램의 선정, 내용 및 형식을 결정할 수 있는 자유를 말한다.주요한 언론기관인 통신과 방송은 언론·출판의 자유를 보장받는다. 그런데 방송의 자유에 대하여는 방송의 공익성과 같은 특수성으로 말미암아 여러 유형의 제한 내지 규제가 행해지고 있는바, 방송법에는 진입 규제, 소유 규제, 시장점유율 규제, 내용 규제, 편성 규제, 광고 규제 등이 광범위하게 존재한다.[165)]

**방송사업의 허가제 위헌여부(소극)(헌재 2001. 5. 31. 2000헌바43등)**

방송의 자유는 주관적인 자유권으로서의 특성을 가질 뿐 아니라 다양한 정보와 견해의 교환을 가능하게 함으로써 민주주의의 존립·발전을 위한 기초가 되는 언론의 자유의 실질적 보장에 기여한다는 특성을 가지고 있다. 방송매체에 대한 규제의 필요성과 정당성을 논의함에 있어서 방송사업자의 자유와 권리뿐만 아니라 수신자의 이익과 권리도 고려되어야 하는 것은 방송의 이와 같은 공적 기능 때문이다. 종래 전자적 대중매체는 가용주파수가 제한되어 있고 방송시설의 설치·운영에는 많은 비용이 드는 관계로 소수의 기업이 매체를 독점하여 정보의 유통을 제어하는 것이 가능한 구조였다. 따라서, 소수에 의한 매체독점을 방지하고 다양한 정보와 견해의 교환을 활성화하기 위해서는 국가가 매체시장에 개입하는 것이 허용되고 또한 필요하다고 인정되어 왔다. 최근에는 매체산업과 기술의 급속한 발달에 힘입어 이른바 "다미디어·다채널" 시대가 도래함에 따라 기술적 측면에서의 방송매체독점의 요인은 사라져 가는 추세이고 이 사건에서 문제되고 있는 유선방송의 경우에도 예외가 아니다. 그러므로 정보와 견해의 다양성을 확보하기 위한 규제의 필요성은 점차 감소되는 추세임이 분명하다. 그러나 아직까지는 정보유통 통로의 유한성이 완전히 극복되었다고 할 수 없으므로 매체시장에서의 독점을 방지하여 정보와 견해의 다양성과 공정성을 보장하기 위한 국가의 규제가 허용될 수 없는 단계에까지 이르렀다고는 보기 어렵다.

**방송의 자유의 성격, 입법형성재량의 범위, 민영방송사업자의 주관적 권리의 범위(헌재 2003. 12. 18. 2002헌바49)**

방송의 자유는 주관적 권리로서의 성격과 함께 자유로운 의견형성이나 여론형성을 위해 필수적인 기능을 행하는 객관적 규범질서로서 제도적 보장의 성격을 함께 가진다.

165) 헌재 2021. 8. 31. 2019헌바439

이러한 방송의 자유의 보호영역에는, 단지 국가의 간섭을 배제함으로써 성취될 수 있는 방송프로그램에 의한 의견 및 정보를 표현, 전파하는 주관적인 자유권 영역 외에 그 자체만으로 실현될 수 없고 그 실현과 행사를 위해 실체적, 조직적, 절차적 형성 및 구체화를 필요로 하는 객관적 규범질서의 영역이 존재하며, 더욱이 방송매체의 특수성을 고려하면 **방송의 기능을 보장하기 위한 규율의 필요성은 신문 등 다른 언론매체보다 높다**. 그러므로 입법자는 자유민주주의를 기본원리로 하는 헌법의 요청에 따라 국민의 다양한 의견을 반영하고 국가권력이나 사회세력으로부터 독립된 방송을 실현할 수 있도록 **광범위한 입법형성재량을 갖고 방송체제의 선택을 비롯하여, 방송의 설립 및 운영에 관한 조직적, 절차적 규율과 방송운영주체의 지위에 관하여 실체적인 규율을 행할 수 있다**. 입법자가 방송법제의 형성을 통하여 민영방송을 허용하는 경우 민영방송사업자는 그 방송법제에서 기대되는 방송의 기능을 보장받으며 형성된 법률에 의해 주어진 범위 내에서 주관적 권리를 가지고 헌법적 보호를 받는다.

나) 신문의 자유

언론의 자유에는 신문의 자유가 포함된다. 신문의 자유는 신문기업의 설립에서 배포, 취재, 논평, 배포, 광고 등의 전 영역을 포함한다. 신문의 자유는 방송의 자유와는 달리 다수 신문의 경쟁을 통하여 민주주의 사회에서의 공적기능과 공정성을 완수하도록 한다.

언론의 자유에 신문의 자유와 같은 언론매체의 자유가 포함됨은 물론이다. 신문은 그 취재와 보도를 통하여 정치 · 경제 · 사회 · 문화 등 다양한 분야에서 일상적인 커뮤니케이션을 매개하고 있고, 특히 민주주의 정치과정에서 정치적 의사를 형성 · 전파하는 매체로서 중요한 역할을 담당한다. 신문의 자유는 개인의 주관적 기본권으로서 보호될 뿐만 아니라, '자유 신문'이라는 객관적 제도로서도 보장되고 있다. 객관적 제도로서의 '자유 신문'은 신문의 사경제적 · 사법적(私法的) 조직과 존립의 보장 및 그 논조와 경향(傾向), 정치적 색채 또는 세계관에 있어 국가권력의 간섭과 검열을 받지 않는 자유롭고 독립적인 신문의 보장을 내용으로 하는 한편, 자유롭고 다양한 의사형성을 위한 상호 경쟁적인 다수 신문의 존재는 다원주의를 본질로 하는 민주주의사회에서 필수불가결한 요소가 된다.

이와 같이 신문은 본질적으로 자유로워야 하지만, 공정하고 객관적인 보도를 통하여 민주적 여론형성에 기여하고 국민의 알 권리를 충족시켜야 한다는 점에서 자유에 상응하는 공적 기능을 아울러 수행하게 된다(헌재 2002. 7. 18. 2001헌마605, 판례집 14-2, 84, 103). 이러한 신문의 공적 기능에 대한 헌법적 요청은 특히 헌법 제21조 제3항에서 두드러지게 나타난다. 헌법 제21조 제3항은 "통신 · 방송의 시설기준과 신문의 기능을 보장하기 위하여 필요한 사항은 법률로 정한다."고 규정하고 있는데, 이 규정에서 통신 · 방송의 시설기준 법정주의와 나란히 신문기능 법정주의를 정한 것은 우리 헌법이 방송뿐만 아니라 신문에 대하여도 그 공적 기능의 보장을 위한 입법형성, 즉 입법적 규율의 가능성을 예정하고 있음을 의미한다. 여기서 "신문의 기능"이란 주로 민주적 의사형성에 있고, 그것은 다원주의를 본질로 하는 민주주의사회에서 언론의 다양성 보장을 불가결의 전제로 하는 것이므로, "신문의 기능을 보장하기 위하여"란 결국 '신문의 다양성을 유지하기 위하여'란 의미도 포함하고 있다고 할 것이다.(헌재 2006. 6. 29. 2005헌마165등)

신문의 공적 기능을 유지하게 하기 위하여 미디어 융합등을 제한하는 입법적 규율도 가능하다.

일간신문이 뉴스통신이나 방송사업과 같은 이종 미디어를 겸영하는 것을 어떻게 규율할 것인가 하는 것은 고도의 정책적 접근과 판단이 필요한 분야이다. 이 문제에 관하여는 두 가지 상반되는 관점이 존재할 수 있다. 하나는 저널리즘에 있어서의 기능분립이라는 관점으로, 신문과 방송을 상호 분리·독립시켜 신문은 사기업으로 방송은 공적 제도로 운영하는 것이, 양(兩) 미디어 간의 균형 있는 경쟁관계를 통하여 사회 전체적으로 의견의 다양성을 창출·유지할 수 있다는 입장이다. 다른 하나는 보다 경제적인 관점으로서 신문사의 타 미디어로의 진출이 금지될 경우 신문사의 재정기반인 광고수입의 감소로 신문사의 경영이 악화될 수 있으므로 오히려 이를 허용하는 것이 규모의 경제를 실현시켜 경쟁력을 확보할 수 있다는 입장이다. 세계 각국의 법제를 보면 독일과 같이 전자의 관점에 충실한 나라도 있고, 일본과 같이 후자의 관점에 가까운 나라도 있다. 이종 미디어 간의 융합의 문제에 있어서 가장 문제가 되는 것은 신문과 지상파방송 간의 관계이다. 일간신문과 지상파방송은 가장 대표적이고 강력한 미디어 수단이므로 이 두 수단의 융합은 전체 언론시장에 미치는 영향이 크고, 이것이 언론의 다양성 보장을 저해할 위험성은 항상 존재하기 때문이다. 따라서 일간신문과 지상파방송 간의 겸영금지가 언론의 다양성 보장과 아무런 실질적 연관성이 없다는 것이 명백할 정도로 미디어매체나 정보매체 환경에 획기적인 변화가 생기지 않는 한, 겸영금지의 규제정책을 지속할 것인지 여부, 지속한다면 어느 정도로 규제할 것인지의 문제는 입법자의 미디어정책 판단에 맡겨져 있다고 보아야 한다.(헌재 2006. 6. 29. 2005헌마165등)

신문의 자유와 관련하여 가장 중요한 내용은 편집권을 국가나 외부세력으로부터 간섭받지 말아야 한다는 것이다. 국가나 외부세력이 모종의 압력을 행사하여 권력에 유리한 방향으로 기사를 편집할 것을 유도하거나 강요해서는 안된다. 다만 신문의 발행인, 즉 경영주로부터 편집인이나 기자가 독립된 헌법상의 권리로서 편집권을 갖는가에 대해서 우리 헌법재판소는 반대하는 입장이라고 보인다.

신문법 제3조 제3항은 청구인들과 같은 신문사업자로 하여금 동법이 정하는 바에 따라 편집인의 자율적인 편집을 보장하도록 규정하고 있다. 그런데, 이 조항이 편집인 또는 기자들에게 독점적으로 '편집권'이라는 법적 권리를 부여하였다거나 신문편집의 주체가 편집인 또는 기자들이라는 것을 명시한 것으로 볼 수 없을 뿐만 아니라, 이 조항 위반에 대한 제재규정도 없다. (헌재 2006. 6. 29. 2005헌마165등)

**참고) 엑세스권**

엑세스권이란 국민이 언론매체에 접근할 수 있는 권리로서, 구체적으로는『언론중재및피해구조등에관한법률』에서 규정하고 있는 정정보도청구권, 반론보도청구권, 추후보도청구권을 말한다. 엑세스권은 국가와 사인간의 관계에서 발생하는 것이 아니라 언론기관과 국민간의 관계에서 발생하는 것이다. 그리고 헌법 제21조 언론·출판의 자유를 근거로 한 권리라고 보기도 어렵기 때문에 엑세스권이 기본권이라고 말하기 어렵다. 엑세스권은 법률상의 권리라고 할 것이다.[166]

## 다. 언론·출판의 자유에 대한 제한

### 1) 검열금지규정과 헌법 제37조 제2항의 관계

헌법 제21조 ②언론·출판에 대한 허가나 검열과 집회·결사에 대한 허가는 인정되지 아니한다.

모든 기본권은 헌법 제37조 제2항에 의하여 제한할 수 있다. 그러나 헌법 제21조 제2항은 언론·출판의 자유에 대한 '검열'을 허용하지 않는다. 따라서 언론·출판의 자유를 제한하는 수단이 '검열' 인 경우, 헌법 제37조 제2항에 따른 제한인지를 검토할 필요 없이 바로 위헌이다. 제한 수단이 '검열'이 아니라고 판단되면, 제37조 제2항에 따라 정당한 제한인지 판단하면 된다.[167]

166) 김하열, 위의책, 477쪽 참조.
167) 언론·출판의 자유에 대한 제한심사는 2단계, 즉 '검열'인지 여부(1단계), 헌법 제37조 제2항, 과잉금지원칙 심사(2단계)로 이루어진다는 것에 대하여 김하열, 위의 책, 478쪽.

## 2) 검열금지

### 가) 검열의 의미

헌법 제21조 제2항에는 언론·출판의 자유에 대한 '허가나 검열'을 인정하지 않는다고 규정하고 있다. 여기서 '허가'는 '검열'은 동일한 의미를 가지는 것으로 보고 있다.[168] 검열은 "행정권이 주체가 되어 사상이나 의견 등이 발표되기 이전에 예방적 조치로서 그 내용을 심사, 선별하여 발표를 사전에 억제하는, 즉 허가받지 아니한 것의 발표를 금지하는 제도"를 뜻한다. 이러한 검열제가 허용될 경우에는 국민의 예술활동의 독창성과 창의성을 침해하여 정신생활에 미치는 위험이 클 뿐만 아니라 행정기관이 집권자에게 불리한 내용의 표현을 사전에 억제함으로써 이른바 관제의견이나 지배자에게 무해한 여론만이 허용되는 결과를 초래할 염려가 있기 때문에 헌법이 직접 그 금지를 규정하고 있는 것이다.[169]

### 나) 검열의 내용 및 요건

(1) 행정권(행정기관)에 의한 심사

행정기관에 의한 심사여야 한다. 행정기관인지 여부는 기관의 형식이 아닌 실질에 따라 판단한다. 헌법재판소는 행정권이 주체가 되어 검열절차를 형성하고 검열기관의 구성에 지속적인 영향을 미칠 수 있는 경우라면 실질적으로 행정기관에 의한 검열이라고 본다.[170] 뿐만 아니라 검열기관이 민간자율기구로서 그 지위의 독립성이 보장된다고 하더라도 검열절차가 국가에 의하여 입법의 형태로 계획되고 의도된 이상 사전검열에 해당한다고 판시하고 있다.[171] 사법부는 행정기관이 아니기 때문에, 가처분의 형태로 사전에 표현이 금지된다고 하더라도 이는 검열이 될 수 없다. 한편 입법부가 특정한 표현을 법률로 금지하는 경우에도, 검열이라고 할 수 없다.

---

168) 재판소는 위 제21조 제2항의 검열금지원칙이 적용되는 '검열'에 관하여 '행정권이 주체가 되어 사상이나 의견 등이 발표되기 이전에 예방적 조치로서 그 내용을 심사, 선별하여 발표를 사전에 억제하는, 즉 허가 받지 아니한 것의 발표를 금지하는 제도'라고 의미 규명한 바 있는데(헌재 1996. 10. 4. 93헌가13등, 판례집 8-2, 212, 222; 헌재 1996. 10. 31. 94헌가6, 판례집 8-2, 395, 402 각 참조), 언론의 내용에 대한 허용될 수 없는 사전적 제한이라는 점에서 위 조항 전단의 "허가"와 "검열"은 본질적으로 같은 것이라고 할 것이며 위와 같은 요건에 해당되는 허가·검열은 헌법적으로 허용될 수 없다.(헌재 2001. 5. 31. 2000헌바43등)

169) 헌재 1996. 10. 4. 93헌가13등

170) 헌재 1996. 10. 4. 93헌가13 등

171) 헌재 2001. 8. 30. 2000헌가9

**공연윤리위원회-검열기관(헌재 1996. 10. 4. 93헌가13등)**

검열을 행정기관이 아닌 독립적인 위원회에서 행한다고 하더라도 행정권이 주체가 되어 검열절차를 형성하고 검열기관의 구성에 지속적인 영향을 미칠 수 있는 경우라면 실질적으로 검열기관은 행정기관이라고 보아야 한다. 그러므로 공연윤리위원회가 민간인으로 구성된 자율적인 기관이라고 할지라도 영화법(映畵法)에서 영화에 대한 사전허가제도를 채택하고, 공연법에 의하여 공연윤리위원회를 설치토록 하여 행정권이 공연윤리위원회의 구성에 지속적인 영향을 미칠 수 있게 하였으므로 공연윤리위원회는 검열기관으로 볼 수밖에 없다.

**한국광고자율심의기구-검열기관(헌재 2008. 6. 26. 2005헌마506)**

한국광고자율심의기구는 행정기관적 성격을 가진 방송위원회로부터 위탁을 받아 이 사건 텔레비전 방송광고 사전심의를 담당하고 있는바, 한국광고자율심의기구는 민간이 주도가 되어 설립된 기구이기는 하나, 그 구성에 행정권이 개입하고 있고, 행정법상 공무수탁사인으로서 그 위탁받은 업무에 관하여 국가의 지휘·감독을 받고 있으며, 방송위원회는 텔레비전 방송광고의 심의 기준이 되는 방송광고 심의규정을 제정, 개정할 권한을 가지고 있고, 자율심의기구의 운영비나 사무실 유지비, 인건비 등을 지급하고 있다. 그렇다면 한국광고자율심의기구가 행하는 방송광고 사전심의는 방송위원회가 위탁이라는 방법에 의해 그 업무의 범위를 확장한 것에 지나지 않는다고 할 것이므로 한국광고자율심의기구가 행하는 이 사건 텔레비전 방송광고 사전심의는 행정기관에 의한 사전검열로서 헌법이 금지하는 사전검열에 해당한다.

**사법부의 방영금지가처분-검열아님(헌재 2001. 8. 30. 2000헌바36)**

헌법 제21조 제2항에서 규정한 검열 금지의 원칙은 모든 형태의 사전적인 규제를 금지하는 것이 아니고 단지 의사표현의 발표 여부가 오로지 행정권의 허가에 달려있는 사전심사만을 금지하는 것을 뜻하므로, 이 사건 법률조항에 의한 방영금지가처분은 행정권에 의한 사전심사나 금지처분이 아니라 개별 당사자간의 분쟁에 관하여 사법부가 사법절차에 의하여 심리, 결정하는 것이어서 헌법에서 금지하는 사전검열에 해당하지 아니한다.

(2) 내용을 이유로 하는 사전규제

검열은 어떤 의견이나 사상이 내용을 기준으로 표현되지 못하도록 하기 위해 사전에 규제하는 것이다. 따라서 내용을 기준으로 하지 않는 내용중립적 규제이거나 사후에 규제하는 것은 검열이라고 할 수 없다.

**내용중립적 규제-검열아님(헌재 1998. 2. 27. 96헌바2)**

헌법 제21조 제2항에서 정하는 허가나 검열은 행정권이 주체가 되어 사상이나 의견 등이 발표되기 이전에 예방적 조치로서 그 내용을 심사 · 선별하여 발표를 사전에 억제하는, 즉 허가받지 아니한 것의 발표를 금지하는 제도를 뜻한다. 옥외광고물등관리법 제3조는 일정한 지역 · 장소 및 물건에 광고물 또는 게시시설을 표시하거나 설치하는 경우에 그 광고물 등의 종류 · 모양 · 크기 · 색깔, 표시 또는 설치의 방법 및 기간 등을 규제하고 있을 뿐, 광고물 등의 내용을 심사 · 선별하여 광고물을 사전에 통제하려는 제도가 아님은 명백하므로, 헌법 제21조 제2항이 정하는 사전허가 · 검열에 해당되지 아니한다.

(3) 허가를 받지 않은 표현의 금지 및 강제수단

검열은 사전에 심사절차를 관철할 수 있는 과태료나 형벌 등의 강제수단이 존재하고, 심사를 받지 않은 표현을 금지한다. 따라서 표현의 유통을 금지하는 것이 아니라, 표현물에 등급을 부여하여 유통하게 하려는 것은 검열이라고 할 수 없다.

**등급분류를 받지 아니한 비디오물의 유통 금지-검열아님(헌재 2007. 10. 4. 2004헌바36)**

비디오물 등급분류는 의사 표현물의 공개 내지 유통을 허가할 것인가 말 것인가를 영상물등급위원회가 사전적으로 결정하는 절차가 아니라 그 발표나 유통으로 인한 실정법 위반 사태를 미연에 방지하고, 비디오물 유통으로 인해 청소년이 받게 될 악영향을 미리 차단하고자 공개나 유통에 앞서 이용 연령을 분류하는 절차에 불과하다.

비디오물의 경우 청소년들이 이용할 수 없는 등급을 부여받게 되면 등급부여 당시의 시점에서는 이용 연령 제한으로 인해 그 연령에 해당하는 자들에게는 그에 대한 접근이 차단되지만, 시간이 경과하여 이용 가능한 연령이 되면, 이에 대한 접근이나 이용이 자유로워진다. 이러한 점에서 등급분류는 표현물의 공개나 유통 자체를 사전적으로 금지하여 시간이 경과하여도 이에 대한 접근이나 이용을 불가능하게 하는 사전검열과 다르다. 그러므로 이 사건 규정이 등급심사를 받지 아니한 비디오물의 유통을 금지하고 있더라도 이것은 사전검열에 해당하지 않는다.

그러나 등급분류보류의 횟수가 무제한이고, 등급분류를 받지 못하면 표현을 금지하는 경우에는 실질적으로 검열이라고 할 수 있다.

**무제한 등급보류-검열(헌재 2001. 8. 30. 2000헌가9)**

영화진흥법 제21조 제4항이 규정하고 있는 영상물등급위원회에 의한 등급분류보류제도는, 영상물등급위원회가 영화의 상영에 앞서 영화를 제출받아 그 심의 및 상영등급분류를 하되, 등급분류를 받지 아니한 영화는 상영이 금지되고 만약 등급분류를 받지 않은 채 영화를 상영한 경우 과태료, 상영금지명령에 이어 형벌까지 부과할 수 있도록 하며, 등급분류보류의 횟수제한이 없어 실질적으로 영상물등급위원회의 허가를 받지 않는 한 영화를 통한 의사표현이 무한정 금지될 수 있으므로 검열에 해당한다.

### 다) 사전검열금지에 대한 예외 없음

상업적 광고나 의료광고[172]등 그 어떤 표현도 사전검열 금지대상이다.

**건강기능식품의 기능성 광고와 표현의 자유 및 사전검열금지 원칙의 적용(헌재 2018. 6. 28. 2016헌가8등)**

헌법 제21조 제1항은 모든 국민은 언론·출판의 자유를 가진다고 규정하여 표현의 자유를 보장하고 있는바, 의사표현·전파의 자유에 있어서 의사표현 또는 전파의 매개체는 어떠한 형태이건 가능하며, 그 제한이 없다(헌재 1993. 5. 13. 91헌바17). 광고도 사상·지식·정보 등을 불특정다수인에게 전파하는 것으로서 언론·출판의 자유에 의한 보호를 받는 대상이 됨은 물론이고(헌재 1998. 2. 27. 96헌바2), 상업적 광고표현 또한 보호 대상이 된다(헌재 2000. 3. 30. 99헌마143; 헌재 2015. 12. 23. 2015헌바75).

그리고 헌법재판소는 헌재 2015. 12. 23. 2015헌바75 결정에서, 현행 헌법이 사전검열을 금지하는 규정을 두면서 1962년 헌법과 같이 특정한 표현에 대해 예외적으로 검열을 허용하는 규정을 두고 있지 아니한 점, 표현의 특성이나 이에 대한 규제의 필요성에 따라 언론·출판의 자유의 보호를 받는 표현 중에서 사전검열금지원칙의 적용이 배제되는 영역을 따로 설정할 경우 그 기준에 대한 객관성을 담보할 수 없어 종국적으로는 집권자에게 불리한 내용의 표현을 사전에 억제할 가능성을 배제할 수 없는 점 등을 들어, 현행 헌법상 사전검열은 표현의 자유 보호대상이면 예외 없이 금지된다는 입장을 명시적으로 밝힌 바 있다.

따라서 건강기능식품의 기능성 광고는 인체의 구조 및 기능에 대하여 보건용도에 유용한

---

172) "헌법이 특정한 표현에 대해 예외적으로 검열을 허용하는 규정을 두지 않은 점, 이러한 상황에서 표현의 특성이나 규제의 필요성에 따라 언론·출판의 자유의 보호를 받는 표현 중에서 사전검열금지원칙의 적용이 배제되는 영역을 따로 설정할 경우 그 기준에 대한 객관성을 담보할 수 없다는 점 등을 고려하면, 헌법상 사전검열은 예외 없이 금지되는 것으로 보아야 하므로 의료광고 역시 사전검열금지원칙의 적용대상이 된다." 헌재 2015. 12. 23. 2015헌바75

효과를 준다는 기능성 등에 관한 정보를 널리 알려 해당 건강기능식품의 소비를 촉진시키기 위한 상업광고로서 헌법 제21조 제1항의 표현의 자유의 보호 대상이 됨과 동시에 같은 조 제2항의 사전검열 금지 대상도 된다.

### 3) 헌법 제37조 제2항의 제한

언론·출판의 자유에 대한 제한이 검열이 아니라면 헌법 제37조 제2항의 기준에 맞는 정당한 제한인지 여부를 판단하여야 한다. 실질적인 기준은 과잉금지원칙이 기준이다. 그러나 표현의 자유를 불명확하게 제한하는 경우 '위축효과'가 발생할 수 있기 때문에 헌법재판소는 '명확성의 원칙'을 위헌심사기준으로 사용하고 있다.[173] 그리고 만약 제한이 표현의 내용이 아니라 표현의 방식과 같은 내용중립적인 것을 대상으로 이루어지는 것이라면 보다 광범위한 제한이 가능하다. 그리고 상업적 광고에 대한 제한의 경우에는 '완화된 비례성 심사'를 적용하고 있다.

**공공의 안녕질서 또는 미풍양속을 해하는 내용의 통신을 금하는 전기통신사업법 제53조 제1항이 명확성의 원칙에 위배되는지 여부(적극)(헌재 2002. 6. 27. 99헌마480)**

표현의 자유를 규제하는 입법에 있어서 명확성의 원칙은 특별히 중요한 의미를 지닌다. 무엇이 금지되는 표현인지가 불명확한 경우에, 자신이 행하고자 하는 표현이 규제의 대상이 아니라는 확신이 없는 기본권주체는 대체로 규제를 받을 것을 우려해서 표현행위를 스스로 억제하게 될 가능성이 높기 때문에 표현의 자유를 규제하는 법률은 규제되는 표현의 개념을 세밀하고 명확하게 규정할 것이 헌법적으로 요구된다. 그런데, "공공의 안녕질서 또는 미풍양속을 해하는"이라는 불온통신의 개념은 너무나 불명확하고 애매하다. 여기서의 "공공의 안녕질서"는 위 헌법 제37조 제2항의 "국가의 안전보장·질서유지"와, "미풍양속"은 헌법 제21조 제4항의 "공중도덕이나 사회윤리"와 비교하여 볼 때 동어반복이라 해도 좋을 정도로 전혀 구체화되어 있지 아니하다. 이처럼, "공공의 안녕질서", "미풍양속"은 매우 추상적인 개념이어서 어떠한 표현행위가 과연 "공공의 안녕질서" 나 "미풍양속"을 해하는 것인지, 아닌지에 관한 판단은 사람마다의 가치관, 윤리관에 따라 크게 달라질 수밖에 없고, 법집행자의 통상적 해석을 통하여 그 의미내용을 객관적으로 확정하기도 어렵다.

173) 헌재 2002. 6. 27. 99헌마480; 헌재 2010. 12. 28. 2008헌바157등

**공익을 해할 목적으로 전기통신설비에 의하여 공연히 허위의 통신을 한 자를 형사 처벌하는 전기통신기본법 제47조 제1항(이하 '이 사건 법률조항'이라 한다)의 죄형법정주의의 명확성원칙 위반 여부(적극)(헌재 2010. 12. 28. 2008헌바157등)**

이 사건 법률조항은 표현의 자유에 대한 제한입법이며, 동시에 형벌조항에 해당하므로, 엄격한 의미의 명확성원칙이 적용된다. 그런데 이 사건 법률조항은 "공익을 해할 목적"의 허위의 통신을 금지하는바, 여기서의 "공익"은 형벌조항의 구성요건으로서 구체적인 표지를 정하고 있는 것이 아니라, 헌법상 기본권 제한에 필요한 최소한의 요건 또는 헌법상 언론·출판의 자유의 한계를 그대로 법률에 옮겨 놓은 것에 불과할 정도로 그 의미가 불명확하고 추상적이다. 따라서 어떠한 표현행위가 "공익"을 해하는 것인지, 아닌지에 관한 판단은 사람마다의 가치관, 윤리관에 따라 크게 달라질 수밖에 없으며, 이는 판단주체가 법전문가라 하여도 마찬가지이고, 법집행자의 통상적 해석을 통하여 그 의미내용이 객관적으로 확정될 수 있다고 보기 어렵다. 나아가 현재의 다원적이고 가치상대적인 사회구조 하에서 구체적으로 어떤 행위상황이 문제되었을 때에 문제되는 공익은 하나로 수렴되지 않는 경우가 대부분인바, 공익을 해할 목적이 있는지 여부를 판단하기 위한 공익간 형량의 결과가 언제나 객관적으로 명백한 것도 아니다. 결국, 이 사건 법률조항은 수범자인 국민에 대하여 일반적으로 허용되는 '허위의 통신' 가운데 어떤 목적의 통신이 금지되는 것인지 고지하여 주지 못하고 있으므로 표현의 자유에서 요구하는 명확성의 요청 및 죄형법정주의의 명확성원칙에 위배하여 헌법에 위반된다.

**교통수단을 이용하여 타인의 광고를 할 수 없도록 하고 있는 옥외광고물등관리법시행령 규정이 표현의 자유를 침해하는지 여부(소극)(헌재 2002. 12. 18. 2000헌마764)**

이 사건 시행령조항은 모든 광고를 전면적으로 금지하는 것이 아니라, 자동차 소유자 자신에 관한 내용의 광고는 허용하면서 타인에 관한 내용의 광고를 금지하고 있다. 이 사건 시행령조항이 자동차소유자 자신에 관한 광고는 허용하면서 타인에 관한 광고를 금지하는 것은 일견하여 표현내용에 따른 규제로 볼 수도 있으나, 이 사건 시행령조항이 자신에 관한 광고와 타인에 관한 광고를 구분하여 규제의 기준으로 삼은 것은, 광고의 매체로 이용될 수 있는 차량을 제한함으로써 자동차를 이용한 광고행위의 양을 도로교통의 안전과 도시미관을 해치지 않는 적정한 수준으로 제한하려고 한 것이다…이 사건 시행령조항이 자신에 관한 광고를 허용하면서 타인에 관한 광고를 금지한 것은 특정한 표현내용을 금지하거나 제한하려는 것이 아니라 광고의 매체로 이용될 수 있는 차량을 제한하고자 하는 표현방법에 따른 규제로서, 표현의 방법에 대한 제한은 합리적인 공익상의 이유로 비례의 원칙의 준수 하에서 가능하다고 할 것이다.

**상업광고 '완화된 비례성 심사'(헌재 2005.10.27. 2003헌가3)**

상업광고에 대한 규제에 의한 표현의 자유 내지 직업수행의 자유의 제한은 헌법 제37조 제2항에서 도출되는 비례의 원칙(과잉금지의 원칙)을 준수해야 하지만, 상업광고는 사상이나 지식에 관한 정치적, 시민적 표현행위와는 차이가 있고, 인격발현과 개성신장에 미치는 효과가 중대한 것은 아니므로, 비례의 원칙 심사에 있어서 '피해의 최소성' 원칙은 '입법목적을 달성하기 위하여 필요한 범위 내의 것인지'를 심사하는 정도로 완화되는 것이 상당하다.

## 2. 집회의 자유

제21조 ①모든 국민은 언론 · 출판의 자유와 집회 · 결사의 자유를 가진다.
②언론 · 출판에 대한 허가나 검열과 집회 · 결사에 대한 허가는 인정되지 아니한다.

### 가. 의의 및 기능

집회의 자유는 다수인이 공동의 목적을 가지고 어떤 장소에 모여서 집단적인 의사표현을 할 자유이다. 집회의 자유를 보장함으로써 집회에 참가하지 않고 집회의 표현내용에 동조하지 않는 일반 대중에게 불편함을 야기할 수도 있다. 그러나 집회의 자유는 다수의 의사가 관철되기 쉬운 민주주의 사회에서 소수자에게 보장된 중요한 표현의 장이기 때문에 어느 정도의 불편함은 보호법익과 조화를 이루는 범위 내에서 수인되어야 한다. 집회의 자유는 개인의 인격발현의 요소이기도 하지만 민주주의를 구성하는 요소라는 점에서 이중적 헌법적 기능을 가진다.

**집회의 자유의 의의(헌재1992.1.28. 89헌가8)**

"대의민주주의 체제에 있어서 집회의 자유는 불만과 비판 등을 공개적으로 표출케 함으로써 오히려 정치적 안정에 기여하는 긍정적 기능을 수행하며, 이와 같은 자유의 향유는 민주정치의 바탕이 되는 건전한 여론표현과 여론 형성의 수단인 동시에 대의 기능이 약화되었을 때에 소수의견의 국정반영의 창구로서의 의미를 지님을 간과해서는 안 될 것이다."

**집회의 자유의 헌법적 의미와 기능(헌재 2003. 10. 30. 2000헌바67등)**

헌법 제21조 제1항은 "모든 국민은 언론·출판의 자유와 집회·결사의 자유를 가진다."고 규정하여, 타인과의 의견교환을 위한 기본권인 표현의 자유, 집회의 자유, 결사의 자유를 함께 국민의 기본권으로 보장하고 있다. 헌법은 집회의 자유를 국민의 기본권으로 보장함으로써, 평화적 집회 그 자체는 공공의 안녕질서에 대한 위험이나 침해로서 평가되어서는 아니 되며, 개인이 집회의 자유를 집단적으로 행사함으로써 불가피하게 발생하는 일반대중에 대한 불편함이나 법익에 대한 위험은 보호법익과 조화를 이루는 범위 내에서 국가와 제3자에 의하여 수인되어야 한다는 것을 헌법 스스로 규정하고 있는 것이다. 집회의 자유는 개인의 인격발현의 요소이자 민주주의를 구성하는 요소라는 이중적 헌법적 기능을 가지고 있다.

## 나. 집회의 개념과 요건

집회란 '다수인'이 '공동목적'을 가지고 특정 '장소에' 모여 '평화적'으로 의사표시를 하는 것이다. 여기서 다수인은 2인이상을 말한다. 따라서 1인 시위는 집회의 자유가 아닌 언론의 자유로 보장된다.[174] '공동목적'에 대하여 견해가 나뉘지만, 헌법재판소는 '내적인 유대관계' 만으로도 공동목적을 충족했다고 본다.[175] 헌법재판소의 입장은 집회의 범위를 지나치게 넓힐 우려가 있다. 한편 '장소'는 집회의 요건이 된다. 집회는 항의하는 대상이나 표현하려는 목적과 관련한 장소를 전제로 이루어지기 때문이다. 집회장소를 선택할 자유는 집회의 자유의 실질적 부분이다.[176] 한편 폭력을 사용하는 집회는 헌법적으로 보호되지 않는다.[177]

---

174) 대법원 2011. 9. 29. 선고 2009도2821 판결 참조

175) "집시법상 집회에 대한 정의규정은 존재하지 아니한다. 그러나 일반적으로 집회는, 일정한 장소를 전제로 하여 특정 목적을 가진 다수인이 일시적으로 회합하는 것을 말하는 것으로 일컬어지고 있고, 그 공동의 목적은 '내적인 유대 관계'로 족하다." 헌재 2009. 5. 28. 2007헌바22. 이 사건은 청구인이 2005. 2. 18. 06:00경 '올바른 과거청산을 위한 범국민위원회'라는 시민운동단체 소속회원 10여 명과 함께 한나라당 전(前) 대표인 청구외 박근혜의 사택 앞에서 미리 모여 있던 20여 명의 기자들에게 과거청산 입법을 촉구하는 내용의 보도자료를 배포하고, 특정인이 탄 차량이 지나가지 못하도록 그 앞에 드러누워 구호를 외치는 등 미신고 옥외집회를 주최하여 구 '집회 및 시위에 관한 법률'위반으로 기소된 사건에서 비롯되었다.

176) "집회의 자유는 집회의 시간·장소·방법·목적 등을 스스로 결정하는 것을 내용으로 하며, 구체적으로 보호되는 주요 행위는 집회의 준비·조직·지휘·참가 및 집회 장소와 시간의 선택 등이다. 집회 장소는 일반적으로 집회의 목적·내용과 밀접한 연관관계를 가진다. 집회는 특별한 상징적 의미 또는 집회와 특별한 연관성을 가지는 장소, 예를 들면 집회를 통해 반대하고자 하는 대상물이 위치하거나 집회의 계기를 제공한 사건이 발생한 장소 등에서

## 다. 집회의 자유의 내용

집회의 자유에 의해서 보호되는 행위는 집회의 준비부터, 조직, 시간·장소의 선택까지 모두 포함한다. 집회에 참가하거나 참가하지 않을 자유도 집회의 자유의 보호내용이다. 집회장소로의 여행을 방해하거나, 집회장소로부터 귀가하는 것을 방해하거나, 집회참가자에 대한 검문의 방법으로 시간을 지연시킴으로써 집회장소에 접근하는 것을 방해하거나, 국가가 개인의 집회참가행위를 감시하고 그에 관한 정보를 수집함으로써 집회에 참가하고자 하는 자로 하여금 불이익을 두려워하여 미리 집회참가를 포기하도록 집회참가의사를 약화시키는 것 등 집회의 자유행사에 영향을 미치는 모든 조치를 금지한다.[178] 시위의 자유도 집회의 자유에 의해 보호되는 기본권이다.[179]

> **♾생각해볼 문제-복면집회와 집회의 자유**
>
> 헌법재판소는 집회 참가자가 복장을 자유로이 결정할 수 있는 자유가 있다고 한 바 있다. 그러나 복면 집회에 대해서는 찬반의 논란이 존재한다. 국회는 과거에 복면집회를 금지하는 법안의 제정을 시도하였으나 반대에 부딪혀 성공하지 못했다. 유럽 몇몇 국가에서는 복면집회를 제한하는 규정을 두기도 하고 있고, 미국에서는 복면집회를 금지한 법률이 표현의 자유침해를 이유로 위헌결정을 받은 바도 있다. 복면집회와 집회의 자유에 대해서 생각해보자.

이루어져야 의견표명이 효과적으로 이루어질 수 있다. 집회 장소의 선택은 집회의 성과를 결정하는 주요 요인이 된다(헌재 2003. 10. 30. 2000헌바67등 참조). 따라서 집회 장소를 선택할 자유는 집회의 자유의 실질적 부분을 형성한다." 헌재 2018. 7. 26. 2018헌바137

177) "비록 헌법이 명시적으로 밝히고 있지는 않으나, 집회의 자유에 의하여 보호되는 것은 단지 '평화적' 또는 '비폭력적' 집회이다. 집회의 자유는 민주국가에서 정신적 대립과 논의의 수단으로서, 평화적 수단을 이용한 의견의 표명은 헌법적으로 보호되지만, 폭력을 사용한 의견의 강요는 헌법적으로 보호되지 않는다" 헌재 2003.10.30. 2000헌바67

178) "집회의 자유는 집회의 시간, 장소, 방법과 목적을 스스로 결정할 권리를 보장한다. 집회의 자유에 의하여 구체적으로 보호되는 주요행위는 집회의 준비 및 조직, 지휘, 참가, 집회장소·시간의 선택이다. 그러나 집회를 방해할 의도로 집회에 참가하는 것은 보호되지 않는다. 주최자는 집회의 대상, 목적, 장소 및 시간에 관하여, 참가자는 참가의 형태와 정도, 복장을 자유로이 결정할 수 있다"헌재 2003. 10. 30. 2000헌바67등

179) 헌재 2005. 11.24. 2004헌가67등

## 라. 집회 및 시위에 관한 법률(약칭: 집시법)

집회의 자유를 구체적으로 보장하기 위하여 집시법이 있다. 이 법은 "적법한 집회(集會) 및 시위(示威)를 최대한 보장하고 위법한 시위로부터 국민을 보호함으로써 집회 및 시위의 권리 보장과 공공의 안녕질서가 적절히 조화를 이루도록 하는 것을 목적"으로 한다. 그런데 집시법은 집회의 자유를 보장하기 보다는 제한하는 것에 더 많은 중점을 두고 있다. 공공의 안녕질서에 위협이 되지 않는 집회라 하더라도 신고를 해야 하고,[180] 시간[181]이나 장소에 대한 제한[182]이 가해지고, 교통

180) 『집회 및 시위에 관한 법률』 제6조(옥외집회 및 시위의 신고 등) ①옥외집회나 시위를 주최하려는 자는 그에 관한 다음 각 호의 사항 모두를 적은 신고서를 옥외집회나 시위를 시작하기 720시간 전부터 48시간 전에 관할 경찰서장에게 제출하여야 한다. 다만, 옥외집회 또는 시위 장소가 두 곳 이상의 경찰서의 관할에 속하는 경우에는 관할 시·도경찰청장에게 제출하여야 하고, 두 곳 이상의 시·도경찰청 관할에 속하는 경우에는 주최지를 관할하는 시·도경찰청장에게 제출하여야 한다.

1. 목적
2. 일시(필요한 시간을 포함한다)
3. 장소
4. 주최자(단체인 경우에는 그 대표자를 포함한다), 연락책임자, 질서유지인에 관한 다음 각 목의 사항
   가. 주소
   나. 성명
   다. 직업
   라. 연락처
5. 참가 예정인 단체와 인원
6. 시위의 경우 그 방법(진로와 약도를 포함한다)

181) 제10조(옥외집회와 시위의 금지 시간) 누구든지 해가 뜨기 전이나 해가 진 후에는 옥외집회 또는 시위를 하여서는 아니 된다. 다만, 집회의 성격상 부득이하여 주최자가 질서유지인을 두고 미리 신고한 경우에는 관할경찰관서장은 질서 유지를 위한 조건을 붙여 해가 뜨기 전이나 해가 진 후에도 옥외집회를 허용할 수 있다.[헌법 불합치, 2008헌가25, 2009. 9. 24., 집회 및 시위에 관한 법률(2007. 5. 11. 법률 제8424호로 전부개정된 것) 제10조 중 '옥외집회' 부분 및 제23조 제1호 중 '제10조 본문의 옥외집회' 부분은 헌법에 합치되지 아니한다. 위 조항들은 2010. 6. 30.을 시한으로 입법자가 개정할 때까지 계속 적용된다.] [한정위헌, 2010헌가2, 2014. 3. 27. 집회 및 시위에 관한 법률(2007. 5. 11. 법률 제8424호로 개정된 것) 제10조 본문 중 '시위'에 관한 부분 및 제23조 제3호 중 '제10조 본문' 가운데 '시위'에 관한 부분은 각 '해가 진 후부터 같은 날 24시까지의 시위'에 적용하는 한 헌법에 위반된다.]

182) 제11조(옥외집회와 시위의 금지 장소) 누구든지 다음 각 호의 어느 하나에 해당하는 청사 또는 저택의 경계 지점으로부터 100 미터 이내의 장소에서는 옥외집회 또는 시위를 하여서는 아니 된다. 〈개정 2020. 6. 9.〉

1. 국회의사당. 다만, 다음 각 목의 어느 하나에 해당하는 경우로서 국회의 기능이나 안녕

소통을 이유로 제한[183]을 받는다. 집시법은 집회의 개념은 규정하지 않고 옥외집회와 시위의 개념만 규정하고 있다.

| '집회 및 시위에 관한 법률' 제2조 (정의) 이 법에서 사용하는 용어의 뜻은 다음과 같다.<br>1. "옥외집회"란 천장이 없거나 사방이 폐쇄되지 아니한 장소에서 여는 집회를 말한다.<br>2. "시위"란 여러 사람이 공동의 목적을 가지고 도로, 광장, 공원 등 일반인이 자유로이 통행할 수 있는 장소를 행진하거나/ 위력(威力) 또는 기세(氣勢)를 보여, 불특정한 여러 사람의 의견에 영향을 주거나 제압(制壓)을 가하는 행위를 말한다. |
|---|

헌법재판소는 옥외집회에 '공중이 자유로이 통행할 수 있는 장소'라는 '장소적 제한개념'이 요소가 아니라고 한 바 있다.

---

을 침해할 우려가 없다고 인정되는 때에는 그러하지 아니하다.
가. 국회의 활동을 방해할 우려가 없는 경우
나. 대규모 집회 또는 시위로 확산될 우려가 없는 경우
2. 각급 법원, 헌법재판소. 다만, 다음 각 목의 어느 하나에 해당하는 경우로서 각급 법원, 헌법재판소의 기능이나 안녕을 침해할 우려가 없다고 인정되는 때에는 그러하지 아니하다.
가. 법관이나 재판관의 직무상 독립이나 구체적 사건의 재판에 영향을 미칠 우려가 없는 경우
나. 대규모 집회 또는 시위로 확산될 우려가 없는 경우
3. 대통령 관저(官邸), 국회의장 공관, 대법원장 공관, 헌법재판소장 공관
4. 국무총리 공관. 다만, 다음 각 목의 어느 하나에 해당하는 경우로서 국무총리 공관의 기능이나 안녕을 침해할 우려가 없다고 인정되는 때에는 그러하지 아니하다.
가. 국무총리를 대상으로 하지 아니하는 경우
나. 대규모 집회 또는 시위로 확산될 우려가 없는 경우
5. 국내 주재 외국의 외교기관이나 외교사절의 숙소. 다만, 다음 각 목의 어느 하나에 해당하는 경우로서 외교기관 또는 외교사절 숙소의 기능이나 안녕을 침해할 우려가 없다고 인정되는 때에는 그러하지 아니하다.
가. 해당 외교기관 또는 외교사절의 숙소를 대상으로 하지 아니하는 경우
나. 대규모 집회 또는 시위로 확산될 우려가 없는 경우
다. 외교기관의 업무가 없는 휴일에 개최하는 경우

183) 제12조(교통 소통을 위한 제한) ①관할경찰관서장은 대통령령으로 정하는 주요 도시의 주요 도로에서의 집회 또는 시위에 대하여 교통 소통을 위하여 필요하다고 인정하면 이를 금지하거나 교통질서 유지를 위한 조건을 붙여 제한할 수 있다.
②집회 또는 시위의 주최자가 질서유지인을 두고 도로를 행진하는 경우에는 제1항에 따른 금지를 할 수 없다. 다만, 해당 도로와 주변 도로의 교통 소통에 장애를 발생시켜 심각한 교통 불편을 줄 우려가 있으면 제1항에 따른 금지를 할 수 있다.

**옥외집회 및 시위의 개념(헌재 1994. 4. 28. 91헌바14)[184]**

집회및시위에관한법률 제2조 제2호의 "시위"는 그 문리와 개정연혁에 비추어 다수인이 공동목적을 가지고 (1) 도로 · 광장 · 공원 등 공중이 자유로이 통행할 수 있는 장소를 진행함으로써 불특정다수인의 의견에 영향을 주거나 제압을 가하는 행위와 (2) 위력(威力) 또는 기세(氣勢)를 보여 불특정다수인의 의견에 영향을 주거나 제압을 가하는 행위를 말한다고 풀이되므로, 위 (2)의 경우에는 "공중이 자유로이 통행할 수 있는 장소"라는 장소적 제한개념은 시위라는 개념의 요소라고 볼 수 없다….

옥외집회의 정의규정인 위 법 제2조 제1호가 시위에서와 같은 "공중이 자유로이 통행할 수 있는 장소"라는 장소적 제한개념을 추가하지 않은 것은 합리적인 이유가 있다고 인정되고 그것이 집회(특히 옥외집회)의 주최자를 시위의 주최자보다 합리적 이유 없이 불리하게 차별한 것이라든가 또는 옥외집회의 개념을 너무 넓게 규정하여 집회의 자유의 본질적 내용을 침해하였거나 그것을 필요 이상으로 과도하게 제한하였다고는 볼 수 없다.

## 마. 제한

집회는 헌법 제37조 제2항에 의해서 제한될 수 있다. 그러나 그 이전에 헌법 제21조 제2항에 의해 집회의 허가는 위헌이다. 집시법은 신고제, 시간 및 장소의 제한, 특정 집회의 금지, 교통방해집회 제한 등에 대해서 규정하여 다양한 제한을 가하고 있다.

### 1) 집시법상 금지 집회

집시법 제5조는 '헌법재판소의 결정에 따라 해산된 정당의 목적을 달성하기 위한 집회 또는 시위', '집단적인 폭행, 협박, 손괴(損壞), 방화 등으로 공공의 안녕 질서에 직접적인 위협을 끼칠 것이 명백한 집회 또는 시위'는 금지한다

### 2) 헌법 제21조 2항의 집회허가제금지

집회의 허가란 행정권이 주체가 되어 집회의 내용에 따라 그 허용여부를 사전

184) 이 사건은 1989.6.10. 23:40경부터 다음 날 02:45경까지 사이에 대구 북구 ㅇㅇ동 소재 ㅇㅇ대학교 야외공연장에서 대구 경북지역 교사 약 300명과 대학생 및 노동자 약 700명이 참석한 가운데 "전국교직원노동조합 대구 · 경북지부 결성식 전야제"를 준비 · 주최함으로써 법률상 금지된 야간옥외집회를 주최하였다는 이유로 형사재판을 받게 된 청구인등이 제기한 것으로, 청구인은 공중이 자유로이 통행할 수 있는 장소가 아닌 대학구내에서의 옥외집회는 집시법의 대상이 되어서는 안된다고 주장하였다.

에 심사하고 집회를 허용하거나 금지하는 것을 말한다. 그런데 집회를 주최하려는 자는 신고서를 48시간 전에 경찰관에게 제출하여야 하고 경찰관서장은 이를 심사하여 금지통고를 할 수 있다. 미신고 집회, 금지통고된 집회를 주최하는 경우 주최자는 형사처벌 된다.(집시법 제6조, 제8조, 제22조) 과거에는 집시법상의 신고제가 사실상 허가제로 운영되는 것이라는 비판이 있었으나 최근 집회는 신고만 하면 금지통고를 거의 받지 않고 자유롭게 할 수 있기 때문에, 현재 그러한 비판은 유효하지 않다. 그러나 집회에 대한 신고제가 허가제로 운영되지 않도록 각별한 주의가 필요하다. 헌법재판소는 집회의 신고제는 단순한 행정절차적 협력의무를 부과한 것이므로 헌법이 금지하는 허가제가 아니라고 한 바 있다.

**집회의 사전신고제(헌재 2009. 5. 28. 2007헌바22)**

집회의 자유의 행사는 다수인의 집단적인 행동을 수반하기 때문에 집단행동의 속성상 의사표현의 수단으로서 개인적인 행동의 경우보다 공공의 안녕질서나 법적 평화와 마찰을 빚을 가능성이 큰 것 또한, 사실이다(헌재 1994. 4. 28. 91헌바14, 판례집 6-1, 281, 300). 특히 옥외집회는 일정한 옥외장소나 도로의 사용을 전제로 하므로 그러한 가능성이 더욱 높고, 이에 따라 사전에 집회의 자유와 다른 법익을 조화시킬 수 있는 제도적 장치가 요청된다. 그리하여 구 집시법 제6조 제1항은, 옥회집회를 주최하려는 자는 그에 관한 신고서를 옥외집회를 시작하기 720시간 전부터 48시간 전에 관할 경찰서장에게 제출하도록 하고 있다. 이러한 사전신고는 경찰관청 등 행정관청으로 하여금 집회의 순조로운 개최와 공공의 안전보호를 위하여 필요한 준비를 할 수 있는 시간적 여유를 주기 위한 것으로서, 협력의무로서의 신고라고 할 것이다. 결국, 구 집시법 전체의 규정 체제에서 보면 법은 일정한 신고절차만 밟으면 일반적 · 원칙적으로 옥회집회 및 시위를 할 수 있도록 보장하고 있으므로(헌재 1994. 4. 28. 91헌바14, 판례집 6-1, 281, 302), 집회에 대한 사전신고제도는 헌법 제21조 제2항의 사전허가금지에 반하지 않는다고 할 것이다.

긴급집회는 사전에 신고하기가 어려운데 헌법재판소는 집회후 즉시 신고를 한다면 처벌할 수 없다고 하였다.

심판대상조항은 모든 옥외집회에 대하여 신고의무를 부과하고 있는바, 미리 계획도 되었고 주최자도 있지만 집회시위법이 요구하는 시간 내에 신고를 할 수 없는 이른바 '긴급집회'를 개최한 경우에도 심판대상조항에 의하여 처벌되는지 문제될 수 있다.

집회의 자유를 규정하고 있는 헌법 제21조 제1항을 기초로 하여 심판대상조항을 보면, 긴급집회의 경우에는 신고가능성이 존재하는 즉시 신고하여야 하는 것으로 해석된다. 따라서 **신고 가능한 즉시 신고한 긴급집회의 경우에까지 심판대상조항을 적용하여 처벌할 수는 없다.** 그러나 그러한 신고조차 하지 아니하는 경우에는 일응 심판대상조항의 구성요건해당성이 충족되는 것으로 보아야 한다. 다만, 이 경우에도 48시간 이내에 신고를 할 수 없는 긴급한 사정이 있고, 옥외집회나 시위가 평화롭게 진행되어 타인의 법익이나 공공의 안녕질서에 대한 직접적인 위험이 명백하게 초래된 바 없다면, 사회상규에 위배되지 아니하는 행위로서 위법성이 조각될 수 있고, 나아가 사안에 따라서는 적법행위에 대한 기대가능성이 없어 책임이 조각되는 경우도 있을 수 있다. 그리고 이는 구체적 사안을 전제로 헌법상 보장되는 집회의 자유의 내용과 심판대상조항이 보호하고자 하는 공익을 구체적으로 비교형량하여 법원이 판단하여야 할 개별사건에서의 법률의 해석·적용에 관한 문제이다. (헌재 2014.1.28. 2011헌바174)

문제는 집시법 제10조가 야간옥외집회를 금지하면서 단서규정에서 관할경찰서장의 허가를 받아 옥외집회를 할 수 있도록 하고 있는데, 단서규정이 집회의 '허가'를 규정하고 있는 것은 아닌가에 대하여 논란이 있었다.

**야간옥외집회금지 및 허용규정(헌법불합치 결정)(헌재 2009.9.24. 2008헌가25)**

*집시법 제10조(옥외집회와 시위의 금지 시간)*

*누구든지 해가 뜨기 전이나 해가 진 후에는 옥외집회 또는 시위를 하여서는 아니 된다. 다만, 집회의 성격상 부득이하여 주최자가 질서유지인을 두고 미리 신고한 경우에는 관할경찰관서장은 질서 유지를 위한 조건을 붙여 해가 뜨기 전이나 해가 진 후에도 옥외집회를 허용할 수 있다.*

재판관 5인의 위헌의견

허가는 행정권이 주체가 되어 집회 이전에 예방적 조치로서 집회의 내용·시간·장소 등을 사전 심사하여 일반적인 집회금지를 특정한 경우에 해제함으로써 집회를 할 수 있게 하는 제도, 즉 허가를 받지 아니한 집회를 금지하는 제도를 의미….집시법 제10조 본문은 "누구든지 해가 뜨기 전이나 해가 진 후에는 옥외집회 또는 시위를 하여서는 아니 된다."고 규정하여 '야간옥외집회'를 일반적으로 금지하면서 그 단서에서는, "다만 집회의 성격상 부득이 하여 주최자가 질서 유지인을 두고 미리 신고한 경우에는 관할 경찰서장은 질서 유지를 위한 조건을 붙여 해가 뜨기 전에나 해가 진 후에도 옥외집회를 허용할 수 있다."고 규정하고 있는 바, 위 조항 본문에 의하면 야간옥외집회는 일반적으로 금지하되, 그 단서에서는 행정권인 관할경찰서장이 집회의 성격 등을 포함하여 야간옥외집회에 관한 일반적 금지를 규정한 집시법 제10조 본문과 관할 경찰서장에 의한 예외적 허용을 규정한 단서는 그 전체로서 야간옥외집회에 대한 '허가'를 규정한 것이라고 보지 않을 수 없고, 이는 이 사건 헌법규정에 정면으로 위반되는 것이다.

재판관 민형기, 재판관 목영준의 헌법불합치의견

(1) '행정청이 주체가 되어 집회의 허용 여부를 사전에 결정하는 것'으로서 행정청에 의한 사전허가는 헌법상 금지되지만, 입법자가 법률로써 일반적으로 집회를 제한하는 것은 헌법상 '사전허가금지'에 해당하지 않는다. 집시법 제10조 본문은 "해가 뜨기 전이나 해가 진 후에는" 옥외집회를 못하도록 시간적 제한을 규정한 것이고, 단서는 오히려 본문에 의한 제한을 완화시키려는 규정이다. 따라서 본문에 의한 시간적 제한이 집회의 자유를 과도하게 제한하는지 여부는 별론으로 하고, 단서의 "관할경찰관서장의 허용"이 '옥외집회에 대한 일반적인 사전허가'라고는 볼 수 없는 것이다. 집시법 제10조는 법률에 의하여 옥외집회의 시간적 제한을 규정한 것으로서 그 단서 조항의 존재에 관계없이 헌법 제21조 제2항의 '사전허가금지'에 위반되지 않는다.

(2) 옥외집회는 그 속성상 공공의 안녕질서, 법적 평화 및 타인의 평온과 마찰을 빚을 가능성이 크다. 야간이라는 특수한 시간적 상황은 시민들의 평온이 더욱더 요청되는 시간대이고, 집회참가자 입장에서도 주간보다 감성적으로 민감해져 자제력이 낮아질 가능성이 높다. 또한 행정관서 입장에서도 야간옥외집회는 질서를 유지시키기가 어렵다. 집시법 제10조는 야간옥외집회의 위와 같은 특징과 차별성을 고려하여, 원칙적으로 야간옥외집회를 제한하는 것이므로, 그 입법목적의 정당성과 수단의 적합성이 인정된다.

한편 집시법 제10조에 의하면 낮 시간이 짧은 동절기의 평일의 경우에는 직장인이나 학생은 사실상 집회를 주최하거나 참가할 수 없게 되어, 집회의 자유를 실질적으로 박탈하거나 명목상의 것으로 만드는 결과를 초래하게 된다. 또한 도시화·산업화가 진행된 현대 사회에서, '야간'이라는 시간으로 인한 특징이나 차별성은 보다 구체적으로 표현하면 '심야'의 특수성으로 인한 위험성이라고도 할 수 있다. 집시법 제10조는 목적달성을 위해 필요한 정도를 넘는 지나친 제한이다. 나아가 우리 집시법은 제8조, 제12조, 제14조 등에서 국민의 평온과 사회의 공공질서가 보호될 수 있는 보완장치를 마련하고 있으므로, 옥외집회가 금지되는 야간시간대를 집시법 제10조와 같이 광범위하게 정하지 않더라도 입법목적을 달성하는데 큰 어려움이 없다. 집시법 제10조 단서는, 관할경찰관서장이 일정한 조건하에 집회를 허용할 수 있도록 규정하고 있으나, 그 허용 여부를 행정청의 판단에 맡기고 있는 이상, 과도한 제한을 완화하는 적절한 방법이라고 할 수 없다. 따라서 집시법 제10조는 침해최소성의 원칙에 반하고, 법익균형성도 갖추지 못하였다.

따라서 집시법 제10조 중 '옥외집회'에 관한 부분은 과잉금지 원칙에 위배하여 집회의 자유를 침해하는 것으로 헌법에 위반되고, 이를 구성요건으로 하는 집시법 제23조 제1호의 해당 부분 역시 헌법에 위반된다.[185]

185) 5인 단순위헌+ 2인 헌법불합치의견=헌법불합치결정, 2010년 6월 30일까지 계속 적용을 명하고 2010년 7월1일 효력상실된다고 하면서 입법을 촉구하였으나 입법부가 법을 개정하기 않

그러나 그 다음에 문제가 된 야간시위금지와 관련해서는 '허가'의 문제는 발생하지 않았기 때문에 헌법재판소는 과잉금지원칙을 기준으로 위헌성을 판단하였다.

**야간시위 금지규정 위헌성 판단(한정위헌)[186](헌재 2014. 3. 27. 2010헌가2 등)**

1.시위는 공공의 안녕질서, 법적 평화 및 타인의 평온에 미치는 영향이 크고, 야간이라는 특수한 시간적 상황은 시민들의 평온이 강하게 요청되는 시간대로, 야간의 시위는 주간의 시위보다 질서를 유지시키기가 어렵다. 야간의 시위 금지는 이러한 특징과 차별성을 고려하여 사회의 안녕질서를 유지하고 시민들의 주거 및 사생활의 평온을 보호하기 위한 것으로서 정당한 목적 달성을 위한 적합한 수단이 된다./ 그런데 집시법 제10조 본문에 의하면, 낮 시간이 짧은 동절기의 평일의 경우, 직장인이나 학생은 사실상 시위를 주최하거나 참가할 수 없게 되는 등 집회의 자유가 실질적으로 박탈되는 결과가 초래될 수 있다. 나아가 도시화 · 산업화가 진행된 현대 사회에서 전통적 의미의 야간, 즉 '해가 뜨기 전이나 해가 진 후'라는 광범위하고 가변적인 시간대는 위와 같은 '야간'이 특징이나 차별성이 명백하다고 보기 어려움에도 일률적으로 야간 시위를 금지하는 것은 목적달성을 위해 필요한 정도를 넘는 지나친 제한으로서 침해의 최소성 원칙 및 법익균형성 원칙에 반한다. 따라서 심판대상조항들은 과잉 금지원칙에 위배하여 집회의 자유를 침해한다.

2.야간시위를 금지하는 집시법 제10조 본문에는 위헌적인 부분과 합헌적인 부분이 공존하고 있으며, 위 조항 전부의 적용이 중지될 경우 공공의 질서 내지 법적 평화에 대한 침해의 위험이 높아, 일반적인 옥외집회나 시위에 비하여 높은 수준의 규제가 불가피한 경우에도 대응하기 어려운 문제가 발생할 수 있으므로, 현행 집시법의 체계 내에서 시간을 기준으로 한 규율의 측면에서 볼 때 규제가 불가피하다고 보기 어려움에도 시위를 절대적으로 금지하여 위헌성이 명백한 부분에 한하여 위헌 결정을 한다. 심판대상조항들은, 이미 보편화된 야간의 일상적인 생활의 범주에 속하는 '해가 진 후부터 같은 날 24시까지의 시위'에 적용하는 한 헌법에 위반된다.

야간옥외집회금지규정이 헌법불합치결정을 받았지만 입법부가 개정하지 않고 있는 가운데, 다시 야간옥외집회금지규정이 다시 한번 헌법재판소의 결정을 받게 되었다. 이때 헌법재판소는 입법부에게 규정의 개정을 요구하지 않고 야간시위금지

---

고 그냥 두고 있음.

186) 2008. 6. 25. 19:15경부터 같은 날 21:50경 경찰에 현행범으로 체포될 때까지 덕수궁 앞 및 세종로 일대에서 주최된 광우병 쇠고기 수입반대 시위에 참가하였다는 이유로 '집회 및 시위에 관한 법률' 위반 혐의로 약식기소되어 재판중 문제된 사건이다.

규정에 대한 결정과 마찬가지로 한정위헌결정을 하였다.

| **야간옥외집회금지규정의 위헌성(한정위헌)(헌재 2014.4.24. 2011헌가29)** |
|---|
| 1.헌법 제21조 제2항에 의하여 금지되는 '허가'는 '행정청이 주체가 되어 집회의 허용 여부를 사전에 결정하는 것'으로, 법률적 제한이 실질적으로 행정청의 허가 없는 옥외집회를 불가능하게 하는 것이라면 헌법상 금지되는 사전허가제에 해당하지만, 그에 이르지 아니하는 한 헌법 제21조 제2항에 반하는 것은 아니다. 이 사건 법률조항의 단서 부분은 본문에 의한 제한을 완화시키려는 것이므로 헌법이 금지하고 있는 '옥외집회에 대한 일반적인 사전허가' 라고 볼 수 없다. 한편, 이 사건 법률조항 중 단서 부분은 시위에 대하여 적용되지 않으므로 야간 시위의 금지와 관련하여 헌법상 '허가제 금지' 규정의 위반 여부는 문제되지 아니한다.<br>2.이 사건 법률조항은 사회의 안녕질서를 유지하고 시민들의 주거 및 사생활의 평온을 보호하기 위한 것으로서 정당한 목적 달성을 위한 적합한 수단이 된다. 그러나 '일출시간 전, 일몰시간 후' 라는 광범위하고 가변적인 시간대의 옥외집회 또는 시위를 금지하는 것은 오늘날 직장인이나 학생들의 근무·학업 시간, 도시화·산업화가 진행된 현대사회의 생활형태 등을 고려하지 아니하고 목적 달성을 위해 필요한 정도를 넘는 지나친 제한을 가하는 것이어서 최소침해성 및 법익균형성 원칙에 반한다.<br>3. 헌법재판소는, 2010헌가2 결정으로 '집회 및 시위에 관한 법률' 제10조 중 '시위' 부분 등에 대하여 한정위헌결정을 한 바 있고, 이 사건에 있어서 가능한 한 심판대상조항들 중 위헌인 부분을 가려내야 할 필요성은 2010헌가2 결정에서와 마찬가지로 인정되므로, 심판대상조항들은 '일몰시간 후부터 같은 날 24시까지의 옥외집회 또는 시위'에 적용되는 한 헌법에 위반된다. |

## 3. 결사의 자유

### 가. 의의 및 기능

헌법 제21조의 결사란 자연인 또는 법인이 공동목적을 위하여 자유의사에 기하여 결합한 단체를 말하는 것이다. 따라서 가입이 강제되는 공법상의 결사는 여기에 포함되지 않는다.[187] 공동의 목적에는 사실상 제한이 없기 때문에 영리단체도

187) 헌재 1996. 4. 25. 92헌바47

결사의 자유에 의해서 보호된다.[188)]

### 나. 내용

단체결성, 존속, 활동, 가입, 탈퇴, 가입거부의 자유가 있다. 공법상의 결사에 가입하지 않을 자유는 일반적행동자유권에 해당한다.[189)]

### 다. 제한

헌법 제21조 제2항은 결사의 허가를 금지하고 있으므로 결사의 허가제는 금지된다. '허가'란 행정권이 판단의 주체가 되어 사전허가를 받지 않은 단체의 결성을 금지하는 것을 말한다. 결사에 대한 허가는 금지되지만 그 외 결사에 대한 다른 제한은 헌법 제37조 제2항에 의하여 과잉금지원칙을 준수하여 이루어져야 한다.

| 법인을 구성하여 약국을 개설 · 운영하려고 하는 약사들 및 이들 약사들로 구성된 법인의 직업선택의 자유와 결사의 자유를 침해하는지 여부(적극)(헌재 2002. 9. 19. 2000헌바84)<br>법인의 설립은 그 자체가 간접적인 직업선택의 한 방법으로서 직업수행의 자유의 본질적 부분의 하나이므로, 정당한 이유 없이 본래 약국개설권이 있는 약사들만으로 구성된 법인에게도 약국개설을 금지하는 것은 입법목적을 달성하기 위하여 필요하고 적정한 방법이 아니고, 입법형성권의 범위를 넘어 과도한 제한을 가하는 것으로서, 법인을 구성하여 약국을 개설 · 운영하려고 하는 약사들 및 이들로 구성된 법인의 직업선택(직업수행)의 자유의 본질적 내용을 침해하는 것이고, 동시에 약사들이 약국경영을 위한 법인을 설립하고 운영하는 것에 관한 결사의 자유를 침해하는 것이다. |
|---|

188) 헌재2002.9.19. 2000헌바84

189) 국가가 국민을 강제로 건강보험에 가입시키고 경제적 능력에 따라 보험료를 납부하도록 하는 것은 행복추구권으로부터 파생하는 일반적 행동의 자유의 하나인 공법상의 단체에 강제로 가입하지 아니할 자유와 정당한 사유 없는 금전의 납부를 강제당하지 않을 재산권에 대한 제한이 되지만, 이러한 제한은 정당한 국가목적을 달성하기 위하여 부득이한 것이고, 가입강제와 보험료의 차등부과로 인하여 달성되는 공익은 그로 인하여 침해되는 사익에 비하여 월등히 크다고 할 수 있으므로, 위의 조항들이 헌법상의 행복추구권이나 재산권을 침해한다고 볼 수 없다. 헌재 2003. 10. 30. 2000헌마801

**변리사의 변리사회 가입의무가 결사의 자유 침해하는지(소극)(헌재 2017. 12. 28. 2015헌마1000)**

가입조항은 변리사의 변리사회 의무가입을 통하여 대한변리사회(이하 '변리사회'라고만 한다)의 대표성과 법적 지위를 강화함으로써 변리사회가 공익사업 등을 원활하게 수행할 수 있도록 하고, 산업재산권에 대한 민관공조체제를 강화하여 궁극적으로 산업재산권 제도 및 관련 산업의 발전을 도모하기 위한 것으로, 입법목적의 정당성과 수단의 적합성이 인정된다. 임의가입 제도 하에서는 변리사회의 대표성과 법적 지위가 약화되고, 변리사 단체 가입률이 낮아져 변리사 단체가 공익적 기능을 수행하는 데 어려움을 겪게 된다. 임의가입 제도로 전환할 경우 변리사회 이외의 단체가 설립될 가능성도 있으나, 공익사업 등은 회원인 변리사에게 직접적으로 이익이 되는 것이 아니어서 복수 단체가 경쟁적으로 수행할 것을 기대하기도 어렵다. 변호사 업무와 변리사 업무는 그 내용이 다르고, 대한변호사협회와 변리사회는 그 설립목적, 제공하는 서비스의 내용, 사회적 기능 및 공적 역할이 다르므로, 변호사이더라도 변리사 업무를 수행하는 이상 변리사회에 가입할 필요가 있다. 따라서 가입조항은 침해의 최소성 요건도 갖추었다. 가입조항으로 인하여 변리사들이 받는 불이익은 변리사회에 가입할 의무가 발생하는 것에 불과한 반면, 가입조항이 달성하고자 하는 공익은 중대하므로 가입조항은 법익의 균형성 요건도 갖추었다. 따라서 가입조항은 청구인의 소극적 결사의 자유 및 직업수행의 자유를 침해하지 않는다.

## 4. 학문과 예술의 자유

제22조 ①모든 국민은 학문과 예술의 자유를 가진다.
②저작자 · 발명가 · 과학기술자와 예술가의 권리는 법률로써 보호한다.

### 가. 학문의 자유

#### 1) 의의와 내용

학문의 자유는 연구를 직업으로 하는 사람만이 아니라 모든 국민이 누리는 자유이다. 학문이란 일정한 지식수준을 기반으로 방법론적으로 정돈된 비판적인 성찰을 함으로써 진리를 탐구하는 활동을 말한다.[190] 대학이나 연구단체도 주체가 될 수 있다. 연구의 자유, 연구결과발표의 자유, 교수의 자유가 포함된다. 그러나

190) 헌재 2003. 9. 25. 2001헌마814등

진리탐구의 과정과는 무관하게 단순히 기존의 지식을 전달하거나 인격을 형성하는 것을 목적으로 하는 '교육'은 학문의 자유의 보호영역이 아니라 교육에 관한 기본권(헌법 제31조)의 보호영역에 속한다.[191]

그리고 헌법재판소는 대학의 자치가 헌법 제22조 제1항 학문의 자유와 헌법 제31조 제4항에 근거한 대학의 기본권이라고 하였다.[192] 대학자치의 기본권은 대학이 가지는 것이 원칙이지만 교수나 교수회도 주체가 될 수 있으며, 대학자치는 대학의 인사, 학사, 시설, 재정에 대한 사항들을 자주적으로 결정하고 운영할 권리를 포함한다. 그러나 대학자체의 계속적 존립까지 미치는 것은 아니다.[193]

**세무대학폐지와 대학의 자치(헌재 2001. 2. 22. 99헌마613)**

헌법 제31조 제4항이 보장하는 대학의 자율성이란 대학의 운영에 관한 모든 사항을 외부의 간섭 없이 자율적으로 결정할 수 있는 자유를 말한다. 국립대학인 세무대학은 공법인으로서 사립대학과 마찬가지로 대학의 자율권이라는 기본권의 보호를 받으므로, 세무대학은 국가의 간섭 없이 인사 · 학사 · 시설 · 재정 등 대학과 관련된 사항들을 자주적으로 결정하고 운영할 자유를 갖는다. 그러나 대학의 자율성은 그 보호영역이 원칙적으로 당해 대학 자체의 계속적 존립에까지 미치는 것은 아니다. 즉, 이러한 자율성은 법률의 목적에 의해서 세무대학이 수행해야 할 과제의 범위 내에서만 인정되는 것으로서, 세무대학의 설립과 폐교가 국가의 합리적인 고도의 정책적 결단 그 자체에 의존하고 있는 이상 세무대학의 계속적 존립과 과제수행을 자율성의 한 내용으로 요구할 수는 없다고 할 것이다. 따라서 이 사건 폐지법에 의해서 세무대학을 폐교한다고 해서 세무대학의 자율성이 침해되는 것은 아니다.

---

191) 헌재 2003. 9. 25. 2001헌마814등

192) 헌법재판소는 대학의 자율성은 헌법 제22조 제1항이 보장하고 있는 학문의 자유의 확실한 보장수단으로 꼭 필요한 것으로서 대학에게 부여된 헌법상의 기본권으로 보고 있다(1992. 10. 1. 92헌마68등, 판례집 4, 659, 670). 그러나 대학의 자치의 주체를 기본적으로 대학으로 본다고 하더라도 교수나 교수회의 주체성이 부정된다고 볼 수는 없고, 가령 학문의 자유를 침해하는 대학의 장에 대한 관계에서는 교수나 교수회가 주체가 될 수 있고, 또한 국가에 의한 침해에 있어서는 대학 자체 외에도 대학 전구성원이 자율성을 갖는 경우도 있을 것이므로 문제되는 경우에 따라서 대학, 교수, 교수회 모두가 단독, 혹은 중첩적으로 주체가 될 수 있다고 보아야 할 것이다. 헌재 2006. 4. 27. 2005헌마1047등

193) 헌재 2001. 2. 22. 99헌마613

#### 2) 제한

학문의 자유도 기본권 제한의 일반적 법률유보의 원칙을 규정한 헌법 제37조 제2항에 따라 제한될 수 있다. 그러나 학문의 자유는 진리의 탐구이므로 진리를 탐구하는 과정이 보장받아야 한다. 따라서 연구의 내용이 사회 비판적이라거나 사회적 가치관과 부합하지 않는다고 하더라도 학문의 자유로 용인되어야 한다.[194]

### 나. 예술의 자유

예술의 자유는 직업적 예술인에게만 인정되는 것이 아니라 모든 국민의 권리이다. 예술을 창작하고 표현하는 행위를 보호한다

## XI 재산권

| 제23조 ①모든 국민의 재산권은 보장된다. 그 내용과 한계는 법률로 정한다.<br>②재산권의 행사는 공공복리에 적합하도록 하여야 한다.<br>③공공필요에 의한 재산권의 수용·사용 또는 제한 및 그에 대한 보상은 법률로써 하되, 정당한 보상을 지급하여야 한다. |
|---|

## 1. 재산권의 의의와 보장

### 가. 의의와 보호대상

헌법이 보장하고 있는 재산권은 경제적 가치가 있는 모든 공법상·사법상의 권리를 뜻하며[195], 사적 유용성 및 그에 대한 원칙적인 처분권을 내포하는 재산가치 있는 구체적인 권리를 의미한다.[196][197] 재산권은 재산의 획득과 사용을 보호함으

194) 헌재 2003. 9. 25. 2001헌마814등
195) 헌재 1992. 6. 26. 90헌바26

로써, 개인에게는 일반적인 자유를 실현하는 중요한 수단이 되고, 객관적으로는 사유재산제도를 지지한다.

헌법은 입법자에게 재산권 형성에 대한 광범위한 재량을 인정하고 있으므로, 입법형성권은 '재산권의 본질적 내용을 침해하여서는 아니 된다거나 사회적 기속성을 함께 고려하여 법익 간에 균형을 이루도록 하여야 한다는 등의 입법형성권의 한계'를 일탈하지 않는다면 특별한 사정이 없는 한 위헌이라고 볼 수 없다.[198] 입법자는 기존에 성립된 재산권을 제한할 수도 있고, 기존에 없던 것을 새롭게 형성할 수도 있다.[199] 공법상의 권리도 재산권의 보호대상이지만 헌법재판소는 일정한 요건을 요구하고 있는데, ① 공법상의 권리가 권리주체에 귀속되어 개인의 이익을 위하여 이용되고, ② 자기기여가 있으며, ③ 생존의 확보에 기여할 것이 그것이다.[200] 그러나 공법상의 권리중 사회보험적인 성격이 혼재되어 있는 경우가 있으며 이의 경우에는 재산권적인 성격과 사회권적인 성격이 함께 있다.

---

196) 헌재 2002. 7. 18. 99헌마57

197) 이동전화번호는 유한한 국가자원으로서, 청구인들이 오랜 기간 같은 이동전화번호를 사용해 왔다 하더라도 이는 국가의 이동전화번호 관련 정책 및 이동전화 사업자와의 서비스 이용계약 관계에 의한 것일 뿐, 청구인들이 이동전화번호에 대하여 사적 유용성 및 그에 대한 원칙적 처분권을 내포하는 재산가치 있는 구체적 권리인 재산권을 가진다고 볼 수 없다. 따라서 위 이행명령에 의하여 청구인들의 재산권이 제한된다고 할 수도 없다. 헌재 2013. 7. 25. 2011헌마63등

198) 헌재 2000. 6. 29. 98헌마36

199) 헌재 2005. 7. 21. 2004헌바57

200) 공법상의 권리가 헌법상의 재산권보장의 보호를 받기 위해서는 다음과 같은 요건을 갖추어야 한다. 첫째, 공법상의 권리가 권리주체에게 귀속되어 개인의 이익을 위하여 이용가능해야 하며(사적 유용성), 둘째, 국가의 일방적인 급부에 의한 것이 아니라 권리주체의 노동이나 투자, 특별한 희생에 의하여 획득되어 자신이 행한 급부의 등가물에 해당하는 것이어야 하며(수급자의 상당한 자기기여), 셋째, 수급자의 생존의 확보에 기여해야 한다. 이러한 요건을 통하여 사회부조와 같이 국가의 일방적인 급부에 대한 권리는 재산권의 보호대상에서 제외되고, 단지 사회법상의 지위가 자신의 급부에 대한 등가물에 해당하는 경우에 한하여 사법상의 재산권과 유사한 정도로 보호받아야 할 공법상의 권리가 인정된다. 즉 공법상의 법적 지위가 사법상의 재산권과 비교될 정도로 강력하여 그에 대한 박탈이 법치국가원리에 반하는 경우에 한하여, 그러한 성격의 공법상의 권리가 재산권의 보호대상에 포함되는 것이다. 헌재 2000. 6. 29. 99헌마289

**의료보험수급권의 법적 성질(헌재 2003. 12. 18. 2002헌바1)**

의료보험의 보험재정은 가입자가 납부하는 보험료에 의하여 대부분 형성되고 국고의 지원은 위에서 본 것처럼 원칙적으로 관리재정에 대한 것이므로 국고의 일부 지원이 있다는 사실은 의료보험수급권의 재산권적 성질을 인정하는 데 장애가 되지 않는다. 법률에 의하여 구체적으로 형성된 의료보험수급권에 대하여 헌법재판소는 이를 재산권의 보장을 받는 공법상의 권리로서(헌재 2000. 6. 29. 99헌마289, 판례집 12-1, 913, 950 참조) 헌법상의 사회적 기본권의 성격과 재산권의 성격을 아울러 지니고 있다고 보므로(헌재 1999. 4. 29. 97헌마333, 판례집 11-1, 503, 512 참조) 보험급여를 받을 수 있는 가입자가 만일 계쟁조항에 의하여 보험급여를 받을 수 없게 된다면 이것은 헌법상의 재산권과 사회적 기본권에 대한 제한이 된다.

오직 국가가 일방적으로 순수하게 사회정책적 목적으로 지급하는 것이라면 재산권의 보호대상이 아니다.[201)]

**자기기여 없는 공공부조(헌재 2012. 2. 23. 2009헌바47)**

공공부조의 일종으로서 순수하게 사회정책적 목적에서 주어지는 권리로서, 개인의 노력과 금전적 기여를 통하여 취득되는 재산권의 보호대상에 포함된다고 보기 어려워, 재산의 소득환산에 관하여 정하고 있는 이 사건 조항들로 인해 청구인이 더 이상 보장법상 급여를 받을 수 없게 되었다고 할지라도 이로 인하여 청구인의 재산권이 침해된다고 볼 수는 없다.

**일제강점기 강제동원 희생자 등에 대한 위로금(헌재 2015. 12. 23. 2010헌마620)**

헌법재판소는 구 '태평양전쟁 전후 국외 강제동원희생자 등 지원에 관한 법률'(이하 '태평양전쟁강제동원자지원법'이라 한다)에 규정된 위로금 등의 각종 지원이 태평양전쟁이라는 특수한 상황에서 일제에 의한 강제동원으로 인해 희생된 사람과 그 유족이 입은 고통을 치유하기 위한 시혜적 조치라고 판단한 바 있다. 위 법이 폐지되면서 제정된 대일항쟁기강제동원자지원법은 구 태평양전쟁강제동원자지원법과 실질적으로 동일한 내용의 지원에 대하여 규정하고 있다. 따라서 위 선례와 대일항쟁기강제동원자지원법의 규정취지에 비추어 보면, 대일항쟁기강제동원자지원법에 규정된 위로금은 국외강제동원 희생자와 그 유족이 받은 손해를

201) 의료급여수급권은 공공부조의 일종으로서 순수하게 사회정책적 목적에서 주어지는 권리이므로 개인의 노력과 금전적 기여를 통하여 취득되는 재산권의 보호대상에 포함된다고 보기 어려워, 이 사건 시행령조항 및 시행규칙조항이 청구인들의 재산권을 침해한다고 할 수 없다. 헌재 2009. 9. 24. 2007헌마1092

보상 내지 배상하는 것이라기보다는, 그들을 위로하고 그들이 입은 고통을 치유하기 위한 인도적 차원의 시혜적인 금전 급부로 보는 것이 타당하다.
이와 같이 대일항쟁기강제동원자지원법에 규정된 위로금을 인도적 차원의 시혜적인 금전 급부로 이해하는 이상, 그 위로금은 국외강제동원 희생자 유족의 재산권에 포함된다고 하기 어려우며…

한편 사적유용성 및 그에 대한 원칙적 처분권을 내포하는 재산가치있는 구체적 권리가 아닌, 법적 지위나 단순한 경제적 기회, 기대이익, 반사적 이익, 여건 등은 재산권의 보호대상이 아니다.

**체육시설업 사업계획승인 사실(헌재2010.4.29.2007헌바40)**

사업계획승인 이후 경매 등으로 체육시설업의 필수시설에 대한 소유권을 상실한 기존 사업계획승인권자는 더 이상 사업계획승인을 자신의 이익을 위해 이용할 수 없으므로 사적유용성이 인정될 수 없고, 기존 사업계획승인권자는 운영할 체육시설을 보유하지 않으므로 사업계획승인권을 보유할 규범적 이익도 없어 필수시설의 경락인에게 위 승인권을 양도해야만 하는 것 이외에 다른 선택가능성을 상정하기 어려우므로 사업계획승인권에 대한 원칙적 처분권을 보유한다고 보기도 어려우며, 사업계획승인은 해당 체육시설이 법령에서 정한 시설기준을 갖출 수 있는지를 비롯한 제반 사업수행능력에 대한 승인에 해당하므로, 여기에 어떠한 재산적 가치가 내포되어 있다고 할 수도 없다. 따라서 위 사업계획승인권은 헌법상 보호되는 재산권에 해당되지 않는다.

**정년 3년 단축으로 인한 재화획득의 불이익(헌재 2000. 12. 14. 99헌마112등)**

재산권은 사적유용성 및 그에 대한 원칙적 처분권을 내포하는 재산가치있는 구체적 권리이므로 구체적인 권리가 아닌 단순한 이익이나 재화의 획득에 관한 기회(단순한 기대이익 · 반사적이익 또는 경제적인 기회)등은 재산권보장의 대상이 아닌 바, 교원의 정년단축으로 기존 교원이 입는 경제적 불이익은 계속 재직하면서 재화를 획득할 수 있는 기회를 박탈당한다는 것인데 이러한 경제적 기회는 재산권보장의 대상이 아니라는 것이 우리 재판소의 판례이다

### 나. 재산권 보장의 원칙-존속보장

만약 어느 산골에서 평화롭게 살고 있는 노부부에게 살고 있는 집과 토지에 대하여 돈으로 보상을 해줄테니 나가라고 한다면, 그 노부부가 재산권 보장을 받았다고 할 수 있을까. 그 노부부는 그 돈을 받고 잘 살 수 있는 방법이 거의 없을

것이다. 재산권을 보장한다는 것은 가치(돈)을 보상하는 것이 아니라 존재 그 자체, 즉 존속을 보장하는 것이 원칙이어야 한다.

## 2. 재산권의 내용형성과 제한

### 가. 헌법 제23조 제1항의 의미

헌법 제23조 제1항은 "모든 국민의 재산권은 보장된다. 그 내용과 한계는 법률로 정한다."고 규정하고 있다. 헌법 제12조 신체의 자유에서부터 22조 학문·예술의 자유에까지 규정한 방식과는 다르다. 재산권은 구체적으로 그 내용과 한계가 입법자에 의해서 형성되어야 한다. 이러한 방식을 기본권의 형성이 입법자에게 맡겨져 있다는 의미로 '기본권형성적 법률유보'라고 한다. 입법자는 기존에 성립된 재산권을 제한할 수도 있고, 기존에 없던 것을 새롭게 형성할 수도 있다.[202]

### 나. 헌법 제23조 제2항의 의미

헌법 제23조 제2항은 "재산권의 행사는 공공복리에 적합하도록 하여야 한다."고 규정하고 있다. 재산권의 행사는 다른 기본권 보다 사회적 연관성과 사회적 기능이 크기 때문에, 특히 '행사'를 함에 있어 공동체 안에서의 조화와 더불어 살아가기 위한 제한이 있을 수 있음을 명시하고 있다. 헌법재판소는 토지와 같이 생산이나 대체가 불가능한 재산에 대한 권리를 행사함에 있어 광범위한 제한을 받을 수 있다고 하고 있다.[203] 그러나 다른 기본권을 제한하는 입법과 마찬가지로 과잉금지의 원칙을 준수해야 하고, 재산권의 본질적 내용인 사용·수익권과 처분권을 부인해서는 안된다. 헌법재판소는 농지에 대한 재산권이나 동물에 대한 재산권의 경우에는 그 행사가 사회적 연관성과 사회적 기능이 매우 크므로 그 제한에 대한 심사에 과잉금지원칙을 적용하되, 심사기준을 완화하여 적용한다고 하였다.[204]

---

202) 헌재 2005. 7. 21. 2004헌바57
203) 헌재 1999.10.21. 97헌바26

**토지재산권의 사회적 구속성(헌재 1999. 10. 21. 97헌바26)**

재산권에 대한 제한의 허용정도는 재산권 객체의 사회적 기능, 즉 재산권의 행사가 기본권의 주체와 사회전반에 대하여 가지는 의미에 달려 있다고 할 것인데, 재산권의 행사가 사회적 연관성과 사회적 기능을 가지면 가질수록 입법자에 의한 보다 광범위한 제한이 허용된다. 즉 재산권의 이용과 처분이 소유자의 개인적 영역에 머무르지 아니하고 국민일반의 자유행사에 큰 영향을 미치거나 국민일반이 자신의 자유를 행사하기 위하여 문제되는 재산권에 의존하는 경우에는 입법자가 공동체의 이익을 위하여 개인의 재산권을 제한하는 규율권한은 더욱 넓어진다고 하겠다.

그런데 토지는 생산이나 대체가 불가능하여 공급이 제한되어 있고 한국의 가용토지면적이 인구에 비하여 절대적으로 부족한 반면에, 모든 국민이 생산 및 생활의 기반으로서 토지의 합리적인 이용에 의존하고 있다. 따라서, 토지는 국민경제의 관점에서나 그 사회적 기능에 있어서 다른 재산권과 같게 다루어야 할 성질의 것이 아니므로 다른 재산권에 비하여 보다 강하게 공동체의 이익을 관철할 것이 요구된다. 우리 헌법은 재산권 행사의 사회적 의무성을 강조하는 것에 더하여 "국가는 국민 모두의 생산 및 생활의 기반이 되는 국토의 효율적이고 균형있는 이용·개발과 보전을 위하여 법률이 정하는 바에 의하여 그에 관한 필요한 제한과 의무를 과할 수 있다"(헌법 제122조)고 함으로써, 토지재산권에 대한 한층 더 강한 규제의 필요성과 그에 관한 입법부의 광범위한 형성권을 표현하고 있다.

**농지소유자가 농지를 농업경영에 이용하지 아니하여 농지처분명령을 받았음에도 불구하고 정당한 사유 없이 이를 이행하지 아니하는 경우, 당해 농지의 토지가액의 100분의 20에 해당하는 이행강제금을 부과하도록 하는 농지법 제62조 제1항이 재산권을 침해하는지 여부 (소극)(헌재 2010. 2. 25. 2008헌바116)**

토지재산권에 대하여는 강한 사회성 내지는 공공성으로 말미암아 다른 재산권에 비하여 더 강한 제한과 의무가 부과될 수 있으나, 그렇다고 하더라도 토지재산권에 대한 제한입법 역시 다른 기본권을 제한하는 입법과 마찬가지로 과잉금지의 원칙을 준수해야 하고, 재산권의 본질적 내용인 사용·수익권과 처분권을 부인해서는 아니 된다(헌재 1998. 12. 24. 89헌마214 등, 판례집 10-2, 927, 948 ; 헌재 2002. 8. 29. 2000헌마556, 판례집 14-2, 185, 198 참조). 다만 농지의 경우 그 사회성과 공공성은 일반적인 토지의 경우보다 더 강하다고 할 수 있으므로, 농지 재산권을 제한하는 입법에 대한 헌법심사의 강도는 다른 토지 재산권을 제한하는 입법에 대한 것보다 낮다고 봄이 상당하다.

이 사건 법률조항의 목적은 농지소유자로 하여금 농지를 계속 농업경영에 이용하도록 하고, 비자경농의 농지 소유를 제한하는 것이다. 즉 농지를 농업경영에 이용하지 아니하는 자는 농지를 소유할 자격 자체가 부정된다. 이는 국토의 효율적이고 균형 있는 이용·개발과

204) 헌재 2010. 2. 25. 2008헌바116; 헌재 2013. 10. 24. 2012헌바431

보전을 위하여 그에 관한 필요한 제한과 의무를 과할 수 있다는 헌법 제122조와 경자유전의 원칙 및 소작제도 금지를 규정한 헌법 제121조 제1항에 근거를 둔 것으로 정당하다.

농지를 취득한 이후에도 계속 농지를 농업경영에 이용할 의무를 부과하고, 이에 위반하여 농지소유자격이 없는 자에 대하여 농지를 처분할 의무를 부과하고 이행강제금을 부과하는 것은 입법목적을 달성하기 위한 적절한 수단이다.

농지법은 정당한 사유가 있으면 농지처분의무를 면제하거나 이행강제금을 부과하지 않고, 농지처분명령을 통지받은 농지 소유자에게 매수청구권을 부여하여 피해를 최소화하고 있다. 계속 농지처분명령을 이행하지 않는 경우 반복된 이행강제금의 총액이 농지의 객관적 가치를 넘을 수 있으나, 농지를 농업 경영에 이용하게 하려는 궁극적인 입법목적을 달성하기 위해서는, 농지가 농업 경영에 이용되지 않는 한 계속하여 이행강제금을 부과할 수밖에 없다.

농지를 자유롭게 이용할 수 있는 개인의 권리의 제한에 비하여, 농지의 효율적인 이용과 관리를 통하여 국민의 안정적 식량생산기반을 유지하고 헌법상의 경자유전원칙을 실현한다는 공적 이익이 훨씬 크므로, 법익의 균형성도 충족되고 있다. 따라서 이 사건 법률조항은 재산권을 침해하지 아니한다.

**반달가슴곰 용도변경 규제 사건**(헌재 2013. 10. 24. 2012헌바431)

일반적인 물건에 대한 재산권 행사에 비하여 동물에 대한 재산권 행사는 사회적 연관성과 사회적 기능이 매우 크다 할 것이므로 이를 제한하는 경우 입법재량의 범위를 폭넓게 인정함이 타당하다. 그러므로 이 사건 법률조항이 과잉금지원칙을 위반하여 재산권을 침해하는지 여부를 살펴보되 심사기준을 완화하여 적용함이 상당하다.

국제적멸종위기종의 멸종예방과 서식환경보호라는 이 사건 법률조항의 입법목적은 인간이 공존하는 자연환경을 보존하기 위한 것으로서 정당하다. 동·식물이 멸종하고 자연생태계가 파괴되는 다양한 원인 중 상업적 이득을 취하려는 인간의 무분별한 행동이 한 가지 주요한 원인이 되고 있으므로, 증식된 종을 포함하여 국제적멸종위기종에 대한 사인의 자의적 용도변경을 원천적으로 봉쇄함으로써 그 이용범위를 엄격히 국가의 통제 아래 둔 것은 위 입법목적을 이루기 위한 적절한 수단이다. 이 사건 법률조항은 국제적멸종위기종에 대한 이용 및 처분을 전면적으로 금지하는 것이 아니라 이미 허가된 용도로는 계속 보유 및 사용토록 하고, 수입 또는 반입 목적 이외의 다른 용도로의 변경만을 원칙적으로 금지하고 있으며, 용도변경이 불가피한 경우 환경부장관의 승인을 받아 부분적으로 용도변경을 할 수 있도록 하고 있으므로 침해의 최소성도 충족한다. 또한 이 사건 법률조항을 통하여 국제적멸종위기종의 멸종을 예방하고, 인간의 무분별한 이용으로 인한 자연파괴를 방지하며, 인류가 세대에 걸쳐 공존할 수 있는 지속가능한 자연생태계를 보존하려는 공익의 비중에 비하여 그 침해의 정도가 크다고 보기 어려우므로 법익의 균형성도 갖추었다. 그러므로 이 사건 법률조항은 과잉금지원칙을 위반하여 청구인의 재산권을 침해하지 아니한다.

### 다. 재산권 제한입법에 대한 위헌심사와 소급입법 재산권 박탈금지조항 관계

헌법 제23조 제1, 2항은 재산권형성법률유보와 재산권 행사의 한계에 대하여 규정함으로써, 재산권의 제한이 일반적인 기준보다 더 강할 수 있음을 드러내고 있다. 그러나 재산권에 대한 제한의 정당성 역시 원칙적으로는 헌법 제37조 제2항의 과잉금지원칙에 의하여 심사되어야 한다. 그런데 재산권과 관련하여 헌법은 또 다른 별도의 규정을 두고 있다.

| 헌법 제13조 ②모든 국민은 소급입법에 의하여 참정권의 제한을 받거나 재산권을 박탈당하지 아니한다. |
|---|

만약 재산권이 소급입법에 의하여 박탈되는 경우라면, 그 입법의 정당성을 헌법 제37조 제2항에 의하여 판단하기 이전에 헌법 제13조 제2항에 의하여 위헌이 된다. 소급입법의 금지는 법적안정성과 예측가능성을 보장하는 신뢰보호원칙을 실현하는 구체적인 중요한 수단이다. 다만 헌법 제13조 제2항이 금지하는 소급입법은 진정소급입법으로, 부진정소급입법의 경우에는 헌법 제13조 제2항의 적용대상이 아니다. 그러나 부진정소급입법의 경우라도 신뢰보호원칙을 위반했는지 여부는 검토해야 한다. 헌법재판소는 친일반민족행위자재산의 국가귀속을 규정한 법률에 대하여 판단하면서, 헌법 제13조 제2항의 '소급입법에 의한 재산권 박탈의 금지'는 무조건 위헌인 것이 아니라, 특단의 사정이 있는 경우에는 허용될 수 있다고 하여, 사실상 절대적인 금지가 아님을 분명히 하였다. 그리고 헌법 제13조 제2항에 의해 금지되지 않는 진정소급입법에 의한 재산권 박탈의 경우, 과잉금지원칙위반 여부를 검토하였다.

① 진정소급입법에 의한 재산권박탈-제13조 제2항에 의하여 위헌

② 진정소급입법에 의한 재산권 박탈-특단의 사정이 있어 제13조 제2항에 위반 아니라면-과잉금지원칙 기준으로 위헌여부 판단

③ 부진정소급입법에 의한 재산권 박탈(제한)-과잉금지원칙과 신뢰보호원칙 기준으로 위헌여부 판단

**친일반민족행위자 재산의 국가귀속에관한 특별법 제2조 등 위헌소원 등(헌재 2011. 3. 31. 2008헌바141등)**

**제3조(친일재산의 국가귀속 등) ① 친일재산**(국제협약 또는 협정 등에 의하여 외국 대사관이나 군대가 사용·점유 또는 관리하고 있는 친일재산 및 친일재산 중 국가가 사용하거나 점유 또는 관리하고 있는 재산도 포함한다)은 그 취득·증여 등 원인행위시에 **이를 국가의 소유로 한다. 그러나 제3자가 선의로 취득하거나 정당한 대가를 지급하고 취득한 권리를 해하지 못한다.**

▶ 판단

제헌헌법에서의 반민족행위처벌법 -일제 강점의 과거 청산을 위한 입법으로서 우리 역사상 대표적인 시도로는 반민족행위처벌법(이하 '반민법'이라 한다)을 들 수 있다. 반민법은 일본정부와 통모하여 한일합병에 적극협력한 자, 한국의 주권을 침해하는 조약 또는 문서에 조인한 자와 모의한 자는 사형 또는 무기징역에 처하고 그 재산과 유산의 전부 혹은 2분지 1 이상을 몰수하고…사형 1명, 무기 1명, 징역형 13명, 공민권 정지 18명, 형 면제 2명, 무죄 6명의 판 결을 선고하였다.

역사상 식민지배를 겪었던 많은 나라들은 식민지배 상태를 극복하고 해방을 쟁취한 후 새롭게 건설한 국가공동체의 정당성을 회복하고 사회정의를 세우기 위하여 기존 식민지배에 복무했던 세력들을 강력히 단죄하는 작업을 해 왔다. 이에 반해, 우리의 경우에는 위에서 본 바와 같이 반민법에 의해 재판을 받은 사건의 수도 미미할 뿐 아니라 이미 선고된 판결들의 효력도 모두 상실되는 등 일제 과거사 청산 작업들이 실효적으로 이루어지지 못한 측면들이 있었다.

제17대 국회에서 169명의 여·야 의원이 2005. 2. 24. 일본 제국주의 식민통치에 적극적으로 협력하고 우리 민족을 탄압한 반민족행위자의 재산을 국가의 소유로 함으로써 정의를 구현하고…2005. 12. 8. 친일재산귀속법이 재석의원 155명의 찬성으로 통과되었다.

여러 입법례들은(나치 등) 반민족행위자들을 처벌하고 그 재산을 몰수할 때 그 재산이 반민족행위의 대가로 취득되었는지 여부를 불문하고 이를 몰수할 수 있도록 규정하기도 하였다. 이러한 조치를 통하여 반민족행위로 축적된 재산 내지 반민족행위자의 재산은 결코 보호되지 않는다는 사회적 정의 관념을 구현하였고, 나아가 설령 그들의 일부 재산이 스스로의 경제적 성과를 통해 손수 획득한 것이라 할지라도 그들이 배반했던 공동체가 이룩한 국가질서 안에서는 그와 같은 경제적 이익의 향유조차 허용되지 않는다는 강력한 경고를 후손들에게 남겨주었다.

**소급입법금지 원칙 위반 여부**

친일재산을 국가로 귀속시키는 행위는 진정소급입법. "모든 국민은 소급입법에 의하여 (……) 재산권을 박탈당하지 아니한다."는 규정을 두고 있다(헌법 제13조 제2항).

소급입법은 새로운 입법으로 이미 종료된 사실관계 또는 법률관계에 작용하도록 하는 진정소급입법과 현재 진행중인 사실관계 또는 법률관계에 작용하도록 하는 부진정소급입법으로 나눌 수 있는바, 부진정소급입법은 원칙적으로 허용되지만 소급효를 요구하는 공익상의 사유와 신뢰보호의 요청 사이의 교량과정에서 신뢰보호의 관점이 입법자의 형성권에 제한을 가하게 되는 데 반하여, 진정소급입법은 개인의 신뢰보호와 법적 안정성을 내용으로 하는 법치국가원리에 의하여 특단의 사정이 없는 한 헌법적으로 허용되지 아니하는 것이 원칙이나 예외적으로 국민이 소급입법을 예상할 수 있었거나, 법적 상태가 불확실하고 혼란스러웠거나 하여 보호할 만한 신뢰의 이익이 적은 경우와 소급입법에 의한 당사자의 손실이 없거나 아주 경미한 경우, 그리고 신뢰보호의 요청에 우선하는 심히 중대한 공익상의 사유가 소급입법을 정당화하는 경우에는 허용될 수 있다.

…그렇다면 일제강점기에 우리 민족을 부정한 친일반민족행위자들의 친일행위에 대하여 그 진상을 규명하고 그러한 친일행위의 대가로 취득한 재산을 공적으로 회수하는 등 일본제국주의의 식민지로서 겪었던 잘못된 과거사를 청산함으로써 민족의 정기를 바로세우고 사회정의를 실현하며 진정한 사회통합을 추구해야 하는 것은 헌법적으로 부여된 임무라고 보아야 한다.

또한, 다음과 같은 이유로 친일재산의 소급적 박탈은 일반적으로 소급입법을 예상할 수 있었던 이례적인 경우에 해당하며, 그로 인해 발생되는 법적 신뢰의 침해는 우리 헌법의 이념 속에서 용인될 수 있다고 보인다. 1. 우리 민족이 일제로부터의 독립을 쟁취하여 민족의 정통성을 계승한 국가를 건립하였을 때에는 그러한 친일재산을 보유하고 후대에 전수하여 자신과 그 후손들이 대대로 부귀를 누리는 것이 가능하지 않을 것이라는 점에 대하여 충분히 예상할 수 있었다고 할 것이다. 2. 일본제국주의에 저항한 3 · 1운동의 헌법이념을 구현하는 일은 제헌 헌법 이래 우리의 모든 헌법 속에서 면면히 계승된 가치이자 헌법적으로 부여되었던 당위라 할 수 있다. 그렇다면, 대한민국 헌법의 제정권자이자 수범자로서 그 헌법 아래에서 살아온 모든 국민들에게 친일재산의 환수를 포함한 일제 식민지 역사의 청산 작업은 언제든지 현실로 성립될 수 있는 이른바 '잠재적 현실'이었다. 3. 일제과거사의 청산 문제, 그 가운데에서도 친일행위의 대가로 취득한 재산의 처리 문제는 오늘에까지 우리 사회의 비중있는 사회적 과제로 남아 있다고 하겠다. 그렇다면 이와 같은 그간의 우리 사회내 논의 상황에 비추어 보더라도, 친일재산 문제가 본격적으로 불거져 친일재산의 사회적 환수 요청이 제기될 수 있을 것이라는 점은 충분히 예상가능한 일이었다.

이 사건 귀속조항은 진정소급입법에 해당하지만, 진정소급입법이라 할지라도 예외적으로 국민이 소급입법을 예상할 수 있었던 경우와 같이 소급입법이 정당화되는 경우에는 허용될 수 있다. 친일재산의 취득 경위에 내포된 민족배반적 성격, 대한민국임시정부의 법통 계승을 선언한 헌법 전문 등에 비추어 친일반민족행위자측으로서는 친일재산의 소급적 박탈을 충분히 예상할 수 있었고, 친일재산 환수 문제는 그 시대적 배경에 비추어 역사적으로 매우 이례적인 공동체적 과업이므로 이러한 소급입법의 합헌성을 인정한다고 하더라도 이를 계기로 진정소급입법이 빈번하게 발생할 것이라는 우려는 충분히 불식될 수 있다. 따라서 이 사건 귀속조항은 진정소급입법에 해당하나 헌법 제13조 제2항에 반하지 않는다.

과잉금지원칙위반여부

이 사건 귀속조항은 민족의 정기를 바로 세우고 일본제국주의에 저항한 3·1운동의 헌법 이념을 구현하기 위한 것이므로 입법목적이 정당하고, 민법 등 기존의 재산법 체계에 의존하는 방법만으로는 친일재산의 처리에 난항을 겪지 않을 수 없으므로 이 사건 귀속조항은 위 입법목적을 달성하기 위한 적절한 수단이 된다. 위 조항은 반민규명법이 정한 여러 유형의 친일반민족행위 중에서 사안이 중대하고 범위가 명백한 네 가지 행위를 한 자의 친일재산으로 귀속대상을 한정하고 있고, 이에 해당하는 자라 하더라도 후에 독립운동에 적극 참여한 자 등은 예외로 인정될 수 있도록 규정해 두었으며, 친일반민족행위자측은 그 재산이 친일행위의 대가로 취득한 것이 아니라는 점을 입증하여 얼마든지 국가귀속을 막을 수 있고, 선의의 제3자에 대한 보호 규정도 마련되어 있으므로 이 사건 귀속조항은 피해의 최소성원칙에 반하지 않고, 과거사 청산의 정당성과 진정한 사회통합의 가치 등을 고려할 때 법익의 균형성 원칙에도 부합한다. 따라서 이 사건 귀속조항은 재산권을 침해하지 않는다.

## 라. 헌법 제23조 제3항 공용침해

헌법 제23조 제3항은 "공공필요에 의한 재산권의 수용·사용 또는 제한 및 그에 대한 보상은 법률로써 하되, 정당한 보상을 지급하여야 한다."고 규정하고 있다. 이 조항은 '공용침해'라고 불리는데, 단순히 개인의 재산권을 사회적인 제약하에 제한하는 정도가 아니라 재산권에 대한 개인의 권리를 의도적·구체적·개별적으로 배제하는 것을 의미한다. '수용'은 재산권의 소유권을 배제하여 박탈하는 것이고, '사용'은 재산의 사용수익권을 배제하는 것을 의미한다. '제한'이라는 용어는 사실 일반적인 재산권에 대한 '제한'과 혼동을 줄 수 있는 단어이다. 제23조 제3항의 '제한'은 같은 문장의 '수용'과 '사용'을 뜻하거나 그에 준하는 제한을 의미한다고 해석해야 한다. 공용침해는 재산권에 대한 매우 강력한 배제를 수반하기 때문에 개인에게는 손실과 희생이 따른다. 따라서 헌법 제23조 제3항은 이러한 공용침해의 경우에는 반드시 법률로써 보상을, 특히 정당한 보상을 지급할 것을 규정하고 있다.

## 3. 재산권의 내용형성·제한과 공용침해의 구분

어떤 재산권에 대한 제한이 제23조 제2항의 사회적 제약 안에 있는 것인지 아니면 제23조 제3항의 공용침해인 것인지 불분명한 경우가 있다. 예를 들어 도시의 환경을 위하여 개인의 토지에 개발제한구역을 설정하고 그대로 유지하는 것 외에 사용할 수 있는 방법을 금지하는 경우, 이것이 사회적 제약안의 제한이라고 봐야 하는지 아니면 개인적인 재산권 행사를 배제하는 손실과 희생의 제한인지 불분명하다. 만약 후자의 경우라면 재산권의 권리자는 정당한 보상을 받아야 하지만 전자의 경우이고 위헌이 아니라면 권리자는 수인해야 한다. 즉 재산권의 내용형성과 제한, 사회적 제약에 속하는 것인지 아니면 공용침해에 속하는 것인지를 구분하는 기준이 필요하다. 학설은 경계이론과 분리이론이 있다.

### 가. 경계이론

경계이론은 제23조 1,2항과 제23조 제3항의 구별을 '수인가능성'혹은 '특별희생' 여부에 두고 있다. 즉 개인이 수인가능하지 않다면 혹은 특별희생에 해당한다면 '공용침해'이고, 수인가능하다면 재산권에 대한 일반적인 제한이라는 것이다. 경계이론은 재산권에 대한 일반적인 제한과 공용침해는 기본적으로 같은 제도로 보고 그 경계를 찾는 것에 중점을 두고 있는데, '희생이나 손실'의 정도나 강도로 판단하기에 간단해 보이지만, 어느 정도가 수인가능한 것인지 혹은 특별희생인지에 대해 사실상 합의가 어렵다. 무엇보다 제23조 1,2항과 3항을 같은 제도로 보고, 아주 중대한 제한에 대해서는 돈으로 보상하면 된다는 전제가 깔려있는 것이기 때문에, '존속보장'을 원칙으로 하는 재산권 보장의 기본관점과 부합하지 않는다. 대법원은 경계이론을 따르고 있다.

> 경계이론을 따르는 대법원
>
> ① 공익목적을 위한 토지이용 · 개발의 제한은, 그로 인해 토지를 종래의 목적으로 사용할 수 없거나 더 이상 법적으로 허용된 토지이용방법이 없기 때문에 실질적으로 토지의 사용 · 수익이 불가능한 경우가 아닌 한, 원칙적으로 토지소유자가 수인해야 하는 재산권 행사의 사회적 제약에 해당한다(대법원 2014. 3. 27. 선고 2010다108197 판결, 헌법재판소 1998. 12. 24. 선고 89헌마214 결정 참조).

이 사건 조례 조항으로 인해 금산군 관내 일정한 범위의 지역에서 가축사육이 제한 된다고 하더라도, 그로써 기존 축사에서의 가축사육이 곧바로 금지되는 것은 아니다. 피고가 기존 축사의 이전을 명령하는 경우에는 1년 이상의 유예기간을 주어야 하고 정당한 보상을 하므로(가축분뇨법 제8조 제4항) 이 사건 조례 조항이 기존 축사에서의 가축사육 영업권을 침해한다고 보기도 어렵다. 이 사건 조례 조항으로 인해 신규 가축사육이 제한된다고 하더라도, 해당 토지를 종래의 목적으로 사용할 수 있다면 그 토지 소유자의 재산권을 침해하는 것으로 볼 수는 없다.(대법원 2019. 1. 31. 선고 2018두43996 판결)

② 도시계획법 제21조의 규정에 의하여 개발제한구역안에 있는 토지의 소유자는 재산상의 권리 행사에 많은 제한을 받게 되고 그 한도 내에서 일반 토지소유자에 비하여 불이익을 받게 됨은 명백하지만, '도시의 무질서한 확산을 방지하고 도시 주변의 자연환경을 보전하여 도시민의 건전한 생활환경을 확보하기 위하여 또는 국방부장관의 요청이 있어 보안상 도시의 개발을 제한할 필요가 있다고 인정되는 때에 한하여 가하여지는 그와 같은 제한으로 인한 토지소유자의 불이익은 공공의 복리를 위하여 감수하지 아니하면 안될 정도의 것이라고 인정되므로, 그에 대하여 손실보상의 규정을 두지 아니하였다 하여 도시계획법 제21조의 규정을 헌법 제23조 제3항, 제11조 제1항 및 제37조 제2항에 위배되는 것으로 볼 수 없다.(대법원 1996. 6. 28. 선고 94다54511 판결)

③ 구 수산업법 제81조 제1항 제1호 단서에서 허가 · 신고 어업에 대하여 '국방상 필요하다고 인정하여 국방부장관으로부터 요청이 있을 때' (구 수산업법 제34조 제1항 제3호)에는 '공익사업을 위한 토지 등의 취득 및 보상에 관한 법률 제4조의 공익사업상 필요한 때' (구 수산업법 제34조 제1항 제5호)와 달리 손실보상 없이 이를 제한할 수 있도록 정한 것이 재산권자가 수인하여야 하는 사회적 제약의 한계를 넘어 가혹한 부담을 발생시키는 등 비례의 원칙을 위반하였다고 보기 어려우므로 위 단서 조항이 헌법에 위배된다고 볼 수 없다.(대법원 2016. 5. 12. 선고 2013다62261 판결)

## 나. 분리이론

· 헌법 제23조 제1,2항-재산권의 내용과 한계의 문제

· 헌법 제23조 제3항-공용침해, 손실보상

분리이론은 헌법 제23조 제1,2항과 제3항은 분리된 별도의 제도로 본다. 따라서 재산권에 대한 제한이 얼마나 중대한지를 기준으로 삼지 않고, 재산권을 제한하고 있는 입법의 형식과 목적을 기준으로 판단한다. 법률 규정이 일반적 · 추상적인 것일 경우 '재산권에 대한 내용형성과 제한'(제23조 제1,2항)의 것으로 보고, 개별적 · 구체적인 것일 경우 '공용침해'(제23조 제3항)의 것으로 본다. 헌법재판소는

분리이론을 따른다.[205)]

205) 전염병에 걸린 가축은 적절한 방역조치를 취하지 않으면, 함께 사육하고 있는 가축, 농장에 출입하는 사람, 그리고 농장을 출입하는 야생동물 등을 통하여 인근 농장의 가축과 야생동물, 나아가 인근 주민과 일반 국민에게 전염병을 전파시킬 수 있어, 일반 국민의 생명과 건강 그리고 재산에 큰 영향을 미칠 수 있다. 살처분명령은 이처럼 가축의 전염병이 전파가능성과 위새성이 매우 커서 타인의 생명, 신체나 재산에 중대한 침해를 가할 우려가 있는 경우 이를 막기 위해 취해지는 조치이므로 살처분 명령으로 인한 재산권의 제약은 가축 소유자가 수인해야 하는 사회적 제약의 범위에 속한다고 보아야 한다. 다만 재산권의 사회적 제약을 구체화하는 법률조항이라 하더라도 권리자에게 수인의 한계를 넘어 가혹한 부담이 발생하는 예외적인 경우에는 이를 완화하는 보상규정을 두어야 하는바…살처분은 헌법 제23조 제3항이 규정하는 재산권의 수용 · 사용 · 제한에 해당하는 것이 아니라 가축소유자가 부담하여야 하는 사회적 제약에 속한다고 할 것이므로, 헌법 제23조 제3항에 의하여 법률로써 정당한 보상을 해야 하는 경우에 속하지 아니한다.헌재2014.4.24. 2013헌바110
자연생태계와 자연 및 문화경관의 보전 등을 목적으로 자연환경지구에서 건축행위를 제한하고 공원구역의 출입을 제한 · 금지하는 이 사건 법률조항들은 입법자가 토지재산권에 관한 권리와 의무를 일반 · 추상적으로 확정하는, 재산권의 내용과 한계에 관한 규정이자 재산권의 사회적 제약을 구체화하는 규정이다(헌법 제23조 제1항 및 제2항). 모든 토지에는 그의 위치, 성질 및 자연과 풍경과의 관계, 즉 토지의 고유상황에서 나오는 재산권의 내재적 한계가 있는데, 토지소유자는 재산권의 행사에 있어서 토지의 이러한 고유한 상황을 고려하여 모든 토지를 그의 위치 및 상황에 적합하도록 사용해야 한다는 사회적 제약을 받으며, 한편 입법자는 토지소유자로 하여금 토지의 상황에 상응하게 재산권을 행사하도록 규율할 수 있다. 따라서 지역의 풍경을 대표하는 수려한 풍경지이기 때문에 공원구역 지정의 요건을 충족시키는 토지에 대하여 부과되는 건축행위의 제한이나 출입제한 · 금지는 토지의 위치와 주변환경관계에 비추어 단지 토지재산권에 내재하는 제한을 구체화한 것으로서 사회적 제약의 한 표현이라고 볼 수 있다. 다만, 입법자는 재산권의 내용을 새로이 규율함에 있어서 토지소유자에게 부과된 사용제한이 토지소유자가 수인해야 하는 사회적 제약의 한계를 넘어 가혹한 부담을 발생시키는 예외적인 경우에는 이를 완화 · 조정하는 보상규정을 두어야 한다. 이러한 보상규정은 입법자가 헌법 제23조 제1항 및 제2항에 의하여 재산권의 내용을 구체적으로 형성하고 공공의 이익을 위하여 재산권을 제한하는 과정에서 재산권을 비례의 원칙에 부합하게 합헌적으로 규율하기 위하여 두어야 하는 규정이다. 입법자는 비례의 원칙을 회복하기 위한 방법으로 반드시 금전보상을 해야 하는 것은 아니고, 이를 위하여 여러 가지 다른 방법을 사용할 수 있다. 즉 입법자에게는 가혹한 부담의 조정이란 '목적'만 헌법적으로 확정되었을 뿐이고, 입법자가 어떠한 방법으로 가혹한 부담을 완화 · 조정할 수 있는가의 '방법'의 선택에 있어서는 광범위한 형성의 자유가 부여된다. 헌재 2006. 1. 26. 2005헌바18

**개발제한구역(이른바 그린벨트) 지정으로 인한 인한 토지재산권 제한의 성격과 한계(헌재 1998. 12. 24. 89헌마214등)**

1. 개발제한구역을 지정하여 그 안에서는 건축물의 건축 등을 할수 없도록 하고 있는 도시계획법 제21조는 헌법 제23조 제1항, 제2항에 따라 토지재산권에 관한 권리와 의무를 일반·추상적으로 확정하는 규정으로서 재산권을 형성하는 규정인 동시에 공익적 요청에 따른 재산권의 사회적 제약을 구체화하는 규정인바, 토지재산권은 강한 사회성, 공공성을 지니고 있어 이에 대하여는 다른 재산권에 비하여 보다 강한 제한과 의무를 부과할 수 있으나, 그렇다고 하더라도 다른 기본권을 제한하는 입법과 마찬가지로 비례성원칙을 준수하여야 하고, 재산권의 본질적 내용인 사용·수익권과 처분권을 부인하여서는 아니된다.

2. 개발제한구역 지정으로 인하여 토지를 종래의 목적으로도 사용할 수 없거나 또는 더 이상 법적으로 허용된 토지이용의 방법이 없기 때문에 실질적으로 토지의 사용·수익의 길이 없는 경우에는 토지소유자가 수인해야 하는 사회적 제약의 한계를 넘는 것으로 보아야 한다.

3. 개발제한구역의 지정으로 인한 개발가능성의 소멸과 그에 따른 지가의 하락이나 지가상승률의 상대적 감소는 토지소유자가 감수해야 하는 사회적 제약의 범주에 속하는 것으로 보아야 한다. 자신의 토지를 장래에 건축이나 개발목적으로 사용할 수 있으리라는 기대가능성이나 신뢰 및 이에 따른 지가상승의 기회는 원칙적으로 재산권의 보호범위에 속하지 않는다. 구역지정 당시의 상태대로 토지를 사용·수익·처분할 수 있는 이상, 구역지정에 따른 단순한 토지이용의 제한은 원칙적으로 재산권에 내재하는 사회적 제약의 범주를 넘지 않는다.

4. 도시계획법 제21조에 의한 재산권의 제한은 개발제한구역으로 지정된 토지를 원칙적으로 지정 당시의 지목과 토지현황에 의한 이용방법에 따라 사용할 수 있는 한, 재산권에 내재하는 사회적 제약을 비례의 원칙에 합치하게 합헌적으로 구체화한 것이라고 할 것이나, 종래의 지목과 토지현황에 의한 이용방법에 따른 토지의 사용도 할 수 없거나 실질적으로 사용·수익을 전혀 할 수 없는 예외적인 경우에도 아무런 보상없이 이를 감수하도록 하고 있는 한, 비례의 원칙에 위반되어 당해 토지소유자의 재산권을 과도하게 침해하는 것으로서 헌법에 위반된다.

5. 입법자가 도시계획법 제21조를 통하여 국민의 재산권을 비례의 원칙에 부합하게 합헌적으로 제한하기 위해서는, 수인의 한계를 넘어 가혹한 부담이 발생하는 예외적인 경우에는 이를 완화하는 보상규정을 두어야 한다. 이러한 보상규정은 입법자가 헌법 제23조 제1항 및 제2항에 의하여 재산권의 내용을 구체적으로 형성하고 공공의 이익을 위하여 재산권을 제한하는 과정에서 이를 합헌적으로 규율하기 위하여 두어야 하는 규정이다. 재산권의 침해와 공익간의 비례성을 다시 회복하기 위한 방법은 헌법상 반드시 금전보상만을 해야 하는 것은 아니다. 입법자는 지정의 해제 또는 토지매수청구권제도와 같이 금전보상에 갈음하거나 기타 손실을 완화할 수 있는 제도를 보완하는 등 여러 가지 다른 방법을 사용할 수 있다.

택지소유 상한제도의 법적 성격 및 위헌성 심사의 기준(헌재 1999. 4. 29. 94헌바37등)

헌법 제23조에 의하여 재산권을 제한하는 형태에는, 제1항 및 제2항에 근거하여 재산권의 내용과 한계를 정하는 것과, 제3항에 따른 수용·사용 또는 제한을 하는 것의 두 가지 형태가 있다. 전자는 "입법자가 장래에 있어서 추상적이고 일반적인 형식으로 재산권의 내용을 형성하고 확정하는 것"을 의미하고, 후자는 "국가가 구체적인 공적 과제를 수행하기 위하여 이미 형성된 구체적인 재산적 권리를 전면적 또는 부분적으로 박탈하거나 제한하는 것"을 의미한다. 그런데 법은, 택지의 소유에 상한을 두거나 그 소유를 금지하고, 허용된 소유상한을 넘은 택지에 대하여는 처분 또는 이용·개발의무를 부과하며, 이러한 의무를 이행하지 아니하였을 때에는 부담금을 부과하는 등의 제한 및 의무부과 규정을 두고 있는바, 위와 같은 규정은 헌법 제23조 제1항 및 제2항에 의하여 토지재산권에 관한 권리와 의무를 일반·추상적으로 확정함으로써 재산권의 내용과 한계를 정하는 규정이라고 보아야 한다.

재산권은 개인이 각자의 인생관과 능력에 따라 자신의 생활을 형성하도록 물질적·경제적 조건을 보장해 주는 기능을 하는 것으로서, 재산권의 보장은 자유실현의 물질적 바탕을 의미하고, 특히 택지는 인간의 존엄과 가치를 가진 개인의 주거로서, 그의 행복을 추구할 권리와 쾌적한 주거생활을 할 권리를 실현하는 장소로 사용되는 것이라는 점을 고려할 때, 소유상한을 지나치게 낮게 책정하는 것은 개인의 자유실현의 범위를 지나치게 제한하는 것이라고 할 것인데, 소유목적이나 택지의 기능에 따른 예외를 전혀 인정하지 아니한 채 일률적으로 200평으로 소유상한을 제한함으로써, 어떠한 경우에도, 어느 누구라도, 200평을 초과하는 택지를 취득할 수 없게 한 것은, 적정한 택지공급이라고 하는 입법목적을 달성하기 위하여 필요한 정도를 넘는 과도한 제한으로서, 헌법상의 재산권을 과도하게 침해하는 위헌적인 규정이다.

법 시행 이전부터 소유하고 있는 택지까지 법의 적용대상으로 포함시킨 것은 입법목적을 실현하기 위하여 불가피한 조치였다고 보여지지만, 택지는 소유자의 주거장소로서 그의 행복추구권 및 인간의 존엄성의 실현에 불가결하고 중대한 의미를 가지는 경우에는 단순히 부동산투기의 대상이 되는 경우와는 헌법적으로 달리 평가되어야 하고, 신뢰보호의 기능을 수행하는 재산권 보장의 원칙에 의하여 보다 더 강한 보호를 필요로 하는 것이므로, 택지를 소유하게 된 경위나 그 목적 여하에 관계 없이 법 시행 이전부터 택지를 소유하고 있는 개인에 대하여 일률적으로 소유상한을 적용하도록 한 것은, 입법목적을 달성하기 위하여 필요한 정도를 넘는 과도한 침해이자 신뢰보호의 원칙 및 평등원칙에 위반된다.

10년만 지나면 그 부과율이 100%에 달할 수 있도록, 아무런 기간의 제한도 없이, 매년 택지가격의 4% 내지 11%에 해당하는 부담금을 계속적으로 부과할 수 있도록 하는 것은, 짧은 기간 내에 토지재산권을 무상으로 몰수하는 효과를 가져오는 것이 되어, 재산권에 내재하는 사회적 제약에 의하여 허용되는 범위를 넘는 것이다.

## 4. 공용침해의 요건

### 가. 공공필요

공용침해의 요건으로 '공공필요'는 국민의 재산권을 그 의사에 반하여 강제적으로 취득하여야 할 공익적 필요성이므로 기본권 일반의 제한사유인 '공공복리'보다는 좁게 보는 것이 타당하다. 그러므로 헌법 제23조 제2항이나 제37조 제2항의 공공복리의 개념보다 더 중요하거나 우월한 공익으로 이해하여야 한다.[206)]

**고급 골프장 사업에 공공필요성이 인정되는지 여부(헌재 2014.10.30. 2011헌바172)**

헌법재판소는 헌법 제23조 제3항에서 규정하고 있는 '공공필요' 의미를 "국민의 재산권을 그 의사에 반하여 강제적으로라도 취득하여야 할 공익적 필요성"으로 해석하여 왔다. 오늘날 공익사업의 범위가 확대되는 경향에 대응하여 '공공필요'의 요건 중 공익성은 추상적인 공익 일반 또는 국가의 이익 이상의 중대한 공익을 요구하므로 기본권 일반의 제한사유인 '공공복리'보다 좁게 보는 것이 타당하며, 공익성의 정도를 판단함에 있어서는 공용수용을 허용하고 있는 개별법의 입법목적, 사업내용, 사업이 입법목적에 이바지 하는 정도는 물론, 특히 그 사업이 대중을 상대로 하고 있는 영업인 경우에는 그 사업시설에 대한 대중의 이용·접근 가능성도 아울러 고려하여야 한다.

또한 헌법적 요청에 의한 수용이라 하더라도 국민의 재산을 그 의사에 반하여 강제적으로라도 취득해야 할 정도의 필요성이 인정되어야 하고, 그 필요성이 인정되기 위해서는 공용수용을 통하여 달성하려는 공익과 그로 인하여 재산권을 침해당하는 사인의 이익 사이의 형량에서 사인의 재산권 침해를 정당화할 정도의 공익의 우월성이 인정되어야 하며, 사업시행자가 사인인 경우에는 그 사업 시행으로 획득할 수 있는 공익이 현저히 해태되지 않도록 보장하는 제도적 규율도 갖추어져 있어야 한다…

고급골프장, 고급리조트 등의 사업과 같이 넓은 부지에 많은 설치비용을 들여 조성됨에도 불구하고 평균 고용인원이 적고, 시설내에서 모든 소비행위가 이루어지는 자족적 영업행태를 가지고 있어 개발이 낙후된 제역의 균형발전이나 주민 소득 증대 등 입법목적에 대한 기여도가 낮을 뿐만 아니라, 그 사업이 대중을 상대로 하는 영업이면서도 사업시설을 이용할 때 수반되는 과도한 재정적 부담 등으로 소수에게만 접근이 용이한 경우 등 대중의 이용·접근 가능성이 작아 공익성이 낮은 사업도 있다.

고급골프장 등 사업의 특성상 그 사업 운영 과정에서 발생하는 지방세수 확보와 지역경제 활성화는 부수적인 공익일 뿐이고, 이 정도의 공익이 그 사업으로 인하여 강제수용 당하는

206) 헌재 2014.10.30. 2011헌바172

주민들이 침해받는 기본권에 비하여 그 기본권 침해를 정당화할 정도로 우월하다고 볼 수는 없다. 따라서 고급골프장 등의 사업에 있어서는 민간개발자로 하여금 위와 같이 공익성이 낮은 고급골프장 등의 사업시행을 위하여 타인의 재산을 그 의사에 반하여 강제적으로라도 취득할 수 있게 해야 할 필요성을 인정되지 아니한다. 그러므로 이 사건 법률조항은 공익적 필요성이 인정되기 어려운 민간개발자의 지구개발사업을 위해서까지 공공수용이 허용될 수 있는 가능성을 열어두고 있어 헌법 제23조 제3항에 위반된다.

## 나. 수용·사용 또는 제한과 보상은 법률로써

수용, 사용등의 제한을 하기 위해서는 반드시 형식적 법률로 정하여야 하며 보상에 대한 근거도 형식적 법률에 정하여야 한다. 독일 연방헌법재판소의 경우에는 공용침해의 근거와 보상에 대한 규정이 동일한 법률에 있어야 한다고 보지만(결부조항), 헌법재판소는 반드시 동일한 법률에 근거해야 한다고 보지 않는다.

관리청의 하천구역 지정처분 없이 하천법 제3조, 제2조에 의하여 당연히 국유화된 제외지의 종전 소유자들에 대하여 비록 종전의 하천법 자체에는 보상규정이 없었으나, 당시의 제3공화국 헌법 제20조 제3항은 현행 헌법과는 달리 공용수용에 대한 보상까지 반드시 법률로써 할 것을 명시적으로 규정하고 있지 않았으며, 한편으로 당시 법원은 수용 법률에서 손실보상에 관한 규정을 두고 있지 않더라도 헌법 제20조 제3항을 직접적인 근거로 하여 손실보상을 청구할 수 있다는 견해를 취하고 있었고, 1984년의 개정하천법 부칙 제2조 제1항, 제4항에 의하여 뒤늦게나마 보상 법률이 마련되었고 후속 시행령에 의하여 대다수의 제외지 소유자들이 이미 손실보상을 받기에 이르렀다면 헌법 제23조 제3항이 요구하는 '법률에 의한 보상'의 요건을 충족하였다고 보아야 한다.(헌재 1998.3.26. 93헌바12)

헌법이 '정당한 보상'을 할 것을 규정하고 있는데, '정당한 보상'이란 '완전한 보상'을 의미하지만 반드시 시가에 의한 보상을 의미하는 것은 아니다.

정당한 보상이란 원칙적으로 피수용재산의 객관적인 재산 가치를 완전하게 보상하는 것이어야 한다는 완전보상을 뜻하는 것으로서, 재산권의 객체가 갖는 객관적 가치란 그 물건의 성질에 정통한 사람들의 자유로운 거래에 의하여 도달할 수 있는 합리적인 매매가능 가격, 즉 시가에 의하여 산정되는 것이 보통이다. 그러나 헌법 제23조 제3항에 규정된 '정당한 보상'의 원칙이 모든 경우에 예외 없이 개별적 시가에 의한 보상을 요구하는 것이라고 할 수 없다. 헌법재판소는 거듭, 토지의 경우에는 그 특성상 인근 유사토지의 거래가격을 기준으로 하여 토지의 가격형성에 미치는 제 요소를 종합적으로 고려한 합리적 조정을 거쳐서 객관적인 가치를 평가할 수 밖에 없음을 전제로, 토지수용으로 인한 손실보상액의 산정을 '공시지가'를 기준으로 한 것이 헌법상의 정당보상의 원칙에 위배되는 것이 아니라고 하였다.(헌재 2002.12.18. 2002헌가4)

# 제5장
# 정치적 기본권

# 제5장 정치적 기본권

## Ⅰ 선거권

> 제24조 모든 국민은 법률이 정하는 바에 의하여 선거권을 가진다.
> 제41조 ①국회는 국민의 보통·평등·직접·비밀선거에 의하여 선출된 국회의원으로 구성한다.
> 제67조 ①대통령은 국민의 보통·평등·직접·비밀선거에 의하여 선출한다.
> 제118조 ②지방의회의 조직·권한·의원선거와 지방자치단체의 장의 선임방법 기타 지방자치단체의 조직과 운영에 관한 사항은 법률로 정한다.

### 1. 의의와 내용

헌법은 제24조로 선거권을 보장하며, 국회의원, 대통령, 지방의회의원에 대한 선거를 헌법상의 선거권으로 규정하고 있다. 지방자치단체의 장에 대한 선거권은 헌법이 명시적으로 규정하고 있는 것은 아니지만 헌법재판소는 지방자치단체의 장에 대한 선거권도 헌법상의 선거권으로 인정하고 있다.[207] 헌법재판소는 선거운동

207) 헌법에서 지방자치제를 제도적으로 보장하고 있고, 지방자치는 지방자치단체가 독자적인 자치기구를 설치해서 그 자치단체의 고유사무를 국가기관의 간섭 없이 스스로의 책임 아래 처리하는 것이라는 점에서 지방자치단체의 대표인 단체장은 지방의회의원과 마찬가지로 주민의 자발적 지지에 기초를 둔 선거를 통해 선출되어야 한다. 공직선거 관련법상 지방자치단체의 장 선임방법은 '선거'로 규정되어 왔고, 지방자치단체의 장을 선거로 선출하여 온 우리 지방자치제의 역사에 비추어 볼 때, 지방자치단체의 장에 대한 주민직선제 이외의 다른 선출방법을 허용할 수 없다는 관행과 이에 대한 국민적 인식이 광범위하게 존재한다고 볼 수 있다. 주민자치제를 본질로 하는 민주적 지방자치제도가 안정적으로 뿌리내린 현 시점에서 지방자치단체의 장 선거권을 지방의회의원 선거권, 나아가 국회의원 선거권 및 대통령 선거

의 자유는 선거권 행사의 전제 내지 선거권의 중요한 내용이 된다고 한 바 있고,[208] 개표절차에 대한 개표참관인의 실질적 감시, 즉 공정한 개표절차가 보장되지 않는 것은선거권의 제한이라고 한 바 있다.[209]

헌법 제24조는 선거권 행사에 대한 구체적인 사항은 입법사항으로 위임하고 있다.

## 2. 제한

공직선거법은 연령, 국적등의 이유로 선거권에 대한 제한을 가하고 있다. 헌법재판소는 공직선거법의 여러 규정에 대해 판단을 한 바 있다.

| **공직선거법 제18조 제1항 제2호 위헌확인 등(헌재 2014. 1. 28. 2012헌마409등)**<br>*공직선거법(2015. 8. 13. 법률 제13497호로 개정된 것) 제18조 (선거권이 없는 자) ① 선거일 현재 다음 각 호의 어느 하나에 해당하는 사람은 선거권이 없다.*<br>*1. 생략*<br>*2. 금고 이상의 형의 선고를 받고 그 집행이 종료되지 아니하거나 그 집행을 받지 아니하기로 확정되지 아니한 자*<br>*3.~4. 생략* |
|---|

권과 구별하여 하나는 법률상의 권리로, 나머지는 헌법상의 권리로 이원화하는 것은 허용될 수 없다. 그러므로 지방자치단체의 장 선거권 역시 다른 선거권과 마찬가지로 헌법 제24조에 의해 보호되는 기본권으로 인정하여야 한다.헌재 2016. 10. 27. 2014헌마797

208) 선거운동의 자유는 선거에 관하여 자유로이 의사를 표현할 자유를 말하고 정치적 표현의 자유로서 헌법 제21조(언론 · 출판 · 집회 · 결사의 자유)에 의하여 보장된다. 또한 모든 국민은 법률이 정하는 바에 따라 선거권을 가지는데(헌법 제24조), 선거권을 제대로 행사하려면 후보자에 대한 정보의 자유교환이 필수적으로 요청되므로, 선거운동의 자유는 선거권 행사의 전제 내지 선거권의 중요한 내용을 이룬다고 할 수 있고, 선거운동의 제한은 선거권의 제한으로도 파악될 수 있다. 헌재 2009. 12. 29. 2007헌마1412

209) 헌법 제24조에 규정된 선거권이란 국민이 보통 · 평등 · 직접 · 비밀선거에의하여공무원을 선출하는 권리를 말하고, 이러한 선거권은 유권자가 자유롭게 후보자를 투표할 뿐 아니라, 투표를 통해 표출된 국민의 의사가 공정한 개표절차에 의해 정확한 선거결과로 반영될 때에만 제대로 보장된다. 이처럼 공정한 개표절차가 진행되기 위해서는 개표절차에 대한 관리 · 감독이 제대로 이루어져야 하는데, 개표절차의 공정성을 확보하기 위한 대표적인 방법이 개표참관인에 의한 참관이므로, 투표함의 동시계표를 제한 없이 허용함으로써 개표에 대한 개표참관인의 실질적 감시를 어렵게 만들 경우, 유권자들의 선거권을 제한할 수 있다.헌재 2013. 8. 29. 2012헌마326

심판대상조항은 집행유예자와 수형자에 대하여 전면적 · 획일적으로 선거권을 제한하고 있다. 심판대상조항의 입법목적에 비추어 보더라도, 구체적인 범죄의 종류나 내용 및 불법성의 정도 등과 관계없이 일률적으로 선거권을 제한하여야 할 필요성이 있다고 보기는 어렵다. 범죄자가 저지른 범죄의 경중을 전혀 고려하지 않고 수형자와 집행유예자 모두의 선거권을 제한하는 것은 침해의 최소성원칙에 어긋난다. 특히 집행유예자는 집행유예 선고가 실효되거나 취소되지 않는 한 교정시설에 구금되지 않고 일반인과 동일한 사회생활을 하고 있으므로, 그들의 선거권을 제한해야 할 필요성이 크지 않다. 따라서 심판대상조항은 청구인들의 선거권을 침해하고, 보통선거원칙에 위반하여 집행유예자와 수형자를 차별취급하는 것이므로 평등원칙에도 어긋난다. 심판대상조항 중 수형자에 관한 부분의 위헌성은 지나치게 전면적 · 획일적으로 수형자의 선거권을 제한한다는 데 있다. 그런데 그 위헌성을 제거하고 수형자에게 헌법합치적으로 선거권을 부여하는 것은 입법자의 형성재량에 속하므로 심판대상조항 중 수형자에 관한 부분에 대하여 헌법불합치결정을 선고한다.

**공직선거법 제18조 제1항 제2호 등 위헌확인(헌재 2017. 5. 25. 2016헌마292등)**

*공직선거법(2015. 8. 13. 법률 제13497호로 개정된 것) 제18조 (선거권이 없는 자) ① 선거일 현재 다음 각 호의 어느 하나에 해당하는 사람은 선거권이 없다.*

*1. 생략*

*2. 1년 이상의 징역 또는 금고의 형의 선고를 받고 그 집행이 종료되지 아니하거나 그 집행을 받지 아니하기로 확정되지 아니한 사람. 다만, 그 형의 집행유예를 선고받고 유예기간 중에 있는 사람은 제외한다.*

*3.~4. 생략*

심판대상조항은 공동체 구성원으로서 기본적 의무를 저버린 수형자에 대하여 사회적 · 형사적 제재를 부과하고, 수형자와 일반국민의 준법의식을 제고하기 위한 것이다. 법원의 양형관행을 고려할 때 1년 이상의 징역형을 선고받은 사람은 공동체에 상당한 위해를 가하였다는 점이 재판 과정에서 인정된 자이므로, 이들에 한해서는 사회적 · 형사적 제재를 가하고 준법의식을 제고할 필요가 있다. 심판대상조항에 따른 선거권 제한 기간은 각 수형자의 형의 집행이 종료될 때까지이므로, 형사책임의 경중과 선거권 제한 기간은 비례하게 된다. 심판대상조항이 과실범, 고의범 등 범죄의 종류를 불문하고, 침해된 법익의 내용을 불문하며, 형 집행 중에 이뤄지는 재량적 행정처분인 가석방 여부를 고려하지 않고 선거권을 제한한다고 하여 불필요한 제한을 부과한다고 할 수 없다. 1년 이상의 징역형을 선고받은 사람의 선거권을 제한함으로써 형사적 · 사회적 제재를 부과하고 준법의식을 강화한다는 공익이, 형 집행기간 동안 선거권을 행사하지 못하는 수형자 개인의 불이익보다 작다고 할 수 없다. 따라서 심판대상조항은 과잉금지원칙을 위반하여 청구인의 선거권을 침해하지 아니한다.

# Ⅱ 공무담임권

| 제25조 모든 국민은 법률이 정하는 바에 의하여 공무담임권을 가진다. |
| --- |

공무담임권이란 공무를 담당할 기회를 가질 권리를 말한다. 공무원 채용시험을 통해 공무를 담당할 기회뿐만 아니라 선거를 통하여 공직에 취임하는 기회의 보장도 포함한다. 공무담임권의 보호영역에는 공직취임의 기회의 자의적인 배제 뿐 아니라, 공무원 신분의 부당한 박탈도 포함한다.[210] 그러나 공무원 징계에 따른 승진, 승급, 정근수당을 제한하는 것이나[211] 공무를 수행하는 자유 자체는 공무담임권의 보호영역에 포함된다고 볼 수 없다.[212]

210) 헌재 2002. 8. 29. 2001헌마788등

211) 징계처분에 따른 승진임용 제한기간을 정함에 있어서는 일반적으로 승진임용에 소요되는 기간을 고려하여 적어도 공무원 징계처분의 취지와 효력을 담보할 수 있는 기간이 설정될 필요가 있다. 감봉의 경우 12개월간 승진임용이 제한되는데 이는 종래 18개월이었던 것을 축소한 것이며, 강등·정직(18개월)이나 견책(6개월)과의 균형을 고려하면 과도하게 긴 기간이라고 보기는 어렵다. 비위공무원에 대한 징계를 통해 불이익을 줌으로써 공직기강을 바로 잡고 공무수행에 대한 국민의 신뢰를 유지하고자 하는 공익은 제한되는 사익 이상으로 중요하다. 이 사건 승진조항은 과잉금지원칙을 위반하여 청구인의 공무담임권을 침해하지 않는다. 헌재 2022. 3. 31. 2020헌마211

212) 공무담임권의 보호영역에는 일반적으로 공직취임의 기회보장, 신분박탈, 직무의 정지가 포함되는 것일 뿐, 여기서 더 나아가 공무원이 특정의 장소에서 근무하는 것 또는 특정의 보직을 받아 근무하는 것을 포함하는 일종의 '공무수행의 자유'까지 그 보호영역에 포함된다고 보기는 어렵다. 따라서 이 사건 법률조항이 특정직공무원으로서 군무원인 청구인들의 공무담임권을 제한하는 것은 아니다. 헌재 2008. 6. 26. 2005헌마1275

제6장

# 청구권적 기본권

# 제6장 청구권적 기본권

청구권적 기본권은 국민이 국가에 대하여 적극적으로 일정한 행위를 청구할 수 있는 권리를 말한다. 헌법은 청원권, 재판청구권, 형사보상청구권, 국가배상청구권, 범죄피해자구조청구권을 규정하고 있다. 모든 청구권은 법률로 구체화 되어야 행사할 수 있다.

## I 청원권

> 제26조 ①모든 국민은 법률이 정하는 바에 의하여 국가기관에 문서로 청원할 권리를 가진다.
> ②국가는 청원에 대하여 심사할 의무를 진다.

청원권은 국민이 국가기관에 자신의 의견이나 희망을 진술할 권리를 말한다. 청원에 대한 법률로는 청원법이 있으며, 국회법, 지방자치법 등에도 청원에 대한 내용이 규정되어 있다. 국회나 지방의회에 청원을 하기 위해서는 의원의 소개를 받도록 하는 규정이 있는데, 이 규정에 대한 위헌여부에 대하여 헌법재판소는 모두 청원권의 침해가 아니라고 하였다.[213)]

---

213) 청원권의 구체적 내용은 입법활동에 의하여 형성되며, 입법형성에는 폭넓은 재량권이 있으므로 입법자는 청원의 내용과 절차는 물론 청원의 심사·처리를 공정하고 효율적으로 행할 수 있게 하는 합리적인 수단을 선택할 수 있는 바, 의회에 대한 청원에 국회의원의 소개를 얻도록 한 것은 청원 심사의 효율성을 확보하기 위한 적절한 수단이다. 또한 청원은 일반의안과 같이 처리되므로 청원서 제출단계부터 의원의 관여가 필요하고, 의원의 소개가 없는 민원의 경우에는 진정으로 접수하여 처리하고 있으며, 청원의 소개의원은 1인으로 족한 점 등을 감안할 때 이 사건 법률조항이 국회에 청원을 하려는 자의 청원권을 침해한다고 볼 수

# Ⅱ 재판청구권

> 제27조 ①모든 국민은 헌법과 법률이 정한 법관에 의하여 법률에 의한 재판을 받을 권리를 가진다.

## 1. 의의

재판청구권이란 구체적인 법적 분쟁이 발생한 경우 독립성이 보장된 법관에 의해 법률에 따라 공정한 재판을 받을 권리를 말한다.[214] 재판청구권은 헌법과 법률이 정한 자격과 절차에 의하여 임명되고 물적 독립과 인적 독립이 보장된 법관에 의하여 합헌적인 법률이 정한 내용과 절차에 따라 재판을 받을 권리를 보장한다. 이러한 재판청구권은 공권력이나 사인에 의해서 기본권이 침해당하거나 침해당할 위험에 처해있을 경우 이에 대한 구제나 그 예방을 요청할 수 있는 권리라는 점에서 다른 기본권의 보장을 위한 기본권이라는 성격을 가지고 있다.[215] 재판청구권은 재판이라는 국가적 행위를 청구할 수 있는 적극적 측면과 헌법과 법률이 정한 법관이 아닌 자에 의한 재판이나 법률에 의하지 아니한 재판을 받지 아니하는 소극적 측면을 아울러 가지고 있다. 따라서 헌법 제27조 제1항은 법관에 의하지 아니하고는 민사·행정·선거·가사사건에 관한 재판은 물론 어떠한 처벌도 받지 아니할 권리를 보장한 것이라 해석된다.[216] 재판청구권은 실효성 있는 권리보호를 제공하기 위하여 그에 필요한 절차적 요건을 갖출 것을 요청한다.[217]

---

없다.헌재 2006. 6. 29. 2005헌마604

지방의회에 청원을 할 때에 지방의회 의원의 소개를 얻도록 한 것은 의원이 미리 청원의 내용을 확인하고 이를 소개하도록 함으로써 청원의 남발을 규제하고 심사의 효율을 기하기 위한 것이고, 지방의회 의원 모두가 소개의원이 되기를 거절하였다면 그 청원내용에 찬성하는 의원이 없는 것이므로 지방의회에서 심사하더라도 인용가능성이 전혀 없어 심사의 실익이 없으며, 청원의 소개의원도 1인으로 족한 점을 감안하면 이러한 정도의 제한은 공공복리를 위한 필요·최소한의 것이라고 할 수 있다. 헌재 1999. 11. 25. 97헌마54

214) 김하열, 위의 책, 624쪽.

215) 헌재 2009. 4. 30. 2007헌바121

216) 헌재 2003. 1. 30. 2001헌바95

## 2. 내용

제27조 ①모든 국민은 헌법과 법률이 정한 법관에 의하여 법률에 의한 재판을 받을 권리를 가진다.
②군인 또는 군무원이 아닌 국민은 대한민국의 영역 안에서는 중대한 군사상 기밀 · 초병 · 초소 · 유독음식물공급 · 포로 · 군용물에 관한 죄중 법률이 정한 경우와 비상계엄이 선포된 경우를 제외하고는 군사법원의 재판을 받지 아니한다.
③모든 국민은 신속한 재판을 받을 권리를 가진다. 형사피고인은 상당한 이유가 없는 한 지체없이 공개재판을 받을 권리를 가진다.
⑤형사피해자는 법률이 정하는 바에 의하여 당해 사건의 재판절차에서 진술할 수 있다.

### 가. 헌법과 법률이 정한 법관에 의한 재판을 받을 권리

#### 1) 군사재판을 받지 않은 권리

헌법과 법률이 정한 법관이란 헌법 제102조, 103조, 104조, 106조와 법원조직법에 의해 인적 · 물적 독립이 인정된 법관을 말한다. 헌법 제27조 제2항은 군인이나 군무원이 아닌 국민은 특별한 경우가 아니면 군사재판을 받지 않는다고 규정하고 있다. 군사재판은 '헌법과 법률이 정한 법관'이 아니라 군판사와 심판관(장교)으로 구성되는 재판관이 재판을 한다. 다만 헌법 제27조 제2항을 해석하면 군인과 군무원은 군사재판을 받는다. 헌법이 정하는 것이므로 위헌이 아니며 재판청구권을 침해한 것이라고 할 수 없다.

#### 2) 법관에 의한 사실적 측면과 법률적 측면에 대한 최소한 한 차례의 심리검토를 받을 권리

재판이란 사실확정과 법률의 해석 적용을 본질로 함에 비추어 법관에 의하여 사실적 측면과 법률적 측면의 한 차례의 심리검토의 기회는 적어도 보장되어야 할 것을 물론, 도 그와 같은 기회에 접근하기 어렵도록 제약이나 장벽을 쌓아서는 안된다.[218] 헌법재판소는 구 특허법이 사실확정을 항고심판, 즉 행정심판으로 종결시키고, 법률적 쟁송에 대해서 바로 대법원에 상고하도록 함으로써, 사건의 사

217) 헌재 2006.4.27. 2005헌마1119
218) 헌재 1992. 6. 26. 90헌바25

실적 측면에 대하여 법관의 심리를 받지 못하도록 한 것에 대해서 위헌결정을 한 바 있다.[219)]

한편 '국민의 형사재판 참여에 관한 법률'은 배심원에 의한 형사재판인데, 배심원은 '헌법과 법률이 정한 법관'이 아니므로 '국민참여재판을 받을 권리'는 재판청구권이라고 할 수 없다.[220)]

### 나. '재판'을 받을 권리

재판이란 권리가 침해되거나 분쟁이 발생한 경우 중립적인 법원이 사실을 확인하고 법률을 해석·적용하는 공권적 판단작용을 말한다.[221)] 일반적으로 민사, 형사, 행정소송등을 말한다. 그런데 '대법원의 재판을 받을 권리'와 헌법재판소의 재판을 받을 권리'도 이에 포함이 되는지 문제된다. 왜냐하면 모든 분쟁이 대법원과 헌법재판소의 재판을 받을 수 있는 것은 아니기 때문이다. 헌법재판소는 헌법재판을 받을 권리는 '재판청구권'이라고 인정하고 있다. 다만 '대법원의 재판을 받을 권리'에 대해서는 부정하고 있다.

| 헌법 제27조는 "모든 국민은 헌법과 법률이 정한 법관에 의하여 법률에 의한 재판을 받을 권리를 가진다."고 규정하여 재판청구권을 보장하고 있고(헌재 2004. 12. 16, 2003헌바105, 판례집 16-2하, 505, 512) 이 때 재판을 받을 권리에는 민사재판, 형사재판, 행정재판뿐 아니라 헌법재판도 포함된다.(헌재 2013. 8. 29. 2011헌마122) |
|---|

219) 특허청의 심판절차에 의한 심결이나 보정각하결정은 특허청의 행정공무원에 의한 것으로서 이를 헌법과 법률이 정한 법관에 의한 재판이라고 볼 수 없으므로 특허법 제186조 제1항은 법관에 의한 사실확정 및 법률적용의 기회를 박탈한 것으로서 헌법상 국민에게 보장된 "법관에 의한" 재판을 받을 권리의 본질적 내용을 침해하는 위헌 규정이다.헌재 1995. 9. 28. 92헌가11등

220) 우리 헌법상 헌법과 법률이 정한 법관에 의한 재판을 받을 권리는 직업법관에 의한 재판을 주된 내용으로 하는 것이므로 국민참여재판을 받을 권리가 헌법 제27조 제1항에서 규정한 재판을 받을 권리의 보호범위에 속한다고 볼 수 없다. 헌재 2009. 11. 26. 2008헌바12

221) 헌재 2009. 4. 30. 2007헌바121

헌법이 대법원을 최고법원으로 규정하였다고 하여 대법원이 곧바로 모든 사건을 상고심으로서 관할하여야 한다는 결론이 당연히 도출되는 것은 아니며, "헌법과 법률이 정한 법관에 의하여 법률에 의한 재판을 받을 권리"가 사건의 경중을 가리지 않고 모든 사건에 대하여 대법원을 구성하는 법관에 의한 균등한 재판을 받을 권리를 의미한다거나 또는 상고심 재판을 받을 권리를 의미하는 것이라고 할 수 없다.(헌재 1997. 10. 30. 97헌바37등)

## 다. 신속한 재판을 받을 권리

제27조 ③ 모든 국민은 신속한 재판을 받을 권리를 가진다. 형사피고인은 상당한 이유가 없는 한 지체없이 공개재판을 받을 권리를 가진다.

신속한 재판은 재판을 받는 사람이 소송의 부담과 스트레스, 갈등의 지속에서 벗어나게 할 수 있을 뿐만 아니라, 증거가 산일되기 전에 신속한 재판을 진행함으로써 실체적 진실을 발견하는 데 유리하다는 점에서 피고인의 인권을 보호하는 방법이 된다.

국가보안법 제7조(찬양, 고무) 및 제10조(불고지)의 죄는 구성요건이 특별히 복잡한 것도 아니고 사건의 성질상 증거수집이 더욱 어려운 것도 아님에도 불구하고 국가보안법 제19조가 제7조 및 제10조의 범죄에 대하여서까지 형사소송법상의 수사기관에 의한 피의자 구속기간 30일보다 20일이나 많은 50일을 인정한 것은 국가형벌권ㅇ과 국민의 기본권과의 상충관계 형향을 잘못하여 불필요한 장기구속을 허용하는 것이어서 결국 헌법 제37조 제2항의 기본권 제한입법의 원리인 과잉금지의 원칙을 현저하게 위배하여 피의자의 신체의 자유, 무죄추정의 원칙 및 신속한 재판을 받을 권리를 침해한 것이다.(헌재 1992. 4. 14. 90헌마8)

## 라. 공개재판을 받을 권리

헌법 제109조는 "재판의 심리와 판결은 공개한다"고 규정하여 헌법 제21조 제3항을 보충하고 있다. 재판을 공개하는 것은 사법부의 결정이 공정한 절차와 법을 근거로 이루어 지고 있다는 것을 드러내게 함으로써 재판의 공정성 확보에 기능한다.

## 마. 공정한 재판을 받을 권리

헌법 제27조에는 공정한 재판에 대한 규정은 없다. 그렇지만 공정한 재판은 재판청구권이라는 기본권의 가장 기본의 전제라고 할 수 있다. 헌법재판소는 공정한 재판에 대하여 '헌법과 법률이 정한 자격이 있고, 헌법 제104조 내지 106조에 정할 절차에 의하여 임명되고 신분이 보장되어 독립하여 심판하는 법관으로부터 헌법과 법률에 의하여 그 양심에 따라 적법절차에 의하여 이루어지는 재판'이라고 하였다.[222)]

> 수형자라 하더라도 확정되지 않은 별도의 형사재판에서만큼은 미결수용자와 같은 지위에 있으므로, 이러한 수형자로 하여금 형사재판 출석 시 아무런 예외 없이 사복착용을 금지하고 재소자용 의류를 입도록 하여 인격적인 모욕감과 수치심 속에서 재판을 받도록 하는 것은 재판부나 검사 등 소송관계자들에게 유죄의 선입견을 줄 수 있고, 이미 수형자의 지위로 인해 크게 위축된 피고인의 방어권을 필요 이상으로 제약하는 것이다. 또한 형사재판에 피고인으로 출석하는 수형자의 사복착용을 추가로 허용함으로써 통상의 미결수용자와 구별되는 별도의 계호상 문제점이 발생된다고 보기 어렵다. 따라서 심판대상조항이 형사재판의 피고인으로 출석하는 수형자에 대하여 사복착용을 허용하지 아니한 것은 청구인의 공정한 재판을 받을 권리, 인격권, 행복추구권을 침해한다.
>
> 민사재판에서 법관이 당사자의 복장에 따라 불리한 심증을 갖거나 불공정한 재판진행을 하게 되는 것은 아니므로, 심판대상조항이 민사재판의 당사자로 출석하는 수형자에 대하여 사복착용을 불허하는 것으로 공정한 재판을 받을 권리가 침해되는 것은 아니다.(헌재 2015. 12. 23. 2013헌마712)

---

222) 헌법은 제27조 제1항에서 "모든 국민은 헌법과 법률이 정한 법관에 의하여 법률에 의한 재판을 받을 권리를 가진다"라고 규정하여 재판청구권을 보장하고 있다. 이 재판청구권에는 물론 형사피고인의 공정한 재판을 받을 권리가 포함된다. 여기에서 공정한 재판이라 함은 헌법과 법률이 정한 자격이 있고, 헌법 제104조 내지 제106조에 정한 절차에 의하여 임명되고 신분이 보장되어 독립하여 심판하는 법관으로부터 헌법과 법률에 의하여 그 양심에 따라 적법절차에 의하여 이루어지는 재판을 의미한다. 또한 그 권리는 재판절차를 규율하는 법률과 재판에서 적용될 실체적 법률이 모두 합헌적이어야 한다는 의미에서의 법률에 의한 재판을 받을 권리뿐만 아니라 재판의 공정을 보장하기 위하여 비밀재판을 배제하고 일반국민의 감시아래 재판의 심리와 판결을 받을 권리도 내용으로 한다. 이로부터 공개된 법정의 법관의 면전에서 모든 증거자료가 조사·진술되고 이에 대하여 피고인이 공격·방어할 수 있는 기회를 보장받을 권리, 즉 원칙적으로 당사자주의와 구두변론주의가 보장되어 당사자에게 공소사실에 대한 답변과 입증 및 반증의 기회가 부여되는 등 공격·방어권이 충분히 보장되는 재판을 받을 권리가 파생되어 나온다. 헌재 2001. 6. 28. 99헌가14

자유심증주의는 법관으로 하여금 증명력 판단에 있어서 형식적 법률의 구속을 받지 않고 논리법칙과 경험법칙에 따라 합리적인 사실인정을 가능하게 함으로써 과거의 법정증거주의의 획일성을 극복하고 사실인정의 구체적 타당성을 도모할 수 있게 하며 형사소송이 지향하는 이념인 실체적 진실 발견에 가장 적합한 방책이 되는 것이다.

또한 자유심증주의를 통하여 합리적인 사실인정을 담보할 수 있도록 증거능력의 제한, 증거조사과정의 합리화를 위한 당사자의 참여, 유죄판결의 증거설시 등 여러 가지 제도적 보완장치가 마련되어 있다.

따라서 자유심증주의는 법정증거주의의 불합리성을 극복하기 위하여 수립된 형사증거법의 기본원리로서 실체적 진실을 발견하기에 적합한 제도라고 할 것이므로, 형사피고인의 공정한 재판을 받을 권리를 침해하는 것이라고 볼 수 없다.(헌재 2009. 11. 26. 2008헌바25)

### 바. 형사피해자의 재판절차진술권

제27조 형사피해자는 법률이 정하는 바에 의하여 당해 사건의 재판절차에서 진술할 수 있다.

형사피해자의 재판절차진술권은 피해자 등에 의한 사인소추를 전면 배제하고 형사소추권을 검사에게 독점시키고 있는 현행 기소독점주의의 형사소송체계 아래에서 형사피해자로 하여금 당해 사건의 형사재판절차에 참여하여 증언하는 이외에 형사사건에 관한 의견진술을 할 수 있는 청문의 기회를 부여함으로써 형사사법의 절차적 적정성을 확보하기 위하여 보장하는 것이다.[223] 헌법재판소는 검사의 자의적인 불기소처분과 공정거래위원회의 고발권 불행사에 의해 재판절차진술권이 침해될 수 있다고 하였다.[224] 그리고 헌법재판소는 형사피해자를 형사실체법상의 보호법익 보다 더 넓게 이해한다.

헌법상 재판절차진술권의 주체인 형사피해자의 개념은 반드시 형사실체법상의 보호법익을 기준으로 한 피해자의 개념에 의존할 필요가 없고, 형사실체법상으로는 직접적인 보호법익의

223) 헌재 1993. 3. 11. 92헌마28

224) 검사의 불기소처분이 자의적으로 행사된 경우에 그 피해자는 헌법 제11조에 규정된 평등권과 헌법 제27조 제5항에 규정된 재판절차진술권이 각 침해되었음을 이유로 헌법소원심판을 청구할 수 있다. 헌재 1992. 7. 23. 91헌마209

주체로 해석되지 않는 자라 하더라도 문제되는 범죄 때문에 법률상의 불이익을 받게 되는 자라면 헌법상 형사피해자의 재판절차진술권의 주체가 될 수 있다고 할 것인바, 청구인은 청구외 회사와의 사이에 존재하였던 대리점계약의 일방당사자로서 청구외 회사의 이 사건 불공정거래행위라는 범죄로 인하여 위와 같은 대리점계약상의 지위를 상실하는 법률상의 불이익을 받고 있으므로, 청구인이 비록 공정거래법이라는 형사실체법상의 보호법익의 주체는 아니라고 하더라도 헌법상 재판절차진술권의 주체인 피해자에는 해당한다고 보아야 한다. 헌재 1995. 7. 21. 94헌마136

**약식명령청구의 위헌확인(소극)(헌재 2007. 4. 17. 2007헌마379)**

헌법 제27조 제5항의 형사피해자의 재판절차진술권을 보장하는 방법은 반드시 피해자가 공판정에 출석하여 법관의 면전에서 직접 진술하는 형태에 한정되는 것이 아니다. 즉 공판절차뿐 아니라 그 이외의 모든 재판절차에서 직접 진술이거나 진술조서 등에 기재된 간접진술이거나를 가리지 않는다. 약식명령절차에서는 피해자가 공판정에서 진술할 기회를 가질 수는 없으나, 수사기관에서 한 피해자의 진술조서가 형사기록에 편철되어 오는 것이 보통이고, 그렇지 아니한 경우에도 피해자는 자신의 진술내용을 기재한 진술서나 탄원서 등을 법원에 제출함으로써 간접적으로 당해 사건의 재판절차에서 진술할 기회를 가질 수 있다. 또 피해자의 요청이나 독자적인 판단에 따라 법관은 약식명령으로 청구된 사건이 약식명령으로 하는 것이 적당하지 아니하다고 인정되면 정식재판절차에 회부할 수도 있으므로(형사소송법 제453조 제1항), 약식명령이 청구되었다고 하여 피해자의 공판정에서의 진술권이 배제되는 것은 아니다.(헌법재판소 1999. 12. 23, 98헌마345, 공보불게재 참조) 나아가 기초적 사실관계에 있어 단일성과 동일성이 인정되는 사실 중 검사가 일부에 대하여만 공소를 제기한 경우, 법원은 심리의 경과에 비추어 상당하다고 인정할 때에는 공소사실 또는 적용법조의 추가 또는 변경을 요구하여야 하므로(형사소송법 제298조 제2항) 이 사건 약식명령 청구 및 공소제기로 인하여 청구인의 기본권이 침해될 가능성을 인정하기 어렵다.

## 3. 제한

재판청구권은 헌법 제37조 제2항에 의해 제한될 수 있다.[225] 헌법재판소는 헌법재판소의 변호사강제주의는 재판청구권의 제한이나 침해라고 볼 수는 없다고 하

225) 헌법은 군사재판( 제27조 제2항, 제110조 제4항 비상계엄)을 받을 수 있는 경우에 대해 규정하고 있어 헌법 자체에서 재판청구권의 제한을 예정하고 있다.

였다고[226] 형사소송에서 즉시항고 제기기간을 3일로 한 규정에 대해서는 재판청구권의 침해하고 하였으며,[227] 패소당사자에게 소송비용을 부담하게 한 규정은 재판청구권의 침해가 아니라고 하였다.[228]

---

226) 변호사 강제주의는 법률지식이 불충분한 당사자의 기본권 침해에 대한 구제를 보장하고, 당사자를 설득하여 승소의 가망이 없는 헌법재판의 청구를 자제시키며, 헌법재판에서의 주장과 자료를 정리, 개발하고 객관화하는 기능을 수행함으로써, 재판소와 관계 당사자 모두가 시간, 노력, 비용을 절감하여 헌법재판의 질적 향상을 가져온다. 이 사건 법률조항에 의하여 국민의 경제적 부담과 재판청구권을 혼자서는 행사할 수 없다는 제약은 개인의 사적 이익에 대한 제한임에 반하여, 변호사가 헌법재판에서 수행하는 기능들은 모두 국가와 사회의 공공복리에 기여하는 것이고, 양자를 비교할 때 변호사의 강제를 통하여 얻게 되는 공공의 복리는 그로 인하여 제한되는 개인의 사익에 비하여 훨씬 크다고 할 것이다. 나아가 헌법소원심판의 경우에는 당사자가 변호사를 대리인으로 선임할 자력이 없는 때 또는 공익상 필요한 때에는 국가의 비용으로 변호사를 대리인으로 선임하여 주는 국선대리인제도가 마련되어 있고(법 제70조), 변호사가 선임되어 있는 경우에도 당사자 본인이 스스로의 주장과 자료를 헌법재판소에 제출하여 재판청구권을 행사하는 것이 봉쇄되어 있지 않는 점 등을 고려할 때, 이 사건 법률조항은 과잉금지원칙에 위배되지 아니한다. 헌재 2010. 3. 25. 2008헌마439

227) 형사재판 중 결정절차에서는 그 결정 일자가 미리 당사자에게 고지되는 것이 아니기 때문에 결정에 대한 불복 여부를 결정하고 즉시항고 절차를 준비하는데 있어 상당한 기간을 부여할 필요가 있다. 또한 심판대상조항의 제정 당시와 비교할 때, 오늘날의 형사사건은 그 내용이 더욱 복잡해져 즉시항고 여부를 결정함에 있어서도 많은 시간이 소요될 수 있고, 근로기준법의 개정으로 주 40시간 근무가 확대, 정착됨에 따라 금요일 오후에 결정문을 송달받을 경우 주말동안 공공기관이나 변호사로부터 법률적 도움을 구하는 것도 쉽지 않게 되었으며, 우편 접수를 통해 즉시항고를 한다고 하더라도 사실상 월요일 하루 안에 발송 및 도달을 완료해야 한다. 그럼에도 심판대상조항은 변화된 사회 현실을 제대로 반영하지 못하여, 당사자가 어느 한 순간이라도 지체할 경우 즉시항고권 자체를 행사할 수 없게 하는 부당한 결과를 초래하고 있다. 형사재판절차의 당사자가 직접 또는 다른 사람의 도움을 받아 인편으로 법원에 즉시항고장을 제출하기 어려운 상황은 얼마든지 발생할 수 있고, 교도소 또는 구치소에 있는 피고인에게 적용되는 형사소송법 제344조의 재소자 특칙 규정은 개별적으로 준용규정이 있는 경우에만 그 적용을 받게 되며, 형사소송법상의 법정기간 연장조항이나 상소권회복청구 조항들만으로는 3일이라는 지나치게 짧은 즉시항고 제기기간의 도과를 보완하기에 미흡하다. 나아가 민사소송, 민사집행, 행정소송, 형사보상절차 등의 즉시항고기간 1주나, 외국의 입법례와 비교하더라도 3일이라는 제기기간은 지나치게 짧다. 즉시항고 자체가 형사소송법상 명문의 규정이 있는 경우에만 허용되므로 기간 연장으로 인한 폐해가 크다고 볼 수도 없는 점 등을 고려하면, 심판대상조항은 즉시항고 제도를 단지 형식적이고 이론적인 권리로서만 기능하게 함으로써 헌법상 재판청구권을 공허하게 하므로 입법재량의 한계를 일탈하여 재판청구권을 침해하는 규정이다. 헌재 2018. 12. 27. 2015헌바77등

228) 민사소송법 제98조가 소송당사자의 실효적인 권리구제를 보장하고, 남소와 남상소를 방지하기 위해 원칙적으로 패소한 당사자에게 소송비용을 부담시키는 것은 합리적인 이유가 인정된다. 또한 민사소송법 제99조 내지 제101조는 소송비용의 패소자부담원칙에 일정한 예외를 인정하고, 민사소송법, 민사소송비용법, 대법원규칙 등에서 소송비용의 범위와 액수를 한정

## III 형사보상청구권

| 第28조 형사피의자 또는 형사피고인으로서 구금되었던 자가 법률이 정하는 불기소처분을 받거나 무죄판결을 받은 때에는 법률이 정하는 바에 의하여 국가에 정당한 보상을 청구할 수 있다. |
|---|

형사피고인으로서 구금되었던 자가 법률이 정한 무죄판결을 받은 경우에 국가에 대하여 물질적·정신적 피해에 대한 정당한 보상을 청구할 수 있는 권리를 보장하고 있다. 형사보상청구권은 국가의 형사사법작용에 의하여 신체의 자유가 침해된 국민에게 그 구제를 인정하여 국민의 기본권 보호를 강화하는 데 그 목적이 있다.

헌법 제28조는 이러한 형사보상청구권의 내용을 법률에 의해 구체화하도록 규정하고 있고, 이에 따라 제정된 형사보상법은 형사소송법에 의한 일반절차 또는 재심이나 비상상고절차에서 무죄재판을 받은 자가 미결구금을 당하였을 때, 상소회복에 의한 상소, 재심 또는 비상상고의 절차에서 무죄재판을 받은 자가 원판결에 의하여 구금 또는 형의 집행을 받았을 때에는 구금 또는 형의 집행에 대한 보상을 청구할 수 있도록 하고 있다.[229] 형사보상청구권은 이미 신체의 자유를 침해받은 자에 대하여 사후적으로 구제해 주는 기본권이므로, 그 실효적인 구제를 요청할 수 있는 권리가 충분히 보장되지 않는다면 헌법상 천명된 기본권 보장의 정신은 요원해질 수 있다. 이러한 점에서 형사보상청구의 구체적 절차에 관한 입법은 단지 형사보상을 청구할 수 있는 형식적인 권리나 이론적인 가능성만을 허용하는 것이어서는 아니되고, 상당한 정도로 권리구제의 실효성이 보장되도록 하는 것이어야 한다.[230]

---

하며, 소송비용 확정결정에 대한 즉시항고제도나 소송구조제도를 두어 기본권 제한을 최소화하고 있으므로 재판청구권을 과도하게 제한한다고 볼 수 없다. 나아가 권리남용의 성격 및 소송비용부담의 예외규정이 존재하는 점을 고려하면 권리남용의 경우에 별도의 예외를 두지 않았다고 하더라도 민사소송법 제98조가 재판청구권을 침해하였다고 볼 수 없다. 헌재 2013. 5. 30. 2012헌바335

229) 헌재 2010. 7. 29. 2008헌가4

# IV 국가배상청구권

| 제29조 ①공무원의 직무상 불법행위로 손해를 받은 국민은 법률이 정하는 바에 의하여 국가 또는 공공단체에 정당한 배상을 청구할 수 있다. 이 경우 공무원 자신의 책임은 면제되지 아니한다.<br>②군인·군무원·경찰공무원 기타 법률이 정하는 자가 전투·훈련등 직무집행과 관련하여 받은 손해에 대하여는 법률이 정하는 보상 외에 국가 또는 공공단체에 공무원의 직무상 불법행위로 인한 배상은 청구할 수 없다. |
|---|

## 1. 의의 및 내용

국가배상청구권은 공무원의 불법행위로 손해를 받은 국민이 국가에게 그 손해를 청구할 수 있는 기본권이다. 헌법은 제23조 제1항에서 일반적 재산권을 규정하고 있으나, 제29조 제1항에서 국가배상청구권을 별도로 규정함으로써, 공무원의 직무상 불법행위로 손해를 받은 경우 국민이 국가에 대해 재산적·정신적 손해에 대한 정당한 배상을 청구할 수 있는 권리를 특별히 보장하고 있다. 이러한 국가배상청구권은 일반적인 재산권으로서의 보호 필요성뿐만 아니라, 공무원의 직무상 불법행위로 인한 국민의 손해를 사후적으로 구제함으로써 관련 기본권의 보호를 강화하는 데 그 목적이 있다.[231] 국가배상법은 국가배상의 일반법으로 국가배상법 제2조[232]는 헌법 제29조를 구체화하고 있다. 국가배상법은 민법상 불법행위 손해

230) 따라서 형사보상청구에 관하여 어느 정도의 제척기간을 둘 것인가의 문제는 원칙적으로 입법권자의 재량에 맡겨져 있는 것이지만, 그 청구기간이 지나치게 단기간이거나 불합리하여 무죄재판이 확정된 형사피고인이 형사보상을 청구하는 것을 현저히 곤란하게 하거나 사실상 불가능하게 한다면 이는 입법재량의 한계를 넘어서는 것으로서 헌법이 보장하는 형사보상청구권을 침해하는 것이라 하지 않을 수 없다. 헌재 2010. 7. 29. 2008헌가4-형사보상의 청구는 무죄재판이 확정된 때로부터 1년 이내에 하도록 규정하고 있는 형사보상법 제7조는 헌법 제28조에 위반이라고 한 결정

231) 헌재 2021. 5. 27. 2019헌가17

232) 제2조(배상책임) ① 국가나 지방자치단체는 공무원 또는 공무를 위탁받은 사인(이하 "공무원"이라 한다)이 직무를 집행하면서 고의 또는 과실로 법령을 위반하여 타인에게 손해를 입히거나, 「자동차손해배상 보장법」에 따라 손해배상의 책임이 있을 때에는 이 법에 따라 그 손해를 배상하여야 한다. 다만, 군인·군무원·경찰공무원 또는 예비군대원이 전투·훈련 등

배상 청구의 특별한 형태이므로, 대법원은 국가배상법을 공법이 아닌 사법으로 보고 있으며. 소송형태 역시 민사소송으로 본다. 공무원의 '직무'의 범위는 넓게 해석함으로서 공무원의 직무상 불법행위에 대한 책임의 범위를 광범위하게 인정한다.[233] 그러나 국가의 사경제 활동중에 생긴 공무원의 불법행위에는 국가배상법이 적용될 수 없다.[234] 배상책임자인 국가 또는 공공단체가 지는 배상책임의 성질에 대해서 대법원은 공무원의 고의·중과실에 대한 국가의 배상책임은 대위책임이나 경과실의 경우는 자기책임의 성질이라고 보고 있다.[235]

---

직무 집행과 관련하여 전사(戰死)·순직(殉職)하거나 공상(公傷)을 입은 경우에 본인이나 그 유족이 다른 법령에 따라 재해보상금·유족연금·상이연금 등의 보상을 지급받을 수 있을 때에는 이 법 및 「민법」에 따른 손해배상을 청구할 수 없다.

② 제1항 본문의 경우에 공무원에게 고의 또는 중대한 과실이 있으면 국가나 지방자치단체는 그 공무원에게 구상(求償)할 수 있다.

233) 국가배상법 제2조 소정의 공무원이라 함은 국가공무원법이나 지방공무원법에 의하여 공무원으로서의 신분을 가진 자에 국한하지 않고, 널리 공무를 위탁받아 실질적으로 공무에 종사하고 있는 일체의 자를 가리키는 것으로서 공무의 위탁이 일시적이고 한정적인 사항에 관한 활동을 위한 것이어도 달리 볼 것은 아니다…지방자치단체가 교통할아버지 봉사활동 계획을 수립한 후 관할 동장으로 하여금 '교통할아버지'를 선정하게 하여 어린이 보호, 교통안내, 거리질서 확립 등의 공무를 위탁하여 집행하게 하던 중 '교통할아버지'로 선정된 노인이 위탁받은 업무범위를 넘어 교차로 중앙에서 교통정리를 하다가 교통사고를 발생시킨 경우 지방자치단체가 국가배상법 제2조 소정의 배상책임을 부담한다. 대판 2011.11.5. 98다39060

234) 국가 또는 지방자치단체라 할 지라도 공권력의 행사가 아니고 단순한 사경제의 주체로 활동하였을 경우에는 그 손해배상책임에 국가배상법이 적용될 수 없고 민법상의 사용자 책임 등이 인정되는 것이고, 국가의 철도운행사업은 국가가 공권력의 행사로서 하는 것이 아니고 사경제적 작용이라 할 것이므로, 이로 인한 사고에 공무원이 간여하였다고 하더라도 국가배상법을 적용할 것이 아니고 일반민법에 따라야 하므로…대판 1999. 6. 22. 99다7008

235) 공무원이 직무수행 중 불법행위로 타인에게 손해를 입힌 경우에 국가 등이 국가배상책임을 부담하는 외에 공무원 개인도 고의 또는 중과실이 있는 경우에는 불법행위로 인한 손해배상책임을 진다고 할 것이지만, 공무원에게 경과실뿐인 경우에는 공무원 개인은 손해배상책임을 부담하지 아니한다고 해석하는 것이 헌법 제29조 제1항 본문과 단서 및 국가배상법 제2조의 입법취지에 조화되는 올바른 해석이다. 대법원 1996. 2. 15. 선고 95다38677

## 2. 제한

국가배상청구권은 헌법 제37조 제2항에 의해 제한될 수 있다. 헌법재판소는 국가배상법의 제정을 통해 이미 형성된 국가배상청구권의 행사를 제한하는 경우, 기본권 제한 입법의 한계인 헌법 제37조 제2항을 준수하였는지 여부, 즉 과잉금지원칙을 준수하고 있는지 여부를 살펴보아야 한다고 한다.[236)]

**5 · 18보상법의 재판상 화해간주규정(헌재 2021. 5. 27. 2019헌가17)**

5 · 18보상법 및 같은 법 시행령의 관련조항을 살펴보면 정신적 손해배상에 상응하는 항목은 존재하지 아니하고, 보상심의위원회가 보상금 등 항목을 산정함에 있어 정신적 손해를 고려할 수 있다는 내용도 발견되지 아니한다. 그럼에도 불구하고 심판대상조항은 정신적 손해에 대해 적절한 배상이 이루어지지 않은 상태에서, 5 · 18민주화운동과 관련하여 사망하거나 행방불명된 자 및 상이를 입은 자 또는 그 유족이 적극적 · 소극적 손해의 배상에 상응하는 보상금 등 지급결정에 동의하였다는 사정만으로 재판상 화해의 성립을 간주하고 있다. 이는 국가배상청구권에 대한 과도한 제한이고, 해당 손해에 대한 적절한 배상이 이루어졌음을 전제로 하여 국가배상청구권 행사를 제한하려 한 5 · 18보상법의 입법목적에도 부합하지 않는다. 따라서 이 조항이 5 · 18보상법상 보상금 등의 성격과 중첩되지 않는 정신적 손해에 대한 국가배상청구권의 행사까지 금지하는 것은 국가배상청구권을 침해한다.

**민주화 보상의 재판상 화해 간주규정 위헌여부(헌재 2018. 8. 30. 2014헌바180등)(헌재 2018. 8. 30. 2014헌바180등)**

헌법은 제23조 제1항에서 일반적 재산권을 규정하고 있으나, 제29조 제1항에서 국가배상청구권을 별도로 규정함으로써, 공무원의 직무상 불법행위로 손해를 받은 경우 국민이 국가에 대해 적극적 · 소극적 · 정신적 손해에 대한 정당한 배상을 청구할 수 있는 권리를 특별히 보장하고 있다. 민주화보상법은 1999. 12. 28. 여 · 야의 합의에 따라 만장일치의 의견으로 국회 본회의에서 심의 · 의결되었는바, 이는 자신의 생명 · 신체에 대한 위험 등을 감수하고 헌법에 보장된 국민의 기본권을 침해한 권위주의적 통치에 항거함으로써 민주헌정질서의 확립에 기여하고 현재 우리가 보장받고 있는 자유와 권리를 회복 · 신장시킨 사람과 유족에 대한 국가의 보상의무를 회피하는 것이 부당하다는 사회적 공감대에 근거하여 제정된 것이다. 이러한 맥락에서 심판대상조항은 민주화운동을 위해 희생을 감수한 관련자와 유족에 대한 적

236) 헌재 2018. 8. 30. 2014헌바180등

절한 명예회복 및 보상이 사회정의를 실현하는 첫 걸음이란 전제에서, 관련자와 유족이 위원회의 지급결정에 동의하여 적절한 보상을 받은 경우 지급절차를 신속하게 이행 · 종결시킴으로써 이들을 신속히 구제하고 보상금 등 지급결정에 안정성을 부여하기 위해 도입되었다. 심판대상조항의 "민주화운동과 관련하여 입은 피해"에는 적법한 행위로 발생한 '손실'과 위법한 행위로 발생한 '손해'가 모두 포함되므로, 민주화보상법상 보상금 등에는 '손실보상'의 성격뿐만 아니라 '손해배상'의 성격도 포함되어 있다. 그리고 민주화보상법 및 같은 법 시행령에 규정되어 있는 보상금 등의 지급대상과 그 유형별 지급액 산정기준 등에 의하면, 민주화보상법상 보상금, 의료지원금, 생활지원금은 적극적 · 소극적 손해 내지 손실에 대한 배 · 보상 및 사회보장적 목적으로 지급되는 금원에 해당된다.

이를 전제로 먼저 심판대상조항 중 적극적 · 소극적 손해에 관한 부분이 국가배상청구권을 침해하는지 여부를 본다. 앞서 본 바와 같이 민주화보상법상 보상금 등에는 적극적 · 소극적 손해에 대한 배상의 성격이 포함되어 있는바, 관련자와 유족이 위원회의 보상금 등 지급결정이 일응 적절한 배상에 해당된다고 판단하여 이에 동의하고 보상금 등을 수령한 경우 보상금 등의 성격과 중첩되는 적극적 · 소극적 손해에 대한 국가배상청구권의 추가적 행사를 제한하는 것은, 동일한 사실관계와 손해를 바탕으로 이미 적절한 배상을 받았음에도 불구하고 다시 동일한 내용의 손해배상청구를 금지하는 것이므로, 이를 지나치게 과도한 제한으로 볼 수 없다. 다음 심판대상조항 중 정신적 손해에 관한 부분이 국가배상청구권을 침해하는지 여부를 본다. 앞서 본 바와 같이 민주화보상법상 보상금 등에는 정신적 손해에 대한 배상이 포함되어 있지 않은바, 이처럼 정신적 손해에 대해 적절한 배상이 이루어지지 않은 상태에서 적극적 · 소극적 손해에 상응하는 배상이 이루어졌다는 사정만으로 정신적 손해에 대한 국가배상청구마저 금지하는 것은, 해당 손해에 대한 적절한 배상이 이루어졌음을 전제로 하여 국가배상청구권 행사를 제한하려 한 민주화보상법의 입법목적에도 부합하지 않으며, 국가의 기본권 보호의무를 규정한 헌법 제10조 제2문의 취지에도 반하는 것으로서, 국가배상청구권에 대한 지나치게 과도한 제한에 해당한다. 따라서 심판대상조항 중 정신적 손해에 관한 부분은 민주화운동 관련자와 유족의 국가배상청구권을 침해한다.

## 3. 헌법 제29조 제2항의 군인 · 군무원등 국가배상청구제한

헌법 제29조 제2항은 "군인 · 군무원 · 경찰공무원 기타 법률이 정하는 자가 전투 · 훈련등 직무집행과 관련하여 받은 손해에 대하여" 법률이 정하는 보상을 받은 경우 국가배상청구를 하지 못하도록 한 것이다. 여기서 법률이 정하는 보상이란 본인이나

유족이 재해보상금, 유족연금, 상이연금 등의 보상을 받은 경우를 말한다.[237)]

이 헌법조항은 그 자체로 위헌성에 대한 논란이 있는 규정으로, 군인이나 군무원등의 국가배상청구권을 침해하기 때문이다. 헌법 제29조 제2항을 구체화하고 있는 국가배상법 제2조 제1항 단서가 군인, 군무원 등의 국가배상청구권을 침해하는지에 대해서 헌법재판소가 판단하였는데, 헌법재판소는 국가배상법 제2조 제2항이 헌법 제29조 제2항을 근거로 하고 있고, 헌법은 위헌법률심판의 대상이 될 수 없으므로, 관련 법률조항은 합헌이라고 한 바 있다.

**국가배상법 제2조 제1항 단서의 위헌여부(헌재 1995. 12. 28. 95헌바3)**

헌법(憲法) 제111조 제1항 제1호 및 헌법재판소법(憲法裁判所法) 제41조 제1항은 위헌법률심판의 대상에 관하여, 헌법(憲法) 제111조 제1항 제5호 및 헌법재판소법(憲法裁判所法) 제68조 제2항, 제41조 제1항은 헌법소원심판의 대상에 관하여 그것이 법률임을 명문으로 규정하고 있으며, 여기서 위헌심사의 대상이 되는 법률이 국회의 의결을 거친 이른바 형식적 의미의 법률을 의미하는 것에 아무런 의문이 있을 수 없으므로, 헌법의 개별규정 자체는 헌법소원에 의한 위헌심사의 대상이 아니다.

헌법은 전문과 각 개별조항이 서로 밀접한 관련을 맺으면서 하나의 통일된 가치 체계를 이루고 있는 것으로서, 헌법의 제규정 가운데는 헌법의 근본가치를 보다 추상적으로 선언한 것도 있고, 이를 보다 구체적으로 표현한 것도 있으므로 이념적·논리적으로는 규범상호간의 우열을 인정할 수 있는 것이 사실이다. 그러나, 이때 인정되는 규범상호간의 우열은 추상적 가치규범의 구체화에 따른 것으로 헌법의 통일적 해석에 있어서는 유용할 것이지만, 그것이 헌법의 어느 특정규정이 다른 규정의 효력을 전면적으로 부인할 수 있을 정도의 개별적 헌법규정상호간에 효력상의 차등을 의미하는 것이라고는 볼 수 없다.

국가배상법(國家賠償法) 제2조 제1항 단서는 헌법(憲法) 제29조 제1항에 의하여 보장되는 국가배상 청구권을 헌법 내재적으로 제한하는 헌법(憲法) 제29조 제2항에 직접 근거하고, 실질적으로 그 내용을 같이하는 것이므로 헌법에 위반되지 아니한다.

---

237) 국가배상법 제2조 제1항 단서는 헌법 제29조 제2항에 근거를 둔 규정이고, 보훈대상자 지원에 관한 법률(이하 '보훈보상자법')이 정한 보상에 관한 규정은 국가배상법 제2조 제1항 단서가 정한 '다른 법령'에 해당하므로, 보훈보상자법에서 정한 보훈보상대상자 요건에 해당하여 보상금 등 보훈급여금을 지급받을 수 있는 경우는 보훈보상자법에 따라 '보상을 지급받을 수 있을 때'에 해당한다. 따라서 군인, 군무원, 경찰공무원 또는 향토예비군대원이 전투, 훈련 등 직무집행과 관련하여 공상을 입는 등의 이유로 보훈보상자법이 정한 보훈보상대상자 요건에 해당하여 보상금 등 보훈급여금을 지급받을 수 있을 때에는 국가배상법 제2조 제1항 단서에 따라 국가를 상대로 국가배상을 청구할 수 없다. 대법원 2017. 2. 3. 선고 2015두60075 판결

참고문제) 군인(A)과 사인(B)이 공동불법행위를 저질러 타인(군인, C)에게 손해를 입혔고, 그 타인(군인)의 손해에 대하여 사인이 전부 배상을 하고, 국가에게 구상권을 청구한 사건에서, 국가는 헌법 제29조 제2항과 국가배상법 제2조 1항 단서에 의해 이중배상을 할 수 없음을 들어 구상을 거부하였다. 이 문제에 대해서 헌법재판소는 헌법과 국가배상법의 이중배상금지규정은 C와 국가와의 사이에서만 적용되는 것이므로, 사인이 한 구상권에 대해서는 책임을 져야 한다고 하였다. 그러나 대법원은 헌법재판소 결정이 나온 이후에도 민법상의 공동불법행위에 대한 책임의 형태인 부진정연대채무가 위 사건과 같은 경우에는 적용되지 않는다고 하면서까지 위 논리를 부정하였다. 대법원은 위 사건의 군인A와 사인B는 공동불법행위이지만 부진정연대채무를지지 않으므로, 사인인 B는 자기 과실에 대해서만 책임을 지면 된다고 하면서(즉 전액 배상을 하지 말았어야 했다), 국가의 구상권을 인정하지 않았다.

**헌법 제29조 제2항의 구상권행사 배제 여부에 관하여(헌재 1994. 12. 29. 93헌바21)**

일반국민이 직무집행 중인 군인과의 공동불법행위로 직무집행 중인 다른 군인에게 공상을 입힌 경우 그 일반국민은 피해군인이 법률로 정하는 보상을 지급받는 것과는 별도로 공동불법행위이론에 의하여 공동불법행위자인 군인의 부담부분을 포함한 전부의 손해를 배상할 책임을 지게 된다. 그런데 헌법 제29조 제2항을 피해군인 등에게 발생한 국가에 대한 손해배상청구권을 그 군인 등과 국가 사이에서만 상대적으로 소멸시키는 규정으로 해석한다면, 일반국민은 공동불법행위자인 군인의 부담부분에 관하여 국가에 대하여 구상권을 행사할 수 있게 된다. 이리하여 일반국민은 다른 공동불법행위로 인한 손해배상사건에서와 마찬가지로 자신의 부담부분에 한하여만 손해를 배상하고 국가도 공동불법행위자인 군인의 사용자로서의 책임을 부담하는 결과가 되어 형평의 원칙에 부합하게 된다. 이와 반대로 헌법 제29조 제2항을 국가의 불법행위책임 자체를 절대적으로 배제하는 규정으로 해석한다면, 이 사건과 같은 사안에서 일반국민은 공동불법행위자인 군인의 부담부분에 관하여 국가에 대하여 구상권을 행사할 수 없게 되고, 설사 공동불법행위자인 군인 개인에 대하여 구상권을 행사할 수 있다고 하더라도 그 군인 자신에게 변제할 자력이 없을 경우에는 일반국민은 현실적으로 구상을 받을 수 없게 된다. 그 결과 국가는 공동불법행위자인 군인의 사용자로서 그 군인의 불법행위로 인한 손해배상책임을 전혀 지지 아니하고 그 부담부분을 일반국민에게 전가시키거나 전가시키는 결과가 되어 형평의 원칙에 위배되고 아울러 법률에 근거 없이 일반국민에게 재산상의 의무를 부과하는 것으로 국민의 재산권을 침해하게 된다.

**민간인과 직무집행중인 군인 등의 공동불법행위로 인하여 직무집행중인 다른 군인 등이 피해를 입은 경우, 민간인의 피해 군인 등에 대한 손해배상의 범위 및 민간인이 피해 군인 등에게 자신의 귀책부분을 넘어서 배상한 경우 국가 등에게 구상권을 행사할 수 있는지 여부(소극)(대법원 2001. 2. 15. 선고 96다42420 전원합의체 판결)**

[다수의견] 헌법 제29조 제2항, 국가배상법 제2조 제1항 단서의 입법 취지를 관철하기 위하여는, 국가배상법 제2조 제1항 단서가 적용되는 공무원의 직무상 불법행위로 인하여 직무집행과 관련하여 피해를 입은 군인 등에 대하여 위 불법행위에 관련된 일반국민(법인을 포함한다. 이하 '민간인'이라 한다)이 공동불법행위책임, 사용자책임, 자동차운행자책임 등에 의하여 그 손해를 자신의 귀책부분을 넘어서 배상한 경우에도, 국가 등은 피해 군인 등에 대한 국가배상책임을 면할 뿐만 아니라, 나아가 민간인에 대한 국가의 귀책비율에 따른 구상의무도 부담하지 않는다고 하여야 할 것이다. 그러나 위와 같은 경우, 민간인은 여전히 공동불법행위자 등이라는 이유로 피해 군인 등의 손해 전부를 배상할 책임을 부담하도록 하면서 국가 등에 대하여는 귀책비율에 따른 구상을 청구할 수 없도록 한다면, 공무원의 직무활동으로 빚어지는 이익의 귀속주체인 국가 등과 민간인과의 관계에서 원래는 국가 등이 부담하여야 할 손해까지 민간인이 부담하는 부당한 결과가 될 것이고(가해 공무원에게 경과실이 있는 경우에는 그 공무원은 손해배상책임을 부담하지 아니하므로 민간인으로서는 자신이 손해발생에 기여한 귀책부분을 넘는 손해까지 종국적으로 부담하는 불이익을 받게 될 것이고, 가해 공무원에게 고의 또는 중과실이 있는 경우에도 그 무자력 위험을 사용관계에 있는 국가 등이 부담하는 것이 아니라 오히려 민간인이 감수하게 되는 결과가 된다.), 이는 위 헌법과 국가배상법의 규정에 의하여도 정당화될 수 없다고 할 것이다. 이러한 부당한 결과를 방지하면서 위 헌법 및 국가배상법 규정의 입법 취지를 관철하기 위하여는, 피해 군인 등은 위 헌법 및 국가배상법 규정에 의하여 국가 등에 대한 배상청구권을 상실한 대신에 자신의 과실 유무나 그 정도와 관계 없이 무자력의 위험부담이 없는 확실한 국가보상의 혜택을 받을 수 있는 지위에 있게 되는 특별한 이익을 누리고 있음에 반하여 민간인으로서는 손해 전부를 배상할 의무를 부담하면서도 국가 등에 대한 구상권을 행사할 수 없다고 한다면 부당하게 권리침해를 당하게 되는 결과가 되는 것과 같은 각 당사자의 이해관계의 실질을 고려하여, 위와 같은 경우에는 공동불법행위자 등이 부진정연대채무자로서 각자 피해자의 손해 전부를 배상할 의무를 부담하는 공동불법행위의 일반적인 경우와 달리 예외적으로 민간인은 피해 군인 등에 대하여 그 손해 중 국가 등이 민간인에 대한 구상의무를 부담한다면 그 내부적인 관계에서 부담하여야 할 부분을 제외한 나머지 자신의 부담부분에 한하여 손해배상의무를 부담하고, 한편 국가 등에 대하여는 그 귀책부분의 구상을 청구할 수 없다고 해석함이 상당하다 할 것이고, 이러한 해석이 손해의 공평·타당한 부담을 그 지도원리로 하는 손해배상제도의 이상에도 맞는다 할 것이다.

## Ⅳ 범죄피해자구조청구권

| 제30조 타인의 범죄행위로 인하여 생명·신체에 대한 피해를 받은 국민은 법률이 정하는 바에 의하여 국가로부터 구조를 받을 수 있다. |
|---|

# 제7장
# 사회적 기본권

# 제7장 사회적 기본권

사회적 기본권은 인간다운 생활을 위해 국가에게 필요한 조치를 요구할 수 있는 권리를 말한다.[238] 자유권은 국가에 대하여 침해하지 말 것을 요구하는 것, 즉 소극적 방어권의 성격을 갖는다면 사회적 기본권은 국가로 하여금 사회영역, 사적인 영역에 개입하여 인간의 생존과 실질적 평등을 이루어 줄 것을 요청하는 것이다. 사회적 기본권은 국가가 적극적으로 배려하기 위한 재정적 능력이 요구되며, 대부분 입법에 의한 구체적 권리가 형성되어야 비로소 권리로서 행사가 가능하다. 국가가 사회적 기본권을 침해했는지 여부에 대 판단할 때에는 과잉금지원칙이 아니라 최소보장원칙, 즉 과소금지원칙을 심사기준으로 한다.

## I 인간다운 생활을 할 권리

제34조 ①모든 국민은 인간다운 생활을 할 권리를 가진다.
②국가는 사회보장·사회복지의 증진에 노력할 의무를 진다.
③국가는 여자의 복지와 권익의 향상을 위하여 노력하여야 한다.
④국가는 노인과 청소년의 복지향상을 위한 정책을 실시할 의무를 진다.
⑤신체장애자 및 질병·노령 기타의 사유로 생활능력이 없는 국민은 법률이 정하는 바에 의하여 국가의 보호를 받는다.
⑥국가는 재해를 예방하고 그 위험으로부터 국민을 보호하기 위하여 노력하여야 한다.

238) 김하열, 위의 책, 661쪽.

## 1. 의의

헌법 제34조 제1항은 '인간다운 생활을 할 권리'를 규정하고 있다. 헌법 제34조 제2항부터 제6항까지는 '권리'를 규정하는 것은 아니고 국가의 의무, 노력 등에 대하여 규정한 것으로 해석된다. 헌법 제34조 제1항의 '인간다운 생활을 할 권리'는 주관적 권리로서 인간의 존엄에 상응하는 최소한의 물질적인 생활의 유지에 필요한 급부를 요구할 수 있는 권리이다.[239] '인간다운 생활을 할 권리'는 사회적 기본권의 일반규정이라고 할 수 있어 다른 사회적 기본권을 해석하는 주요해석지침으로 작동한다. 입법부와 행정부에게는 최대한 모든 국민이 물질적인 최저생활을 넘어서 인간의 존엄성에 맞는 건강하고 문화적인 생활을 누릴 수 있도록 하여야 한다는 행위의 지침을 주지만, 헌법재판소에게는 입법부나 행정부가 국민으로 하여금 인간다운 생활을 영위하도록 하기 위하여 객관적으로 필요한 최소한의 조치를 취할 의무를 다하였는지를 기준으로 국가기관의 행위의 합헌성을 심사하여야 한다는 통제규범으로 작용한다.[240]

## 2. 내용

신체적 장애, 질병, 노령과 같은 사회적 위험은 개인이 인간의 존엄에 상응하는 삶을 살 수 없도록 만든다. 이에 국가는 사회보험, 공공부조, 사회보상, 사회서비스와 같은 사회보장제도를 만들어, 사회적 위험으로부터 개인을 구조한다. 입법자는 이러한 지원을 하기 위하여 광범위한 형성권을 갖는다.

### 가. 사회보험

사회보험은 사회적 연대와 위험의 분산, 보험기술을 이용한 것으로 국민연금이나 국민건강보험, 공무원 연금과 같은 것을 말한다. 대체로 사회보험은 본인의 기여와 국가의 재원이 함쳐져서 이루어지는데, 가입이 강제되는 특징이 있다.

239) 헌재 2000. 6. 1. 98헌마216
240) 헌재 1997. 5. 29. 94헌마33

**사회보험인 공무원연금(헌재 2003. 9. 25. 2001헌마93등)**

공무원연금제도는 공무원을 대상으로 퇴직 또는 사망과 공무로 인한 부상·질병·폐질에 대하여 적절한 급여를 실시함으로써 공무원 및 그 유족의 생활안정과 복리향상에 기여하는 데에 그 목적이 있는 것으로서(법 제1조) 위의 사유와 같은 사회적 위험이 발생한 때에 국가의 책임 아래 보험기술을 통하여 공무원의 구제를 도모하는 사회보험제도의 일종이다.

공무원연금제도는 헌법 제7조의 직업공무원제도와 위와 같은 보험원리에 입각한 사회보장제도의 하나로서 군인과 선거에 의하여 취임하는 공무원을 제외한 국가공무원법 및 지방공무원법에 의한 모든 공무원 등은 법률에 의하여 당연히 공무원연금에 가입되고, 그 급여의 종류와 내용, 기여금의 액수 및 징수방법이 법률로 정하여져 있어 당사자가 선택할 수 없고, 그 각종 급여에 소요되는 비용 중 일부를 국가 또는 지방자치단체가 부담함으로써 급부와 반대급부 균형의 원칙이 유지되지 못하며, 보험료라고 볼 수 있는 공무원의 기여금의 납부가 법률에 의하여 강제되는 특성을 가지고 있다.

**사회보험 국민연금(헌재 2020. 5. 27. 2018헌바129)**

국민연금제도는 자기 기여를 전제로 하지 않고 국가로부터 소득을 보장받는 순수한 사회부조형 사회보장제도가 아니라, 가입자의 보험료를 재원으로 하여 가입기간, 기여도 및 소득수준 등을 고려하여 소득을 보장받는 사회보험제도이므로, 입법자가 가입기간의 상당 부분을 성실하게 납부한 사람의 유족만을 유족연금 지급대상에 포함시키기 위하여 '연금보험료를 낸 기간이 그 연금보험료를 낸 기간과 연금보험료를 내지 아니한 기간을 합산한 기간의 3분의 2'(이하 '연금보험료 납입비율'이라 한다)보다 짧은 경우 유족연금 지급을 제한한 것이 입법재량의 한계를 일탈하였을 정도로 불합리하다고 보기 어렵다. 또한, 심판대상조항에 따라 유족연금을 지급받지 못하게 된 유족들은 구 국민연금법 제77조에 따른 반환일시금을 받을 수 있어 유족에게 가혹한 손해나 심대한 불이익이 발생한다고 보기도 어렵다. 한편, 사용자가 근로자의 임금에서 기여금을 공제하고도 연금보험료를 납부하지 않은 경우 국민연금법 제17조 제2항 단서는 그 내지 아니한 기간의 2분의 1에 해당하는 기간을 근로자의 가입기간에 산입하도록 규정하는 등 근로자 및 그 유족에게 부당한 불이익이 발생하지 않도록 하고 있다. 따라서 심판대상조항이 인간다운 생활을 할 권리 및 재산권을 침해한다고 볼 수 없다.

## 나. 공적부조

공적부조는 생활이 어려운 국민들에게 국가나 지방자치단체가 국민의 최저생활을 보장하기 위하여 무상으로 물질적인 지원을 해주는 제도이다.[241] 공적부조는

241) 사회보장기본법 제3조 제3호

사회보험과 달리 본인의 기여를 조건으로 하지 않는다. 기초생활수급과 같은 지원이 해당된다.

> 기초생활보장제도는 생활이 어려운 자에게 필요한 급여를 행하여 이들의 최저생활을 보장함과 동시에 그 자활을 조성함에 목적이 있는 것으로(기초생활보장법 제1조), 개인의 경제적 능력은 물론 사회보험을 비롯한 다른 사회보장제도 적용 이후에도 빈곤이 지속되는 경우에 작동하는 최후의 사회안전망으로서의 성격을 갖는다.(헌재 2019. 12. 27. 2017헌마1299)

### 다. 사회보상

사회보상이란 국가를 위해 희생하고 공을 세운 사람들이나 그 유족들의 생활이 어렵지 않도록 하는 제도이다.

> '독립유공자예우에 관한 법률'(이하 '독립유공자법'이라 한다)은 독립유공자의 희생과 공헌의 정도에 상응하여 독립유공자와 그 유족의 영예로운 생활이 유지·보장되도록 실질적인 보상을 함을 예우의 기본이념으로 삼고 있다(독립유공자법 제2조). 이에 따라 독립유공자법에 의한 보상은 독립유공자의 희생과 공헌에 대한 보상이라는 측면에서 독립유공자 및 그 유족에 대한 국가보은적 성격을 띠고 있고, 아울러 장기간에 걸쳐 수급권자의 생활보호를 위하여 지급된다는 측면에서 사회보장적 성격을 가지고 있다. 이 같은 보상금 수급권의 사회보장적 성격을 고려할 때, 국가가 독립유공자 및 그 유족에게 지급할 구체적인 보상의 내용 등에 관한 사항은 국가의 재정부담 능력과 전체적인 사회보장 수준, 독립유공자에 대한 평가기준 등에 따라 정해질 수밖에 없다.(헌재 2013. 10. 24. 2011헌마724)

### 라. 사회서비스(사회복지)

사회서비스(사회복지)란 국가가 공적서비스를 통하여 국민의 삶의 질이 향상될 수 있도록 다양한 분야에서 지원하는 제도를 말한다. 장애인복지법, 노인복지법, 아동복지법 등을 통하여 사회서비스를 제공하고 있다. 그러나 이러한 사회서비스를 어떻게 이행할 것인가는 행정청이 다른 여러 과제들과의 우선순위, 재정적 여건 등 다양한 요인들을 감안하여 결정할 사안으로서, 그에 관하여 광범위한 재량권을 가진다고 할 것이다.[242]

헌법은 제34조 제1항에서 모든 국민의 "인간다운 생활을 할 권리"를 사회적 기본권으로 규정하면서, 제2항 내지 제6항에서 특정한 사회적 약자와 관련하여 "인간다운 생활을 할 권리"의 내용을 다양한 국가의 의무를 통하여 구체화하고 있다….헌법이 제34조에서 여자(제3항), 노인·청소년(제4항), 신체장애자(제5항) 등 특정 사회적 약자의 보호를 명시적으로 규정한 것은, '장애인과 같은 사회적 약자의 경우에는 개인 스스로가 자유행사의 실질적 조건을 갖추는 데 어려움이 많으므로, 국가가 특히 이들에 대하여 자유를 실질적으로 행사할 수 있는 조건을 형성하고 유지해야 한다'는 점을 강조하고자 하는 것이다….사회적 기본권에 관한 이러한 이해를 바탕으로 하여 이 사건을 본다면, 우선, 장애인의 복지를 향상해야 할 국가의 의무가 다른 다양한 국가과제에 대하여 최우선적인 배려를 요청할 수 없을 뿐 아니라, 나아가 헌법의 규범으로부터는 '장애인을 위한 저상버스의 도입'과 같은 구체적인 국가의 행위의무를 도출할 수 없는 것이다. 물론 모든 국가기관은 헌법규범을 실현하고 존중해야 할 의무가 있으므로, 행정청은 그의 행정작용에 있어서 헌법규범의 구속을 받는다. 그러나 국가에게 헌법 제34조에 의하여 장애인의 복지를 위하여 노력을 해야 할 의무가 있다는 것은, 장애인도 인간다운 생활을 누릴 수 있는 정의로운 사회질서를 형성해야 할 국가의 일반적인 의무를 뜻하는 것이지, 장애인을 위하여 저상버스를 도입해야 한다는 구체적 내용의 의무가 헌법으로부터 나오는 것은 아니다. 헌재 2002. 12. 18. 2002헌마52

## 3. 제한

인간다운 생활을 할 권리는 헌법 제37조 제2항에 의하여 제한될 수 있다. 다만 사회적 기본권은 입법자에게 그 이행의 방법과 수준에 대한 형성권이 일임되어 있기 때문에, 인간다운 생활을 할 권리가 침해되었는가를 판단하는 헌법재판소의 기준은 과소금지원칙(최소보장원칙)으로 축소된다.

모든 국민은 인간다운 생활을 할 권리를 가지며 국가는 생활능력이 없거나 생활이 어려운 국민을 보호할 의무가 있다는 헌법의 규정은 모든 국가기관을 기속하지만 그 기속의 의미는 동일하지 아니하다. 입법부나 행정부에 대하여는 국민소득, 국가의 재정능력과 정책 등을 고

242) 헌재 2002. 12. 18. 2002헌마52

려하여 가능한 범위 안에서 최대한으로 모든 국민이 물질적인 최저생활을 넘어서 인간의 존엄성에 맞는 건강하고 문화적인 생활을 누릴 수 있도록 하여야 한다는 행위의 지침, 즉 행위규범으로서 작용하지만 헌법재판에 있어서는 다른 국가기관, 즉 입법부나 행정부가 국민으로 하여금 인간다운 생활을 영위하도록 하기 위하여 객관적으로 필요한 최소한의 조치를 취할 의무를 다하였는지를 기준으로 국가기관의 행위의 합헌성을 심사하여야 한다는 통제규범으로 작용하는 것이다. 또한 국가가 행하는 생계보호가 헌법이 요구하는 객관적인 최소한도의 내용을 실현하고 있는지 여부는 결국 국가가 국민의 '인간다운 생활'을 보장함에 필요한 최소한도의 조치를 취하였는가의 여부에 달려있다고 할 것인데 생계보호의 구체적 수준을 결정하는 것은 입법부 또는 입법에 의하여 다시 위임을 받은 행정부 등 해당 기관의 광범위한 재량에 맡겨져 있다고 보아야 할 것이므로 국가가 인간다운 생활을 보장하기 위한 헌법적 의무를 다하였는지의 여부가 사법적 심사의 대상이 된 경우에는, 국가가 생계보호에 관한 입법을 전혀 하지 아니하였다든가 그 내용이 현저히 불합리하여 헌법상 용인될 수 있는 재량의 범위를 명백히 일탈한 경우에 한하여 인간다운 생활을 할 권리를 보장한 헌법에 위반된다고 할 수 있다(헌재 2009. 11. 26. 2007헌마734 참조).

심판대상조항이 생활능력이 없거나 생활이 어려운 질환자의 인간다운 생활을 보장하기 위해 헌법이 요구하는 객관적인 최소한도의 내용을 실현하고 있는지의 여부 내지 이들을 위한 보건 정책을 수립하고 시행하여야 할 국가의 보호의무를 다하고 있는지 여부는 국가가 인간다운 생활을 보장함에 필요한 최소한도의 조치를 취하였는가의 여부에 달려있다고 할 것인바, '인간다운 생활'이란 그 자체가 추상적이고 상대적인 개념으로서 그 나라의 문화의 발달, 역사적 · 사회적 · 경제적 여건에 따라 어느 정도는 달라질 수 있는 것이고, '최소한도의 조치' 역시 국민의 사회의식의 변화, 사회 · 경제적 상황의 변화에 따라 가변적인 것이므로, 국가가 인간다운 생활을 보장하기 위한 의료급여의 수준을 구체적으로 결정함에 있어서는 국민 전체의 소득수준과 생활수준, 국가의 재정규모와 정책, 국민 각 계층의 상충하는 갖가지 이해관계 등 복잡 다양한 요소를 함께 고려하여야 한다(헌재 2009. 9. 24. 2007헌마1092; 헌재 2009. 11. 26. 2007헌마734 등 참조). 헌재 2020. 4. 23. 2017헌마103

# Ⅱ 교육을 받을 권리

| 제31조 ①모든 국민은 능력에 따라 균등하게 교육을 받을 권리를 가진다.<br>②모든 국민은 그 보호하는 자녀에게 적어도 초등교육과 법률이 정하는 교육을 받게 할 의무를 진다.<br>③의무교육은 무상으로 한다.<br>④교육의 자주성·전문성·정치적 중립성 및 대학의 자율성은 법률이 정하는 바에 의하여 보장된다.<br>⑤국가는 평생교육을 진흥하여야 한다.<br>⑥학교교육 및 평생교육을 포함한 교육제도와 그 운영, 교육재정 및 교원의 지위에 관한 기본적인 사항은 법률로 정한다. |
|---|

## 1. 의의

헌법 제31조 제1항에 따라 보장되는 교육을 받을 권리는 교육의 영역에서 평등권을 실현하기 위한 것으로서 교육의 기회균등을 의미하고, 이는 국민 누구나가 교육에 대한 접근 기회, 즉 취학의 기회가 균등하게 보장되어야 함을 뜻한다.

교육을 받을 권리는 국가로 하여금 능력이 있는 국민이 여러 가지 사회적·경제적 이유로 교육을 받지 못하는 일이 없도록 국가의 재정능력이 허용하는 범위 내에서 모든 국민에게 취학의 기회가 골고루 주어지도록 그에 필요한 교육시설 및 제도를 마련할 의무를 부과한다.[243)]

## 2. 내용

### 가. 능력에 따라 균등하게 교육받을 권리

교육의 기회균등이란 국민 누구나가 교육에 대한 접근 기회 즉 취학의 기회가

243) 헌재 2005. 11. 24. 2003헌마173

균등하게 보장되어야 함을 뜻한다. 교육의 영역에서 평등원칙을 실현하고자 하는 것으로 '취학의 기회균등', 즉 각자의 능력에 상응하는 교육을 받을 수 있도록 학교 입학에 있어서 자의적 차별이 금지되어야 한다는 차별금지원칙을 의미한다. 헌법 제31조 제1항은 취학의 기회에 있어서 고려될 수 있는 차별기준으로 '능력'을 제시함으로써, 능력 이외의 다른 요소에 의한 차별을 원칙적으로 제한하고 있다. 여기서 '능력'이란 '수학능력'을 의미하고 교육제도에서 '수학능력'은 개인의 인격발현과 밀접한 관계에 있는 인격적 요소이며, 학교 입학에 있어서 고려될 수 있는 합리적인 차별기준을 의미한다.[244] 그러나 지능(知能)이나 수학능력(修學能力) 등이 있다고 하여 제한 없이 다른 사람과 차별하여 어떠한 내용과 종류와 기간의 교육을 받을 권리가 보장된다는 것은 아니다.[245]

### 나. 자녀에 대한 교육의무

헌법 제31조 제2항은 국민에게 "보호하는 자녀에게 적어도 초등교육과 법률이 정하는 교육을 받게 할 의무"를 지우고 있다.[246]

### 다. 무상의무교육

헌법 제31조 제3항은 의무교육은 무상으로 한다고 규정하고 있다. 무상의 범위에 대해서 헌법재판소는 "헌법 제31조 제3항에 규정된 의무교육의 무상원칙에 있어서 의무교육 무상의 범위는 원칙적으로 헌법상 교육의 기회균등을 실현하기 위해 필수불가결한 비용, 즉 모든 학생이 의무교육을 받음에 있어서 경제적인 차별 없이 수학하는 데 반드시 필요한 비용에 한한다."[247]고 하였다. 헌법재판소는 수업료, 입학금, 시설비, 인건비 등은 무상이 원칙이지만 학교급식이나 학교운영비는 반드시 무상의 대상인 것은 아니라고 한 바 있다.

---

244) 헌재 2008. 9. 25. 2008헌마456
245) 헌재 1994. 2. 24. 93헌마192
246) 교육기본법에 의하면 현재 의무교육은 초등교육과 중등교육까지, 9년이다.
247) 헌재 2012. 4. 24. 2010헌바164

**무상 의무교육의 본질적 항목(헌재 2012. 4. 24. 2010헌바164)**

의무교육에 있어서 무상의 범위에는 의무교육이 실질적이고 균등하게 이루어지기 위한 본질적 항목으로, 수업료나 입학금의 면제, 학교와 교사 등 인적·물적 시설 및 그 시설을 유지하기 위한 인건비와 시설유지비 등의 부담제외가 포함되고, 그 외에도 의무교육을 받는 과정에 수반하는 비용으로서 의무교육의 실질적인 균등보장을 위해 필수불가결한 비용은 무상의 범위에 포함된다. 이러한 비용 이외의 비용을 무상의 범위에 포함시킬 것인지는 국가의 재정상황과 국민의 소득수준, 학부모들의 경제적 수준 및 사회적 합의 등을 고려하여 입법자가 입법정책적으로 해결해야 할 문제이다.

학교급식은 학생들에게 한 끼 식사를 제공하는 영양공급 차원을 넘어 교육적인 성격을 가지고 있지만, 이러한 교육적 측면은 기본적이고 필수적인 학교 교육 이외에 부가적으로 이루어지는 식생활 및 인성교육으로서의 보충적 성격을 가지므로 의무교육의 실질적인 균등보장을 위한 본질적이고 핵심적인 부분이라고까지는 할 수 없다.

이 사건 법률조항들은 비록 중학생의 학부모들에게 급식관련 비용의 일부를 부담하도록 하고 있지만, 학부모에게 급식에 필요한 경비의 일부를 부담시키는 경우에 있어서도 학교급식 실시의 기본적 인프라가 되는 부분은 배제하고 있으며, 국가나 지방자치단체의 지원으로 학부모의 급식비 부담을 경감하는 조항이 마련되어 있고, 특히 저소득층 학생들을 위한 지원방안이 마련되어 있다는 점 등을 고려해 보면, 이 사건 법률조항들이 입법형성권의 범위를 넘어 헌법상 의무교육의 무상원칙에 반하는 것으로 보기는 어렵다.

**무상 의무교육의 본질적 항목(헌재 2012. 8. 23. 2010헌바220)**

학교운영지원비는 그 운영상 교원연구비와 같은 교사의 인건비 일부와 학교회계직원의 인건비 일부 등 의무교육과정의 인적기반을 유지하기 위한 비용을 충당하는데 사용되고 있다는 점, 학교회계의 세입상 현재 의무교육기관에서는 국고지원을 받고 있는 입학금, 수업료와 함께 같은 항에 속하여 분류되고 있음에도 불구하고 학교운영지원비에 대해서만 학생과 학부모의 부담으로 남아있다는 점, 학교운영지원비는 기본적으로 학부모의 자율적 협찬금의 외양을 갖고 있음에도 그 조성이나 징수의 자율성이 완전히 보장되지 않아 기본적이고 필수적인 학교 교육에 필요한 비용에 가깝게 운영되고 있다는 점 등을 고려해보면 이 사건 세입조항은 헌법 제31조 제3항에 규정되어 있는 의무교육의 무상원칙에 위배되어 헌법에 위반된다.

참조) ①학부모의 자녀에 대한 교육권은 명문으로 규정되어 있지는 아니하지만, 이는 모든 인간이 국적과 관계없이 누리는 양도할 수 없는 불가침의 인권으로서, 혼인과 가족생활을 보장하는 헌법 제36조 제1항, 행복추구권을 보장하는 헌법 제10조 및 “국민의 자유와 권리는 헌법에 열거되지 아니한 이유로 경시되지 아니한

다"고 규정하는 헌법 제37조 제1항에서 나오는 중요한 기본권이다.[248]

② 교사의 교육의 자유 혹은 수업권은 헌법상의 기본권으로 보지 않는 것이 헌법재판소의 태도이다. 물론 자신이 학문 연구의 결과를 가르치는 자유라면 학문의 자유로부터 인정되는 기본권이 될 수 있겠지만, 단순히 '가르칠 자유'는 공무담임권의 문제이라고 하였다.[249]

## 3. 교육제도

### 가. 교육의 자주성·전문성·정치적중립성

교육의 자주성이란 교육이 정치권력이나 기타의 간섭 없이 그 전문성과 특수성에 따라 독자적으로 교육 본래의 목적에 기하여 조직·운영·실시되어야 한다는 의미에서의 교육의 자유와 독립을 말한다.[250] 일반적으로, 교육내용과 교육기구가 교육자에 의하여 자주적으로 결정되고 행정권력에 의한 통제가 배제되어야 함을 의미한다. 이는 교사의 교육시설 설치자·교육감독권자로부터의 자유, 교육내용에 대한 교육행정기관의 권력적 개입의 배제 및 교육관리기구의 공선제 등을 포함한다. 또한 교육의 전문성이란 교육정책이나 그 집행은 가급적 교육전문가가 담당하거나, 적어도 그들의 참여하에 이루어져야 함을 말한다.[251] 국민의 교육을 받을

---

248) 헌재 1999. 3. 25. 97헌마130

249) 헌재 2000. 12. 4. 99헌마112

250) 일부 교육당사자가 교육위원 및 교육감의 선거과정에서 배제되었다고 하더라도 이는 현실적인 여건 등을 고려한 것으로서 정당화될 수 있을 뿐만 아니라, 위와 같은 선거는 교육의 자주성을 구현하기 위한 한 방편에 불과한 것으로서, 그 밖에도 교육정책의 결정 및 집행과정에서 의견제출 등 다양한 방법을 통한 참여에 의하여 교육의 자주성을 실현할 수 있는 길이 보장되어 있다고 할 것이므로, 이 사건 법률조항으로 인하여 교육의 자주성이 침해된 것으로는 볼 수 없다. 헌재 2002. 3. 28. 2000헌마283등

251) 학교운영위원회는 다양한 학교구성원들의 참여를 통하여 학교 정책결정의 민주성과 투명성을 확보하고 지역실정과 특성에 맞는 다양한 교육을 창의적으로 실시할 수 있도록 하는 단위학교 차원의 자치기구이므로 이는 헌법상 보장된 교육의 자주성을 침해한다고 보기 어려울 것이다. 또한 사립학교의 학교운영위원회는 사립학교의 장이 학교운영에 관련된 주요사항에 대하여 다양한 구성원들의 의견을 수집하여 합리적이고 타당한 결정을 하도록 도와주

권리를 보장하기 위해 공교육제도를 전제하고 있어 우리나라 사립학교는 공교육제도의 체계에 철저히 편입되어 있고 공공성이 강조되고 있지만 사립학교도 원칙적으로 자주성을 인정받아야 한다. 다만 국가로부터 공교육과 관련된 예산과 지원을 받드며 공교육을 실시하고 있는 사립학교에 대해 공법적인 규제가 가해지는 것은 허용된다.[252]

교육의 정치적 중립성을 보장하기 위해서는 교육 내용의 정치적 중립성이나 교사의 정치적 중립성 뿐만 아니라 교육을 운영하고 감독하는 교육행정의 정치적 중립성도 요구된다. 헌법재판소는 교육감이 되려는 자에게 선거실시 예정일로부터 약 2년 전에 정당원 자격을 포기할 것을 조건으로 요구하는 것과 관련하여 교육의 정치적 중립성 확보를 위하여 적절한 방법이며 최소한의 제한이라고 한 바 있다.[253]

**교육감 후보자 자격에 관하여 후보자 등록신청개시일부터 과거 2년 동안 정당의 당원이 아닌 자로 규정하고 있는 '지방교육자치에 관한 법률' 제24조 제1항(이하 '이 사건 법률조항'이라 한다)이 청구인의 공무담임권을 침해하는지 여부(소극)**

이 사건 법률조항은 지방교육자치의 행정에 있어서 교육의 정치적 중립성을 확보하기 위한 것으로서 그 입법목적이 정당하고, 교육행정기관인 교육감 후보자에 대하여 일반 자치단체의 장과 달리 일정 기간 정당의 당원으로 활동한 경력이 있는 자를 배제하는 것도 위 입

---

는 자문기구이므로 교육의 전문성을 침해하는 것도 아니다. 설사 이 사건 조항에 의하여 사립학교 교육의 자주성·전문성이 어느 정도 제한된다고 하더라도, 그 제한이 법률에 의한 것이며 사립학교의 자주성·전문성 내지 자율성과 공공성을 조화시키는 범위 내에서 규정된 것이라면 그 제한이 헌법에 반한다고 하기 어렵다 할 것인바, 학교운영위원회의 입법취지 및 이 제도에 대한 일반적인 허용 입법의 범위를 볼 때, 또 위 재산권 부분에서 살펴본 내용을 고려할 때, 이 사건 조항이 현저히 자의적이거나 비합리적으로 사립학교의 공공성만을 강조하고 사립학교의 자율성을 제한한 것이라고 보기 어렵다. 또한 이 사건 조항은 사립학교의 자율성을 가능한 한 존중하려는 고려에서 다음과 같이 학교운영위원회 제도를 규정하고 있다. 첫째, 사립학교의 학교운영위원회는 국·공립학교와 달리 단순한 자문기관이다(법 제32조 제2항). 둘째, 헌장 및 학칙의 제개정, 예산 및 결산 사항은 특히 학교법인의 요청이 있을 때만 자문한다(법 제32조 제2항 단서). 셋째, 당연직 교원(교장) 이외의 교원위원은, 국·공립학교와는 달리, 교직원 전체회의에서 추천한 자 중에서 학교장이 위촉한다(시행령 제63조 제2항). 넷째, 운영에 필요한 기타사항은 정관으로 정한다(법 제34조 제2항). 그러므로 결론적으로 이 사건 조항이 사립학교의 자주성·전문성을 제한한다고 하더라도 헌법이 허용하는 입법적 한계를 넘어 선 것이라고 할 수 없다. 헌재 2001. 11. 29. 2000헌마278

252) 헌재 2013. 11. 28. 2007헌마1189.

253) 헌재 2008. 6. 26. 2007헌마1175

법목적을 달성하는 적절한 방법이다. 또한 위 조항은 교육감 후보자로 하여금 과거 2년 동안의 무당적만을 요구하고 있어 누구든지 정당을 탈당한 후 2년 간만 피선거권이 제한되고 있으므로 입법목적 달성을 위하여 필요한 최소한의 범위 내에서 공무담임권을 제한하고 있다고 볼 것이고, 교육감 선거는 특별한 사정이 없는 한 4년 마다 실시되는 것으로 예정되어 있는바, 교육감이 되려는 자는 선거실시 예정일로부터 약 2년 전에 정당원 자격을 포기함으로써 당해 선거의 후보자가 될 수 있으므로 당적을 포기하여야 하는 교육감 후보자의 불이익보다 교육의 정치적 중립성 확보라는 공익이 더 크다고 할 것이어서 청구인의 공무담임권을 침해하였다고 볼 수 없다.

## 나. 대학의 자율성

대학의 자율성은 대학에 대한 공권력 등 외부세력의 간섭을 배제하고 대학 구성원 자신이 대학을 자주적으로 운영할 수 있도록 함으로써, 대학인으로 하여금 연구와 교육을 자유롭게 하여 진리탐구와 지도적 인격의 도야라는 대학의 기능을 충분히 발휘할 수 있도록 하기 위한 것이며, 교육의 자주성이나 대학의 자율성은 헌법 제22조 제1항이 보장하고 있는 학문의 자유의 확실한 보장수단으로 꼭 필요한 것으로서 대학에게 부여된 헌법상 기본권이다.[254] 여기서 대학의 자율은 대학 시설의 관리·운영만이 아니라 전반적인 것이라야 하므로, 연구와 교육의 내용, 그 방법과 대상, 교과과정의 편성, 학생의 선발과 전형뿐만 아니라 교원의 임면에 관한 사항도 자율의 범위에 속한다.[255] 한편, 대학 자율의 주체를 기본적으로 대학으로 본다고 하더라도, 학문의 자유를 침해하는 대학의 장에 대한 관계에서는 교수나 교수회가 주체가 될 수 있고, 국가에 의한 침해에 있어서는 대학 자체 외에도 대학 전구성원이 자율성을 갖는 경우도 있을 것이므로 문제되는 경우에 따라서 대학, 교수, 교수회 모두가 단독, 혹은 중첩적으로 주체가 될 수 있다.[256]

## 다. 교육제도 법정주의

제31조 ⑥학교교육 및 평생교육을 포함한 교육제도와 그 운영, 교육재정 및 교원의 지위에 관한 기본적인 사항은 법률로 정한다.

254) 헌재 2014. 1. 28. 2011헌마239
255) 헌재 1998. 7. 16. 96헌바33등
256) 헌재 2006. 4. 27. 2005헌마1047등

교육제도와 운영, 교육재정, 교원의 지위에 대한 사항은 법률로 정하도록 함으로써 교육제도 법정주의를 규정하고 있다. 헌법 제31조 제6항의 취지는 교육에 관한 기본정책 또는 기본방침을 최소한 국회가 입법절차를 거쳐 제정한 법률(이른바 형성적 의미의 법률)로 규정함으로써 국민의 교육을 받을 권리가 행정관계에 의하여 자의적으로 무시되거나 침해당하지 않도록 하고, 교육의 자주성과 중립성도 유지하려는 것이나, 반면 교육제도에 관한 기본방침을 제외한 나머지 세부적인 사항까지 반드시 형성적 의미의 법률만으로 정하여야 하는 것은 아니다.[257] 한편 헌법 제31조 제6항은 "학교교육 및 평생교육을 포함한 교육제도와 그 운영, 교육재정 및 교원의 지위에 관한 기본적인 사항은 법률로 정한다."라고 하여 교육제도 법정주의를 규정하고 있는바, 교육제도 법정주의는 소극적으로는 교육의 영역에서 본질적이고 중요한 결정은 입법자에게 유보되어야 한다는 의회유보의 원칙을 규정한 것이지만, 한편 적극적으로는 헌법이 국가에 학교제도를 통한 교육을 시행하도록 위임하고 있다는 점에서 학교제도에 관한 포괄적인 국가의 규율권한을 부여한 것이기도 하다.[258]

257) 헌재 1991. 2. 11. 90헌가27

258) 법률조항이 고등학교의 입학방법 및 절차를 대통령령에서 정하도록 위임한 것이 교육의 영역에서의 의회유보의 원칙인 교육제도 법정주의에 위반한 것인지 여부에 관하여 , 학교제도에 관하여는 포괄적인 국가의 규율권한이 부여되어 있는 점은 앞서 본바와 같다. 또한, 학교교육은 본질적으로 급부적 성격이 강한 국가행정의 영역이므로, 국가는 학교교육과 관련하여 교육제도를 형성할 광범위한 권한을 가진다고 할 것이다.
이에 따라 법은 고등학교 교육제도와 그 운영에 관하여 교육의 목적(제45조), 수업연한(제46조), 입학자격(제47조), 학과와 교과 및 교육과정(제48조) 등 기본적인 사항을 이미 규정하고 있고, 다만 입학방법과 절차 등 입학전형에 관한 사항은 각 지역과 시점에 따라 달라지는 고등학교 교육에 대한 수요 및 공급의 상황과, 학생과 학부모를 포함한 지역 주민들의 의사를 적절하게 반영하여야 할 필요성으로 인하여 행정입법에 위임하고 있을 뿐이다. 이와 같은 사정을 종합해 보면, 고등학교 교육제도의 내용 중에서 입학방법과 절차에 관한 사항을 반드시 법률의 형식으로만 정해야 하는 것으로 보기는 어려우므로, 이 사건 법률조항은 교육제도 법정주의에 위반되지 아니하며 청구인들의 학교선택권을 침해한다고 할 수 없다. 헌재 2012. 11. 29. 2011헌마827

**교원지위 법정주의(헌재 2003. 2. 27. 2000헌바26)**

교육은 개인의 잠재적인 능력을 계발하여 줌으로써 개인이 각 생활영역에서 개성을 신장할 수 있도록 해 주며, 국민으로 하여금 민주시민의 자질을 길러줌으로써 민주주의가 원활히 기능하기 위한 정치문화의 기반을 조성할 뿐만 아니라, 학문연구결과 등의 전수의 장이 됨으로써 우리 헌법이 지향하고 있는 문화국가의 실현을 위한 기본적 수단이다. 교육이 수행하는 이와 같은 중요한 기능에 비추어 우리 헌법은 제31조에서 학교교육 및 평생교육을 포함한 교육제도와 그 운영, 교육재정 및 교원의 지위에 관한 기본적 사항을 법률로 정하도록(제6항) 한 것이다. 따라서, 입법자가 법률로 정하여야 할 교원지위의 기본적 사항에는 교원의 신분이 부당하게 박탈되지 않도록 하는 최소한의 보호의무에 관한 사항이 포함된다. …이상 본 바와 같이 객관적인 기준의 재임용 거부사유와 재임용에서 탈락하게 되는 교원이 자신의 입장을 진술할 수 있는 기회 그리고 재임용거부를 사전에 통지하는 규정 등이 없으며, 나아가 재임용이 거부되었을 경우 사후에 그에 대해 다툴 수 있는 제도적 장치를 전혀 마련하지 않고 있는 이 사건 법률조항은, 현대사회에서 대학교육이 갖는 중요한 기능과 그 교육을 담당하고 있는 대학교원의 신분의 부당한 박탈에 대한 최소한의 보호요청에 비추어 볼 때 헌법 제31조 제6항에서 정하고 있는 교원지위법정주의에 위반된다고 볼 수밖에 없다.

## III 근로의 권리

제32조 ①모든 국민은 근로의 권리를 가진다. 국가는 사회적·경제적 방법으로 근로자의 고용의 증진과 적정임금의 보장에 노력하여야 하며, 법률이 정하는 바에 의하여 최저임금제를 시행하여야 한다.
②모든 국민은 근로의 의무를 진다. 국가는 근로의 의무의 내용과 조건을 민주주의원칙에 따라 법률로 정한다.
③근로조건의 기준은 인간의 존엄성을 보장하도록 법률로 정한다.
④여자의 근로는 특별한 보호를 받으며, 고용·임금 및 근로조건에 있어서 부당한 차별을 받지 아니한다.
⑤연소자의 근로는 특별한 보호를 받는다.
⑥국가유공자·상이군경 및 전몰군경의 유가족은 법률이 정하는 바에 의하여 우선적으로 근로의 기회를 부여받는다.

헌법 제32조는 제1항 전단의 근로의 권리뿐만 아니라 고용의 증진, 적정 임금의 노력, 최저임금제, 근로의 의무, 근로조건의 기준 등에 대한 내용들을 담고 있다. 헌법 제32조 제1항 전문의 근로의 권리는 주관적인 권리이고, 다른 내용들은 주로 국가의 의무, 노력 사항 등 국가가 근로의 권리를 보장하기 위한 보충적인 지침들을 적고 있다.

## 1. 의의 및 내용

근로의 권리는 사회적 기본권으로서 국가에 대하여 고용증진을 위한 사회적·경제적 정책을 요구할 수 있는 권리를 말한다. 즉 직접적으로 일자리를 청구하거나 일자리에 갈음하는 생계비의 지급청구권을 의미하는 것은 아니다. 따라서 직접적인 직장존속청구권도 도출되지 않는다. 다만 헌법재판소는 부당한 해고로부터 보호받을 권리를 근로의 권리와 직업의 자유로부터 도출한 바 있다.[259)]

**근로의 권리의 내용(헌재 2002. 11. 28. 2001헌바50)**

헌법 제15조의 직업의 자유 또는 헌법 제32조의 근로의 권리, 사회국가원리 등에 근거하여 실업방지 및 부당한 해고로부터 근로자를 보호하여야 할 국가의 의무를 도출할 수는 있을 것이나, 국가에 대한 직접적인 직장존속보장청구권을 근로자에게 인정할 헌법상의 근거는 없다.

이와 같이 우리 헌법상 국가에 대한 직접적인 직장존속보장청구권을 인정할 근거는 없으므로 근로관계의 당연승계를 보장하는 입법을 반드시 하여야 할 헌법상의 의무를 인정할 수 없다. 따라서 한국보건산업진흥원법 부칙 제3조가 기존 연구기관의 재산상의 권리·의무만을 새로이 설립되는 한국보건산업진흥원에 승계시키고, 직원들의 근로관계가 당연히 승계되는 것으로 규정하지 않았다 하여 위헌이라 할 수 없다.

**월급근로자로서 6개월이 되지 못한 자를 해고예고제도의 적용예외 사유로 규정하고 있는 근로기준법(헌재 2015. 12. 23. 2014헌바3)**

해고예고제도는 근로조건의 핵심적 부분인 해고와 관련된 사항일 뿐만 아니라, 근로자가 갑자기 직장을 잃어 생활이 곤란해지는 것을 막는 데 목적이 있으므로 근로자의 인간 존엄

259) 헌재 2002. 11. 28. 2001헌바50

성을 보장하기 위한 최소한의 근로조건으로서 근로의 권리의 내용에 포함된다. 해고예고제도의 입법 취지와 근로기준법 제26조 단서에서 규정하고 있는 해고예고 적용배제사유를 종합하여 보면, 원칙적으로 해고예고 적용배제사유로 허용될 수 있는 경우는 근로계약의 성질상 근로관계 계속에 대한 근로자의 기대가능성이 적은 경우로 한정되어야 한다.

"월급근로자로서 6월이 되지 못한 자"는 대체로 기간의 정함이 없는 근로계약을 한 자들로서 근로관계의 계속성에 대한 기대가 크다고 할 것이므로, 이들에 대한 해고 역시 예기치 못한 돌발적 해고에 해당한다. 따라서 6개월 미만 근무한 월급근로자 또한 전직을 위한 시간적 여유를 갖거나 실직으로 인한 경제적 곤란으로부터 보호받아야 할 필요성이 있다. 그럼에도 불구하고 합리적 이유 없이 "월급근로자로서 6개월이 되지 못한자"를 해고예고제도의 적용대상에서 제외한 이 사건 법률조항은 근무기간이 6개월 미만인 월급근로자의 근로의 권리를 침해하고, 평등원칙에도 위배된다.

## 2. 제32조 1항 후문, 3항의 의미

헌법 제32조 제1항 2문은 "국가는 사회적 · 경제적 방법으로 근로자의 고용의 증진과 적정임금의 보장에 노력하여야 하며, 법률이 정하는 바에 의하여 최저임금제를 시행하여야 한다."고 규정하고 있고, 제3항은 "근로조건의 기준은 인간의 존엄성을 보장하도록 법률로 정한다."고 규정하고 있다.

이 규정등은 국가가 근로조건을 향상하기 위해 노력해야 할 방향과 지침을 규정하고 있는 것으로 이 규정으로부터 바로 기본권이 도출되지는 않는다.

헌법 제32조 제1항 전단은 "모든 국민은 근로의 권리를 가진다."라고 규정하여 근로의 권리를 보장하고 있고, 이러한 근로의 권리 보장은 생활의 기본적인 수요를 충족시킬 수 있는 생활수단을 확보해 주며, 나아가 인격의 자유로운 발현과 인간의 존엄성을 보장해 주는 의의를 지닌다.

그러나 이러한 근로의 권리는 사회적 기본권으로서 국가에 대하여 직접 일자리를 청구하거나 일자리에 갈음하는 생계비의 지급을 청구할 수 있는 권리를 의미하는 것이 아니라 고용증진을 위한 사회적 · 경제적 정책을 요구할 수 있는 권리에 그치며, 근로의 권리로부터 국가에 대한 직접적인 직장존속청구권이 도출되는 것도 아니다.

나아가 헌법 제32조 제1항 후단은 "국가는 사회적 · 경제적 방법으로 근로자의 고용의 증진과 적정임금의 보장에 노력하여야 하며, 법률이 정하는 바에 의하여 최저임금제를 시행하여야 한다."라고 규정하고 있어서 근로자가 최저임금을 청구할 수 있는 권리도 헌법상 바로 도출되는 것이 아니라 최저임금법 등 관련 법률이 구체적으로 정하는 바에 따라 비로소 인정될 수 있다. 따라서 최저임금을 청구할 수 있는 권리가 바로 헌법 제32조 제1항의 근로의 권리에 의하여 보장된다고 보기는 어려우므로, 이 사건 병의 봉급표가 청구인의 근로의 권리를 침해한다고 할 수 없다.(헌재 2012. 10. 25. 2011헌마307)

헌법 제32조 제1항이 규정하는 근로의 권리는 사회적 기본권으로서 국가에 대하여 직접 일자리를 청구하거나 일자리에 갈음하는 생계비의 지급청구권을 의미하는 것이 아니라 고용증진을 위한 사회적·경제적 정책을 요구할 수 있는 권리에 그치며, 근로의 권리로부터 국가에 대한 직접적인 직장존속청구권이 도출되는 것도 아니다. 나아가 근로자가 퇴직급여를 청구할 수 있는 권리도 헌법상 바로 도출되는 것이 아니라 퇴직급여법 등 관련 법률이 구체적으로 정하는 바에 따라 비로소 인정될 수 있는 것이므로 계속근로기간 1년 미만인 근로자가 퇴직급여를 청구할 수 있는 권리가 헌법 제32조 제1항에 의하여 보장된다고 보기는 어렵다.

그리고, 헌법 제32조 제3항은 "근로조건의 기준은 인간의 존엄성을 보장하도록 법률로 정한다."라고 규정하는바, 인간의 존엄에 상응하는 근로조건의 기준이 무엇인지를 구체적으로 정하는 것은 일차적으로 입법자의 형성의 자유에 속한다고 할 것이다. 이 사건 법률조항이 '계속근로기간 1년 이상인 근로자인지 여부'라는 기준에 따라 퇴직급여법의 적용 여부를 달리한 것에는 앞서 본 바와 같이 합리적 이유가 있다고 인정되고, 그 기준이 인간의 존엄성을 전혀 보장할 수 없을 정도라고도 보기 어려우므로 이 사건 법률조항은 헌법 제32조 제3항에 위반된다고 할 수 없다.(헌재 2011. 7. 28. 2009헌마408)

## 3. 헌법 제32조 제4, 5, 6항의 의미

헌법 제32조 제4, 5, 6항은 각각 여성, 연소자, 국가유공자등에 대한 특별한 보호를 요구하고 있다. 헌법이 일반적인 경우보다 차별적으로 우대할 것을 명령하는 조항으로 평등권위반 심사 시 엄격한 심사를 해야 하는 영역이다. 이 부분에 대해서는 평등권부분을 참조한다.

# Ⅳ 근로3권

제33조 ①근로자는 근로조건의 향상을 위하여 자주적인 단결권·단체교섭권 및 단체행동권을 가진다.
②공무원인 근로자는 법률이 정하는 자에 한하여 단결권·단체교섭권 및 단체행동권을 가진다.
③법률이 정하는 주요방위산업체에 종사하는 근로자의 단체행동권은 법률이 정하는 바에 의하여 이를 제한하거나 인정하지 아니할 수 있다.

## 1. 의의와 법적 성격

헌법은 경제적 약자인 근로자가 사용자와 대등한 입장에서 단체협약을 체결할 수 있게 하는데에 있다. 개인과 기업의 경제상의 자유와 창의를 존중함을 기본으로 시장경제의 원리를 경제의 기본질서로 채택하면서, 노동관계 당사자가 상반된 이해관계로 말미암아 계급적 대립·적대의 관계로 나아가지 않고, 교섭주체의 관계로 발전하게 하여 분쟁을 평화롭게 해결하게 하는 데 그 목적과 취지가 있다.[260)]

근로3권은 국가가 단지 근로자의 단결권을 존중하고 부당한 침해를 하지 아니함으로써 보장되는 자유권적 측면인 국가로부터의 자유 뿐이 아니라, 근로자의 권리행사의 실질적 조건을 형성하고 유지해야 할 국가의 적극적인 활동을 필요로 한다. 이는 곧, 입법자가 근로자단체의 조직, 단체교섭, 단체협약, 노동쟁의 등에 관한 노동조합관련법의 제정을 통하여 노사간의 세력균형이 이루어지고 근로자의 근로3권이 실질적으로 기능할 수 있도록 하기 위하여 필요한 법적 제도와 법규범을 마련하여야 할 의무가 있다는 것으로 사회권적 성격 역시 존재한다.[261)]

---

260) 헌재 1990. 1. 15. 89헌가103
261) 헌재 1998. 2. 27. 94헌바13등

## 2. 종류

### 가. 단결권

단결권은 근로자들이 노동조합을 결성할 권리를 말한다. 단결권은 근로자 개인이 가지는 단결권 뿐만 아니라 근로자 집단도 가질 수 있다. 단결체는 더 상위 단결체를 구성할 수 있는 권리가 있고 단체의 존속과 규지, 변경 등에 관한 권리를 가진다. 헌법재판소는 소극적 단결권, 즉 근로자 개인이 단결하지 않을 권리는 33조 제1항의 단결권이 아니라 헌법 제10조의 행복추구권에서 파생되는 일반적 행동의 자유 또는 제21조 제1항의 결사의 자유에서 근거를 찾는다고 하였다. 즉 단결권은 적극적으로 단결할 권리를 보장하는 것이지 소극적 단결권을 보장하는 것은 아니라고 한 것이다.[262] 한편 근로자의 단결을 강제하는 UNION SHOP조항에 대하여 합헌이라고 한 바 있다.

> **당해 사업장에 종사하는 근로자의 3분의2 이상을 대표하는 노동조합의 경우 단체협약을 매개로 한 조직강제[이른바 유니언 샵(Union Shop) 협정의 체결]를 용인하고 있는 노동조합및 노동관계조정법 제81조 제2호 단서(이하 '이 사건 법률조항'이라 한다)가 근로자의 단결권을 보장한 헌법 제33조 제1항 등에 위반되는지 여부(소극)**
>
> 이 사건 법률조항은 노동조합의 조직유지 · 강화를 위하여 당해 사업장에 종사하는 근로자의 3분의 2 이상을 대표하는 노동조합(이하 '지배적 노동조합'이라 한다)의 경우 단체협약을 매개로 한 조직강제[이른바 유니언 샵(Union Shop) 협정의 체결]를 용인하고 있다. 이 경우 근로자의 단결하지 아니할 자유와 노동조합의 적극적 단결권(조직강제권)이 충돌하게 되나, 근로자에게 보장되는 적극적 단결권이 단결하지 아니할 자유보다 특별한 의미를 갖고 있고, 노동조합의 조직강제권도 이른바 자유권을 수정하는 의미의 생존권(사회권)적 성격을 함께 가지는 만큼 근로자 개인의 자유권에 비하여 보다 특별한 가치로 보장되는 점 등을 고려하면, 노동조합의 적극적 단결권은 근로자 개인의 단결하지 않을 자유보다 중시된다고 할 것이고, 또 노동조합에게 위와 같은 조직강제권을 부여한다고 하여 이를 근로자의 단결하지 아니할 자유의 본질적인 내용을 침해하는 것으로 단정할 수는 없다.
>
> 이 사건 법률조항은 단체협약을 매개로 하여 특정 노동조합에의 가입을 강제함으로써 근로자의 단결선택권과 노동조합의 집단적단결권(조직강제권)이 충돌하는 측면이 있으나, 이러한 조직강제를 적법 · 유효하게 할 수 있는 노동조합의 범위를 엄격하게 제한하고 지배적 노동조

262) 헌재 2005. 11. 24. 2002헌바95 등

합의 권한남용으로부터 개별근로자를 보호하기 위한 규정을 두고 있는 등 전체적으로 상충되는 두 기본권 사이에 합리적인 조화를 이루고 있고 그 제한에 있어서도 적정한 비례관계를 유지하고 있으며, 또 근로자의 단결선택권의 본질적인 내용을 침해하는 것으로도 볼 수 없으므로, 근로자의 단결권을 보장한 헌법 제33조 제1항에 위반되지 않는다.

단결권은 제한될 수 있는 데 우선 헌법 제33조 제2항은 공무원인 근로자의 단결권은 법률이 정하는 정하는 자에 한에서만 인정된다고 제한하고 있다.

**공무원의 노동조합 설립 및 운영 제한(헌재 2008. 12. 26. 2005헌마971등)**

우리 헌법은 제33조 제1항에서 근로자의 자주적인 노동3권을 보장하고 있으면서도, 같은 조 제2항에서 공무원인 근로자에 대하여는 법률에 의한 제한을 예정하고 있는바, 이는 공무원의 국민 전체에 대한 봉사자로서의 지위 및 그 직무상의 공공성을 고려하여 합리적인 공무원제도의 보장과 이와 관련된 주권자의 권익을 공공복리의 목적 아래 통합 조정하려는 것이다.

따라서 국회는 헌법 제33조 제2항에 따라 공무원인 근로자에게 단결권 · 단체교섭권 · 단체행동권을 인정할 것인가의 여부, 어떤 형태의 행위를 어느 범위에서 인정할 것인가 등에 대하여 광범위한 입법형성의 자유를 가진다.

노동조합 가입범위에 관한 공노법 제6조는 통상 5급 이상의 공무원이 제반 주요정책을 결정하고 그 소속 하위직급자들을 지휘 · 명령하여 분장사무를 처리하는 역할을 하는 공무원의 업무수행 현실, 6급 이하의 공무원 중에서도 '지휘감독권 행사자' 등은 '항상 사용자의 이익을 대표하는 자'의 입장에 있거나 그 업무의 공공성 · 공익성이 큰 점 등을 고려하여 위 공무원들을 노동조합 가입대상에서 제외한 것으로, 헌법 제33조 제2항이 입법자에게 부여하고 있는 형성적 재량권의 범위를 일탈하여 청구인들의 단결권을 침해한다고 볼 수 없다.

또한 위 조항이 5급 공무원과 6급 이하 공무원, 6급 이하 공무원 중 일정 업무 담당자와 나머지 6급 이하 공무원, 노조가입이 금지되는 6급 이하 공무원과 교원을 차별취급하고 있다 하더라도, 그 차별에는 합리적인 이유가 있어 청구인들의 평등권을 침해한다고도 볼 수 없다.

**교육공무원 아닌 대학 교원과 교육공무원인 대학 교원의 단결권(헌재 2018. 8. 30. 2015헌가38)**

먼저, 심판대상조항으로 인하여 교육공무원 아닌 대학 교원들이 향유하지 못하는 단결권은 헌법이 보장하고 있는 근로3권의 핵심적이고 본질적인 권리이다. 심판대상조항의 입법목적이 재직 중인 초 · 중등교원에 대하여 교원노조를 인정해 줌으로써 교원노조의 자주성과 주체성을 확보한다는 측면에서는 그 정당성을 인정할 수 있을 것이나, 교원노조를 설립하거나 가입하여 활동할 수 있는 자격을 초 · 중등교원으로 한정함으로써 교육공무원이 아닌 대학 교원에 대해서는 근로기본권의 핵심인 단결권조차 전면적으로 부정한 측면에 대해서는 그 입법목적의 정당성을 인정하기 어렵고, 수단의 적합성 역시 인정할 수 없다. 설령 일반 근로자 및 초·중등교원과 구별되는 대학 교원의 특수성을 인정하더라도, 대학 교원에게도 단결권을 인정하면서 다만 해당 노동조합이 행사할 수 있는 권리를 다른 노동조합과 달리 강한 제약 아래 두는 방법도 얼마든지 가능하므로, 단결권을 전면적으로 부정하는 것은 필요 최소한의 제한이라고 보기 어렵다. 또 최근 들어 대학 사회가 다층적으로 변화하면서 대학 교원의 사회·경제적 지위의 향상을 위한 요구가 높아지고 있는 상황에서 단결권을 행사하지 못한 채 개별적으로만 근로조건의 향상을 도모해야 하는 불이익은 중대한 것이므로, 심판대상조항은 과잉금지원칙에 위배된다.

다음으로 교육공무원인 대학 교원에 대하여 보더라도, 교육공무원의 직무수행의 특성과 헌법 제33조 제1항 및 제2항의 정신을 종합해 볼 때, 교육공무원에게 근로3권을 일체 허용하지 않고 전면적으로 부정하는 것은 합리성을 상실한 과도한 것으로서 입법형성권의 범위를 벗어나 헌법에 위반된다.

### 나. 단체교섭권

단체교섭권은 근로자단체가 근로자들을 위하여 사용자나 사용자 단체와 교섭할 수 있는 권리를 말한다.[263] 단체교섭의 대상은 근로조건에 관한 것이어야 하기 때문에, 정치적인 사안이나 경영권 행사와 관련된 내용은 교섭의 대상이 될 수 없다. 따라서 구조조정의 실시여부와 같은 것은 단체교섭의 대상이 될 수 없다.[264] 단체교섭권에는 단체협약체결권이 포함되는 것으로 본다.[265]

단체교섭권은 근로자와 사용자간의 협약을 보장하는 것이지만 근로자 보호를 위해서 입법자는 단체교섭의 내용이나 방식에 대하여 제한을 가할 수 있다. 다만 필요최소한도에 그쳐야 한다.

---

263) 김하열, 위의 책, 720쪽

264) 대법원 2002. 2. 26. 99도5380

265) 노동조합의 대표자 또는 노동조합으로부터 위임을 받은 자에게 단체교섭권과 함께 단체협약체결권을 부여한 이 사건 법률조항의 입법목적은 노동조합이 근로3권의 기능을 보다 효율적으로 이행하기 위한 조건을 규정함에 있다 할 것이다. 따라서 비록 이 사건 법률조항으로 말미암아 노동조합의 자주성이나 단체자치가 제한되는 경우가 있다고 하더라도 이는 근로3권의 기능을 보장함으로써 산업평화를 유지하고자 하는 중대한 공익을 위한 것으로서 그 수단 또한 필요·적정한 것이라 할 것이므로 헌법에 위반된다고 할 수 없다. 헌재 1998. 2. 27. 94헌바13등

**사립학교의 설립 · 경영자들은 교원노조와 개별적으로 단체교섭을 할 수 없고 반드시 연합하여 단체교섭에 응하도록 규정한 교원의노동조합설립및운영등에관한법률(헌재 2006. 12. 28. 2004헌바67)**

개별 학교에서의 교원노조를 인정하지 않는 것에 대응하여 이 사건 법률조항이 개별 학교법인은 단체교섭의 상대방이 될 수 없도록 함으로써 교원노조로 하여금 개별 학교의 운영에 관여하지 못하도록 한 것은, 첫째 교원의 근로조건이 각 학교법인별로 크게 다르지 아니한 점, 둘째 교원의 지위를 통일적으로 보장할 필요가 있는 점, 셋째 교원의 노사관계가 일반 노사관계와는 다른 특수성을 지니는 점 등을 모두 고려하여 개별 학교차원의 교섭으로 인한 혼란을 방지하고자 하는 것이라고 할 것이므로, 그 입법목적의 정당성 및 방법의 적절성을 인정할 수 있다.

개별 학교법인에게 단체교섭의 상대방이 될 수 있도록 한다면 전국 단위 또는 시 · 도 단위 교원노조가 모든 개별 학교법인과 단체교섭을 해야 하므로 이는 불필요한 인적 · 물적 낭비요인이 될 뿐만 아니라, 단체교섭의 결과인 단체협약의 내용이 개별 학교마다 다르다면 각 학교 사이에서 적지 않은 혼란이 야기될 수도 있다. 따라서 이 사건 법률조항은 청구인들의 결사의 자유에 대한 필요 · 최소한의 제한이라고 할 수 있으므로 침해의 최소성 요건을 충족한다. 그리고 이 사건 법률조항이 추구하고자 하는 공익은 개별 학교법인이 단체교섭의 상대방이 되지 못함으로 인하여 발생할 수 있는 결사의 자유의 제한보다 크다고 할 것이므로 법익의 균형성도 충족한다.

**사용자가 노동조합의 운영비를 원조하는 행위를 부당노동행위로 금지하는 '노동조합 및 노동관계조정법' 제81조 제4호 중 '노동조합의 운영비를 원조하는 행위'에 관한 부분이 노동조합의 단체교섭권을 침해하는지 여부(적극)**

운영비원조금지조항은 사용자로부터 노동조합의 자주성을 확보하여 궁극적으로 근로3권의 실질적인 행사를 보장하기 위한 것으로서 그 입법목적이 정당하다.

운영비 원조 행위가 노동조합의 자주성을 저해할 위험이 없는 경우에는 이를 금지하더라도 위와 같은 입법목적의 달성에 아무런 도움이 되지 않는다. 그런데 운영비원조금지조항은 단서에서 정한 두 가지 예외를 제외한 일체의 운영비 원조 행위를 금지함으로써 노동조합의 자주성을 저해할 위험이 없는 경우까지 금지하고 있으므로, 입법목적 달성을 위한 적합한 수단이라고 볼 수 없다.

사용자의 노동조합에 대한 운영비 원조에 관한 사항은 대등한 지위에 있는 노사가 자율적으로 협의하여 정하는 것이 근로3권을 보장하는 취지에 가장 부합한다. 따라서 운영비 원조 행위에 대한 제한은 실질적으로 노동조합의 자주성이 저해되었거나 저해될 위험이 현저한 경우에 한하여 이루어져야 한다.

그럼에도 불구하고 운영비원조금지조항은 단서에서 정한 두 가지 예외를 제외한 일체의 운영비 원조 행위를 금지하고 있으므로, 그 입법목적 달성을 위해서 필요한 범위를 넘어서 노동조합의 단체교섭권을 과도하게 제한한다. 운영비원조금지조항으로 인하여 오히려 노동조합의 활동이 위축되거나 노동조합과 사용자가 우호적이고 협력적인 관계를 맺기 위해서 대등한 지위에서 운영비 원조를 협의할 수 없게 되는데, 이는 실질적 노사자치를 구현하고자 하는 근로3권의 취지에도 반한다.

노동조합법은 복수 노동조합이 존재하는 경우 공정대표의무를 부과하면서 그 위반에 대하여 부당노동행위 구제절차를 준용하고 있고, 사용자가 선호하는 특정 노동조합에만 운영비를 원조하는 행위는 '근로자가 노동조합을 조직 또는 운영하는 것을 지배하거나 이에 개입하는 행위'로서 부당노동행위에 해당하므로, 복수 노동조합을 고려하더라도 운영비 원조 행위를 일률적으로 금지할 필요성을 인정할 수 없다.

헌법재판소는 2014. 5. 29. 2010헌마606 결정에서 전임자 급여 지급 금지 등에 관한 노동조합법 제24조 제2항, 제4항, 제5항이 단체교섭권 등을 침해하지 않는다고 판단하였다. 전임자급여 지원 행위와는 달리 운영비 원조 행위에 대해서는 노동조합법 제81조 제4호에서 사용자의 부당노동행위로서 금지하고 있을 뿐, 노동조합이 운영비 원조를 받는 것 자체를 금지하거나 제한하는 별도의 규정이 없고, 금지의 취지와 규정의 내용, 예외의 인정 범위 등이 다르므로, 노동조합의 단체교섭권을 침해하는지 여부를 판단하면서 운영비 원조 행위를 전임자급여 지원 행위와 동일하게 볼 수 없다.

이상의 내용을 종합하여 보면, 운영비원조금지조항이 단서에서 정한 두 가지 예외를 제외한 운영비 원조 행위를 일률적으로 부당노동행위로 간주하여 금지하는 것은 침해의 최소성에 반한다.

노동조합의 자주성을 저해하거나 저해할 위험이 현저하지 않은 운영비 원조 행위를 부당노동행위로 규제하는 것은 입법목적 달성에 기여하는 바가 전혀 없는 반면, 운영비원조금지조항으로 인하여 청구인은 사용자로부터 운영비를 원조받을 수 없을 뿐만 아니라 궁극적으로 노사자치의 원칙을 실현할 수 없게 되므로, 운영비원조금지조항은 법익의 균형성에도 반한다.

따라서 운영비원조금지조항은 과잉금지원칙을 위반하여 청구인의 단체교섭권을 침해하므로 헌법에 위반된다.

### 다. 단체행동권

단체행동권은 노동쟁의가 발생한 경우 쟁의행위를 할 수 있는 쟁의권을 의미하며, 이는 근로자가 그의 주장을 관철하기 위하여 업무의 정상적인 운영을 저해하는 행위를 할 수 있는 권리라고 할 수 있다.[266] 파업, 태업 등의 쟁의행위가 대표

266) 헌재 1998. 7. 16. 97헌바23

적인 단체행동권이다. 헌법 제33조 제2항은 공무원인 근로자의 단체행동권에 대하여 제한하고 있고, 제3항은 주요방위산업체에 종사하는 근로자의 단체행동권은 최대 인정되지 않을 수 있다고 제한하고 있다. 다만 제33조 제3항에 의하지 않다 하더라도 헌법 제37조 제2항에 의하여 단체행동권이 제한될 수 있다.

**특수경비원의 단체행동권 불인정(헌재 2009. 10. 29. 2007헌마1359)**

헌법 제33조 제1항에서는 근로자의 단결권 · 단체교섭권 및 단체행동권을 보장하고 있는바, 현행 헌법에서 공무원 및 법률이 정하는 주요방위산업체에 종사하는 근로자와는 달리 특수경비원에 대해서는 단체행동권 등 근로3권의 제한에 관한 개별적 제한규정을 두고 있지 않다고 하더라도, 헌법 제37조 제2항의 일반유보조항에 따른 기본권제한의 원칙에 의하여 특수경비원의 근로3권 중 하나인 단체행동권을 제한할 수 있다.

이 사건 법률조항은 특수경비원들이 관리하는 국가 중요시설의 안전을 도모하고 방호혼란을 방지하려고 하는 것이므로 그 목적의 정당성을 인정할 수 있고, 특수경비원의 쟁의행위를 금지함으로써 위와 같은 입법목적에 기여할 수 있다 할 것이므로 수단의 적합성도 인정할 수 있다.

특수경비원 업무의 강한 공공성과 특히 특수경비원은 소총과 권총 등 무기를 휴대한 상태로 근무할 수 있는 특수성 등을 감안할 때, 특수경비원의 신분이 공무원이 아닌 일반근로자라는 점에만 치중하여 특수경비원에게 근로3권 즉 단결권, 단체교섭권, 단체행동권 모두를 인정하여야 한다고 보기는 어렵고, 적어도 특수경비원에 대하여 단결권, 단체교섭권에 대한 제한은 전혀 두지 아니하면서 단체행동권 중 '경비업무의 정상적인 운영을 저해하는 일체의 쟁위행위' 만을 금지하는 것은 입법목적 달성에 필요불가결한 최소한의 수단이라고 할 것이어서 침해의 최소성 원칙에 위배되지 아니한다.

이 사건 법률조항으로 인하여 특수경비원의 단체행동권이 제한되는 불이익을 받게 되는 것을 부정할 수는 없으나 국가나 사회의 중추를 이루는 중요시설 운영에 안정을 기함으로써 얻게 되는 국가안전보장, 질서유지, 공공복리 등의 공익이 매우 크다고 할 것이므로, 이 사건 법률조항에 의한 기본권제한은 법익의 균형성 원칙에 위배되지 아니한다. 따라서 이 사건 법률조항은 과잉금지원칙에 위배되지 아니하므로 헌법에 위반되지 아니한다.

# V 환경권

제35조 ①모든 국민은 건강하고 쾌적한 환경에서 생활할 권리를 가지며, 국가와 국민은 환경보전을 위하여 노력하여야 한다.
②환경권의 내용과 행사에 관하여는 법률로 정한다.
③국가는 주택개발정책등을 통하여 모든 국민이 쾌적한 주거생활을 할 수 있도록 노력하여야 한다.

## 1. 의의 및 내용

환경권은 건강하고 쾌적한 생활을 유지하는 조건으로서 양호한 환경을 향유할 권리이고, 생명·신체의 자유를 보호하는 토대를 이루며, 궁극적으로 '삶의 질' 확보를 목표로 하는 권리이다. 환경권을 행사함에 있어 국민은 국가로부터 건강하고 쾌적한 환경을 향유할 수 있는 자유를 침해당하지 않을 권리를 행사할 수 있고, 일정한 경우 국가에 대하여 건강하고 쾌적한 환경에서 생활할 수 있도록 요구할 수 있는 권리가 인정되기도 하는바, 환경권은 그 자체 종합적 기본권으로서의 성격을 지닌다.[267] 환경권의 내용과 행사는 법률에 의해 구체적으로 정해지는 것이기는 하나(헌법 제35조 제2항), 이 헌법조항의 취지는 특별히 명문으로 헌법에서 정한 환경권을 입법자가 그 취지에 부합하도록 법률로써 내용을 구체화하도록 한 것이지 환경권이 완전히 무의미하게 되는데도 그에 대한 입법을 전혀 하지 아니하거나, 어떠한 내용이든 법률로써 정하기만 하면 된다는 것은 아니다. 그러므로 일정한 요건이 충족될 때 환경권 보호를 위한 입법이 없거나 현저히 불충분하여 국민의 환경권을 과도하게 침해하고 있다면 헌법재판소에 그 구제를 구할 수 있다.[268] 또한 '건강하고 쾌적한 환경에서 생활할 권리'를 보장하는 환경권의 보호대상이 되는 환경에는 자연 환경뿐만 아니라 인공적 환경과 같은 생활환경도 포함된다. 그러므로 일상생활에서 소음을 제거·방지하여 정온한 환경에서 생활할 권리는 환경권의 한 내용을 구성한다.[269]

267) 헌재 2008. 7. 31. 2006헌마711
268) 헌재 2008. 7. 31. 2006헌마711

## 2. 국가의 환경권보호의무

헌법 제10조의 규정에 의하면, 국가는 개인이 가지는 불가침의 기본적 인권을 확인하고 이를 보장할 의무를 지고 기본권은 공동체의 객관적 가치질서로서의 성격을 가지므로, 적어도 생명·신체의 보호와 같은 중요한 기본권적 법익 침해에 대해서는 그것이 국가가 아닌 제3자로서의 사인에 의해서 유발된 것이라고 하더라도 국가가 적극적인 보호의 의무를 진다.[270] 헌법 제35조 제1항이 국가와 국민에게 환경보전을 위하여 노력하여야 할 의무를 부여하고 있는 점, 환경침해는 사인에 의해서 빈번하게 유발되므로 입법자가 그 허용 범위에 관해 정할 필요가 있다는 점, 환경피해는 생명·신체의 보호와 같은 중요한 기본권적 법익 침해로 이어질 수 있다는 점 등을 고려할 때, 일정한 경우 국가는 사인인 제3자에 의한 국민의 환경권 침해에 대해서도 적극적으로 기본권 보호조치를 취할 의무를 진다.[271]

## 3. 제한

환경권도 헌법 제37조 제2항에 의하여 제한될 수 있다. 국가가 기본권에 대한 보호의무를 진다고 하더라도, 그것을 입법자가 어떻게 실현하여야 할 것인가는 원칙적으로 권력분립원칙과 민주주의원칙에 따라 국민에 의해 직접 민주적 정당성을 부여받고 정치적 책임을 지는 입법자의 책임범위에 속하는 것이고, 헌법재판소는 이를 제한적으로만 심사할 수 있다.[272] 따라서 국가가 기본권의 보호의무를 다하지 않았는지를 헌법재판소가 심사할 때에는 국가가 국민의 기본권적 법익 보호를 위하여 적어도 적절하고 효율적인 최소한의 보호조치를 취했는가 하는 이른바 "과소보호 금지원칙"의 위반 여부를 기준으로 삼아야 한다.

---

269) 헌재 2008. 7. 31. 2006헌마711
270) 헌재 1997. 1. 16. 90헌마110등
271) 헌재 2008. 7. 31. 2006헌마711
272) 헌재 1997. 1. 16. 90헌마110등

**동물장묘업의 지역적 등록제한사유를 불완전·불충분하게 규정하여 청구인들의 환경권을 침해하는지 여부(소극)(헌재 2020. 3. 26. 2017헌마1281)**

환경권의 내용과 행사는 법률에 의해 구체적으로 정해지는 것이기는 하나(헌법 제35조 제2항), 이 헌법조항의 취지는 특별히 명문으로 헌법에서 정한 환경권을 입법자가 그 취지에 부합하도록 법률로써 내용을 구체화하도록 한 것이지 환경권이 완전히 무의미하게 되는데도 그에 관한 입법을 전혀 하지 아니하거나, 어떠한 내용이든 법률로써 정하기만 하면 된다는 것은 아니다. 그러므로 일정한 요건이 충족될 때 환경권 보호를 위한 입법이 없거나 현저히 불충분하여 국민의 환경권을 침해하고 있다면 헌법재판소에 그 구제를 구할 수 있다고 해야 할 것이다….국가가 국민의 건강하고 쾌적한 환경에서 생활할 권리를 보호할 의무를 진다고 하더라도, 국가의 기본권 보호의무를 입법자가 어떻게 실현하여야 할 것인가 하는 문제는 원칙적으로 권력분립과 민주주의의 원칙에 따라 국민에 의하여 직접 민주적 정당성을 부여받고 자신의 결정에 대하여 정치적 책임을 지는 입법자의 책임범위에 속한다. 헌법재판소는 단지 제한적으로만 입법자에 의한 보호의무의 이행을 심사할 수 있다.

따라서 국가가 국민의 건강하고 쾌적한 환경에서 생활할 권리에 관한 보호의무를 다하지 않았는지를 헌법재판소가 심사할 때에는 국가가 이를 보호하기 위하여 적어도 적절하고 효율적인 최소한의 보호조치를 취하였는가 하는 이른바 '과소보호금지원칙'의 위반 여부를 기준으로 삼아야 한다. 심판대상조항은 '장사 등에 관한 법률'(이하 '장사법'이라고 한다) 제17조에 규정된 지역에 해당하지 않는 경우 동물장묘업 등록에 있어 지역적 제한을 두고 있지 않으므로, 특정 지역에 여러 개의 동물장묘업체가 들어설 여지가 있게 된다. 이러한 경우 동물화장시설, 동물건조장시설 등으로부터 매연, 소음, 악취, 분진 등이 발생할 가능성을 배제하기 어려운 이상, 인근 주민들이 주장하는 생활환경의 악화가 단순한 우려에 불과하다고 단정할 수는 없다.

그러나 인근 주민들의 생활환경 등에 피해가 발생할 수 있다 하더라도, 심판대상조항이 장사법 제17조 소정의 지역에 동물장묘시설을 설치하는 것을 제한하는 외에 별도의 지역적 제한사유를 두지 아니한 것이 기본권 보호의무 위반에 해당하여 헌법상 보장된 환경권의 침해가 되기 위해서는 적어도 입법자가 국민의 기본권적 법익 보호를 위하여 적절하고 효율적인 최소한의 보호조치를 취하지 않았음이 명백히 인정되어야 할 것이다….동물보호법, '장사 등에 관한 법률', '동물장묘업의 시설설치 및 검사기준' 등 관계규정에서 동물장묘시설의 설치 제한 지역을 상세하게 규정하고, 매연, 소음, 분진, 악취 등 오염원 배출을 규제하기 위한 상세한 시설 및 검사기준을 두고 있는 등의 사정을 고려할 때, 심판대상조항에서 동물장묘업 등록에 관하여 '장사 등에 관한 법률' 제17조 외에 다른 지역적 제한사유를 규정하지 않았다는 사정만으로 청구인들의 환경권을 보호하기 위한 입법자의 의무를 과소하게 이행하였다고 평가할 수는 없다. 따라서 심판대상조항은 청구인들의 환경권을 침해하지 않는다.

# Ⅵ 혼인과 가족생활의 보장

| 제36조 ①혼인과 가족생활은 개인의 존엄과 양성의 평등을 기초로 성립되고 유지되어야 하며, 국가는 이를 보장한다.<br>②국가는 모성의 보호를 위하여 노력하여야 한다.<br>③모든 국민은 보건에 관하여 국가의 보호를 받는다. |
|---|

## 1. 헌법 제36조 제1항 혼인과 가족생활의 보장

헌법 제36조 제1항은 "혼인과 가족생활은 개인의 존엄과 양성의 평등을 기초로 성립되고 유지되어야 하며, 국가는 이를 보장한다."라고 규정하고 있는데, 헌법 제36조 제1항은 혼인과 가족생활을 스스로 결정하고 형성할 수 있는 자유를 기본권으로서 보장하고, 혼인과 가족에 대한 제도를 보장한다. 그리고 헌법 제36조 제1항은 혼인과 가족에 관련되는 공법 및 사법의 모든 영역에 영향을 미치는 헌법원리 내지 원칙규범으로서의 성격도 가지는데, 이는 적극적으로는 적절한 조치를 통해서 혼인과 가족을 지원하고 제삼자에 의한 침해 앞에서 혼인과 가족을 보호해야 할 국가의 과제를 포함하며, 소극적으로는 불이익을 야기하는 제한조치를 통해서 혼인과 가족을 차별하는 것을 금지해야 할 국가의 의무를 포함한다.[273] 헌법재판소는 헌법 제36조 제1항에서 규정하는 '혼인'을 양성이 평등하고 존엄한 개인으로서 자유로운 의사의 합치에 의하여 생활공동체를 이루는 것으로서 법적으로 승인받은 것에 한정하고 있으며 따라서, 법적으로 승인되지 아니한 사실혼은 헌법 제36조 제1항의 보호범위에 포함된다고 보기 어렵다.[274]

273) 헌재 2002. 8. 29. 2001헌바82
274) 헌재 2014. 8. 28. 2013헌바119

## 2. 내용

### 가. 혼인과 가족생활의 자유

혼인관계를 형성하고, 혼인생활을 영위하고, 가족관계를 형성하고 영위하는 자유를 보장한다. 혼인의 상대방을 결정하는 것, 자녀를 양육하고 교육하는 것과 관련된 자유가 보장되어야 하고 강제되어서는 안 된다.

헌법 제36조 제1항은 "혼인과 가족생활은 개인의 존엄과 양성의 평등을 기초로 성립되고 유지되어야 하며, 국가는 이를 보장한다"고 규정하고 있는바, 이는 혼인제도와 가족제도에 관한 헌법원리를 규정한 것으로서 혼인제도와 가족제도는 인간의 존엄성 존중과 민주주의의 원리에 따라 규정되어야 함을 천명한 것이라 볼 수 있다. 따라서 혼인에 있어서도 개인의 존엄과 양성의 본질적 평등의 바탕위에서 모든 국민은 스스로 혼인을 할 것인가 하지 않을 것인가를 결정할 수 있고 혼인을 함에 있어서도 그 시기는 물론 상대방을 자유로이 선택할 수 있는 것이며, 이러한 결정에 따라 혼인과 가족생활을 유지할 수 있고, 국가는 이를 보장해야 하는 것이다. 그런데 위에서 본 바와 같이, 이 사건 법률조항은 동성동본인 혈족사이의 혼인을 그 촌수의 원근에 관계없이 일률적으로 모두 금지하고 민법은 이를 위반한 혼인을 취소할 수 있도록 하였을 뿐만 아니라 아예 그 혼인신고 자체를 수리하지 못하도록 하고 있어, 동성동본인 혈족은 서로가 아무리 진지하게 사랑하고 있다고 하더라도 또 촌수를 계산할 수 없을 만큼 먼 혈족이라 하더라도 혼인을 할 수 없고 따라서 혼인에 있어 상대방을 결정할 수 있는 자유를 제한하고 있는 동시에, 그 제한의 범위를 동성동본인 혈족, 즉 남계혈족에만 한정함으로써 성별에 의한 차별을 하고 있다.

그렇다면 이 사건 법률조항은 이미 위에서 본 바와 같이 금혼규정으로서의 사회적 타당성 내지 합리성을 상실하고 있음과 아울러 "인간으로서의 존엄과 가치 및 행복추구권"을 규정한 헌법이념 및 규정과 "개인의 존엄과 양성의 평등"에 기초한 혼인과 가족생활의 성립·유지라는 헌법규정에 정면으로 배치된다 할 것이고, 또 그 금혼의 범위를 동성동본인 혈족, 즉 남계혈족에만 한정하여 성별에 의한 차별을 하고 있는데 이를 시인할만한 합리적인 이유를 찾아볼 수 없으므로 헌법상의 평등의 원칙에도 위반되는 것이다.

결국 이 사건 법률조항은 헌법 제10조, 제11조 제1항, 제36조 제1항에 위반될 뿐만 아니라 그 입법목적이 이제는 혼인에 관한 국민의 자유와 권리를 제한할 "사회질서"나 "공공복리"에 해당될 수 없다는 점에서 헌법 제37조 제2항에도 위반된다 할 것이다.(헌재 1997. 7. 16. 95헌가6등)

자녀에 대한 부모의 양육권은 비록 헌법에 명문으로 규정되어 있지는 아니하지만, 이는 모든 인간이 누리는 불가침의 인권으로서 혼인과 가족생활을 보장하는 헌법 제36조 제1항, 행복추구권을 보장하는 헌법 제10조 및 '국민의 자유와 권리는 헌법에 열거되지 아니한 이유로 경시되지 아니한다.'고 규정한 헌법 제37조 제1항에서 나오는 중요한 기본권이다. 부모는 자녀의 양육에 관하여 전반적인 계획을 세우고 자신의 인생관 · 사회관 · 교육관에 따라 자녀의 양육을 자유롭게 형성할 권리를 가진다. 헌법은 제36조 제1항에서 혼인과 가정생활을 보장함으로써 가족의 자율영역이 국가의 간섭에 의하여 획일화 · 평준화되고 이념화되는 것으로부터 보호하고 있는데, 가족생활을 구성하는 핵심적 내용 중의 하나가 바로 자녀의 양육이다.(헌재 2008. 10. 30. 2005헌마1156)

**민법 제781조 제1항 본문(2005. 3. 31. 법률 제7427호로 개정되기 전의 것) 중 "자(子)는 부(父)의 성(姓)과 본(本)을 따르고" 부분이 헌법에 위반되는지 여부(적극)**

**1. 부성주의를 원칙으로 규정한 것은 입법형성의 한계를 벗어난 것으로 볼 수 없다.**

헌법은 제10조에서 "모든 국민은 인간으로서의 존엄과 가치를 가지며 행복을 추구할 권리가 있다."고 규정하여 모든 국민이 자신의 존엄한 인격권을 바탕으로 자율적으로 자신의 생활영역을 형성해 나갈 수 있는 권리를 보장하고 있는데(헌재 1997. 3. 27. 95헌가14등, 판례집 9-1, 193, 204 참조) 성명은 개인의 정체성과 개별성을 나타내는 인격의 상징으로서 개인이 사회 속에서 자신의 생활영역을 형성하고 발현하는 기초가 되는 것이라 할 것이므로 자유로운 성의 사용 역시 헌법상 인격권으로부터 보호된다고 할 수 있다. 그리고 헌법 제36조 제1항은 "혼인과 가족생활은 개인의 존엄과 양성의 평등을 기초로 성립되고 유지되어야 하며 국가는 이를 보장한다."고 규정하여 개인의 존엄과 양성의 평등을 기초로 한 가족제도를 헌법적 차원에서 보장하고 있는바, 성은 혈통을 상징하는 기호로서 개인의 혈통관계를 어떻게 성으로 반영할 것인지의 문제이며 이는 가족제도의 한 내용을 이루는 것이다.

성에 관한 규율에 대해 폭넓은 입법형성의 자유가 인정된다고 하더라도 그것이 헌법적 이념과 가치에 반하는 것일 수는 없으므로 개인의 인격권을 침해하는 것이거나 개인의 존엄과 양성의 평등에 반하는 내용으로 가족제도를 형성할 수 없다는 한계를 가진다….부성주의는 개인의 구체적인 권리의무나 법적 지위에 실체적인 영향을 미치지 않으므로 부성주의로 인한 사실상의 차별적 효과가 개인의 존엄과 양성의 평등을 침해하는 정도에 이른다고 볼 수 없다….

**2. 예외적 상황에 대한 배려 없는 부성주의-위헌**

성의 변경은 개인의 동일성을 식별하는 기호의 변경을 의미하므로 성의 변경을 아무런 제한 없이 자유롭게 허용할 수는 없으며 성의 변경에 대하여 일정한 제한을 가하는 것은 사회 전체의 법적 안정성을 위해 불가피하다. 또한 성이 혈통을 상징하는 기호라는 점에서 자신의 혈통과 무관한 성을 사용하는 것을 내용으로 하는 성의 변경은 성의 본질에 부합하지 않을 수 있다.

그러나 이 사건 법률조항은 부성주의에 대한 예외로서 다른 성으로의 변경 가능성을 전혀 규정하지 않고 있는데, 가족관계의 변동과 새로운 가족관계의 형성 등 구체적 상황에 따라서는 성의 변경을 허용할 필요가 있고, 그 경우 법적 안정성에 대한 위협이 문제되지 않거나, 성이 생물학적 부의 혈통을 상징하는 것보다 훨씬 더 큰 이익과 관련되어 있는 경우에는 부성의 변경을 허용하여야 할 것이다.

입양으로 인한 양부모와 양자의 관계는 생물학적 부자관계가 인정되지 않음에도 법률이 부모와 자의 관계로 인정하고 있는 경우이다. 양자는 친족관계, 상속 기타 법률관계에서 친생자와 아무런 차이가 없다. 모든 입양의 경우를 동일하게 평가할 수는 없으나 입양의 동기나 양자의 연령, 친생부모와의 관계, 입양 후의 생활관계의 형성 등 구체적 사정에 따라서는 생물학적 친생부모와의 관계가 완전히 단절되고 향후 입양을 통해 형성된 양부모와의 생활관계 만이 양자의 실질적인 가족관계와 친족관계를 구성하는 경우도 있을 수 있다.

또 부가 사망하거나 부모가 이혼한 후 모가 양육하고 있던 자를 데리고 재혼하는 경우, 재혼한 모의 자(子)가 계부(繼父)의 성을 따르고자 하는 경우도 있다. 물론 이 경우는 입양의 경우와 달리 법률상으로도 부자관계를 인정할 아무런 근거가 없어 입양에 비해 그 필요성이 다소 낮다고 본다 하더라도 역시 구체적인 상황에 따라서는 계부가 실질적인 부(父)로서의 역할을 수행하고 재혼한 모(母)의 자(子) 역시 계부와 그 가족들과 항구적인 생활관계를 형성하는 경우도 있다.

이러한 구체적인 사정들에 있어서 양부 또는 계부의 성을 사용함으로써 비록 혈통관계는 존재하지 않으나 동일한 성(姓)의 사용을 통해 새로 형성된 가족의 구성원임을 대외적으로 나타내고자 하는 것은 개인의 인격적 이익과 매우 밀접한 관계를 가지는 것이다. 한편 이와 같은 경우에도 개인의 생활관계에 실질적으로 아무런 의미를 갖지 못하는 생물학적 부의 혈통을 성으로 상징하도록 강요함으로써 새로이 형성된 가족이 사용하는 성을 사용하지 못하게 되어 내부적으로 정서적 통합에 방해가 되고 대외적으로는 가족의 구성에 관련된 비우호적인 호기심과 편견을 유발하기도 한다.

이러한 사정들이 엄연히 존재하고 있음에도, 성의 사용을 규율하는 입법을 함에 있어 부부와 친생자로 구성되는 통상적인 가족만을 상정하고, 그 밖의 예외적인 상황에 처한 가족의 구성원이 겪는 구체적이고도 심각한 불이익에 대해서는 실질적이고 궁극적인 해결책을 마련하지 않은 것은 입법형성의 한계를 벗어나 개인의 인격권을 침해하는 것이라 하지 않을 수 없다.

### 나. 혼인과 가족생활의 양성평등

헌법 제36조 제1항에서는 혼인과 가족생활은 양성의 평등을 기초로 성립되고 유지되어야 한다고 규정하고 있다. 이 차별금지명령은 헌법 제11조 제1항에서 보장되는 평등원칙을 혼인과 가족생활영역에서 더욱 더 구체화함으로써 혼인과 가족을 부당한 차별로부터 특별히 더 보호하려는 목적을 가진다. 이 때 특정한 법률조항이 혼인한 자를 불리하게 하는 차별취급은 중대한 합리적 근거가 존재하여 헌법상 정당화되는 경우에만 헌법 제36조 제1항에 위배되지 아니한다.[275)]

**부부의 자산소득합산과세 위헌여부(헌재 2002. 8. 29. 2001헌바82)**

1.헌법 제36조 제1항은 "혼인과 가족생활은 개인의 존엄과 양성의 평등을 기초로 성립되고 유지되어야 하며, 국가는 이를 보장한다."라고 규정하고 있는데, 헌법 제36조 제1항은 혼인과 가족생활을 스스로 결정하고 형성할 수 있는 자유를 기본권으로서 보장하고, 혼인과 가족에 대한 제도를 보장한다. 그리고 헌법 제36조 제1항은 혼인과 가족에 관련되는 공법 및 사법의 모든 영역에 영향을 미치는 헌법원리 내지 원칙규범으로서의 성격도 가지는데, 이는 적극적으로는 적절한 조치를 통해서 혼인과 가족을 지원하고 제삼자에 의한 침해 앞에서 혼인과 가족을 보호해야 할 국가의 과제를 포함하며, 소극적으로는 불이익을 야기하는 제한조치를 통해서 혼인과 가족을 차별하는 것을 금지해야 할 국가의 의무를 포함한다. 이러한 헌법원리로부터 도출되는 차별금지명령은 헌법 제11조 제1항에서 보장되는 평등원칙을 혼인과 가족생활영역에서 더욱 더 구체화함으로써 혼인과 가족을 부당한 차별로부터 특별히 더 보호하려는 목적을 가진다. 이 때 특정한 법률조항이 혼인한 자를 불리하게 하는 차별취급은 중대한 합리적 근거가 존재하여 헌법상 정당화되는 경우에만 헌법 제36조 제1항에 위배되지 아니한다.

2.부부간의 인위적인 자산 명의의 분산과 같은 가장행위 등은 상속세및증여세법상 증여의 제규정 등을 통해서 방지할 수 있고, 부부의 공동생활에서 얻어지는 절약가능성을 담세력과 결부시켜 조세의 차이를 두는 것은 타당하지 않으며, 자산소득이 있는 모든 납세의무자 중에서 혼인한 부부가 혼인하였다는 이유만으로 혼인하지 않은 자산소득자보다 더 많은 조세부담을 하여 소득을 재분배하도록 강요받는 것은 부당하며, 부부 자산소득 합산과세를 통해서 혼인한 부부에게 가하는 조세부담의 증가라는 불이익이 자산소득합산과세를 통하여 달성하는 사회적 공익보다 크다고 할 것이므로, 소득세법 제61조 제1항이 자산소득합산과세의 대상이 되는 혼인한 부부를 혼인하지 않은 부부나 독신자에 비하여 차별취급하는 것은 헌법상 정당화되지 아니하기 때문에 헌법 제36조 제1항에 위반된다.

### 다. 모성보호와 보건

헌법 제36조 제2항이 규정하고 있는 모성보호는 자녀를 가진 여성을 배려하고

275) 헌재 2002. 8. 29. 2001헌바82

보호하는 것을 규정함으로써 혼인과 가족생활을 부수적으로 지원하는 것을 국가의 의무로 규정하고 있다. 한편 제36조 제3항의 보건에 관련된 규정은 국민의 보건에 관한 권리는 국민이 자신의 건강을 유지하는 데 필요한 국가적 급부와 배려를 요구할 수 있는 권리를 말하는 것으로서, 국가는 국민의 건강을 소극적으로 침해하여서는 아니 될 의무를 부담하는 것에서 한걸음 더 나아가 적극적으로 국민의 보건을 위한 정책을 수립하고 시행하여야 할 의무를 부담한다는 것을 의미한다.[276] 헌법 제36조 제3항의 보건권과 관련해서는 건강의 유지에 필요한 국가적 급부와 배려를 요구할 수 있는 국민의 권리에 대응하여 국민의 보건을 위한 정책을 수립하고 시행하여야 할 국가의 보호의무를 위반하였는지 여부가 심사기준이 된다.[277]

276) 헌재 2020. 4. 23. 2017헌마103

277) 심판대상조항은 의료급여의 수준이 국가가 실현해야 할 객관적 내용의 최소한도의 보장에도 이르지 못하였다거나, 국가가 국민의 보건권 등을 보호하는 데 적절하고 효율적인 최소한의 조치를 취하지 아니하였다고 볼 수 없다. 심판대상조항은 수급권자인 청구인의 인간다운 생활을 할 권리 내지 보건권을 침해하지 않는다. 헌재 2020. 4. 23. 2017헌마103

# 참고문헌

[참고문헌]

## 국내문헌

### 가. 단행본

김하열, 헌법강의, 제4판, 박영사, 2022.

김하열, 헌법소송법, 제5판, 박영사, 2023.

이민열, 최규환, 기본권의 기초이론, 한국방송통신대학교출판문화원, 2021

양건, 헌법강의, 법문사, 2018.

최규환, 기본권제한입법의 목적정당성 심사, 헌법재판연구원, 2020.

한수웅, 헌법학, 제8판, 법문사, 2024.

허영, 한국헌법론, 전정15판, 박영사, 2019.

Colin Crouch, 이한 역, 포스트 민주주의, 미지북스, 2009.

Sandra Fredman, 조효제 역, Human Rights Transformed(인권의 대전환), 교양인, 2009.

Robert Alexy, 이준일 역, 기본권 이론, 한길사, 2007.

### 나. 논문

김대환, 사법질서에서의 기본권의 효력-독일에서의 논의를 중심으로-, 헌법학연구, 제16권 제4호, 한국헌법학회, 2010, 117-163면.

김성수, 존엄한 미래를 위한 기본권-독일연방헌법재판소 기후보호법(Klimaschutzgesetz) 결정에 대한 평가와 한국법에의 함의-, 공법연구, 제50집 제1호, 한국공법학회, 2021, 305-334면.

김해원, 기본권관계에서 국가의 의무-확인의무 · 보장의무 · 보호의무를 중심으로-, 공법학연구, 제12권 제4호, 한국비교공법학회, 2011, 85-112면.

김해원, 급부권적 기본권의 심사구조-국회입법부작위를 중심으로-, 공법학연구, 제13권 제2호, 한국비교공법학회, 2012, 257-293면.

김희정, 독일연방헌법재판소의 「연방기후보호법」 위헌결정에 대한 분석과 평가, 헌법학연구, 제28권 제1호, 한국헌법학회, 2022, 525-552면.
박규하, 헌법국가에 있어서의 국가의 기본권보호의무와 입법부작위에 관한 소고-헌법소원과 관련하여-, 외법논집, 제19집, 한국외국어대학교 법학연구소, 2005, 163-185면.
최규환, 인간의 존엄은 형량가능한가, 원광법학, 제26권 제1호, 2010
이재승, 행복추구권의 기원과 본질, 민주법학, 제38권
김희정, "종교의 자유에 대한 평등원칙 적용의 문제점", 안암법학, 2024.
이종훈, "헌법 제12조 제2항의 고문 개념과 금지의 내용", 법학연구, 제64권 제4호, 부산대학교 법학연구소, 2023.
방승주, 독일 연방헌법재판소의 입법자에 대한 통제의 범위와 강도, 헌법논총, 제7집, 헌법재판소, 1996, 299-348면.
방승주, 국가의 기본권보호의무와 그 이행여부에 대한 헌법재판소의 통제(下), 고시연구, 제31권 제9호, 고시연구사, 2004, 14-21면.
방승주, 헌법재판소의 입법자에 대한 통제의 범위와 강도-입법자의 형성의 자유와 그 한계에 대한 헌법재판소의 지난 20년간의 판례를 중심으로-, 공법연구, 제37집 제2호, 한국공법학회, 2008, 113-171면.
서경석, 기본권의 객관법적 성격, 헌법학연구, 제9권 제1호, 한국헌법학회, 2003, 311-335면.
서경석, 국가의 기본권보호의무 비판, 헌법학연구, 제9권 제3호, 한국헌법학회, 2003, 393-424면.
송기춘, 국가의 기본권보장의무에 관한 연구, 서울대학교 박사학위논문, 1999.
송기춘, 헌법 제10조 후문의 헌법이론적 의의, 민주법학, 제17호, 민주주의법학연구회, 2000, 202-227면.
이명웅, 비례의 원칙과 판례의 논증방법, 헌법논총, 제9집, 헌법재판소, 1998, 671-725면.
이민열, 목적의 정당성을 비례 원칙에 포함해야 하는 근거와 그 역할, 법조, 제65권 제4호, 법조협회, 2016, 5-50면.
이민열, 기본권 제한 심사에서 공익의 식별, 법철학연구, 제18권 제2호, 한국법철학회, 2015, 217-244면.
이민열, 목적의 정당성을 비례 원칙에 포함해야 하는 근거와 그 역할, 법조, 제65권 제4

호, 법조협회, 2016, 5-50면.
이민열, 기본권보호의무의 구조와 보호권, 헌법재판연구, 제5권 제2호, 헌법재판연구원, 2018, 253-316면.
이민열, 기본권보호의무 위반 심사기준으로서 과소보호금지원칙, 헌법재판연구, 제7권 제1호, 헌법재판연구원, 2020, 247-304면.
이부하, 헌법영역에서 기본권보호의무, 공법학연구, 제8권 제3호, 한국비교공법학회, 2007, 123-140면.
이부하, 공직선거법상 선거운동시 확성장치 소음제한기준에 대한 헌법적 평가-헌재 2008. 7. 31. 2006헌마711 사건을 중심으로-, 일감법학, 제21호, 건국대학교 법학연구소, 2012, 717-746면.
이부하, 생명에 대한 기본권보호의무와 과소보호금지원칙, 동아법학, 제62호, 2014, 1-21면.
이준일, 기본권으로서 보호권과 기본권의 제3자효, 저스티스, 통권 제65호, 한국법학원, 2002, 65-86면.
이준일, 헌법상 비례성원칙, 공법연구, 제37집 제4호, 한국공법학회, 2009, 25-43면.
이준일, 재난과 헌법-스텔라데이지호 침몰 사고의 헌법적 쟁점을 중심으로-, 법과 사회, 제69호, 법과사회이론학회, 2022, 199-231면.
장영철, 기본권의 제3자적 효력과 기본권보호의무, 공법연구, 제29집 제2호, 한국공법학회, 2001, 155-170면.
장영철, 과소보호금지원칙에 관한 연구, 헌법학연구, 제14권 제1호, 한국헌법학회, 2008, 109-136면.
정문식, 생명윤리법상 국가의 기본권 보호의무, 공법학연구, 제8권 제3호, 한국비교공법학회, 2007, 167-191면.
정문식, 형성 중인 생명에 대한 국가의 기본권 보호의무-태아의 생명권과 국가의 기본권 보호의무에 관한 2008. 7. 31. 헌법재판소 결정에 대한 평석-, 법학논총, 제28집 제2호, 전남대학교 법학연구소, 2008, 385-404면.
정문식, 과잉금지원칙과 과소금지원칙의 관계-교통사고처리특례법 제4조 제1항에 대한 헌법재판소 결정(2005헌마764등)과 관련하여-, 법과정책연구, 제9집 제1호, 한국법정책학회, 2009, 197-224면.
정태호, 기본권보호의무, 인권과 정의, 제249호, 대한변호사협회, 1997, 83-108면.

정태호, 기본권적 3각관계 그리고 과소(보호)금지원칙의 독자성, 고시연구, 통권 제228호, 고시연구사, 2002, 14-29면.

정혜영, 과소보호금지원칙에 관한 소고, 강원법학, 제38권, 강원대학교 비교법학연구소, 2013, 631-668면.

조홍석, 국가의 기본권 보호의무와 개인의 보호청구권, 법과 정책연구, 제11권 제3호, 한국법정책학회, 2011, 1097-1116면.

최규환, 사회적 기본권의 사법심사가능성, 고려대학교 박사학위논문, 2014.

표명환, 입법자의 기본권보호의무와 헌법적 통제, 헌법학연구, 제11권 제2호, 한국헌법학회, 2005, 211-241면.

표명환, 헌법 제10조 제2문의 불가침의 기본적 인권을 확인하고 보장할 국가의 의무, 토지공법연구, 제53집, 한국토지공법학회, 2011, 331-353면.

표명환, 기본권보호청구권의 구조와 체계에 관한 고찰, 법학연구, 제45권, 한국법학회, 2012, 23-46면.

허완중, 기본권보호의무에서 과소보호금지원칙과 과잉금지원칙의 관계, 공법연구, 제37집 제1-2호, 한국공법학회, 2008, 201-227면.

허완중, 기본권의 대사인적 효력과 기본권보호의무 그리고 기본권충돌의 관계, 헌법논총, 제25집, 헌법재판소, 2014, 1-59면.

Konrad Hesse, 최희수 역, 입법자의 기본권보호의무이행에 대한 헌법재판소의 통제(Die Verfassungsgerichtliche Kontrolle der Wahrnehmung grundrechtliche Schutzpflichten des Gesetzgebers), 강원법학, 제10권, 강원대학교 비교법학연구소, 1998, 571-596면.

Günter Dürig/Theodor Maunz, Grundgesetz, 1958

H. Dreier(Hrsg.), Grundgesetz-Kommentar, Bd. I, Mohr Siebeck, 1996,